Heribert Illig

Alte Skulptur verjüngt

Christlicher Neuanfang nach 1000
in Stein, Holz und Bronze

Heribert Illig

Alte Skulptur verjüngt

Christlicher Neuanfang nach 1000 in Stein, Holz und Bronze

Mantis Verlag

Umschlag: Im Lago di Orta, auf der Isola di San Giulio, steht in der gleichnamigen Kirche eine Kanzel von ca. 1120. Abgebildet ist neben dem Löwen als Evangelistensymbol ein Mann, der als Abt Wilhelm von Volpiano oder als hl. Julius gesehen wird. Dagegen spricht allerdings das Fehlen der Abtsinsignien bzw. des Heiligenscheins [vgl. Illig 2005c]. Die Rückseite zeigt ein Detail am Trivulzio-Leuchter im Dom zu Mailand. Der 5 m hohe Kandelaber steht auf drei Drachen, die drollig drangsaliert werden [Homburger/Hürlimann, Abb. 5].

Heribert Illig
Alte Skulptur verjüngt
Christlicher Neuanfang nach 1000 in Stein, Holz und Bronze

Mantis Verlag Dr. Heribert Illig
Umschlaggestaltung: Tabulatrix, Marburg
Druck und Bindung: winterwork, Borsdorf
Printed in Germany

ISBN 978-3-928852-54-8

Verlagsauskünfte
Mantis Verlag Dr. Heribert Illig
82166 Gräfelfing, Lenbachstr. 2a
E-Mail: mantisillig@gmx.de

Inhalt

9 **Vorwort**

15 **Stein und Stuck · Neuanfang der Steinskulptur**

15 Beginn künstlerischer Steinmetzarbeiten / 18 Aufbruch der Bildhauer / 27 Der Sonderweg des Flechtwerks

33 Datierungswirrwarr

33 Die Portalplastiken von St. Emmeram, Regensburg / 38 Die sog. Sphaera von Regensburg / 40 Saint-Benoît-sur-Loire (Fleury) / 43 Saint-Florent de Saumur / 44 Abtei Saint-Pierre, Moissac / 46 St. Pantaleon, Köln / 50 Zum sog. Kreuzgangsrest / 50 Skulpturenfragmente vom Westbau / 52 Die Außenskulpturen von St. Pantaleon im Vergleich / 54 Zyfflichs Atlantenkapitell / 56 Maasländische Bauplastik / 57 Stuckheilige in Cividale / 61 Karls Stuckfigur in Müstair / 62 Der Lavabo-Träger aus Seligenstadt / 62 Fazit

63 Die Kreuzabnahme der Externsteine

64 Zum Relief / 70 Datierungsfülle / 70 Karolingische Herkunft? / 72: 1115 - die wichtigste Jahreszahl für das Relief? / 76 Die Datierung bei 1180 bis 1200

79 Rätsel des Externsteinreliefs

80 Germanische oder antike Säule? / 81 Unterm Kreuz

83 **Holz · Neuanfang der geschnitzten Skulptur**

83 Mariensitzfiguren

84 Fides-Reliquiar von Conques / 85 Goldene Madonna, Essen / 88 Die Goldene Madonna in Hildesheim / 88 Paderborns Imad-Madonna / 89 Brescias Langobarden-Madonna / 89 Marienfiguren im Überblick

92 Kreuz und Kruzifix

92 Das Kreuz als Christussymbol in der Kunst / 94 Der Gekreuzigte / 97 Der bärtige Gott ab den späten Ottonen / 98 Ein Blick auf frühe Malerei

103 Gero-Kreuz
110 Bernwards Kunstschöpfungen zum Vergleich
112 Die Crux mit den Dendro-Datierungen / 113 Karlsthron in Aachen? / 116 Der Odilienberg im Elsass
117 Dendrochronologisch umdatierte Kreuze
117 Gerresheimer Kr. / 120 Enghausener Kr. / 122 Schaftlacher Kr. / 124 Aschaffenburger Kr. / 124 Mirakelkreuz von Elspe / 125 Ringelheimer Kr. / 125 Udenheimer K. / 128 Schlehdorfer K. / 128 Kruzifix von Metelen / 129 Das älteste Großkreuz
129 Dem Gero-Kreuz stilistisch verwandte Kruzifixe
130 Birkenbringhausener Kreuz und andere / 133 Angebliche Nachfolger des Gero-Kreuzes · Eine Übersicht
133 Wie sah das älteste Großkreuz aus?
134 Kruzifixus von Urach / 137 Verschiedene Kreuze
139 Von sehr kleinen und sehr großen Kreuzen
140 Kamm des hl. Heribert, Köln
143 Bekleidete Gekreuzigte
143 Volto Santo di Lucca / di Sansepolcro
144 Zurück zum Gero-Kreuz
147 Zyfflicher Atlanten / 147 Vermeintlich folgende Kreuze

151 **Bronze und Edelmetall**
151 Arbeiten aus Bronze, Silber und Gold
152 Zwei gegossene Bronzekreuze: 152 Werdener Kreuz / 155 Mindener Kreuz
156 Edelsteingeschmücktes Altargerät
156 Lothar-Kreuz / 157 Gisela-Kreuz / 158 Drei Kreuze aus dem Essener Domschatz / 158 Das Hermann-Ida-Kreuz aus Köln / 160 Kleines silbernes Bernwardskreuz / 160 Tassilo-Kelch, Kremsmünster
163 Altäre und Antependien
163 Paliotto, Mailand / 170 Zweimal Pala d'oro und Basler Antependium
170 Hausartige Reliquienschreine
173 Fazit für edles Altargerät und Schreine

173 Sonderfall ‚Karolingische Karlsstatuette'
176 Cappenberger Kopf und Wolfram-Leuchter
178 Aquamanilien
181 Vergleichbare Arbeiten?
181 Löwe und Drache / 182 Reiterstatuen aus dem 15. und 16. Jh. / 184 Pferde aus Stein und Elfenbein / 185 Steinerne Reiter / 186 Elfenbein-Pferde / 188 Fazit
188 Großformatige Bronzearbeiten
191 Erhaltene und zerstörte Bronzetüren / 194 Aachens Bronzetüren/ 196 Das Marktportal am Mainzer Dom / 197 Die „Bernwardstür" in Hildesheim / 199 Vollgusstüren von Canosa bis Pisa / 199 Türen mit Reliefs / 200 Ein Lösungsvorschlag
203 Bronzene Grabplatten
203 König Rudolf von Rheinfelden / 206 Weitere Grabplatten zwischen Rudolf und Rudolf / 206 Pendant in Stein: Sachsenherzog Widukind / 207 Zu alte Vergleichsobjekte?
208 Glocken
210 Lullus-Glocke und ihre Fehldatierung
211 Bernwardskunst in Hildesheim
212 St. Michael, Hildesheim / 215 Weitere Bernward zugeschriebene Kunstwerke / 215 Pergamente / 216 Noch einmal zur Bronzetür / 218 Christussäule / 220 Drei Radleuchter / 222 Zwei Silberleuchter / 224 Kleines silbernes Bernwardskreuz / 228 Erkanbald-Krümme / 230 Das Große Bernwardkreuz / 230 Ringelheimer Kreuz
232 Der Lösungsansatz
237 **Resümee**
241 **Literatur**
257 **Abbildungen**
261 **Register**

Vorwort

Fremd schauen sie uns an, Tiere und Fratzen von Kapitellen, Portalen, Reliefs. Ungläubig bestaunen wir goldgrundige Wunderwerke unermüdlich emsiger Mönchshände, die vom Wort Gottes künden wollten. Ungläubig sind wir, die aus unseren Konsumtempeln kommen und vielleicht, vielleicht einen Kirchenraum kurz betreten. Uns beschäftigt nicht mehr die Frage, ob uns die Darstellung heiliger Menschen, gar die von Christus und seiner Mutter vom rechten Glauben abbringen könnte. Wer hätte noch einen Glauben, den er verraten könnte?

Und trotzdem: Wann immer für eine Ausstellung Zimelien christlicher Kunst zusammengestellt werden, drängen die Besucher ehrfürchtig herein, bewundern die scheinbar naiven Kunstaussagen in Verbindung mit hohem künstlerischem Können und spüren, dass sie das Mittelalter nicht verstehen. Wie auch? Wir Heutigen haben die wilden, damaligen Triebkräfte in Europa leidlich gebannt: Hungersnöte sind Vergangenheit, Epidemien sind beherrschbar, Obrigkeitswillkür zurückgedrängt, verheerende Kriegszüge in Europa durch Verträge erschwert. So sind wir nicht mehr in Konfrontation mit den apokalyptischen Reitern – nur der Tod ist nach wie vor unentrinnbar.

Im Mittelalter war das grausamer Alltag: Hunger, Pest, Krieg – und der Teufel, dazu panische Angst vor Unglauben und Gottesferne. Und trotzdem: Wer einen Kreuzgang betritt, an seinen Säulen entlanggeht und die feingearbeiteten Kapitelle auf sich wirken lässt, kann immer noch spüren, wie sich die damals so umgetriebenen Menschen Zonen der Ruhe und Kontemplation schufen, gleichzeitig Glanz und Herrlichkeit vor den Altären – im Grund jenseits aller Liturgie und Dogmen.

Rom bewahrt zwischen Kolosseum und Lateran, also zwischen Brennpunkten des Weltstadtverkehrs, die Basilika Santi Quattro Coronati, der ein Kloster angegliedert ist. Von außen eine mittelalterliche Wehrkirche, innen ein verschachteltes Gewirr aus Kirche, Kapellen, Klosterklausur und Kreuzgang. Dort zeigt sich zwischen seinen schlichten Säulen ein wenig Grün und eine Brunnenschale mit kaum erkennbaren Löwenmäulern. Von Zeit zu Zeit lassen sie einen Tropfen ins Becken fallen. Das leise Aufklatschen erfüllt den stillen Kreuzgang und erinnert daran, dass die Zeit manchmal auf der Stelle tritt.

Mittelalterliche Kunst. Uns wird es hier nicht um die genialen Fähigkeiten gotischer Baumeister und Bildhauer gehen, sondern um die

Anfänge der Kunst nach dunkler Zeit. Bislang verstehen wir mehr schlecht als recht, was da aus den Künstlern herausbrach, wie schnell sie ihre Materie beherrschten, um so ihrem geistigen Anliegen zu dienen. Auch der geistliche Hintergrund wird gestreift, aber vorrangig wird es darum gehen, warum Holzschnitzer, Steinbildhauer und Bronzegießer zu scheinbar ganz unterschiedlichen Zeiten begonnen haben, ihre unsterblichen Werke zu schaffen.

1924 begann Richard Hamann, der elf Jahre zuvor das „Bildarchiv Foto Marburg“ (heutiger Name) begründet hatte, seinen Aufsatz über die Grundlegung zu einer Geschichte der mittelalterlichen Plastik Deutschlands mit dem resignativen Satz:

> „Es ist schon ausgesprochen, daß eine Geschichte der deutschen Plastik unmöglich ist, eine Geschichte wenigstens in dem Sinne, daß eine einheitliche und zusammenhängende Entwicklung der deutschen Plastik aufgezeigt wird. Es fehlt die innere Logik eines kontinuierlichen Werdens. Die deutsche Plastik hat keine Geschichte, ja es besteht nicht einmal in diesem Sinne eine deutsche *Plastik,* so viel es Werke der Skulptur und formende Künstler in Deutschland gibt“ [Hamann 1924, 1; seine Hvhg.].

Reiner Haussherr hat fast 50 Jahre später, 1973, über den Forschungsstand der früh- und hochmittelalterlichen Skulptur an Rhein und Maas geurteilt:

> „Urkundlich eindeutig fixierbare Denkmäler fehlen fast völlig. So kann es nicht verwundern, wenn immer noch beträchtliche zeitliche und örtliche Verschiebungen möglich sind“ [Binding, 2011, 89].

Und wie sah es 2011, also weitere fast vier Jahrzehnte später aus? Da musste Günther Binding einräumen, dass die kritischen Bemerkungen Haussherrs „auch noch heute, nach 40 Jahren, gültig“ sind [ebd.]. Woran kann das liegen?

Da könnte es – wie fast immer – darum gehen, dass so viele Kunstwerke zerstört wurden, bis einstige Zusammenhänge vollständig zerrissen. Da könnte es auch um rätselhafte Sonderentwicklungen auf heute deutschem Gebiet gehen, könnten verwirrende Einflüsse von außen, von Spanien, Frankreich und Italien her eine Rolle gespielt haben. Auch das lässt sich nur dann gut nachvollziehen, soweit es Referenzmaterial gibt.

Es könnte auch einfach daran liegen, dass falsche Datierungseckpunkte gesetzt worden sind und allzu vertrauensselig mit schriftlichen Dokumenten umgegangen worden ist, die ursprünglich gar nicht als Chronik, sondern als wundersame oder auch profan nützliche Heiligenlegende angelegt war. Wer würde nicht versuchen, einem Kunstwerk mit Hilfe eines Textes seinen richtigen Zeitpunkt in der allgemeinen Entstehungsgeschichte zuzuschreiben? Diese Möglichkeit wird genutzt, seitdem die Kunsthistorie kritisch arbeitet – aber nicht immer ist bedacht worden, dass auch Schriftliches gelogen sein kann. Da geht es um Fahrlässigkeit ebenso wie um gezielte mittelalterliche Fälschung aus politischem Machtkalkül, Besitzansprüchen, Einflussnahmen, wie sie mittlerweile tausendfach aufgedeckt worden sind, wie bereits der vom damaligen Präsidenten der „Monumenta Germaniae Historica", Horst Fuhrmann, in München 1986 veranstaltete Kongress über Fälschungen hinlänglich bewiesen hat [Fuhrmann 1988]. Abseits davon drei hochrangige Beispiele: Carlrichard Brühl [1970; vgl. Illig 1993] konnte mangels Vergleichsmöglichkeit nicht entscheiden, ob wenigstens eine einzige langobardische Königsurkunde echt ist. Theo Kölzer [2001, I: XII f.] zeigte, dass 65,8 Prozent aller 196 (+ 13) merowingischen Königsurkunden gefälscht sind; von ihnen liegen nur 38 Originale vor. Von Karl dem Großen schließlich sind 270 Urkunden bekannt; bei ihnen liegt die Fälschungsquote bei 37 Prozent [Hägermann]. Die Dunkelziffer wird jedoch weit höher liegen, weil manche Fälschungsgründe nicht berücksichtigt wurden.

Deutlich weniger Kritik haben die naturwissenschaftlichen Zeitbestimmungen erfahren, die es seit rund 60 Jahren gibt. Hier sind insbesondere jene Analysen anzusprechen, die an organischem Material möglich sind, also dendrochronologische und Radiokarbon-Daten. Bei Kunsthistorikern und Mediävisten hat sich diesbezüglich eine Glaubenszuversicht entwickelt, die noch speziell anzusprechen ist. Diese fachfremden Datierungen haben seitdem das Netz aus Beziehungen und Abhängigkeiten von Kunstwerken gründlich durcheinandergeschüttelt. Es wird Zeit, hier mit einem unverstellten Blick jene Kunstwerke zu bewerten, die sich vom späten 7. bis zum frühen 13. Jh. auf der Zeitachse verteilen. Es geht also nicht um spätantike Kunstwerke, sondern um die christlichen des frühen und hohen Mittelalters bis hin um 1200. Außerhalb der Kirche kein Heil – dieser christliche Satz galt mit wenigen Ausnahmen bis ca. 1420 auch für die Kunst, die sich erst in der Frührenaissance langsam von kirchlichen Auftraggebern und ihren Wünschen befreite. Frühe Einsprengsel waren etwa die Monatsarbeiten vom Ackern über Getreideernte und Weinlese bis zum winterlichen Schweineschlachten oder auch die Tierkreiszeichen, die von den Kirchenoberen geduldet, vielleicht sogar gefordert worden sind. Auch Jagdszenen spielen immer wieder eine Rolle, ebenso ‚Bestiensäulen'.

Um 1200 hat in Frankreich der Übergang hin zur gotischen Skulptur bereits begonnen. Bei den Kruzifixen gibt es die markante Zäsur bei der Nagelung des Gekreuzigten. Gegen 1220 werden die beiden Füße nicht mehr nebeneinander abgebildet und mit je einem Nagel fixiert, sondern sie werden nun übereinandergestellt und von einem einzigen Nagel durchbohrt. Es gibt einige wenige Beispiele für vorauseilende oder nachhinkende Darstellungen, aber insgesamt fand der Wechsel sehr einheitlich in Europa statt. Er dürfte damit zusammenhängen, dass sich damit der erbarmungswürdigen Gestalt eine deutlich größere Dynamik abgewinnen lässt, wie während der Gotik erwünscht. Es mag auch damit zusammenhängen, dass mit der Zerstörung von Konstantinopel durch christliche Kreuzfahrer das später so genannte Turiner Grabtuch in den Westen kam. Von ihm kann das überschmale Antlitz ebenso übernommen worden sein wie die Dreinagelung, aber hierüber wird weiterhin gestritten.

Um gleich bei Streit und Zwist zu bleiben: In diesem Buch wird eine Antwort darauf gegeben, ob das berühmte Gero-Kreuz des Kölner Doms am Beginn der abendländischen Monumentalskulptur stehen kann. Ebenso wird beantwortet, ob bestimmte Kruzifixe dank ^{14}C zu Recht um bis zu 250 Jahre älter gemacht worden sind, denn Datierungen taumeln mittlerweile fast freischwebend durch die Jahrhunderte.

Und es wird darum gehen, ob es in ottonischer Zeit, noch vor der Jahrtausendwende große Steinplastik gegeben haben kann, ob auch ein Riesenwerk wie das Externsteinrelief bislang richtig eingestuft worden ist. Denn im Kontrast zu den Kruzifixen steht bislang die Entwicklung bei der Steinskulptur, die scheinbar deutlich später als die hölzernen Vollplastiken einsetzt, obwohl sich den Künstlern die gleiche Aufgabe in Stein wie in Holz stellte, nämlich eine vollrunde Plastik zu schaffen. Eigentlich, denn es gibt unbeirrt Anstrengungen, um den Beginn der Steinplastiken ins 9. Jh., noch dazu in dessen Anfänge vorzuverlegen – aber dasselbe geschieht mit Holzkruzifixen im Rheinland und in der Toskana. So gibt es heute keine Entwicklungsgänge, sondern nur eine verworrene Gemengelage aus stilistischen Überlegungen, individuellem Ehrgeiz und schriftlich tradierten Entstehungszeiten, die durch naturwissenschaftliche Datierungen manchmal bestätigt, doch häufig widerlegt werden.

Wie steht es mit den erhabenen Bronzetüren des Aachener und des Mainzer Doms, wie mit der Bernwardstür in Hildesheim? Wird die Entwicklungsreihe derartig schwerer Türen verstanden? Kann sie im Gleichklang oder Gleichtakt mit bronzenen Grabplatten und Glocken gesehen werden, die doch ganz ähnliche Fähigkeiten voraussetzen?

Können die berühmte, winzige Karlsstatuette aus dem Louvre und die überlebensgroße Karlsstatue aus dem graubündischen Müstair weiterhin das 9. Jh. repräsentieren?

Hier ist ein Befreiungsschlag notwendig, der allerdings nicht gelingen wird, solange gern geglaubte Daten nicht überprüft werden. Dadurch wird das vorliegende Buch zu Überraschungen, aber auch zu Verdruss führen. Das ändert aber nichts an seiner Notwendigkeit für die Kunstgeschichte. Betroffen ist „die Mehrheit derer, die sich wechselseitig Kompetenz zuschreiben" – so der Hirnforscher Wolf Singer zu den Mediävisten [Singer 2000; vgl. Illig 2000, 630]. Nicht zuletzt geht es auch um die These vom erfundenen Mittelalter [Illig 1991; 1996], die der Verfasser seit 1991 vertritt und stetig untermauert. Ihr zufolge hat sich das Mittelalter zum Teil selbst erfunden. Demnach hätten im Jahr 702 Papst und Kaiser gemeinsam die Uhr um 297 Jahre – so derzeitiger Wissensstand – ins Jahr 999 vorgedreht. Damals regierte Kaiser Otto III., und Papst Silvester II. begann sein Pontifikat. Beide wollten das friedliche Jahrtausend einleiten, das sie aus der Bibel herauslasen. Übersprungen wurden dafür die Jahre von August 614 bis September 911. Alles, was dieser Zeit an Geschichte zugeschrieben wird, ist der These nach entweder erfunden oder verdoppelnd hineingeschrieben worden. Deshalb kann es keine ‚Realien' geben, die diese Zeiten bestätigen würden. Für dieses Buch wird das erfundene Mittelalter als These nicht herangezogen, aber sie bestätigt sich. Aus unterschiedlichen Gründen müssen weitere Kunstwerke umdatiert werden, die bislang zwischen 614 und 911 gesehen worden sind. Doch Umdatierungen sind bis zum Ende des 12. Jahrhunderts nötig. Auch werden scheinbar sichere, zeitgenössische Quellen in Frage gestellt, weil sie aus späteren Zeiten stammen dürften.

Kunsthandwerk lebt gleichermaßen vom Überkommenen wie vom Neues erfindenden Genius. Selbst ein Jahrtausendgenie wie Leonardo da Vinci konnte zwar auf Basis zeitgenössischen Handwerkskönnen umwerfende Entwürfe zeichnen – nicht zuletzt ein Entlüftungsmodell für den Bronzeguss seines in Mailand gescheiterten Riesenpferds –, aber ohne Dampfkraft oder gar Elektrizität ließen sich die Grenzen seiner Zeit nicht überwinden, die von Wasserkraft abhängig blieb. Insofern gibt es weiterhin die Evolution der Handwerkskunst, die natürlich in ihrer Effizienz die biologische Evolution bei weitem übertrifft, weil unmittelbare Rückkopplung durch den menschlichen Geist stattfindet, ohne langes Warten auf dereinst vielleicht kommende Mutationen.

Insofern denkt der Verfasser an Diethard Sawicki, der die Vorstellungen zu einer Evolution im Gewölbebau so abqualifizierte: „ein von Illig zu seiner Bequemlichkeit entdecktes »Gesetz der architektonischen Evolution«" [Sawicki, 89; vgl. Illig 2002]. Dieser bald darauf mit dem Doktortitel belohnte Historiker hatte immerhin begriffen: Wenn Handwerk sich so entwickelt, wie es sich nun einmal entwickeln kann und muss, dann können altvertraute und liebgewonnene Geschichtsvorstellungen nicht mehr aufrechterhalten werden – nicht einmal von Doktoranden, die unbeirrt nach rückwärts schauen. Um ein antiquiertes Kunstgeschichtsverständnis zu retten, musste der unabhängige Denker als Kritiker diffamiert, als Sektengründer, Verschwörungstheoretiker oder Jugendverführer verteufelt und möglichst mundtot gemacht werden.

Ungeachtet solcher Anstrengungen in Fakultäten und Instituten werden hier mit fast kriminalistischem Spürsinn Spuren aufgedeckt und gesichtet, um den Versuch voranzubringen, die Ordnung in dem reichen Bestand frühromanischer und romanischer Kunstwerke zu mehren und sie zu verstehen. Beeindrucken, berühren lassen können wir uns von ihnen weiterhin.

Stein und Stuck

Neuanfang der Steinskulptur

Angesichts tausender romanischer Kirchen in Europa – außerhalb byzantinischen Gebiets – ließe sich erwarten, dass die Entwicklung der Steinbearbeitung gut verstanden wird. Zum Verständnis der nächsten Zitate ist der Unterschied zwischen Steinmetzkönnen und Bildhauerkunst zu beachten. Während der Steinmetz primär an Steinquadern arbeitet, die sich dann zu glatten oder auch bossierten Fassaden fügen, obendrein Fenster- und Türstöcke zurichtet, mit flachem Flechtwerk verziert und auf diese Weise eine ‚ordentliche' Fassade gestaltet, ist der Bildhauer gefordert, wenn es um anspruchsvolle plastische Gestaltung der Steine geht. Auf dem Weg von dem einen zum anderen liegt eine zeitliche Übergangszone, in der Flachreliefs gearbeitet werden, für die noch kein Ehrgeiz besteht, besondere Tiefenwirkungen oder gar Hinterschneidungen zu bieten. Für beide Entwicklungsstufen gibt es Datierungsansätze. Noch davor liegt zwangsläufig der Beginn der romanischen Architektur, zwangsläufig, weil erst ein Bauwerk entstehen muss, bevor es geschmückt werden kann.

Beginn künstlerischer Steinmetzarbeiten

Derartige Architektur beginnt nach 950, als hätte ganz Europa gewusst, dass 955 mit der Schlacht auf dem Lechfeld die Ungarngefahr, die ja nicht nur Deutschland, sondern Frankreich bis zur Loire und weite Gebiete von Oberitalien bedroht hat, endgültig gebannt sein wird. Nun entstehen landauf, landab Kirchen. Es hat sich eingebürgert, die Zeit der ottonischen Kaiser nicht der Romanik einzugliedern, sondern als „ottonisch" zu bezeichnen, aber zugleich diesen Zeitraum deutlich über den Tod des letzten Ottonenkaisers – 1024 – hinaus zu dehnen, gemäß Hans Jantzen bis 1070. Erst danach soll die Romanik beginnen, der bisweilen noch eine Vorlaufphase als Frühromanik eingeräumt wird. Andere lassen die Romanik bei 1050 oder 1060 einsetzen. Um hier nicht mit Bezeichnungen zu verwirren, gilt im vorliegenden Text: Von 950 bis 1050 Frühromanik, danach Hochromanik, die in der Île de France bereits

1140 von der Frühgotik abgelöst wird, in Deutschland erst ein Jahrhundert später (um 1235). Von ottonischer Kunst wird in diesem Text nur gesprochen, wenn sie tatsächlich aus der Zeit der Ottonenherrscher stammt, also zwischen 919 und 1024 entstanden ist. Damals begann die Steinmetzkunst von Neuem.

> „Die Monumentalplastik hat sich nicht gleich in der romanischen Architektur durchgesetzt. Sie wurde erst geboren, als sich die neue Konzeption der Kirche als Einheit durchsetzte, bei der die Art des Bauens mit der Art des Bildhauers harmonierte. […]
> Anfang des 11. Jahrhunderts gewann die Monumentalplastik allmählich ihren Platz zurück, zunächst, um die strukturellen Linien der Mauern mit gliedernden geometrischen oder stilisierten Pflanzenmotiven zur Geltung zu bringen“ [Minne-Sève, 22].

Für kunstfertige Steinmetze lässt sich demnach bei der Jahrtausendwende der Startpunkt setzen. Aber noch entwickelt sich die Bildhauerkunst nicht. Ihre Anfänge lassen sich insofern einfach beschreiben: Im Roussillon

> „begann die Veränderung im ersten Drittel des 11. Jahrhunderts. Eine kleine Gruppe von Kirchen zeigt plastische Arbeiten in Marmor auf dem Sturz, dem Tympanon und in den Fensterleibungen. In ***Saint-Genis-des-Fontaines***, dem ältesten Beispiel romanischer Plastik (**1019–1020**) ist in die Architektur ein ikonographisches Programm integriert“ [Minne-Sève, 22; Hvhg. HI].

Wenn wir uns dieses älteste Beispiel romanischer Skulptur ansehen, so ist von plastischer Gestaltung noch wenig zu sehen: ein sehr flach gehaltenes Relief, noch kaum in ihren Arkaden erkennbare Apostel. Von hier bis zu einer nahezu vollrunden Ausführung musste es noch dauern, was niemand bezweifelt.

Zeitgleich mit diesem Türsturz lassen sich die Kapitelle im burgundischen ***Dijon***, aus der Kirche St-Bénigne einordnen, die Wilhelm von Volpiano – vom vierten Abt Clunys eingesetzt – im Jahr 1001 als überaus merkwürdiges Ensemble begonnen hat. Von Westen kommend, öffnete sich für den Besucher die Kirche hinter einem Atrium, das ähnlich wie ein Kreuzgang gestaltet war. Der dreischiffigen Basilika schloss sich hinter dem Chor ein erstaunlicher Rundbau mit zwei Umgängen um einen offenen Raum von kaum 5 Meter Durchmesser an; im Osten folgte noch ein Kapellenraum. Große Teile des Bauwerks standen über einer weitläufigen Krypta mit dem Grab des hl. Benignus; das galt auch für Rotunde und Kapellenanbau. Dieses Bild entstammt archäologischer Sicht, weil alle diese Gebäude mitsamt der Stadt Dijon bereits 1137 abgebrannt sind. Die Basilika wurde wieder aufgebaut, die Rotun-

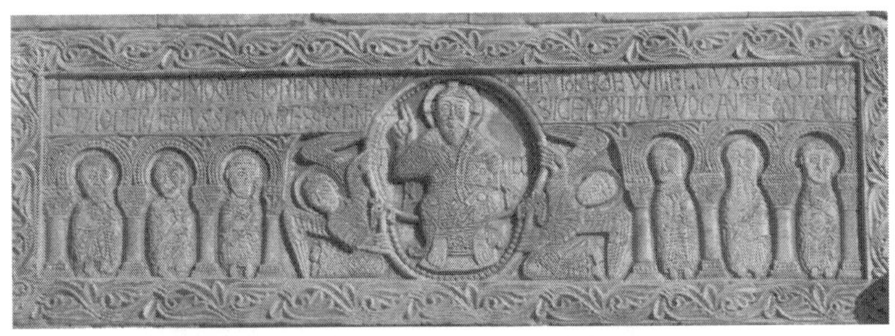

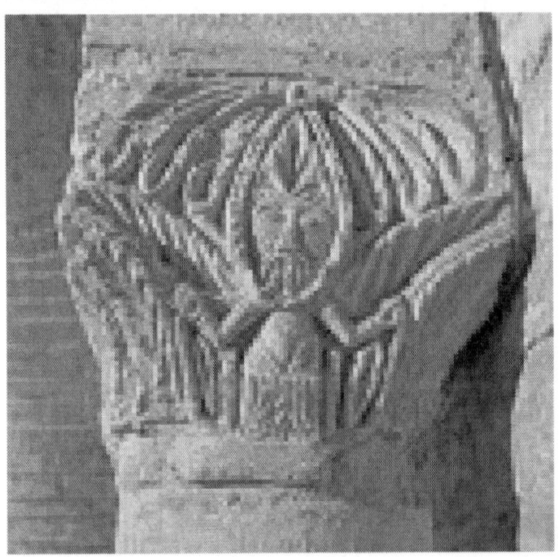

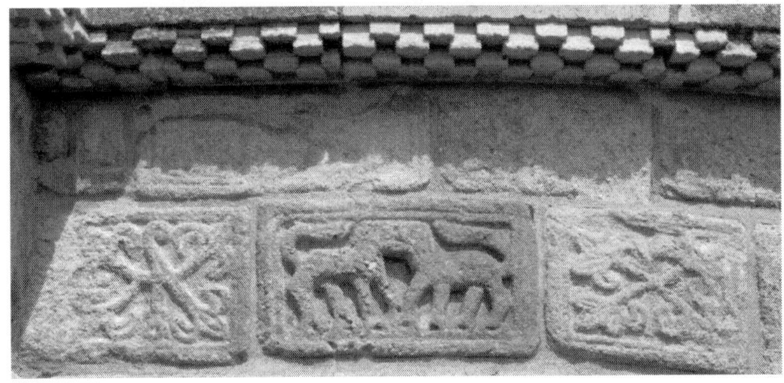

Tympanon in Saint-Genis-des-Fontaines, 1020 [wiki]
Kerbschnitt-Kapitell, ‚Krypta‘ von St-Bénigne, Dijon, 1010–1020 [Brünig]
Reliefsteine in der Krypta von Saint-Romain-le-Puy, um 1017 [luc]

de nicht. Erst im 19. Jh. fand man ihren Kryptenbereich mit aufgehenden Wänden und im Schutt noch etliche Kapitelle. Bei Wiederherstellung dieses Raumes erhielt der Umgang ein Kreuzgratgewölbe, das von Pfeilern mit skulptierten oder unausgearbeiteten Kapitellen getragen wird. Der Mittelraum der Rotunde reichte ursprünglich von der Krypta durch drei Geschosse und war entweder oben offen gewesen wie das Pantheon, oder die Öffnung war durch eine Laterne geschützt. Heute wird dieser Mittelraum durch eine niedrige Kuppel geschlossen, die gleich über der Krypta ansetzt.

Obwohl der Kirchenbau 1001 begann und bis 1031 dauerte, werden die Kapitelle manchmal schon um 1000 datiert, obwohl die anschließende Rotunde ebenso gut erst 25 Jahre später begonnen worden sein könnte. In jedem Fall stehen sie für die Neuanfänge des Steinmetzkönnens bald nach dem Jahr 1000. Hier beginnen die allerersten, noch primitiven Steinmetzarbeiten, ob nun bei 1000 [Wiki] oder bei 1010 [Laule, 43] oder bei 1025, ohne dass dieser Impuls rasche Qualitätssteigerung nach sich zöge. Primitiv heißt in diesem Zusammenhang: Es geht um Kapitelle mit flachen Figuren, Flechtbändern und anderen einfachen Kerbschnittverzierungen.

In der üblichen Reihung folgen auf die Kapitelle von Saint-Bénigne jene Reliefsteine von Saint-Romain-le-Puy [Illig 1996, 198-202], die bis 1017 eingebaut worden sein sollen [wiki: Saint-Romain-le-Puy (Prioratskirche)]. Diese Reliefs beweisen hinlänglich die damals schwache Qualität von Steinmetzarbeiten und erlauben keinen Schluss auf qualitätsvolle Kapitelle, schon gar nicht auf zeitgenössische, überlebensgroße Plastiken, auch nicht in den Jahrzehnten davor und danach. Im Gegenteil: Sie verhindern es definitiv.

Aufbruch der Bildhauer

Auch Dijon gehörte zum ‚Klosterstaat' Cluny, der mit seiner dritten Kirche den größten romanischen Raum überhaupt schuf. Er fiel der französischen Revolution zum Opfer; seitdem gilt der Dom zu Speyer als größte erhaltene romanische Kirche.

> „Für die um 1100 einsetzende Entwicklung der Monumentalskulptur in Frankreich ist die Bedeutung von Cluny nicht hoch genug anzusetzen. [...] Die großartigen Tympana und die Folge von Figurenkapitellen der ersten Hälfte des 12. Jahrhunderts in Frankreich, die den Höhepunkt romanischer Skulptur überhaupt bedeuten – Moissac, Conques, Autun, Vézelay –, sind ohne den Anstoß von Cluny nicht denkbar. Für Burgund selbst werden zu Cluny, in einem gewaltigen Schöpfungsakt, die Grundlagen der außerordentlichen Blü-

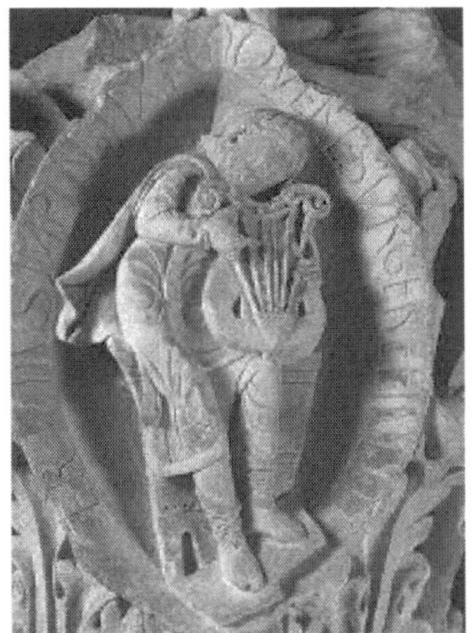

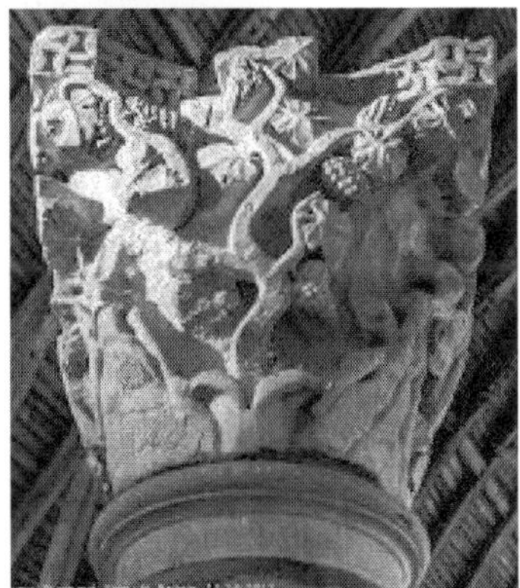

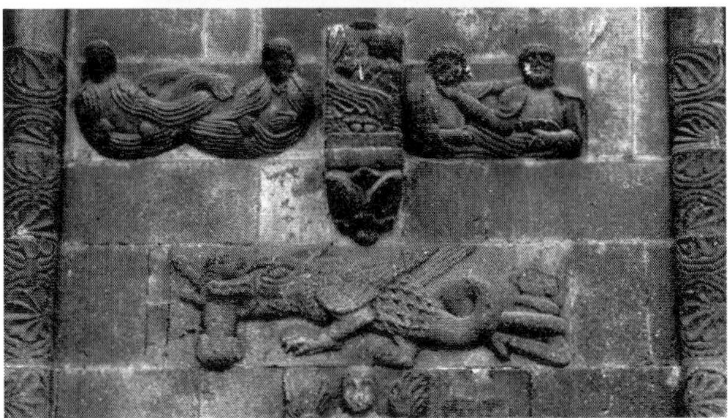

Cluny: Der dritte Ton der Musik, ca. 1120 [speyer]
Cluny: Kapitell mit den vier Paradiesflüssen, ca. 1120 [portalsäule].
Schottenportal, St. Jakob, Regensburg, Detail, um 1180 [tripadvisor], Beispiel für das Nachhinken im deutschen Raum

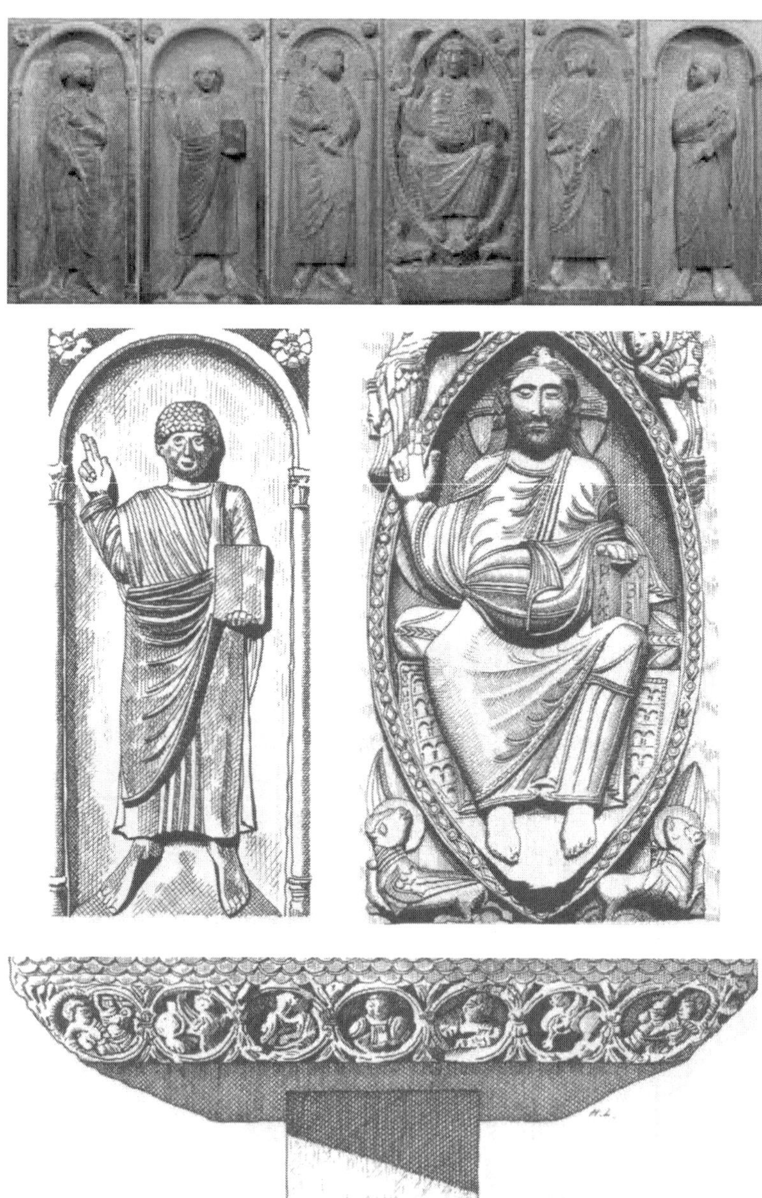

Statuarischer Beginn und Belebung in Toulouse, Saint-Sernin:
Figurenfries, daraus zwei Platten in Zeichnung [bestfree; Christe, 335]
Altarmensa-Kante von Gelduinus [Christe, 361]; alle Kunstwerke um 1100

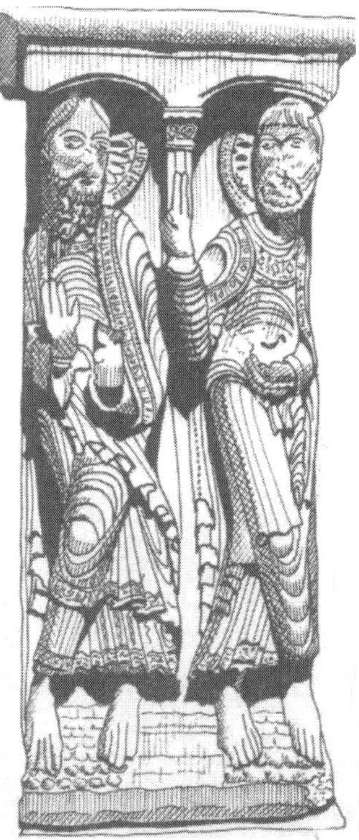

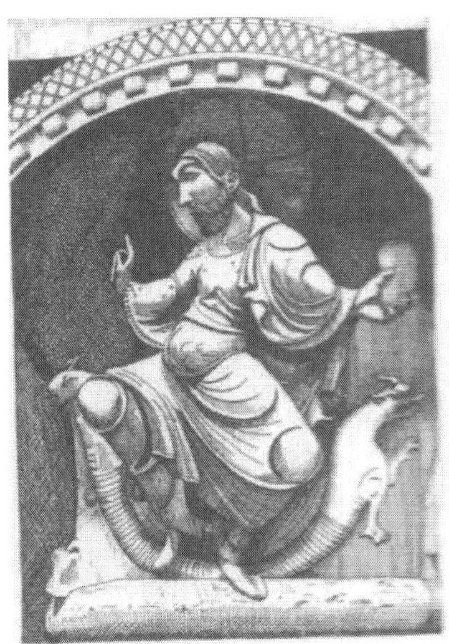

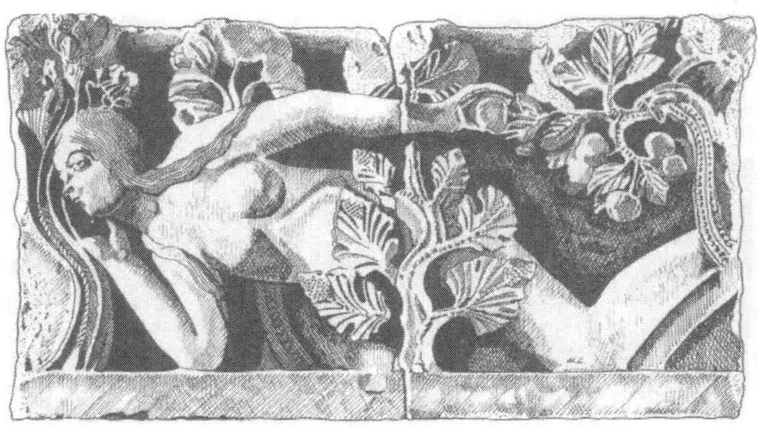

Belebte Figuren nach 1100:
Plaimpied bei Bourges: Versuchung Christi, 1100–1150
Toulouse, Saint-Étienne, Hll. Petrus u. Paulus, 1125–1134
Autun: Eva; 1120–1135 [Christe, 341, 340, 342]

te bildhauerischer Kunst gelegt, die für alle Zeiten seinen Ruhm ausmachen“ [Bußmann, 75].

Selbstverständlich versuchte man sich auch in Cluny nicht gleich an riesigen Skulpturen, sondern an Kapitellen gängiger Größe. Vom Chorumgang der seit der französischen Revolution zerstörten Klosterkirche sind uns einige beschädigte Exemplare erhalten geblieben. Ihre Qualität überwältigt:

> „Die außerordentliche Feinheit der Gewandbehandlung, die das Fließen, Gleiten, Wehen der Gewänder wiedergibt und den materiellen Charakter des Steines vergessen macht, steigert die Ausdrucksgebärde jeder Figur, besonders eindrucksvoll in der sitzenden Gestalt des jungen Mannes, der den ersten Ton der Musik darstellt, oder der Tänzerin mit Cymbeln, dem Symbol des zweiten Tones“ [Bußmann, 80].

Der Zeitansatz dieser frühen Wunderwerke ist noch immer strittig. Die Fraktion, die an Schriftzeugnissen festhält, wählt die Weihe von Clunys Chor durch Papst Urban II. und damit das Jahr 1095. Die mit stilistischen Argumenten entscheidenden Forscher – denen sich der Verfasser zuordnet – plädieren für Clunys Plastiken ab 1110 [Barral i Altet, 280] oder für „nach 1115“ [Bußmann, 78]. Wer nach aktuellen Datierungen sucht, wird zunächst enttäuscht. Bei der deutschen wie bei der französischen *Wikipedia* [Cluny] werden die Kapitelle nicht einmal erwähnt. Bei anderen Internet-Adressen [*bourgogne*] gilt ein großzügiges, alle vorangehenden Datierungen zulassendes Zeitintervall: 1088–1130. Doch damit ist nichts geklärt.

Diese Unsicherheit ist für die zeitliche Entwicklung der französischen Plastik unbefriedigend, lässt aber zumindest Schlüsse für Deutschland zu. Denn die Gebiete rechts des Rheins folgten mit deutlichem zeitlichem Abstand der französischen Entwicklung. Dieses West-Ost-Gefälle bestand auch noch am Beginn der Gotik, die in Frankreich bei 1140, in Deutschland jedoch ein ganzes Jahrhundert später einsetzt.

Wie steht es dann um die mit Burgund oder dem Roussillon konkurrierenden Gebiete?

> „Zur Verdeutlichung der Tatsache, daß um 1100 in Italien ebenso wie in Frankreich eine neue und zukunftsträchtige Epoche für die Skulptur beginnt, bedarf es keiner subtilen Stilargumente. Sichtbaren Ausdruck findet sie allein schon in dem äußerlichen Umstand, daß der Skulptur nun vielerorts und nach langer Zeit erstmals wieder ein bedeutender Stellenwert im System der Künste zuerkannt wird. Neben der Architektur und der Malerei beginnt sie erneut eine diesen ebenbürtige Rolle zu spielen und einen Rang einzunehmen, den

sie fortan bis in die jüngste Neuzeit, bis an die Schwelle zum 20. Jahrhundert behauptet hat.
Orientiert man sich an den wenigen gesicherten Daten, so ist die Entwicklung in Frankreich in dieser Hinsicht derjenigen in Italien um einige Jahre vorausgegangen" [Poeschke, 31].

Das lässt sich unmittelbar bestätigen.

„Mit der romanischen Kunst, also etwa seit 1060, gewinnt ab etwa 1100 die monumentale Bauplastik an Bedeutung. Auch wenn punktuell einzelne Motive aus der römischen Kunst nachgebildet werden, handelt es sich doch generell um einen Neubeginn, nicht um eine Fortführung der Antike. Im südlichen Frankreich (Cluny, Autun, Vézelay, Moissac, Toulouse), auch in Oberitalien und Nordspanien werden Tympana, Kapitelle und Portalgewände ornamental und figürlich überreich geschmückt." [wiki: Bildhauerkunst]

Das wird durch einen maßgeblichen Kenner von Plastik und Architektur, durch Marcel Aubert (1884–1962) unterstrichen.

„Seit dem Ende des 11. Jahrhunderts nimmt die Skulptur in Saint-Sernin in Toulouse einen großartigen Aufschwung und erreicht rasch einen erstaunlichen künstlerischen Rang" [Aubert, 376].

Französische Skulptur also erst ab dem späten 11. Jh. oder gar erst ab 1100! In der Tolosaner Kirche wird vor allem das figürliche Kapitell entwickelt, das von da an romanische Kirchen wie Kreuzgänge beleben wird. Über 260 Skulpturen schmücken den Innenraum, die von mehreren Händen gefertigt worden sind. Doch am bedeutsamsten ist die Altarmensa, deren breiter Rand von einem großen Bildhauer gestaltet worden ist, von Gelduinus. Er hat dieses Werk signiert („Bernardus Gelduinus me fecit"); Chroniken berichten von der Altarweihe am 16. Mai 1096 durch Papst Urban II. [Lyman]. Damit haben wir eine prägnante Datierung für die aufstrebende Skulptur in Südfrankreich, woraus sich der Schluss ableitet: „Mit Gelduinus beginnt eigentlich die monumentale Skulptur der Hochromanik" [wiki: St-Sernin (Toulouse)].

Wolfgang Schöne (1910–1989) sah klar die kurze Entstehungszeit der europäischen Skulptur:

„Es fällt uns schwer, das Königsportal von Chartres überhaupt entstanden zu denken und nach den Vorstufen zu fragen, aus denen es erwachsen ist. Die abendländische Monumentalskulptur war damals (vollplastische Kruzifixe ausgenommen) gerade erst rund fünfzig Jahre alt. Sie hatte sich an der Architektur gebildet (und ist während des ganzen Mittelalters Architekturplastik geblieben), als Relief an Kapitellen und Pfeilern, an Fassadenwänden und Portalen" [Schöne lt. Beutler 1982, 250 f.].

Bei Entstehung des Chartreser Portals um 1145/50 ergibt das eine rasante Entwicklungszeit von 50, allenfalls 60 Jahren. Damit wollten sich andere nicht abfinden. Christian Beutler (1923–2003) plädierte wiederholt für einen Beginn der Skulptur um das Jahr 800, wollte also mit der Monumentalskulptur bis Karl d. Gr. zurückgehen. Wir werden seinen vergeblichen Versuchen mehrmals begegnen.

Gerade war auch von Nordspanien und Italien die Rede. Aus spanischer Sicht gilt:

> „Kurz nach 1100 erleben der Nordosten Spaniens wie auch Toulouse oder Oberitalien die Geburt der romanischen Skulptur im Zeichen der Wiederentdeckung der Antike“ [Barral i Altet, 289].
>
> „Die vollentwickelte romanische Skulptur Kastiliens ist nicht älter als die der anderen Königreiche, denn die Skulpturen im Chor der Kathedrale von Santo Domingo de la Calzada (bei Logroño) entstanden erst um 1160“ [ebd. 318].
>
> „Um die Mitte des 12. Jahrhunderts hatte sich die architekturgebundene Skulptur in Europa überall etabliert, und in Spanien war sie zum beliebtesten künstlerischen Darstellungsmedium geworden“ [Geese, 293].

Demnach hat die iberische Entwicklung im Pyrenäenbereich, in Kontakt mit südfranzösischen Künstlern begonnen und sich dann nach Süden und damit ins kastilische Kernland ausgebreitet. Auch Norditalien hatte Kontakte zu Südfrankreich: Unter der Überschrift „Ober- und Mittelitalien“ schreibt Xavier Barral i Altet [310]:

> „Um 1100 oder kurz danach findet ein Aufschwung statt, der immer noch nicht ganz geklärt ist. Die sozialen und wirtschaftlichen Grundbedingungen sowie die handwerklichen Fertigkeiten scheinen plötzlich so weit fortgeschritten, daß neue Sakralbauten nicht länger schmucklos bleiben dürfen, sondern mit schönem Skulpturenschmuck verziert werden.“

Uwe Geese schreibt in einem Standardwerk über die Romanik:

> „Um 1100 werden jene aus dem Languedoc herüberreichenden Einflüsse wirksam, wie sie in der Person des Meisters Wiligelmus, der ab 1099 unter dem Domarchitekten Lanfranco in Modena arbeitet, zum Ausdruck gelangen“ [Geese, 300].

Dieser Aufschwung findet nicht nur in Südfrankreich, Nordspanien und Norditalien statt, sondern auch jenseits des Kanals in England:

> „Die große Bauskulptur tritt nach 1100 in Erscheinung. Die Kapitelle in der Krypta der Kathedrale von Canterbury, verziert mit flächendeckendem Dekor aus Pflanzen und Tieren, sind beredte Zeu-

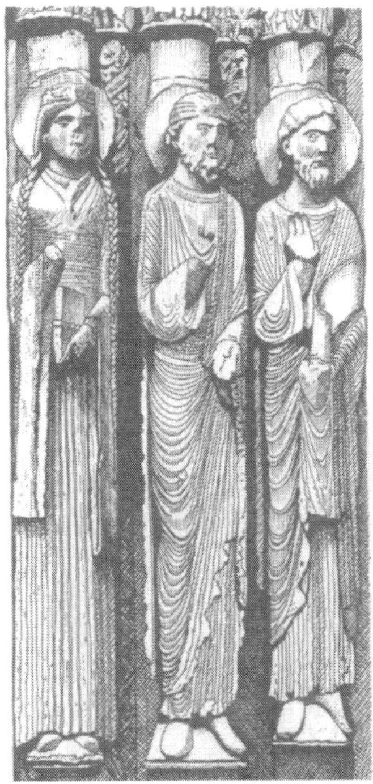

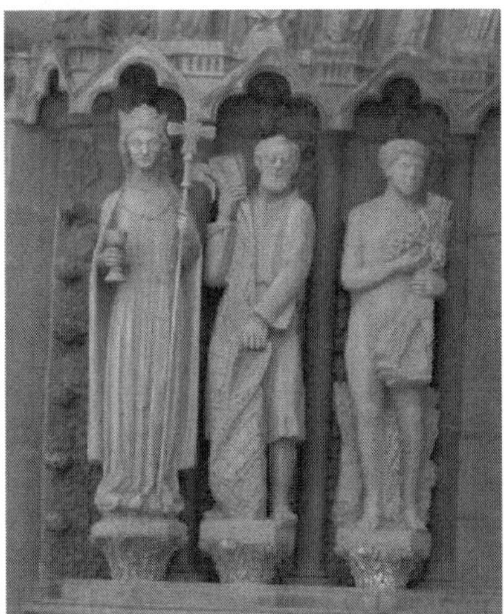

Chartres: Gewändefiguren am noch romanischen Königsportal an der Westfassade der Kathedrale, um 1150 [Christe, 355]

Spätere Gotik: Gewändefiguren an der Trierer Liebfrauenkirche, 13. Jh. [go: ruma:Gotik]

gen eines neuen Stils, der vor 1120 anzusetzen ist. Dieses Datum ist wichtig“ [Barral i Altet, 322].

Insofern lässt sich tatsächlich von einem „Phänomen der Zeitgleichheit“ sprechen [ebd. 310]. Der katalanische Autor konstatiert „das Auftauchen der großen romanischen Skulptur des Abendlandes ***zwischen* 1080 *und* 1120**“ [ebd.; Hvhg. HI]. Diesem Intervall ist unbedingt zuzustimmen; es wird aber keineswegs immer von den Kennern beachtet.

Die deutschen Gebiete, insbesondere rechts des Rheins, werden von dieser Zeitgleichheit nicht erfasst. Hier findet der Aufbruch zur Wunderwelt der romanischen Kapitelle und zu sonstigen Steinkunstwerke erst deutlich später statt, wie zahllose ‚primitive’ Tympana und Kapitelle noch aus dem späten 12. Jh. belegen, damals, als die Franzosen bereits ein weiteres Wunder kreieren, das Gesamtkunstwerk ‚gotische Kathedrale‘.

Für deutsche Bildhauerfähigkeiten lässt sich auf das sog. Schottenportal der Jakobs-Kirche in Regensburg verweisen. Bei diesem wird um 1180 noch ein steifer romanischer Stil gepflegt – „mit seinem urtümlichen und rätselhaften Bildwerk“ [wiki: St. Jakob (Regensburg)]. Hier blieb bislang unverstanden, wer eigentlich Pate gestanden hat.

„Einer der bedeutendsten hochromanischen Bauten Süddeutschlands. In kunstfertiger Quadermauertechnik und mit reichem Skulpturenschmuck ausgestattet. In Regensburg so fremd wie die eingewanderten Mönche selbst“ [Dehio 1991, 510].

Aber auch wenn eine allgemein akzeptierte Deutung nicht gefunden worden ist, so imponiert die schiere Größe von 15 m Breite und 8 m Höhe, belebt mit 154 Figuren [St. Jakob].

Diese Portalwand wird bald gefolgt vom Nordportal von St. Andreas in Bad Gögging, 30 km südwestlich von Regensburg, einer der merkwürdigsten Kirchen in Süddeutschland. Denn sie wurde im Bassin einer mittelkaiserlichen Badeanlage, einst „das größte römische Staatsbad auf bayerischem Boden“, gebaut. Die heutige Kirche stammt aus der Zeit um 1200 [Dehio 1988, 55].

„Dem Gögginger Portal läßt sich im bayerischen Bereich kaum Vergleichbares an die Seite stellen; ein so ausgedehnter Figurenschmuck an einer Dorfkirche ist hier einzigartig“ [ebd.].

Trotz der ambitionierten Steinmetzleistung bewegen wir uns noch auf einem Niveau, das dem französischen von etwa 1080/90 entspricht, also einem mehr als ein Jahrhundert älteren.

Der Sonderweg des Flechtwerks

Bei den bisherigen Betrachtungen ist – wie bei Kunsthistorikern leider üblich – außer Acht gelassen worden, dass es eine Steinmetzkunst gibt, die sich zu beiden Seiten der Adria entwickelt und über die Alpen anfangs bis zur Donau nach Bayern und Österreich, ab dem 12. Jh. in ganz Deutschland ausgebreitet hat: das sog. langobardische Flechtwerk, das in Italien romanisches Flechtwerk genannt wird [Zastrow]. Angesichts der Verbreitung müssen beide Bezeichnungen falsch sein, außer man reduzierte sie darauf, dass sie ihren Ausgang aus einem langobardischen Gebiet am Comer See genommen hätte und deshalb auch comaskisch genannt wird. Doch nicht einmal diese Reduktion lässt sich bestätigen. Vielmehr scheint sich diese Art von Flechtwerk von den ägyptischen Kopten aus im 6. Jh. nach Nordwesten ausgebreitet zu haben. Es handelt sich nicht um keltisches Flechtwerk, das meistens buchstäblich ausgezirkelt, also mit dem Zirkel gezogen erscheint; es handelt sich auch nicht um die verschiedenen germanischen Tierstile, bei denen Tiere beliebig in die Länge gezogen werden, bis sie trotz Köpfen und Tatzen als solche nicht mehr zu erkennen sind.

Dagegen kommt das hier zu behandelnde Flechtwerk tatsächlich vom Flechten mit Korbflechtruten, woraus drei-, vier- oder fünfstrahlige Bänder entstehen können, die dann vorzugsweise kirchliche Innenarchitektur wie Chorschranken oder Architrave überziehen [vgl. Illig 1996c; Illig/Anwander, 227-260]. Sie wurden in einfacher Kerbschnitttechnik gemeißelt, woraus sich bei verändernden Lichtverhältnissen immer neue Licht- und Schattenzonen ergeben. Leider finden wir die meisten Flechtbandsteine nicht mehr am ursprünglichen Ort, sondern – aus dem Zusammenhang gerissen – in Kirchenwände eingemauert, oft sogar auf dem Kopf stehend, als ob sie nicht nur unschön und nutzlos seien, sondern sogar ‚neutralisiert' werden mussten. Daraus leitete sich die Idee ab, dass es sich um ketzerisches, arianisches Flechtwerk handeln müsse, angebracht im Widerspruch zur römischen Kirche.

Diese Idee ließ sich aus dem einfachen Grund nicht bestätigen, dass wir außerhalb von Ravenna keine zweifelsfrei arianischen Kirchenbauten kennen, die ja von Ostgoten herrühren würden. Und die ursprünglich arianische Basilika di Sant'Apollinare Nuovo und das arianische Baptisterium in Ravenna zeigen weder steinernes Flechtwerk noch unterscheiden sie sich von den dortigen ‚römischen' Bauten.

Das Flechtwerk muss also aus einem anderen Grund zum Ärgernis geworden sein. Die ärgste Schändung kennt der Verfasser aus der Kirche Santa Cristina in Bolsena. Ihre drei Schiffe werden wie üblich durch zwei Arkadenreihen getrennt. An ihren sämtlichen Kapitellen ist das

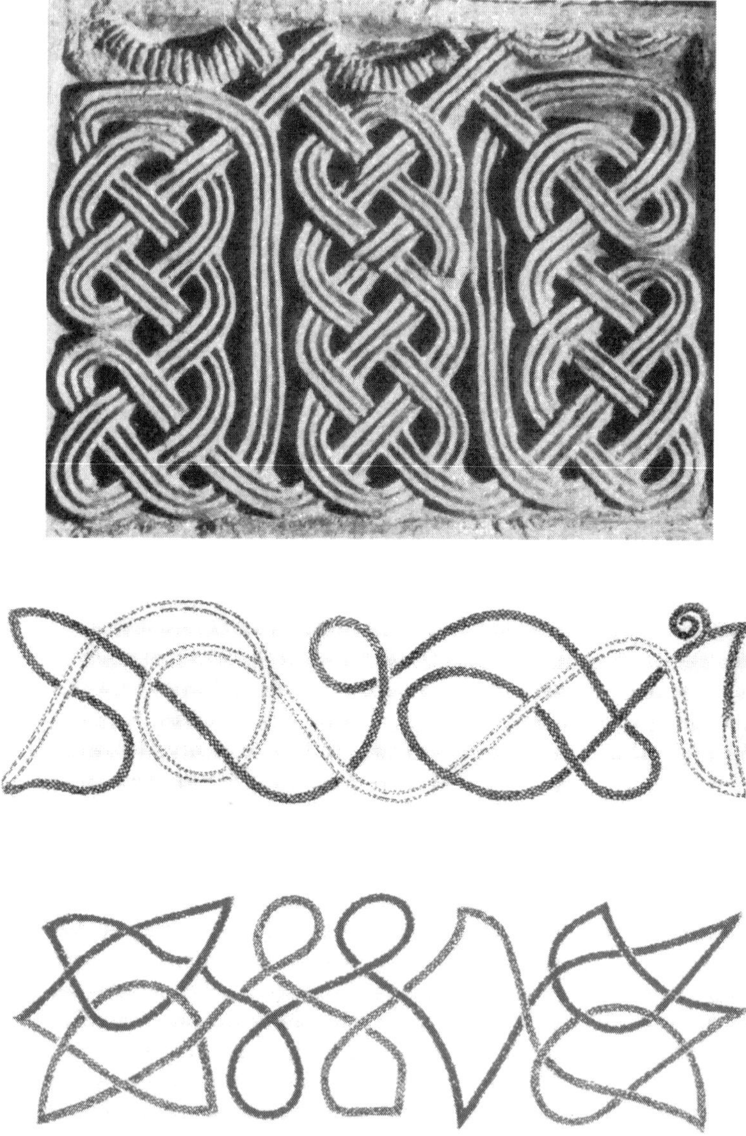

Vom einfachsten Flechtwerk bis hin zu aberwitzigen Verflechtungen:
Chur, Kathedrale, in einen Seitenaltar eingemauertes Flechtwerk [Kutzli, 140]
Pieve di Cellole, Toskana (nahe San Gimignano): Nachzeichnungen des Flechtwerks aus dem Arkadenfries, dessen einzelne Steine jeweils ein Kunstwerk besonderer Art sind [Kutzli, 229, 228]

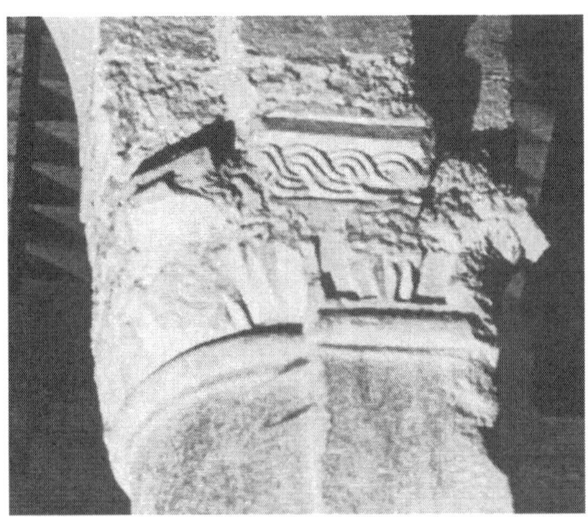

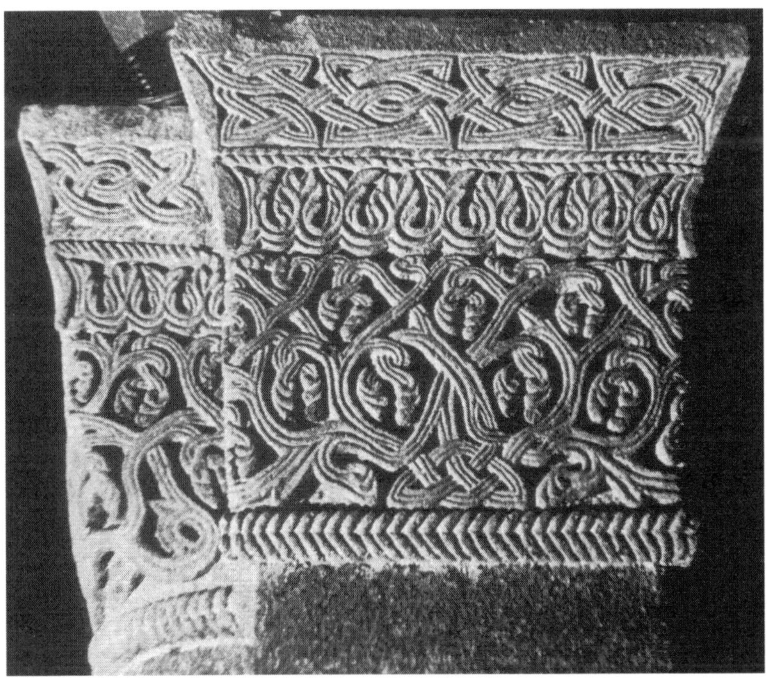

Reste von abgeschlagenem Flechtwerk im Hauptschiff von Santa Cristina in Bolsena [Kutzli, 115]. Die Kapitelle konnten wohl nicht ausgetauscht werden.
Ebenfalls am Bolsenasee: Montefiascone, San Flaviano, Reichste Flechtwerkkapitelle, wohl nach 1200 [Kutzli, 40]

Flechtwerk abgeschlagen worden; nur kleine Reste dokumentieren den ursprünglichen Zustand. Diese Kirche ist 1077 von Papst Gregor VII. eingeweiht worden, jenem Papst, der damals die Kirche reformierte und den Investiturstreit auslöste. Dieselbe Kirche wurde Schauplatz des Wunders von Bolsena, 1263, als aus einer Hostie Blut aufs Altartuch tropfte, worauf das Fronleichnamsfest beschlossen wurde, mit dem die Umwandlung von Hostie und Wein in Fleisch und Blut des Erlösers bei der Wandlung gefeiert wird (Transsubstantiation), und ab 1288 die gotische Kathedrale von Orvieto als Riesenschrein für das Altartuch (Korporale) von Bolsena entstand.

Hieraus könnte dann doch wieder auf ein Christentum geschlossen werden, das Jesus nur als Mensch sah und folglich weder die Transsubstantiation kennt noch den Erlösungstod des ‚Menschensohns' für die unter der Erbsünde leidende Menschheit. Damit wären wir erneut beim Arianismus; doch soll Vandalismus in einem einzelnen Kirchenraum nicht überbewertet werden.

Immerhin gibt es auch intakte Flechtwerk-Ensembles, ob als Chorschranke in Split (Sv. Martin) [Illig 2003] oder als Portalschmuck im schwäbischen Altenstadt (Lkr. Neu-Ulm) [Illig/Anwander, 229-259]. Es ist generell zu konstatieren, dass Flechtwerk innerhalb der Romanik nach ca. 1050 zum üblichen und nicht mehr ‚verfolgten' Kirchenschmuck avanciert. So ist die Basilika di San Flaviano, ebenfalls am Lago Bolsena in Montefiascone, mit eleganten, überreichen Flechtwerkkapitellen geschmückt, die niemand zerstört hat.

Die Meriten dieser Schmuckform bestehen darin, dass sie über stereotype Wiederholungen (Flechtwerk) hinausgeht und sehr bewusst Unregelmäßigkeiten im gleichförmigen Geflecht einbaut, die sich zu erstaunlichen Gebilden auswachsen können. Als Beispiel kann das vollständig erhaltene Ensemble aus dem frühen 13. Jh. in der Pieve di Cellole (nahe San Gimignano) dienen [Illig 1996c, 451]. Andererseits finden wir auch ganz regelmäßige Geflechte wie die sog. Korbböden, Urbild des Flechtens, die heute auch als Mandala-Struktur verstanden werden.

Datierungsmäßig zieht sich europäisches Flechtwerk durch 8. bis 13. Jh. Aus Sicht des Verfassers tritt es erst kurz vor 1000 in Dalmatien und Norditalien auf, um sich dann innerhalb der romanischen Bildhauerkunst lange zu halten.

Aber es gibt scheinbar zwei gravierende Einwände: Etliche Flechtwerksteine in Dalmatien sind exakt mit jenen Herzogsnamen beschriftet, die sonst nirgends auftauchen, aber kroatische Herrschaft schon im 9. Jh. beweisen würden: Trpimir, Mucimir, Branimir und Držislav. Hier handelt es sich um nationalbewusste Fälschungen des 19. Jh. [Illig 2003,169-174], die den Flechtwerksteinen hinzugefügt worden sind.

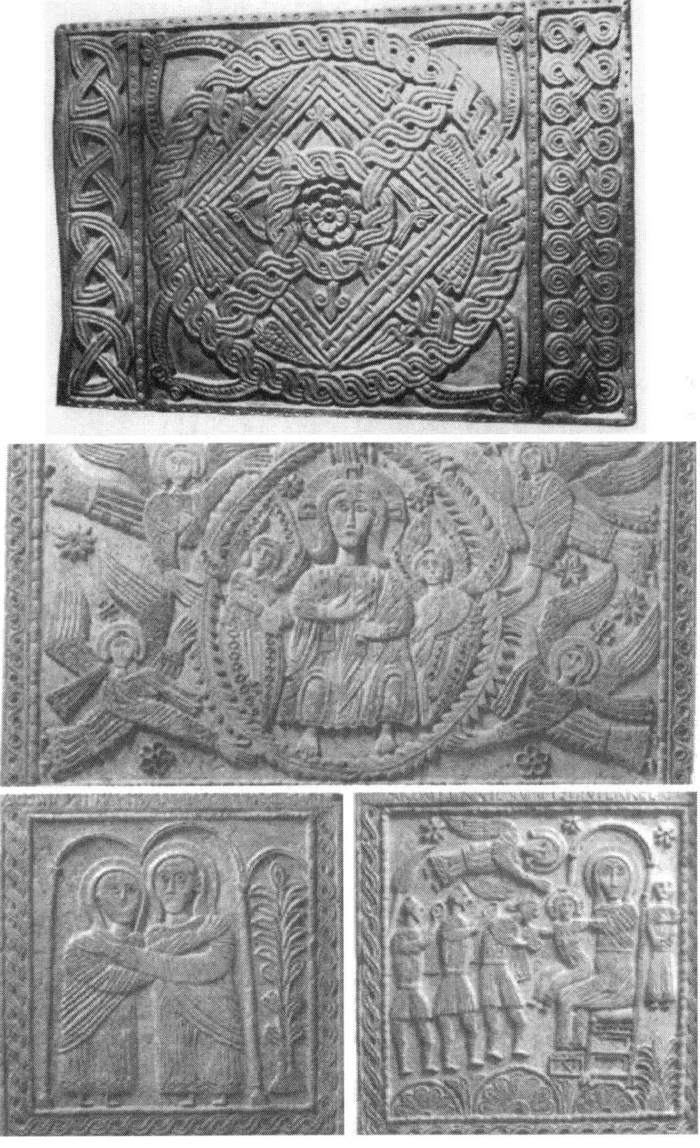

Schänis, ehem. Frauenkloster (Kanton St. Gallen): Korbboden oder Mandala, bislang 820, jetzt um 1000 [Kutzli, 192]

Ratchis-Altar, Cividale, bislang 745, hier frühes 11. Jh. [cividale] wegen der „Birnköpfe“ (vgl. Türzsturz von Saint-Genis, S. 17), rechts u. die Hl. Drei Könige mit ersten Andeutungen von Kronen

Etwas Ähnliches findet sich im friulanischen Cividale, das als ihre erste Herzogsresidenz auf italienischem Boden noch heute ganz im Zeichen der Langobarden steht. Im dortigen „Museo Cristiano“ findet sich Flechtwerk im Verein mit Personendarstellungen im Flachrelief, etwa auf dem Ratchis-Altar. Dort beziehen sich mehrere Inschriften auf langobardische Würdenträger, bevorzugt auf Randleisten, die ursprünglich nicht beschriftet gewesen waren. Das gilt für die Herzöge Pemmo und Ratchis, die zwischen 706 und 757 regiert hätten, und für die Patriarchen Callixtus und Sigwald aus derselben Zeit. Hier vertritt der Verfasser die Meinung, dass wie in Dalmatien später erfundene Geschichte beschworen werden sollte. Denn andernorts gibt es Inschriften nur selten – z.B. im Lapidarium von Novigrad oder in Trogir – und ohne geschichtlich relevante Namen [Kutzli, Nrn. 79, 155].

Zur Orientierung: 774 soll Karl der Große die Reiche der langobardischen Könige und Herzöge zerschlagen haben. Daraus erwächst erst im 10. Jh. die Lombardei. Im „Museo Archeologico Cividale“ können jedoch nur Funde aus dem 6. Jh. und dem ersten Viertel des 7. Jh. gezeigt werden, obwohl die Langobarden hier von 568 bis zu ihrem Untergang zwei Jahrhunderte später präsent gewesen sein müssten.

Aber es gibt in dieser Unordnung durchaus Orientierung. Da die sog. langobardischen Figuren von Cividale mit ihren ‚Birnenköpfen‘ denen des Türsturzes von St-Genis überaus ähneln, sieht sie der Verfasser ebenfalls zu Beginn des 11. Jh. entstanden. Diese Datierung korrespondiert mit den Kopfbedeckungen der dargestellten hl. Drei Könige. Ziemlich genau bis 980 trugen sie auf allen Abbildungen als Magier phrygische Mützen, danach Kronen [Illig 2014b, 407-412] – von Nachzüglern bis 1014 abgesehen [Beuckers 1999, 45]. Am Ratchis-Altar sieht man lange Haare, keine Mützen, aber ganz kleine Kopfbedeckungen, die noch keine wirklichen Kronen darstellen. Damit lässt sich dieser ansonsten gerne übergangene Entwicklungszweig scheinbar allzu früher Reliefkunst zwanglos in die allgemeine Entwicklung des Abendlands einreihen: Cividales Dreikönigsdarstellung stammt aus der Zeit um 1000.

Die comaskischen Handwerker verschwinden deshalb nicht aus der Baugeschichte, sondern beteiligen sich nördlich der Alpen ab dem 11. Jh. am Bau des Speyerer Doms und weiterer Kirchen, bis hin zum Dom im schwedischen Lund. Als Fälschung oder Verfälschung erweist sich hingegen das ‚*Edictum Rothari*‘ von König Rothari (643), da die vom Holzbau herkommenden Langobarden nicht vier Jahrhunderte vor den gotischen Bauhütten als steinbearbeitende ‚Genossenschaft‘, als „magistri comacini“ genannt werden konnten. Das ist zwangsläufig ein viel späterer Zusatz.

Datierungswirrwarr

Damit sollte das innovative Intervall von 1080 bis 1120 für England, Frankreich, Nordspanien und Oberitalien sehr gut abgesteckt sein, auch wenn die Jahreszahlen für Cluny noch um zwei bis drei Jahrzehnte schwanken. Merkwürdigerweise halten sich die Kenner keineswegs an ihr eigenes Wissen und Können. Sie können diesen Zeitansatz vertreten, aber im gleichen Atemzug für einzelne Kunstwerke auch Datierungen behaupten, die nicht stimmen können, sondern allenfalls antizipatorisch, sprich weit vorauseilend einzustufen sind.

Die Portalplastiken von St. Emmeram, Regensburg

In Regensburg gibt es neben dem späten Schottenportal ein anachronistisch frühes Beispiel für Steinplastik. In der Klosterkirche St. Emmeram repräsentieren drei Reliefs einen rätselhaften Beginn bereits Mitte des 11. Jh.: der thronende Christus zwischen den beiden Heiligen Emmeram und Dionysius, positioniert an den Pfeilern des Doppelportals der Klosterkirche. Die Christusfigur nähert sich bereits der vollrunden Darstellung. Hans Karlinger sah 1928 die ins Monumentale weisende Dimension:

> „Damals hat sich die Tatlust der Zeit und der Künstler zu einem ersten plastischen Versuch in monumentalen Ausmaßen zusammengeballt: die Figuren Christi und der Patrone Emmeram und Dionysius, die Abt Reginward [1048–1060 oder 1064] über dem Nordportal seines Münsters aufstellen ließ“ [Karlinger, 16].
>
> „Diese blockhaften Figuren gehören zu den frühesten mittelalterlichen Steinreliefs, hier erstmals als Portalschmuck auftretend, stilistisch weisen sie auf Vorbilder der Elfenbein- und Goldschmiedekunst“ [Dehio 1991, 488].

Der stilistische Verweis auf andere Materialien ist dringend notwendig, weil es in Stein keine Vorbilder gibt. Trotzdem gilt die Datierung als gesichert, wird doch in einer Widmungsinschrift am Portal die Jahreszahl 1050 genannt, die selbst der *Dehio* [ebd.] unbedenklich auf die Figuren überträgt.

Das Problem hat Hamann bereits 1924 angesprochen, und zwar in einer programmatischen Äußerung auf den allerersten Seiten des von ihm damals gegründeten *Marburger Jahrbuchs für Kunstwissenschaft*. Allerdings bemerkte er nicht, dass die von ihm angesprochenen frühen Anfänge ‚deutscher‘ Kunst falsch datiert sind und deshalb alles weitere verwirren:

„In Deutschland fehlt eine solche klare Entwicklung [wie in Frankreich; HI], doch nicht aus Armut und unschöpferischem Geist, sondern aus Reichtum und Verwickeltheit der Verhältnisse. Ehe in Frankreich die Entwicklung beginnt und zu einer Zeit, als dort nur erste Äußerungen eines anfänglichen Stammelns in der Skulptur sich zeigten, hat Deutschland schon eine reiche und bedeutende plastische Kunst und eine zusammenhängende Folge bildhauerischer Werke von den Hildesheimer Türen [1015; HI] bis zum Grab Rudolfs von Schwaben [1080; HI]. Bedeutende Werke plastischer Kleinkunst der Reimser Schule lassen wie die Elfenbeine und Miniaturen eine Unterscheidung von französischer und deutscher Kunst noch nicht zu in einer Zeit, wo das Frankenreich und der fränkische Hof eine Blüte künstlerischer Kultur heraufholten.
Aber gerade dieser Reichtum und diese Blüte früher Kunst ist der Grund, daß der deutschen Plastik für die geschichtliche Entwicklung der Anfang fehlt. Sie fängt gleichsam von hinten an, beginnt mit der Reife. Das Primitive und Anfängliche folgt später und findet sich zu verschiedenen Zeiten, und wie es zunächst scheint, als lokale, provinzielle Kunstübung" [Hamann 1924, 2].

Bei dieser Umkehr der Entwicklung geht es auch um die Relieffiguren von St. Emmeram. Sie können durch das Schottenportal aus dem späten 12. Jh. nicht motiviert werden. Gibt es andere Vergleichsmöglichkeiten? Die sog. Schotten waren wohl irische Benediktiner. Doch für die drei Figuren von St. Emmeram gibt es keinen Hinweis auf eingewanderte Mönche, weil damals in ganz Europa noch kein Steinmetz solches vermochte. Von wann sind die drei Reliefs dann? Sie werden wegen ihrer Datierung in die Nähe der Kölner Pantaleonfragmente gebracht:

„In der Geschichte der mittelalterlichen Skulptur gehören die Fragmente von St. Pantaleon zu den frühesten Beispielen aus Stein gehauener Großplastik. Zwei stehende Heilige zur Seite eines thronenden Christus zeigen im 11. Jahrhundert auch die Reliefplastiken an der Fassade von St. Emmeram in Regensburg von etwa 1060 und am Immunitätstor in Xanten aus dem letzten Viertel des 11. Jahrhunderts" [Brandt/Eggebrecht, 223].

Was für Beweise! Die Emmeram-Skulpturen werden 70 Jahre jünger als die von St. Pantaleon eingeschätzt (Xantens Plastiken sind unauffällig). Sie können nicht zugunsten einer Zeit kurz vor 1000 bürgen.

Gleichwohl wird in einem Reiseportal [Hoffmann] für St. Emmeram eine zusätzliche Veralterung versucht, könnten doch die drei Reliefs vielleicht sogar aus der karolingischen Königspfalz Arnulfs von Kärnten in Regensburg stammen, also aus dem späten 9. Jh.! Ein weiterer

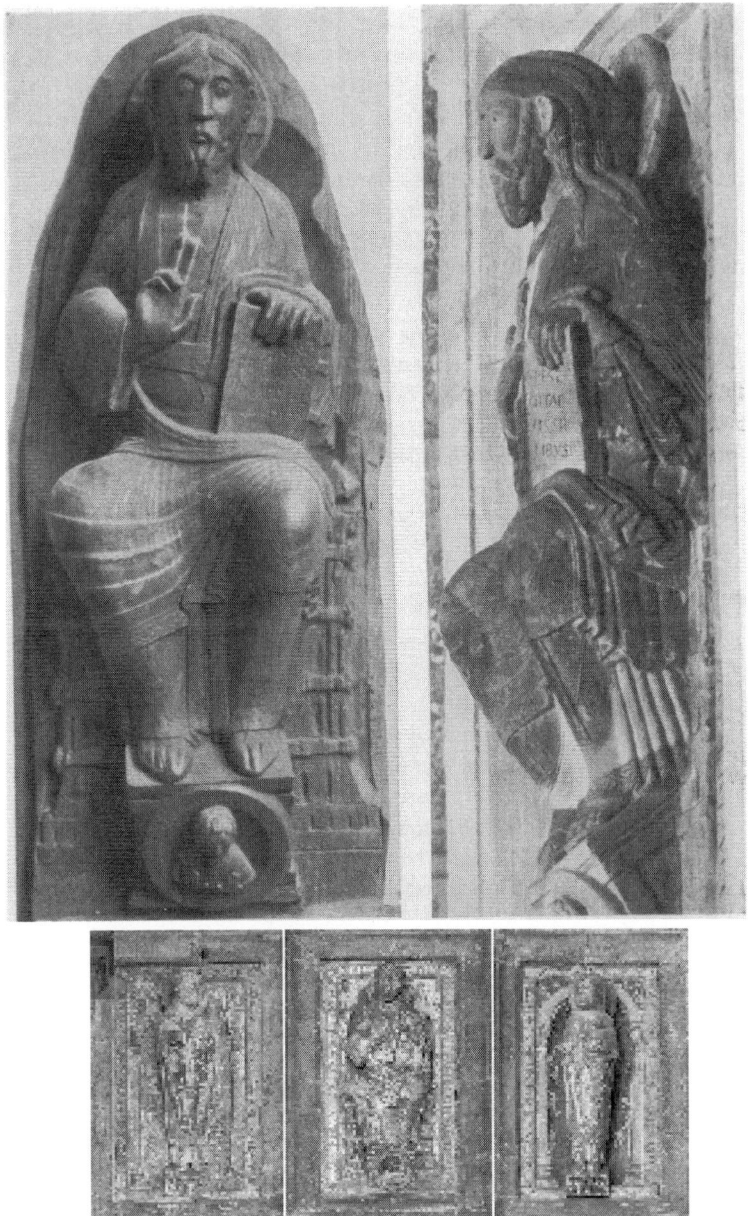

Drei Steinreliefs am Portal von St. Emmeram, Regensburg [*reise-zikaden*]
Die zentrale Christusfigur ist romanisch und kein Flachrelief; sie trägt Rastalocken [Beenken, 27]. Die Datierung liegt bei 1160, nicht bei 1050.

Versuch, die Karolinger mit irgendwelchen Skulpturen auszustatten. Hier ist anzumerken, dass man in Regensburg zwar zahlreiche mögliche Pfalzstandorte kennt, aber bislang keinen Stein einer solchen Pfalz [Illig/Anwander, 456-465].

An gleicher Stelle [Brandt/Eggebrecht, 223] wird jedoch darauf hingewiesen, dass der Eingangsbereich von St. Emmeram 1166 durch Brand zerstört wurde und neu gestaltet werden musste. Zu dieser Aktion könnte das Einfügen der drei damals neuen Figuren gehört haben. Also die technisch und stilistisch authentische zweite Hälfte des 12. Jh., keineswegs 11. oder gar 9. Jh.! Das erklärt den so unterschiedlichen Faltenwurf über den Knien des thronenden Christus, der sich ansatzweise im Tympanon eines Portals im südlichen Seitenschiff des Trierer Doms andeutet – doch erst um 1180 [trier]. Das gilt ebenso für mehrere Chorschrankenreliefs in der Liebfrauenkirche von Halberstadt – doch erst um 1200/10 [wiki: Liebfrauenkirche (Halberstadt)]. Nur so lassen sich die drei Regensburger Figuren in den Fluss europäischer Skulpturentwicklung eingliedern, nachdem sie von keinem seine Zeit überwindenden Genie wie etwa Michelangelo stammen. Herbert Schindler, Verfasser einer bayerischen Kunstgeschichte, dachte auch an die fehlenden Nachfolger, war sich also des Problems bewusst, ohne eine Lösung zu versuchen:

> „Es muß an dieser Stelle noch einmal vermerkt werden, daß die Regensburger Portalplastiken […] der allgemeinen Entwicklung der Architekturplastik in Europa einige Zeit vorausgehen und daß sie in ihrem Entstehungskreis ohne direkte Nachfolge bleiben. Erst ein halbes Jahrhundert später wird am Dom zu *Modena* auf lombardischem Boden ein entscheidender Schritt weiter getan, in den mehrfigurigen, erzählenden Reliefs des Meisters WILHELM. Die westfranzösische Architekturplastik setzt um 1100 im Gebiet der Languedoc ein und entwickelt sich hier aus dem Flachrelief sehr zielstrebig die isolierte Freifigur, die das frühe Mittelalter in der Sakralplastik nicht gesucht und deshalb so gut wie vergessen hatte“ [Schindler, I:102; seine Hvhg.].

Wenn die kunsthistorische Wissenschaft zu der unbezweifelten Meinung gekommen ist, dass die Architekturplastik erst gegen 1100 entsteht, sollte sie nicht immer wieder versuchen, ohne irgendeinen steinernen Gegenbeweis diese Meinung zu umgehen, nur weil es erstrebenswert wäre, irgendwie zu älterer Skulptur, vielleicht sogar zu einer ‚deutschen‘ Plastik zu kommen. Rekorde für das Guinness-Buch gehören nicht ins Lehrbuch.

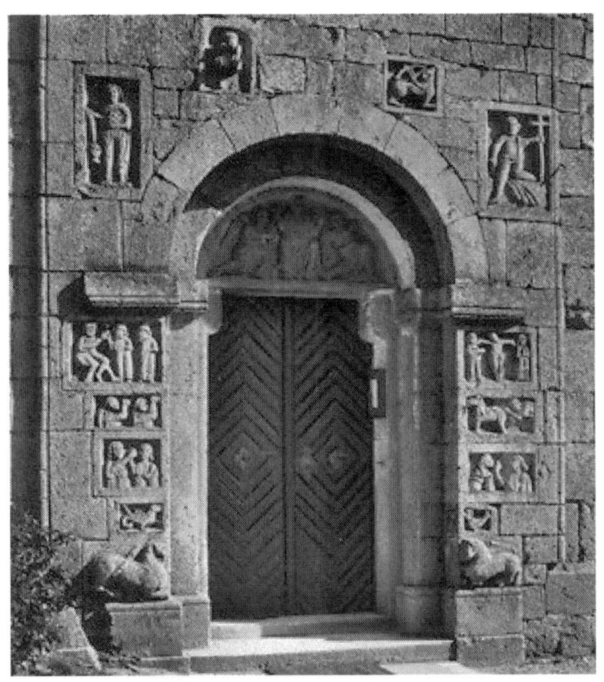

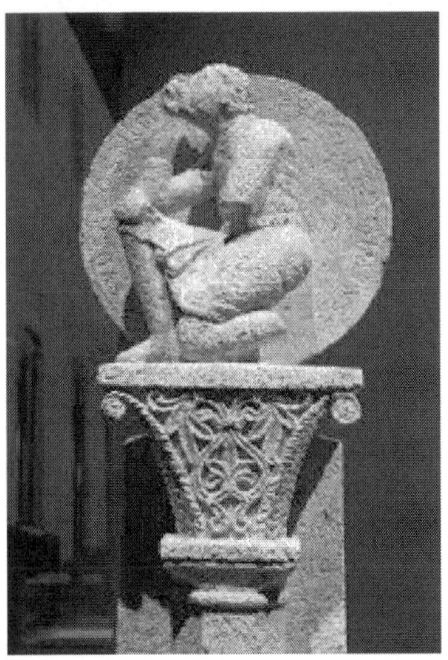

Andreaskirche Bad Gögging, Portal, um 1190 [Postkarte]
Sphaera des Wilhelm von Hirsau, bislang vor 1069 [Wikimedia commons], jetzt nach 1150

Die sog. Sphaera des Wilhelm von Hirsau

Das „Historische Museum“ in Regensburg besitzt eine monumentale romanische Plastik, die bis ca. 1800 vergessen war, obwohl sie im Garten von St. Emmeram stand. Auf einer Säule kniet ein Mann vor einer runden, zum Teil beschrifteten Scheibe. Das ungewöhnlich große Objekt ist mit seinem Sockel ca. 2,50 hoch, die Scheibe hinter der knienden Figur durchmisst ca. 0,60 m. Datiert wird sie auf ca. 1060. Doch aus unseren bisherigen Betrachtungen ergibt sich, dass eine derartige Menschendarstellung in der deutschen Romanik vor 1160 nicht erwartet werden kann. Denn hier werden nicht nur die Proportionen der menschlichen Figur beherrscht, sondern auch das gestalterische Zusammenspiel zwischen Scheibe, Mensch und Säule. Das setzt das Bemühen um ‚dreidimensionale‘ Kapitelle voraus, doch das setzt in Deutschland erst im späteren 12. Jh. ein.

In Regensburg wollte man die Lebenszeit des Klosterreformers und Wissenschaftlers Wilhelm von Hirsau berücksichtigen und entschied sich für die Zeit vor 1069, dem Jahr, in dem er Abt von St. Emmeram wurde. Diese Datierung wird allenfalls durch die umlaufende Schrift gedeckt, die keinen Hinweis auf Wilhelm gibt, deren Buchstabengestaltung aber der Mitte des 11. Jh. entsprechen soll [Neumüller-Klauser lt. Hedenus, 11]. So nimmt nachfolgende Einschätzung nicht wunder:

> „Die sogenannte »Sphaera« steht in ihrer Zeit völlig einzigartig da; sie belegt das außergewöhnliche Niveau, auf dem im Kloster St. Emmeram damals gearbeitet wurde“ [Freitag].

Auf der Scheibe ist der altgriechische Name Aratos vermerkt. Den Humanisten war der Astronom Aratos von Soloi bekannt, der im 3. vorchristlichen Jahrhundert seine *„Phainomena“* schrieb. Auf der Vorderseite der Scheibe steht (übersetzt): „Die Sternbahnen hat Arat mit dem Stab gewiesen“, auf der anderen Seite:

> „Klimazone, Parallelkreise, Himmelspol, Ort und Höhen des Tierkreiszeichens, dazu vielfältige Verwendung bietet sich hier vor der Visierspitze“ [Hedenus, 10].

Befremdlicherweise wird die Sphäre, die für praktischen Gebrauch wenig geeignet ist, mit der Kalenderkorrektur von 1582 in Verbindung gebracht: Damals wurde der Frühlingspunkt auf den 21. März festgesetzt, wurden im Kalender 10 Tage übersprungen.

> „Um diese Diskrepanz zu erkennen, genügte ein einfacher Gnomon, denn am vermeintlichen Termin ging die Sonne nicht wie erwartet direkt im Osten, sondern fast 4° weiter nördlich auf. Das konnte von einem geübten Beobachter nicht ignoriert werden (der Vollmond

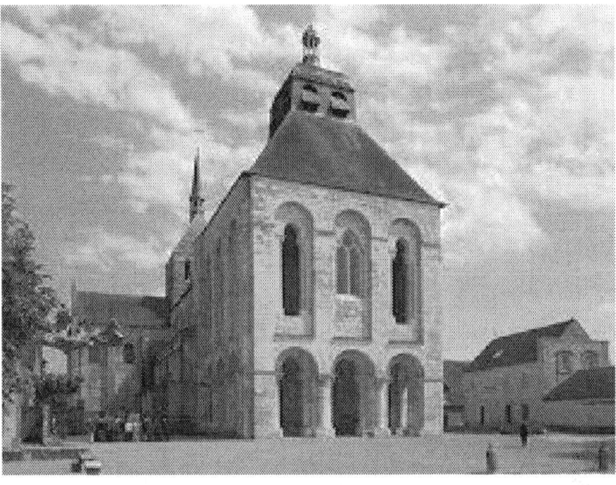

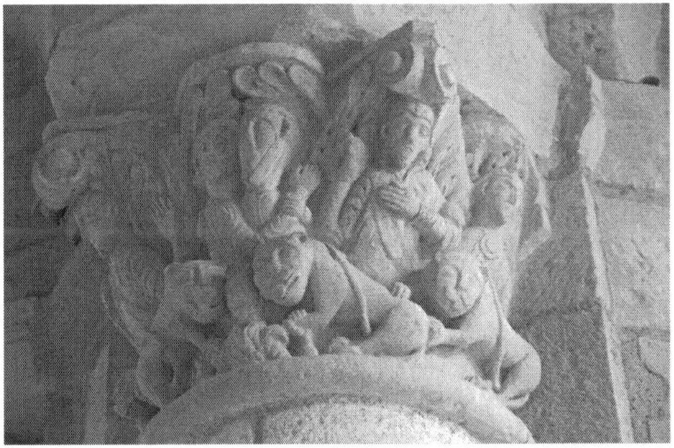

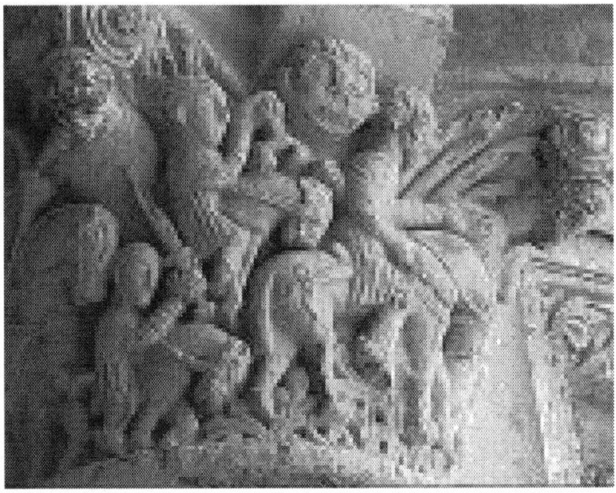

Vorturm von St-Benoît-sur-Loire [wiki] und zwei seiner Kapitelle [zeugs; artroman]; bislang 1020, jetzt ca. 1130. Die Kunst der Pferdedarstellung ist bereits fortgeschritten.

hat eine scheinbare Ausdehnung von etwa 0,5°). Der zu verwendende Frühlingstermin wurde daher kontrovers diskutiert und eine Neubestimmung war eine Herausforderung der Tradition. Eben dieser Herausforderung hatte man sich in Regensburg gestellt" [Hedenus, 12].

Doch das war noch kein Problem des 11. Jh. Erst im 13. Jh. wurde allmählich verstanden, dass die Tageszählung nachhinkte, wurde erstmals über Reformen nachgedacht [vgl. Illig 2019, passim]. Warum dafür ein steinernes, unbewegliches Requisit entworfen worden wäre, ist noch nicht beantwortet. Auf alle Fälle hat diese figurale, Anatomie wie Astronomie sinnvoll abbildende Skulptur ihren Platz frühestens in der zweiten Hälfte des 12., nicht im 11. Jh.

Saint-Benoît-sur-Loire (Fleury)

Zurückkommend nach Frankreich ist festzustellen, dass für einige Kirchen und Klöster Datierungen vertreten werden, die keinesfalls in das Zeitintervall für das Entstehen romanischer Skulptur passen. Am prominentesten ist Benedikts zweite Grabeskirche.

Saint-Benoît-sur-Loire ist berühmt, weil die Gebeine des ‚Vaters des Abendlandes' hier verwahrt worden sind, nachdem Montecassino zerstört war. Mit Translation der Reliquien wechselte der Klostername von Fleury zur französischen Form des hl. Benedikts. Fama est: Nach dem Tod des hl. Benedikts (547) zerstörten die Langobarden 577 sein Kloster Montecassino, in dem er auch begraben lag. Im Jahr 672, also fast ein Jahrhundert später wären Mönche von Fleury nach Montecassino geeilt, hätten in den Trümmern die sterblichen Überreste Benedikts gefunden und nach Fleury gebracht. Die Baugeschichte Fleurys ist ebenfalls rätselhaft.

„St-Benoit (1067–1218) ist eine berühmte Abteikirche. Das 112 m lange Schiff aus Stein ist das beste Zeugnis der Hochromanik im Loiretal. Der von Abt Gauzlin (1004–1030) errichtete Vorhallenturm ist ein autonomer Baukörper vor der 3schiffigen Kirche. Er ist Prestige- und Verteidigungsbau zugleich und hatte urspr. ein 3. Geschoß, das Franz I. als Strafsanktion abbrechen ließ. Danach bekam er das heutige Zeltdach mit Laterne. Im Erdgeschoß hat er figurale und mit Blattwerk geschmückte Kapitelle. Im Obergeschoß ist ein höherer Saal mit menschlichen Figuren an den Kapitellen. Er diente als Kapelle.

1067 wurde mit Krypta, Chor und Querschiff begonnen, war 1108 fertiggestellt. Das gegen 1150 angefangene Schiff wurde 1218 ein-

> geweiht. Es ist ein Hauptwerk der Romanik. Über der Vierung erhebt sich ein massiver Turm. Das reichgeschmückte Nordportal (um 1200) zeigt im Tympanon den thronenden Christus mit den 4 Evangelisten." [SantiagoWiki: Saint-Benoît-sur-Loire]

Nicht erwähnt wird ein Brand von 1026, nach dem Gauzlin den Torturm begonnen habe [Barral i Altet, 274]. Üblicherweise wird nach einer Klostergründung zuerst die Kirche gebaut, ist doch das Haus des Herrn der zentrale Kultort für Mönche und Brüder. Aber in diesem Fall wäre ein singulärer Turm ohne erkennbaren Zweck bereits früher als die Kirche gebaut worden. Sein Erdgeschoss besteht nur aus freistehenden Pfeilern, Stützen für die oberen Stockwerke. Auf jeder Seite finden sich zwischen den Eckpfeilern drei Bogenstellungen. An diesen Pfeilern finden sich erstaunlich gute Reliefs, auch wenn die Figuren noch steif wirken. Aber z. B. Pferde werden bereits beherrscht, die uns als Sujet noch beschäftigen werden. Wäre der Turm 1030 fertig gewesen, müssten die Kapitelle als tragende Bauteile wohl schon um 1015 bereitgestanden haben. Demnach würde es sich um einen Künstler handeln, der seinen burgundischen Kollegen um 80, ja 90 Jahre vorausgewesen wäre. Das widerspricht dem „Phänomen der Zeitgleichheit" aufs Entschiedenste.

Würde die Datierung des Vorhallenturms Bestand haben, müsste das oben genannte Skulpturen-Intervall (1080–1120) auf 100 Jahre erweitert werden. Aber wie schon angesprochen, ist dieser Turm vor der Kirche ganz unwahrscheinlich. Bei den Kirchenbaudaten gab es zwischen 1108 und 1150 eine rätselhafte Unterbrechung. Wenn unterstellt wird, dass erst im 12. Jh. dieser Turm in die Höhe gezogen wurde, dann wären seine Kapitelle ‚auf evolutionäre Reihe' gebracht. Das wird sicher von den Gegnern einer evolutionistischen Entwicklung heftig bestritten; aber es gibt keine Möglichkeit, ein derartiges Vorpreschen handwerklicher Fähigkeiten zu erklären, weil erst ab 1100 in Burgund, in der ganzen Region in Windesseile die bildhauerischen Fähigkeiten aufblühten.

Diese Probleme hat Barral i Altet schon wesentlich früher gesehen und bezieht sich dabei auf ein „Unbertus me fecit", das an einem der Kapitelle im Erdgeschoss eingemeißelt ist:

> „Aber kann man sich vorstellen, daß Unbertus' Auseinandersetzung mit korinthischen Formen und die ersten erzählenden Kapitelle in Saint-Benoît mehr als ein halbes Jahrhundert früher anzusetzen wären als die ersten korinthischen Kapitelle in Saint-Sernin zu Toulouse oder in Vézelay, wo sie um 1100 auftauchen? Genau dieses verneinen die Verfechter einer evolutionistischen Theorie zur

> romanischen Skulptur, denn in ihren Augen entwickelt sich der romanische Stil vom Zeitpunkt seiner Formung an regelmäßig fortschreitend“ [Barral i Altet, 275].

Der Katalane stellt leider nur rhetorisch die Frage, ob dieser Turm unter Abt Wilhelm (1067–1080) gebaut worden sein könnte. Dabei geht seine Bemerkung in die richtige Richtung, lässt sie sich doch geistesgeschichtlich untermauern. Der Bildhauer zeigt mit Akanthus-Blättern, wie weit er „mit antiker Kultur vertraut war“. Von ihm sind auch Zeichenblätter bekannt; sie belegen seine „Beobachtung antiker Vorgaben, aber auch seinen Willen, neue Schemata zu entwerfen, beispielsweise mit Hilfe der Palmette“ [ebd. 275]. Nun ist bekannt, dass Fleury um die Jahrtausendwende

> „zu einem der wichtigsten geistigen Zentren des Abendlandes“ geworden ist. Die Abtei, eine einzigartige »Studierstube« mit reich ausgestatteter Bibliothek und recht berühmtem Scriptorium, ist im Laufe des 11. Jahrhunderts ein Hort antiker Kultur, in dem sich damals die monastische Kultur des Mittelalters herausbildet“ [ebd. 274].

Mittlerweile ist ins allgemeine Bewusstsein gehoben worden, dass es in Europa eine Renaissance des 12. Jh. gegeben hat, die nicht nur den wissenschaftlichen Anspruch von Texten gehoben, sondern sich auch der Antike zugewandt hat. Diese Entwicklung setzte gegen 1130 ein, wie Ivan Illich [1990; vgl. Illig 2017] gezeigt hat. Hierzu würden Unbertus' Studien trefflich passen.

Zusätzlich gibt es eine historische Erklärung. Abt Gauzlin wird eine Bemerkung in den Mund gelegt:

> „Im Jahre 1020 begann der Abt Gauzlin mit dem Bau eines monumentalen Turms, dem heutigen Portalturm, der, wie er selbst sagte, »ganz Gallien als Vorbild dienen sollte«. Der Turm ist ein Meisterwerk romanischer Baukunst“ [wiki: Fleury (Abtei)].

Wie es scheinbar der Zufall will, wird dieser Turm kein Vorbild für auch nur ein französisches Kloster, aber Papst „Alexander II. verlieh den Äbten 1072 den Primat vor allen Äbten Galliens“ [Lex. Theol: Fleury, IV:167]. Demnach hatte Gauzlin, den Papst antizipierend, bereits 1020 eine lebhafte Ahnung davon, was 52 Jahre später geschehen sollte. Umgekehrt ist es leichter verständlich: Aus Rivalitätsgründen mit anderen Klöstern genügte dem Kloster an der Loire das Ernennungsjahr 1072 nicht mehr, sondern benutzte im 12. Jh. einen neu gebauten Turm für eine deutlich vorgezogene Bekräftigung seiner Vorreiterrolle.

Deshalb schlägt der Verfasser vor, die Bedenken gegen die Datierung von St-Benoît ernst zu nehmen und den singulären Torturm in die Zeit zwischen 1108 und 1150 umzudatieren.

Am Rande spielt hier das Nachleben des hl. Benedikt herein [vgl. im Folg. Illig 1994]. Der 547 Gestorbene, der später so hoch gewürdigte „Vater des Abendlandes" und „Vater Europas" [ÖHl: Benedikt von Nursia], erhält bis 700 keinen Nachruf, keinen Eintrag im *Martyrologium Hieronymianum* und keinen Kult in Rom. Trotzdem suchen Mönche von Fleury im späten 7. Jh. nach seinen sterblichen Überresten in den Trümmern des 100 Jahre zuvor zerstörten Klosters, finden sie ebenso wie die seiner Schwester Scholastika, und verbringen die seinen nach Fleury, das in St-Benoît-sur-Loire umbenannt wird, und die ihren erst nach Le Mans und dann nach Juvigny-sur-Loison.

> „Nach der dritten Zerstörung des Klosters Montecassino im Jahr 1944 soll das Doppelgrab von Benedikt und Scholastika dort wieder entdeckt worden sein" [ÖHl: Scholastika].

Deshalb wurden die beiden offenbar doppelleibigen Geschwister vom Verfasser für fiktiv erklärt. Die Geschichte gefiel Johannes Fried [2004, 344-357] so gut, dass er den fiktiv gewordenen hl. Benedikt ungestraft nostrifizierte; immerhin räsonierte er über „dunkle Verformungskräfte in der historischen Überlieferung" [ebd. 289].

Saint-Florent de Saumur

Auch bei dieser Benediktinerabtei knirscht es bedenklich, wenn auch nur in der Überlieferungsgeschichte. Was ist gemeint? Dem französischen *Wikipedia*-Text ist zu entnehmen, dass es zunächst eine Abtei gegeben hätte, die von den Wikingern zerstört worden sei. Derartige Geschehnisse werden üblicherweise dem späten 9. Jh. zugerechnet. Bis dahin muss es eine erste Kirche gegeben haben. Zwischen 956 und 973 wird an einem benachbarten Ort das neue Kloster gegründet, gemäß den Klosterregeln mit einer Kirche. Von diesem Ort wird die Klostergemeinschaft 1026 vertrieben [fr.wiki: Abbaye Saint-Florent de Saumur].

> „Hierzu gehört die vielsagende Anekdote über die Abtei von Saint-Florent bei Saumur, wo bereits zwischen 985 und 1011 Abt Roger von Blois begonnen haben soll, den Kreuzgang mit farbig gefaßten Steinskulpturen und Inschriften auszugestalten. [...] Doch unter Friedrich, einem Abt der ersten Hälfte des 11. Jahrhunderts (1022–1056) schlägt der Ideenkonflikt in die Tat um, denn er läßt mit Hammerschlägen Gliedmaßen und Köpfe, die zu diesem skulptierten Ensemble gehören, zertrümmern" [Barral i Altet, 297].

So behauptet der alte Text Steinskulpturen aus der Zeit vor 1000. Ihre angebliche Zerstörung nimmt die Beschuldigungen des hl. Bernhards von Clairvaux gegen häresieverdächtige Skulpturen voraus, die er jedoch erst 1125 vorgetragen hat. [ebd. 298]. Der Urheber der Anekdote hat hier unbedenklich um ca. 140 Jahre veraltet. Da passt es dann schon wieder, dass ab 1026 „die erste Abteikirche" („la première église abbatiale") für dieses Kloster errichtet worden sein soll [fr.wiki: Abbaye Saint-Florent de Saumur], obwohl es bereits die dritte gewesen sein müsste. Die farbige Fassung bezieht sich zwangsläufig erst auf die ab 1080 geschaffenen Kunstwerke; vorher gab es keine solche.

Abtei Saint-Pierre in Moissac

In der Region Okzitanien finden sich zwei Meisterwerke europäischer Plastik: Kirchenportal und Kreuzgang eines ansonsten schwer beschädigten Klosterbereichs.

> „Das Portal des ehemaligen Klosters gilt als das großartigste in Südwest-Frankreich [...]
> Das Tympanon wird auf 1120/30 datiert und ist damit eines der ältesten figürlichen Tympana überhaupt. Getragen wird es von dem Trumeaupfeiler in der Mitte des Eingangs. [...] Es fällt als stilistisches Merkmal dieses großen Reliefs der starke Bewegungsgestus der Figuren auf. [...]
> Der Kreuzgang von Moissac ist [...] die zweite künstlerische Attraktion. Er hat gewaltige Ausmaße und erinnert allein schon mit seiner Größe an die ehemalige Bedeutung dieser Abtei. Mit seinen zehn Marmorreliefs an den Eckpfeilern und seinen ehemals 88 Kapitellen ist er nicht nur einer der umfassendsten, ältesten und schönsten in Frankreich, sondern zugleich der größte und am reichsten ausgestattete Kreuzgang der gesamten Romanik. [...] Er wurde zwischen 1059 und 1131 errichtet, wohl im Jahr 1100, denn der Mittelpfeiler mit dem Relief des Abtes ist auf das Jahr 1100 datiert" [wiki: Abtei Saint-Pierre (Moissac); zum Teil Kopie von Geese, 262].

Das Tympanon des Südportals ist mit 1120/30 sicher korrekt datiert, aber wie steht es mit den etwas älteren Kreuzgangskapitellen? Wenn sie bereits um 1100 fertig gewesen wären, müsste das angesprochene Intervall (1080–1120) zum Älteren hin erweitert werden, denn ein derartiger Kreuzgang entsteht nicht aus dem Nichts. Die Zahl „millesimo centesimo" (1100) steht auf einem Pfeiler im Kreuzgang, doch der Zahl folgen noch einige rätselhafte Symbole, bevor der Text mit „claustro" weitergeht. Insofern macht die Datierung den Eindruck, als ob das runde Jahr 1100 dem Abt Ansquitil wichtiger gewesen wäre als die exakte Fertigstellungszeit des Kreuzgangs. Er selbst stand dem Kloster bis 1108 vor, muss aber nicht der eigentliche Bauherr gewesen sein.

Insofern ist es erfreulich, dass ein Tourismusführer [ladepeche] sich anno 2016 über die Datierung hinweggesetzt und den Kreuzgang auf

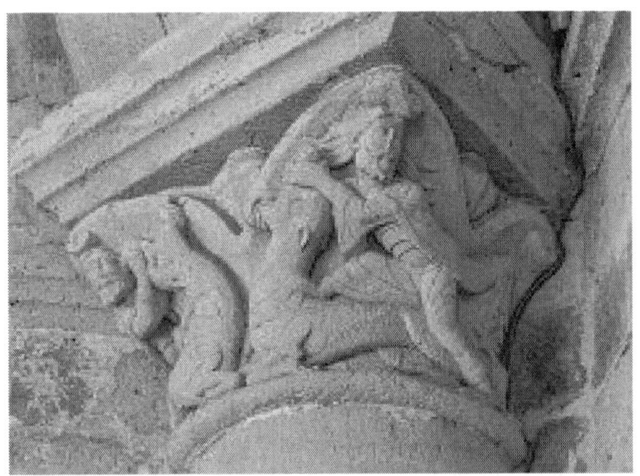

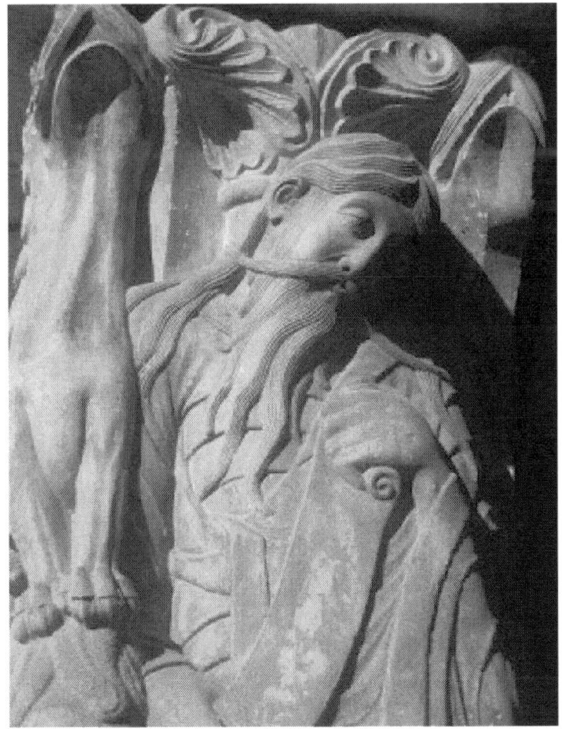

Moissac, Abtei Saint-Pierre: ein Kapitell aus dem Kreuzgang [portalsäule] und Prophet Jeremias mitsamt Löwen am Trumeau [moissac]; bislang vor 1100, jetzt um 1115 oder später.

1115 datiert hat. Damit wären alle Zweifel erledigt. Er spricht im Übrigen davon, dass sich der schönste Kreuzgang der Welt in Moissac befindet, weiß also, um was es geht.

Im dortigen Tympanon wird um 1130 darstellerisch-anatomisch bereits alles beherrscht. Die apokalyptischen Greise sitzen in allen möglichen Positionen, das Matthäus-Symbol kommt mit einer mehr als 180°-Drehung zurecht, ungleich besser als die Bamberger Figur gegenüber dem glatzköpfigen Jonas. Denn rechts neben Jonas steht ein Prophet, der überm Becken ein Drehgelenk zu haben scheint, spricht er doch in direkter Zuwendung mit Jonas, während seine Beine und Füße in die entgegengesetzte Richtung marschieren. Dabei ist diese Figur erst kurz vor 1237, dem Jahr der erneuten Domweihe entstanden, also in diesem Fall eindeutig ‚deutsch-rückständig'.

St. Pantaleon, Köln

Es war bereits davon die Rede, dass es Großplastik unter den Ottonen gegeben habe und unter den Karolingern gegeben hätte. Wer dagegen die Kunstwerke der mitteleuropäischen Romanik mustert, kann nur erstaunt feststellen, dass ihm kaum eines vor 1080 oder zumindest vor 1100 begegnet. Woher also stammt diese mit der Realität unvereinbare Vorstellung? Das lässt sich bei St. Pantaleon in Köln studieren, an dessen Fassade es ottonische und sogar karolingische Großskulpturen gegeben haben soll.

Dazu muss man bis zu einem Bruder Kaiser Ottos d. Gr. zurückgehen, bis hin zu Bruno, der als Erzbischof von Köln von 953 bis 965 sein Amt versieht. Er gründet – so die Schriftquellen – außerhalb der römischen Stadtmauern das Kloster St. Pantaleon, in dem er bestattet werden will und das er deshalb in seinem Testament bedenkt. Dank dieser Zuwendung wie dank der Unterstützung durch Kaiserin Theophanu entsteht hier neben Gernrode und St. Michael in Hildesheim einer der großen Kirchenbauten der Ottonen. Es liegen präzise Baudaten vor: St. Pantaleon wurde „nach einem Einsturz des alten Oratoriums 966 im ganzen neu gebaut" [Binding 1991, 283].

Eine ausführliche Baugeschichte lässt sich im Internet nachlesen [kirchen]; hier genügt eine knappe Auskunft zu den Westteilen. Die 980 geweihte Kirche erhielt unter Theophanu († 991) ihren Westbau (die Bezeichnung Westwerk ist seit Dagmar von Schönfeld de Reyes überholt [1999; vgl. Anwander]). Um 1760 wurde er entscheidend verändert, aber bis 1892 wiederhergestellt, nun nach dem Vorbild der Stiftskirche von Bad Münstereifel. Der dortige Westbau war 1050 nach Pantaleoner Vorbild errichtet worden, jedoch 1100 abgebrannt und danach erneu-

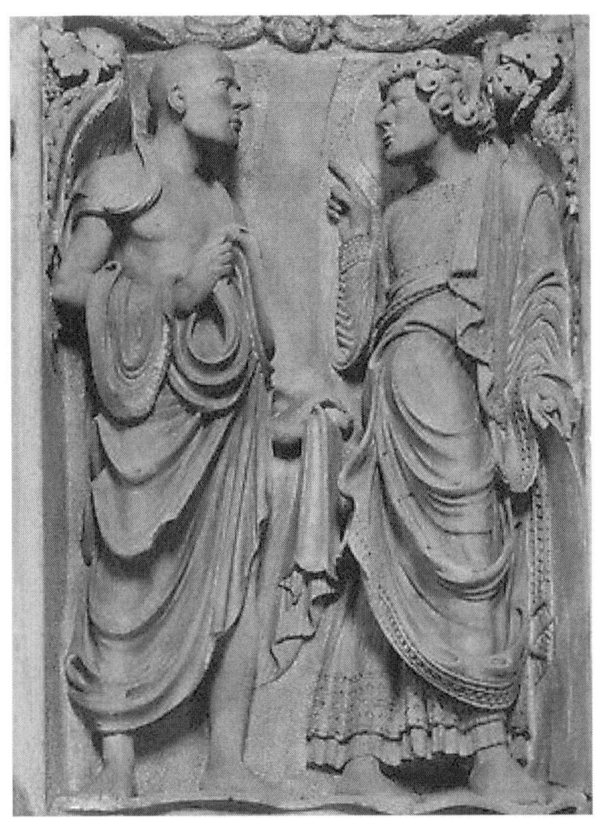

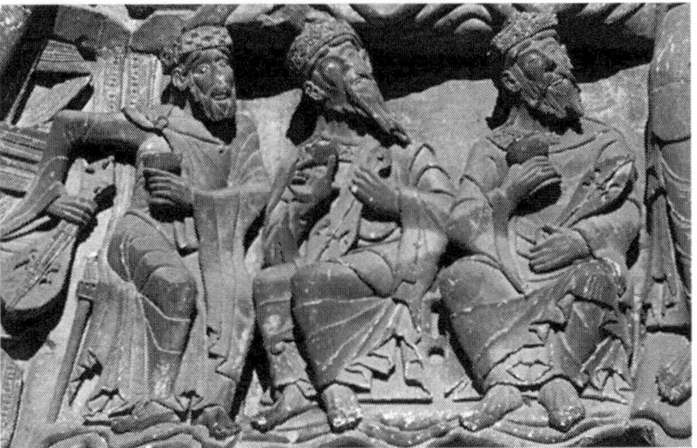

Bamberger Dom, Propheten. Der Gesprächspartner des Jonas schreitet nach rechts, während er nach links spricht; vor 1237 [Postkarte]
Moissac, Tympanon: apokalyptische Greise; um 1120/30 [compostela]

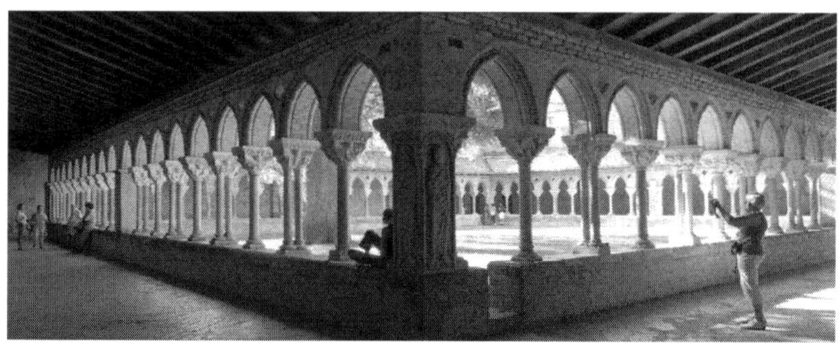

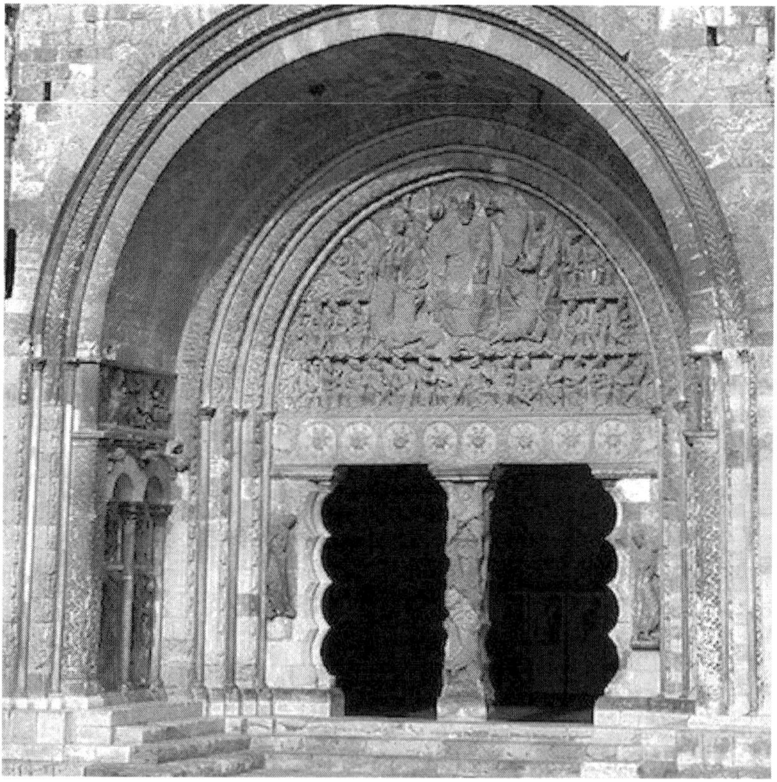

Kloster Moissac:
Kreuzgang, bislang bis 1100, jetzt bis 1140 [occitanie]
Südportal (1120/30) mit großem, apokalyptischem Tympanon (Bogenfeld), Mittelpfeiler (Trumeau) mit Paulus, Jeremia und sechs Löwen, Türsturz (Linteau, Architrav) und schmalem Gewände des Stufenportals [khanacademy].

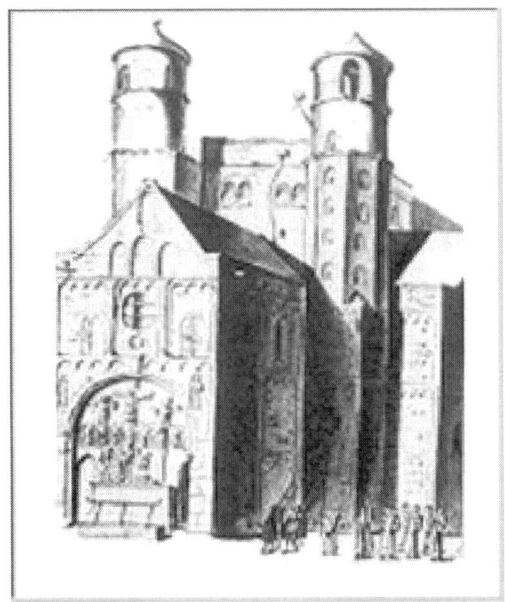

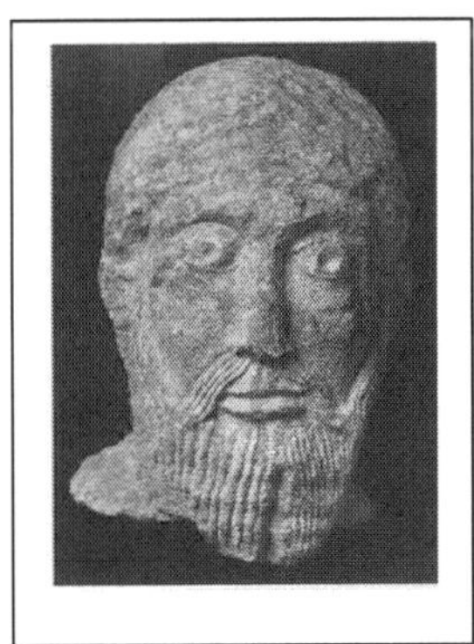

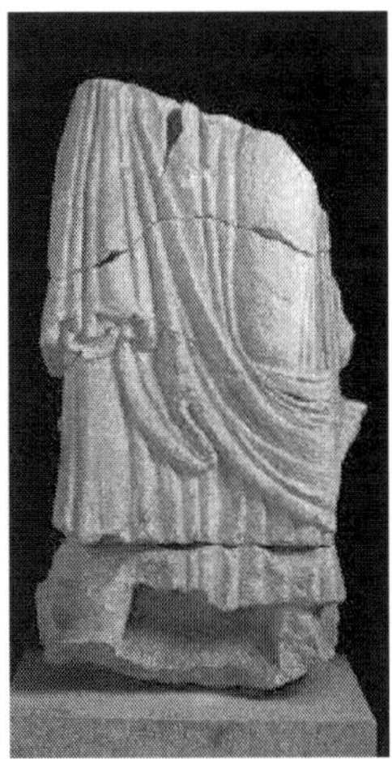

Westbau von St. Pantaleon; Zeichnung des im 17. Jh. noch erhaltenen Bauteils [kirchen]. Bei den hier besprochenen Skulpturen geht es um die Nischenfiguren über der Kreuzigungsgruppe.

Kopffragment eines Christusstatue vom Westbau St. Pantaleons, 990–1000 [Binding 2011] / Statuenfragment vom Westbau St. Pantaleons. Datierung 990–1000 [beides Binding 2011, 102]. Diese Datierungen liegen für diese romanischen Skulpturen des 12. Jh. viel zu früh.

ert worden. Insofern sind beide Westbauten nicht ursprünglich [Bilderbuch Köln; kirchen; baukunst-nrw]. Das sollte beim nachfolgenden Zitat bedacht werden.

Für Binding stellt Pantaleons Westbau eine oder sogar *die* Glanzleistung ottonischer Baukunst dar.

> „Allen voran ist aber das durch Theophanu veranlaßte, heute noch erhaltene Westwerk II von St. Pantaleon, formaler Höhepunkt ottonischer Baugestaltung und zugleich monumentales Zeugnis für den imperialen Anspruch der Kaiserin; der sich in den Ideen der *Renovatio Imperii Romanorum* ihres Sohnes Otto III. fortsetzt und dem Heribert mit Deutz Ausdruck verliehen hat“ [Binding 1991, 298].

Zum sog. Kreuzgangsrest

In diesem Zusammenhang spricht Binding davon, die Pilzkapitelle im Kreuzgangfragment von St. Pantaleon von 960 auf Anfang 11. Jh. umdatieren zu wollen. Dieser Hinweis ist gewichtig, geht es doch um den vielleicht ältesten Kreuzgang des Abendlands. Bislang sieht ihn etwa Sebastian Ristow [2009. 441] um 960 unter Erzbischof Bruno entstehen. Kreuzgangspezialist Rolf Legler sah das Fragment zunächst ebenfalls als Teil eines Kreuzgangs [Legler 1989, 20, 186], setzte dann ein Fragezeichen [ebd. 239 f.], um schließlich von der Frontseite eines Kapitelsaals auszugehen [Legler 2007, 109]. Auch im entsprechenden *Wikipedia*-Eintrag [St. Pantaleon (Köln)] wird kein Kreuzgangrest erwähnt. Binding [2011, 107 f.] setzt den Überrest wegen der Pilzkapitelle in die Zeit von Erzbischof Heribert (Amtszeit 999–1021).

Beim ‚Alters-Ranking' würde sich dadurch nichts ändern, weil – sofern es überhaupt ein Kreuzgangrest ist – die ältesten Kreuzgänge im Abendland erst der Zeit um und nach 1000 zugeordnet werden, ohne dass es hier auch nur ansatzweise Einigkeit gäbe: vielleicht im Priorat Charlieu, St-Fortunat, oder im Kloster St-Martin-du-Canigou oder an der Kathedrale von LePuy [Legler 1989b, 31, 187, 188; vgl. Illig 2009, 202]. Das gehört eigentlich zu dem Problem mit dem Idealplan von St. Gallen. Denn er zeigt sogar drei Kreuzgänge, als wäre das – grob gesprochen – um 830 bereits ganz selbstverständlich. Die gravierende Fundlücke bei Kreuzgängen zwischen – wiederum grob formuliert – 800 und 1000 war bereits Thema und ist erklärt [Illig 2017].

Skulpturenfragmente vom Westbau

An der Wand dieses Westbaus gab es eine wohl gotische Kreuzigungsgruppe und darüber mehrere bereits ältere Nischenfiguren; ihre Anordnung ist nur von einer Zeichnung aus dem Skizzenbuch des Justus Finkenbaum (Vinckeboons) von 1665 bekannt. Die Nischenfiguren waren teils lebensgroß, teils 2,80 bis 3 m hoch [Untermann 2015, 284]. Das ergibt sich aus Kopfgrößen von 0,36 m bis 0,43 m Höhe [Schütte 2006, 119 f.]; das Fragment einer Gewandfigur misst 92,5 cm, was auf eine Figurenhöhe von 1,70 bis 1,80 m schließen lässt [ebd. 120 f.].

1955 beschäftigte sich Rudolf Wesenberg mit den 18 Fragmenten von wahrscheinlich fünf Figuren, die von diesem Westbau stammen sollen. Er vergleicht sie mit Gero-Kreuz, mit Hildesheimer Türplastik und Bernwardsäule, außerdem mit Lothar-Kreuz und Buchmalerei. Sein Ergebnis: Diese Fragmente rangieren für ihn zwischen 984 und 996 [Binding 2011, 101]. Zum gleichen Ergebnis sind Michael Brandt und Arne Eggebrecht gelangt [1993, 224]

> „Diese in den Zwickeln des großen gestuften Eingangsbogens und in den Seitenfeldern des dreiteiligen Obergeschosses in Rundbogennischen eingestellten Figuren sind das früheste monumentale Skulpturenprogramm, das wir aus nachantiker Zeit kennen“ [Binding 1991, 287].

Mittlerweile steht Binding der Baudatierung von St. Pantaleon skeptisch gegenüber: „alle Spekulationen im Zusammenhang mit dem Jahr 996 sind unzutreffend“ [Binding 2011, 102]. Doch weder Binding noch Wesenberg haben ein Problem damit, dass keine Vergleiche mit Steinskulpturen angestellt worden sind, sondern nur Abgleiche mit Hilfe von Pilastern und Fassadengliederungen. Das befremdet doppelt, kennen wir doch die einstige Fassade von St. Pantaleon nur von einer alten Zeichnung.

Hermann Beenken [1924, 180] hat eines der Kopffragmente ins späte 12. Jh. datiert. Das wäre klar und einsichtig, weil die ältesten plastischen Werke in unserem Kulturkreis erst um 1100 einsetzen. Doch die bereits behandelten drei Relieffiguren von St. Emmeram, Regensburg, sollen über ihre Datierung bei 1050 zurück ins 10. Jh. vermitteln. Denn es gibt erhebliche Anstrengungen, der Ottonenzeit rückwirkend zu Großplastiken zu verhelfen. Warum? Weil ein ‚karolingischer‘ Autor von solchen Plastiken gesprochen haben soll und weil auf dem ‘karolingischen’ Idealplan von St. Gallen im Mittelschiff der Kirche ein spezieller Altar vermerkt ist:

> „altare sancti salutoris ad crucem / Crux pia uita salus miserique redemptio mundi | Altar des heiligen Erloesers am Kreuz / Hehres Kreuz, du bist das Leben, das Heil und die Erloesung der elenden Welt“ [stgallplan].

Ergo muss dort an einem Großkreuz auch der Erlöser dargestellt worden sein, ergo hätte es Großskulpturen gegeben. Dieses Argument ist seit des Verfassers Arbeit über diesen Plan keines mehr: Der Plan stammt aus einer späteren Zeit, in der Großkruzifixe bereits üblich geworden waren [Illig 2016]. Doch das wird im Elfenbeinturm bislang ignoriert.

‚Altmeister' Günther Binding schwankte bei den Skulpturfragmenten um 56 Jahre: entweder zwischen 984 und 996 [Binding 2011, 89] oder wegen der Wandgliederung des Westbaus erst zwischen 1020 und 1040 [ebd. 90, 104, 215]. Nun ist es mutig, aufgrund einer einzigen Zeichnung aus dem 17. Jh. den dargestellten Westbau datierungsmäßig so präzise einschätzen zu wollen. Insofern bleibt nur der stilistische Vergleich bei den Skulpturen.

Zur Vermeidung einer Verwechslung: Die nachstehend abgebildeten Skulpturen werden ebenfalls im „Museum Schnütgen" verwahrt, stammen ebenfalls vom Westwerk St. Pantaleons, aber von seinem Umbau in der zweiten Hälfte des 12. Jh. Das entsprechend einem Tympanon gerundete Relief ist 1,09 m hoch, die Figuren demnach kleiner als die der bisher behandelten Fragmente.

> „Otto I. bedachte die von ihm gegründete Klosteranlage mit vielen Schenkungen. Neben herrschaftlichem Glanz brachte Theophanu auch den Nikolauskult aus Konstantinopel mit. Sie ließ das dominante Westwerk umbauen. Um 1160 wurde die einschiffige karolingische und ottonische Saalkirche dann unter dem Abt Wolbero zu einer dreischiffigen Basilika erweitert. Etwa aus dieser Zeit stammt eines der ältesten Tympanonreliefs Deutschlands. Ursprünglich befand sich das Relief mit der Darstellung einer Deësisgruppe über dem Portal des Nordquerhauses und wird heute im Museum Schnütgen in Köln aufbewahrt" [wiki: St. Pantaleon (Köln)].

Da diese Fragmente nach 1150 am Nordportal eingestuft werden, gibt es Zeit für eine erste Großplastik am Westbau. Beenken [178-181] setzte ohnehin *beide* Fragmentgruppen um 1180 an.

Die Außenskulpturen von St. Pantaleon im Vergleich

Warum aber werden die Skulpturen am Westbau von St. Pantaleon bereits der Zeit um 984/91 zugeschrieben? Es geschah und geschieht primär aufgrund von Vergleichen der Fragmente insbesondere mit dem Gero-Kreuz, dessen Datierung noch im Jahr 1924 im späten 12. Jh. gelegen hat [vgl. Illig 2018b, 435; 2019b], bis es dann als jenes Kreuz gesehen wurde, das der 976 gestorbene Erzbischof Gero gestiftet habe.

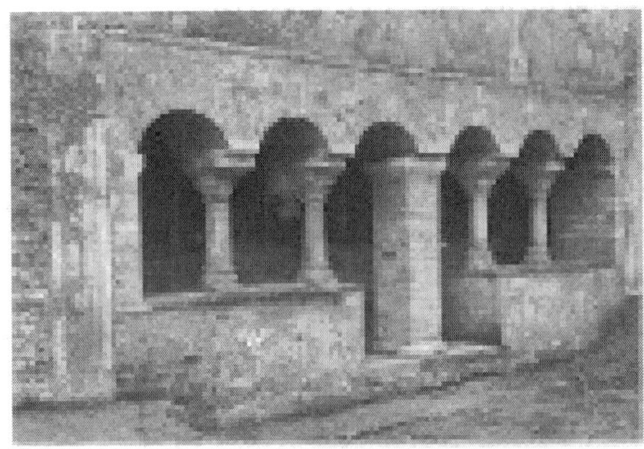

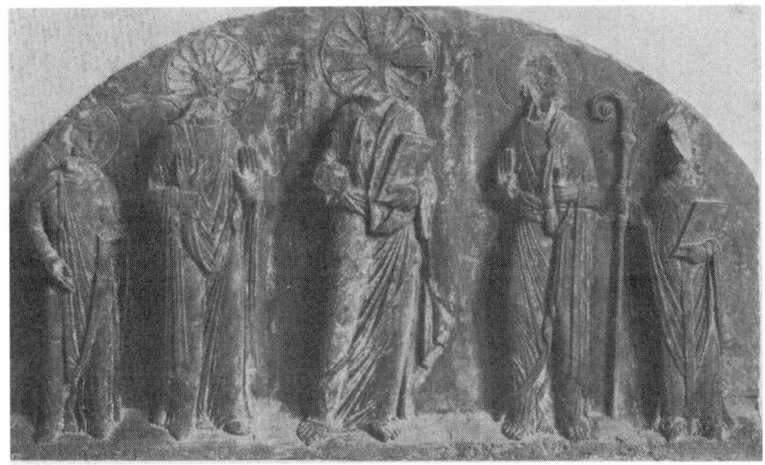

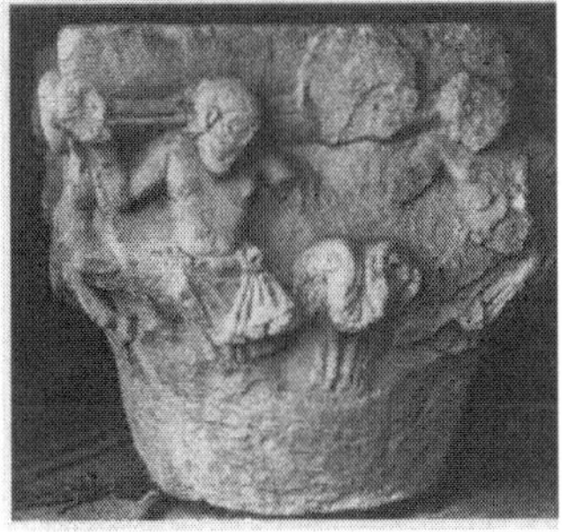

Rekonstruierter Kreuzgang von St. Pantaleon, bislang 960 [Binding 2011, 108]
Tympanon, St. Pantaleon, Köln, 1,09 m hoch, ca. 1180 [Beenken, 179]
Atlantenkapitell, Zyfflich, bislang um 970, jetzt nach 1150 [Binding 2011, 96]

Allerdings werden keine steinernen Pendants gezeigt. Binding weicht auf Holzkruzifixe, die Bronzetüren von Hildesheim, Handschriftenillustrationen und Elfenbeinarbeiten aus. Das kommt nicht von ungefähr, gibt es doch in ganz Europa es um das Jahr 1000 keine Steinskulptur, schon gar keine vollrunden Köpfe und Statuen mit feingegliedertem Faltenwurf; sie gehören frühestens dem 12. Jh. an.

Hinzu kommt, dass die bildhauerischen Arbeiten sich zunächst auf das Kircheninnere konzentrierten. Im deutschen Reformkloster Hirsau wird der erste Schritt von Kapitellen im Kircheninneren und von Portalplastiken hinaus ins Freie erst ein volles Jahrhundert später gewagt: Am dortigen Eulenturm treten Tiere und Menschenabbilder in ungefüger und unbeholfener Machart auf, deren Entstehen ohne irgend-einen Zweifel bei 1110/20 gesehen wird [Legner, zu Abb. 55; wiki: Kloster Hirsau]. Danach folgen die Jagdszenen an der Chorapsis des Kaiserdoms Königslutter, die der Zeit um 1135 und den Comasken – also Steinmetzen aus der Gegend um den Comersee – zugeschrieben werden [wiki: Magistri Comacini].

Wir begegnen also bis 1120 keiner großen oder gar überlebensgroßen Skulptur, und schon gar nicht im Außenbereich, wie für Kölns St. Pantaleon angenommen. Hierfür wäre allenfalls das Relief an den Externsteinen zu nennen, das üblicherweise auf 1115, mit guten Argumenten jedoch jetzt auf spätes 12. Jh. datiert wird (s. S. 76).

Zyfflicher Atlanten-Kapitell

Binding [2011, 97] kann für seine Stilvergleiche nur das Zyfflicher Atlanten-Kapitell heranziehen, von dem er aber weiß, dass es aus rein stilistischen Gründen entsprechend dem Gero-Kreuz (um 970) datiert wird, eine stilistische Ähnlichkeit, die Binding nicht in Frage stellt und wegen der er das Atlanten-Kapitell in die ersten Jahre des 11. Jh. setzt [ebd. 99]. Damit entsteht für die Datierung ein wertloser Zirkelschluss.

Mangels anderer Bauplastik konzentriert sich Binding ganz auf das Gero-Kreuz, verändert dessen bisherige Datierung von 970 auf 995 und konstatiert: „Jedenfalls ist das heute im Dom hängende sogenannte Gerokreuz nicht das von Erzbischof Gero um 970 gestiftete Kreuz“ [Binding 2011, 96]. Nur dem ist zuzustimmen. Das Zyfflicher Kapitell gehört dagegen ins 12. Jh., wie sich weiter unten ergeben wird (s. S. 147).

Aber bereits dieses Minimalergebnis verhilft uns in Bezug auf St. Pantaleon zu einem definitiven Urteil: Gleichgültig, ob seine Großplastiken nun kurz vor oder nach dem Jahre 1000 eingestuft würden: Diese Jahresangaben besitzen keinen realen Hintergrund. Nicht in Köln oder gar Regensburg wird die neue Skulptur ersonnen, sondern in Südfrank-

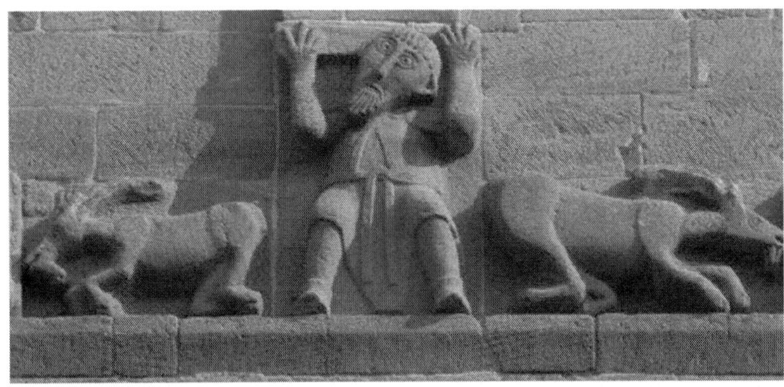

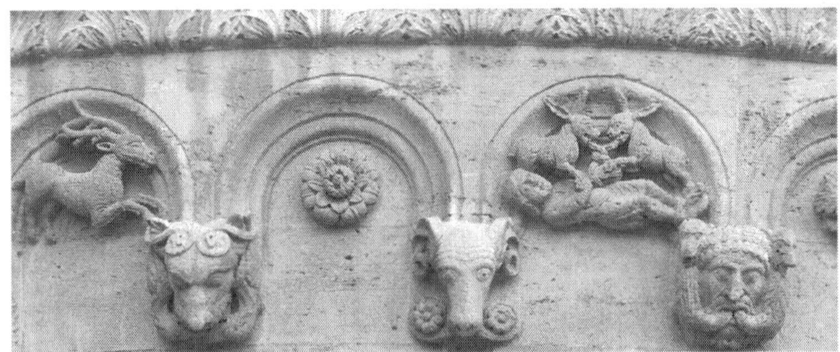

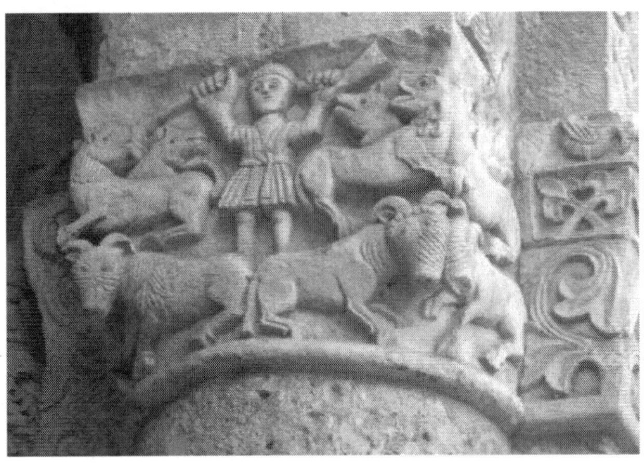

Hirsau: Eulenturm, um 110/20 [schlösser]
Kaiserdom Königslutter, Jägerfries an der Chorapsis [wikiwand] mit dem berühmten Motiv ‚Hasen fesseln Jäger' eines comasker Meisters, um 1135
Mailand, Sant'Ambrogio, ein Kapitell der Magistri Comacini, 1100–1110 lt. Poeschke [Taf. 2]; [comacini]

reich, Nordspanien und Norditalien. Dementsprechend gehören St. Pantaleons Großplastiken ins 12. Jh., aber nicht einmal hier in die erste, sondern erst in die zweite Hälfte des Jahrhunderts.

Maasländische Bauskulptur

Bei diesen Überlegungen ist auch die maasländische Kunst zu berücksichtigen. Mit diesem Begriff wird die dortige romanische Kunst bezeichnet, die als etwas Besonderes gilt, weil sie aus dem karolingischen Kerngebiet erwachsen sei.

> „Das Flussgebiet der Maas liegt im Herzen des Karolingerreiches. Die maasländische Kunst geht deshalb zurück auf die karolingische Renaissance mit vielen von der Antike inspirierten Elementen und unterscheidet sich damit vom romanischen Stil anderer Länder wie Deutschland, Frankreich, England und Italien.
> Obwohl die Ikonografie der maasländischen Kunst des 11. und 12. Jahrhunderts, wie überall, hauptsächlich von der Bibel inspiriert war, zeigen die skulptierten Kapitelle in den Maastrichter Hauptkirchen viele Szenen aus dem Alltagsleben sowie Visionen einer fremden Fantasiewelt.
> Die Kunst des Maaslandes bezieht sich vorwiegend auf das ehemalige Bistum Lüttich in den heutigen belgischen Provinzen Lüttich und Limburg, im südlichen Teil der niederländischen Provinz Limburg und in der deutschen Regio Aachen“ [wiki: Maasländische Kunst].

Das gilt insbesondere für die Bauskulptur:

> „Die maasländische Bauskulptur erreichte im 12. Jahrhundert in Maastricht, Lüttich und Nivelles einen Höhepunkt. Maastrichter ‘Metsen’ (Steinmetze) arbeiteten an Kapitellen und Reliefs in Utrecht, Bonn und Eisenach“ [ebd.].

Man sollte meinen, dass gerade hier Kontinuität von karolingischer hin zu romanischer Kunst bestehen müsste. Das Gegenteil ist der Fall. Die herangezogene *Wikipedia*-Seite benennt ein Dutzend Kirchen mit Kapitellen und anderer Bauskulptur wie etwa Reliefs. Doch keine dieser Kirchen entsteht vor 1130, keine sonstige Bauskulptur vor 1150! Das gilt übrigens auch für die hier später behandelten goldgetriebenen Reliquienschreine der Region. Auch sie datieren alle erst ab 1140.

Im Grunde ist kaum eine karolingische Bauplastik bekannt: einige Kapitelle aus Aachen und Ingelheim, die ebenso gut römisch sein können [vgl. Stiegemann/Wemhoff I:101-103, 110], dazu Kapitelle aus der als jüngste eingeschätzten Karolingerkirche, dem Westbau von Corvey, der von 873 bis 885 entstanden sein soll. Dort gibt es zwei rätselhafte Befunde: Erhalten sind Fresken aus der antiken Mythologie, nämlich unter Anderem Odysseus und Cerberus, die mit dazu beigetragen haben, in diesem quadratischen Bau ein römisches Bauwerk aus der Zeit des Augustus zu sehen [Klabes 1997]. Und es wurden 1992 Reste von lebensgroßen Stuckfiguren gefunden, deren Position vorab, als sog. Sinopien, auf den Wänden festgehalten worden ist [vgl. Schümer]. Hinweise auf karolingische Großskulpturen oder etwas viel Späteres? Nach Wissen des Verfassers gibt es karolingerzeitliche Stuckfiguren nur in Cividale, im „Tempietto longobardo", besser bezeichnet als „Oratorio di Santa Maria in Valle" und in Müstair die Karlsfigur.

Stuckheilige in Cividale

Tempietto longobardo: Sechs heilige Jungfrauen, vier von ihnen mit der Märtyrerkrone, hoch oben an einer Kircheninnenwand, an derselben Wand ein Halbbogen und ein weiterer, großartig geschmückter Bogen über einer Tür. Beide sind in verschiedenen Stilen gestaltet: byzantinisch, auch ein wenig Flechtwerk, insgesamt sehr fragil. Besonders fragil angesichts einer Haltbarkeit von über 1.200 Jahren. Doch wie alt sind sie wirklich? [vgl. im Folgenden Illig 1993].

Geflissentlich übersehen die Kunsthistoriker, dass die Frauenköpfe überhaupt keine Ähnlichkeit mit den groben ‚Birnenköpfen' haben, die gleichzeitig am gleichen Ort in Stein skulptiert worden sein sollen (Ratchis-Altar). Sie sehen in diesem Kirchenraum einen vorrangig byzantinischen Bau langobardischer Baumeister, in dem die einzigen Großplastiken Ostroms überdauert hätten. Kritische Geister fühlen sich dabei nicht wohl. Das Weinrankenmotiv des Türbogens ist

> „eine ganz erstaunliche Leistung für die Zeit ihrer Entstehung. Ebenso erstaunlich ist die vorzügliche Erhaltung dieser zerbrechlichen Gebilde während eines Zeitraumes von über tausend Jahren [...] Rätselhaft, weil ohne jede Parallele in der damaligen Zeit, erscheint auch der plastische Fries der heiligen Jungfrauen" [Kayser, 117].

Ein weiter Rückblick ergibt: Strzygowski plädierte für eine Zeit vor dem 8. Jh., Lorenzoni für das 9. Jh., Cattaneo für das 12. Jh., Zimmermann für das 13. Jh. [soweit Toesca, 816]. Kayser [1964, 118] sah hingegen nur eine Erneuerung im 13. Jh. 1991 hieß es lapidar: „Die *Stuckfiguren von Cividale,* deren genaue Datierung noch umstritten ist" [Holländer, 97]. Die heute herrschende Meinung kennt zwei Alternativen: 760 laut Gioseffi und anderen, oder 810 laut Lorenzoni und Peroni [Pavan, 239]. Und bei *it. Wikipedia* [Tempietto longobardo]? Die Bauinitiative sei wahrscheinlich von Astolfo und seiner Gemahlin Giseltrude ausgegangen; er war erst Herzog und dann bis 756 König der Langobarden.

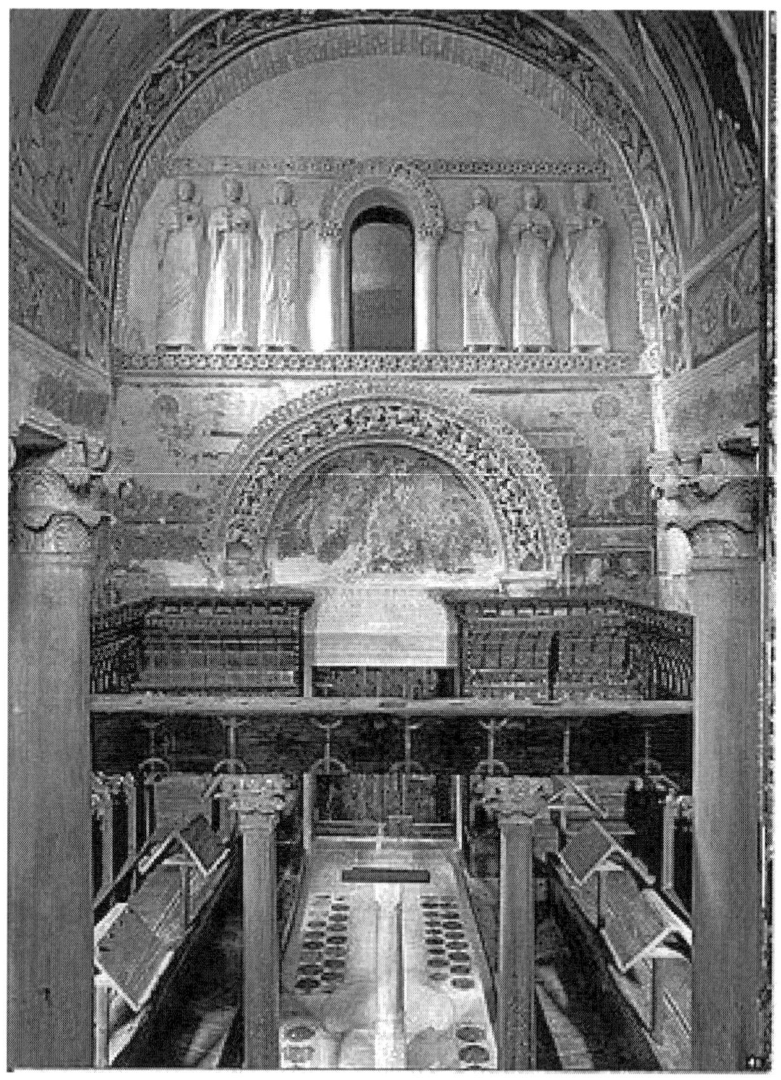

Cividale: Oratorio di Santa Maria in Valle (Tempietto longobardo), ehemalige Eingangsseite mit Fries der Jungfrauen, dem kleinen und dem großen Stuckbogen, Chorgestühl und dem durch zwei Säulen mit Kapitellen gestützten Querbalken, fotografiert aus dem mittleren Gewölbe des ehemaligen Chores [wiki]. Datiert bislang auf 760, jetzt 12. Jh. und später.

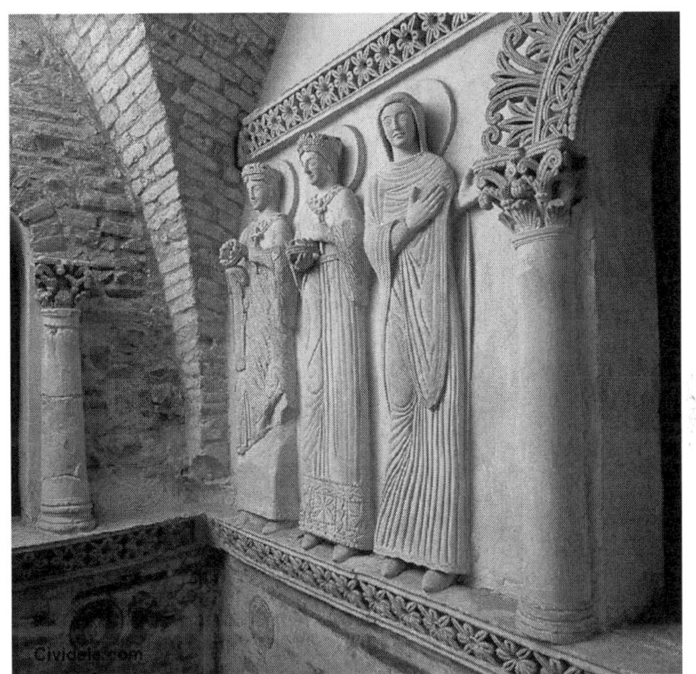

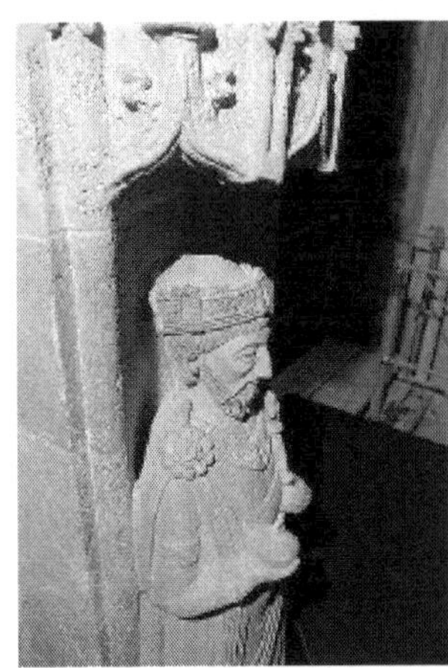

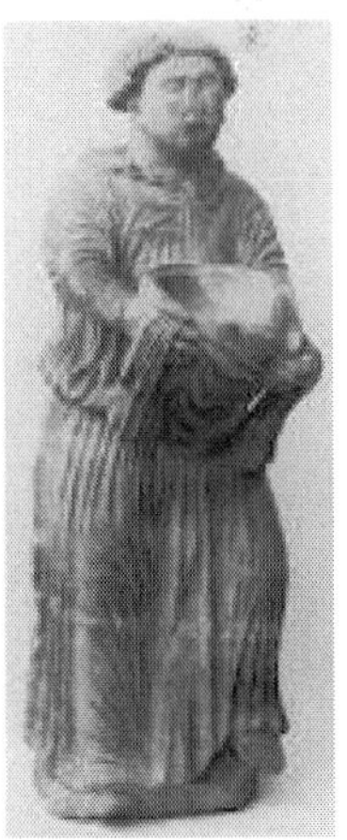

Sog. Tempietto longobardo, drei der sechs Stuckfiguren; unter den Schmuckformen auch Flechtwerk; bislang 8. Jh., jetzt spätes 12. Jh., frühes 13. Jh. [cividale].

Karl d. Gr. als Stuckfigur, Klosterkirche St. Johann von Müstair in Graubünden, einst 9. Jh., mittlerweile um 1200 [muestair.ch]

Lavabo-Träger, Seligenstadt, zeitweilig 9.Jh., real 13. Jh. [uni-Heidelberg]

Damit unvereinbar ist ein Erdbeben, das 1222 die Kirche in ihren Grundfesten erschüttert hat. Die damals flache Decke stürzte ein, der nun verfallende Bau blieb bis mindestens 1242 ohne Dach [Brozzi, 33]. Beim Wiederaufbau wurde die Holzbalkendecke durch das heutige Kreuzgewölbe ersetzt, der westliche Zugang vermauert und ein neuer Eingang von Osten, durch die Chorapsiden geschaffen. So erklären sich die späten Zeitansätze bis ins 13. Jh.

Es hätte einer ganzen Engelsschar bedurft, um die empfindlichen Stuckarbeiten gegen Erdbeben, Dacheinsturz und Witterungsunbilden zu schützen. Da lohnt es sich, nach späteren vergleichbaren Stuck-Kunstwerken Umschau zu halten. Es gibt sie im Norden:

Gernrode, Stiftskirche, hl. Grab, vor 1130
Quedlinburg, Äbtissinnengrabsteine, um 1130
Erfurt, Dom, Altaraufsatz, um 1160
Gröningen, Klosterk., Empore (heute „Bode-Museum"), um 1170
Hildesheim, St. Michael, Kapitellfiguren / Chorschranken, um 1200
Hamersleben, Klosterkirche, Chorschranken, um 1210 [Legner, 94].

Den Heiligenfiguren von Cividale am nächsten stehen Hildesheim und Gernrode. In der dortigen Stiftskirche St. Cyriakus findet sich ein Steinrelief, das trotz seiner Größe (3,25 x 4,50 m) wirkt

> „wie die ins Monumentale übersetzte Wand eines reich geschnitzten Elfenbeinkästchens oder eines Buchdeckels mit filigran-umrahmtem Elfenbeinrelief, wie wir sie aus dem frühen Mittelalter kennen" [Möhle].

Die zentrale, weibliche Figur von Gernrode ist dagegen aus Stuck und eine gröbere Arbeit als die von Cividale. Dagegen sind die acht weiblichen Figuren über den Kapitellen der Seitenschiffwand von Hildesheim mit 1,48 m nur wenig kleiner als jene von Cividale. Die dortigen Bogenornamente entsprechen den Ornamentbändern, die den Engelschor in Hildesheim umgrenzen. In Bamberg wurden um 1220 dann derartige Chorschranken erstmals in Sandstein ausgeführt.

Insofern lassen sich Cividales Stuckfiguren aus ihrer völligen Isolation lösen und als Werk des 13. Jh. einschätzen. Farbige Fassung, wie sie vor allem in Hildesheim erhalten ist, darf auch in Cividale vorausgesetzt werden.

Dieses Urteil wird durch die Architektur des ‚Tempietto' erleichtert. Seine Apsis ist dreigeteilt: Drei auf Säulen und Architrave gestützte, parallele Tonnengewölbe laufen auf die Abschlusswand zu, eine durchaus ungewöhnliche Lösung. Eine ähnliche Lösung findet sich in der Abtei San Pietro al Monte, weit oberhalb von Civate, zwischen den beiden Armen des Comer Sees. Auch hier besteht die Apsis aus drei parallel geführten Gewölben auf Säulen; allerdings haben die kleinen Seitenapsiden jeweils einen gerundeten Abschluss, während der Eingang durch das mittlere Segment führt. Noch 1963 [Bloch, 125], noch 1991 [Borghi, 23] galt die Kirche als Bau des späten 11. Jh., ausgestattet mit Fresken des 11./12. Jh. und einem Ziborium, das dem von Sant'Ambrogio in Mailand stark ähnelt, aber schon immer ins 12. Jh. datiert worden ist. Im Kircheninneren gibt es weitere Stuckarbeiten, etwa Relieftafeln oder die schönen Ornamente über den dreifachen Bögen hin zu den Apsisgewölben. Heute möchten Kunsthistoriker aus der romanischen Kirche einen langobardischen Bau des 8. Jh. machen, ohne es genau auszusprechen:

> „ein im romanischen Stil erbautes Kloster [...] Die spätantiken und frühmittelalterlichen Überreste des Turms, der Kapellen, der Säulen und der Wände stammen aus der Zeit zwischen dem 5. und 8. Jahrhundert [...] Der Grundriss der Kirche ist ungewöhnlich, weil im 11. Jahrhundert mit dem Bau einer neuen Apsis der Eingang von Westen nach Osten verlegt wurde" [wiki: San Pietro al Monte].

Je nach Neigung kann man nun von einem romanischen Bau des 11. Jh. ausgehen oder von einem langobardischen Bau des 8. Jh., der erst im 11. Jh. einen neuen Eingang im Osten erhalten hätte.

Karls Stuckfigur in Müstair

Die Statue hat eine bewegte und noch nicht einmal abgeschlossene Datierungsgeschichte hinter sich. Früher wurde sie allgemein als ein Werk des 12. Jh. gesehen, das nach Karls Heiligsprechung von 1165 angefertigt worden sei. Doch 1964 verbrachte sie Beutler ins frühe 9. Jh., sogar ins Jahr 801 [Beutler 1982, 216, 248]. Dort blieb sie, bei kleinen Schwankungen zwischen frühem und spätem 9. Jh., bis 2003. Als damals ein Abguss ins „Deutsche Historische Museum" nach Berlin kam, um dort die Karlszeit zu vertreten, durfte sie wieder als Werk des 12. Jh. gelten [Lemo]. Eine andere, aktuelle Auskunft dieses Museums vermeldet einen Widerspruch in sich: „800 / 1200" [dhm]. Mittlerweile galt oder gilt sogar: „Die bekannte Karlsstatue dürfte aber aus dem Beginn des 13. Jahrhunderts stammen" [Hartmann/Hartmann 2014, 127]. Eine Expertengruppe, die seit 2014 die Statue akribisch analysiert und datiert, wollte 2015 ihre Ergebnisse vorlegen, doch das ist bis heute – September 2019 – nicht geschehen.

Das Original mit seiner Höhe von 1,87 m steht noch immer am Chorpfeiler der Kirche. Ihm wurde übel mitgespielt: Nur Kopf, Oberkörper und Chlamys sind aus Stuck geformt, Rumpf, Tunika und Beine wurden später in Stein ergänzt. Auch die Hände mit ihren Attributen Zepter und Reichsapfel sind spätere, ungeschickte Anfügungen. Dazu kam ein allzu bunter Anstrich, der um 1878 ersetzt wurde durch eine ziemlich gräuliche Farbgebung. Übertriebene Ehre hat man also dem klostergründenden Kaiser nicht erwiesen, der in Müstair erst 1488 seinen heutigen Platz eingenommen hat und mit dem Epitheton „mangnus“ [sic] geehrt wurde [Böhmer, 62].

Da die Expertengruppe noch tagt, wagt der Verfasser eine selbständige Datierung: Müstairs Karl stammt aus der Zeit um 1200.

Der Lavabo-Träger aus Seligenstadt

Christian Beutler untersuchte einen in Darmstadt verwahrten Statuenrest, der 1871 eingemauert in einem abbruchreifen Keltergebäude des Klosters Seligenstadt entdeckt worden war. Die ungefähr 1,20 m große Statue besteht aus dem Torso eines Lavabo- oder Kelchträgers und einem tonsurierten Kopf, der fälschlicherweise auf diesen Torso montiert worden ist. Einzigartig fürs frühe Mittelalter wäre die Ausführung als freistehende Figur. Trotzdem wollte Beutler [1982, 157] sie nicht im 16. oder 13. Jh. belassen, in denen sie andere Forscher sahen, sondern in direkte Verbindung mit Seligenstadts Laienabt und Karlsbiograph Einhard bringen, der sie „um 830–840“ als Marcellinus und Petrus habe schaffen lassen. Johannes Tripps [2018, 361] bestätigte mit seinem „dated 1240/1250“, dass sich die gegenwärtige Forschung auch in diesem Fall Beutlers Meinung nicht angeschlossen hat.

Fazit

Weder im späten 10., noch im frühen 11. Jh. können die Fragmente von St. Pantaleon angesetzt werden, nachdem sie zum abendländischen Kulturkreis gehören; sie entstammen dem späten 12. Jh. Denn in der bislang gelehrten Zeitspanne hat romanische Bauplastik noch nicht eingesetzt. Und wir kommen erneut zu Beenken, der nach Auffindung der Reste für das 12. Jh. plädiert hat, auf „um 1180“ [Beenken 1924, 180]. Der erhaltene Kopf einer fragmentierten Statue verlangt – wir sind im deutschen Kulturkreis – auf jeden Fall eine Datierung nach 1150, der Faltenwurf des größten Fragments eine noch spätere. Insofern dürfte Beenken mit seiner Spätdatierung bei 1180 recht behalten. Damit erledigen sich die Frage nach ottonischen Großskulpturen und Sven Schüttes marktschreierischer Satz:

> „Das Programm von fünf fürbittenden Heiligen unter einer von Engeln umrahmten Majestas ist ohne direktes Vorbild und blieb ohne unmittelbare Nachfolge. Die Figuren von St. Pantaleon bilden den frühesten erhaltenen Monumentalskulpturzyklus in Europa nach der Antike“ [Schütte 2006, 127].

Mit diesem unhaltbaren Befund ohne Vorläufer und Nachfolger sind noch ältere, karolingische Großskulpturen hinfällig, auch wenn sie in Gestalt eines fragmentierten Engels – ursprünglich wohl 1,50 m groß [Jüsten-Hedtrich, 74] – und eines Drachen-Fragments von Sven Schütte und Dorothea Hochkirchen gefordert und ganz ähnlich ausgerufen worden sind:

> „Sie gehören zu den bislang ältesten bekannten monumentalen Steinskulpturen, die seit der römischen Antike im mittelalterlichen Abendland geschaffen wurden" [Hochkirchen 2006, 157].

Das sind Urteile, gefällt ohne Kenntnis der Evolution der Architekturplastik, allein dem Sensationsdrang eines Sven Schütte geschuldet, der in Köln und Aachen kräftige Reibspuren hinterlassen hat, um es vorsichtig auszudrücken. Der Verfasser hat beiden längst widersprochen [Illig 2007, 361-364]. Die Überzeugungskraft der Ausführungen von Hochkirchen wird 13 Jahre später auch bei *Wikipedia* [St. Pantaleon (Köln)] skeptisch gesehen: „Reste eines Engels und eines Drachen sollen nach den Ausführungen von D. Hochkirchen bereits karolingisch sein." Das klingt nicht nach Zustimmung. Auch die Kirchenleitung von St. Pantaleon hat diese fast frivole Spekulation nicht übernommen, jedoch korrekterweise die Verjüngung des Kreuzgangrestes hin zum Jahr 1000:

> **„984-1000:** […] Der Westflügel [der Kirche] ursprünglich doppelt so lang wie heute. Er besaß ein monumentales Skulpturenprogramm an der westlichen Frontseite: thronender Christus flankiert von den heiligen Albinus und Pantaleon im Obergeschoss und Engeln darunter (Fragmente im Lapidarium auf der Westempore). Teile des nördlich der Kirche gelegenen Kreuzgangs sind erhalten: Arkaden auf der gedrungenen Kalksteinsäule mit Pilzkapitel[le]n über einer Brüstungsmauer" [st. pantaleon].

Die Kreuzabnahme der Externsteine

Niemand anderes als Johann Wolfgang von Goethe vertrat die Meinung, dieses Kreuzabnahmerelief sei karolingisch. Schon das wäre ein hinreichender Grund, um es gründlich zu betrachten. Seitdem sind fast 200 Jahre vergangen, aber bei einer *Wikipedia*-Seite [Kreuzabnahmerelief an den Externsteinen] wird diese im doppelten Sinne Alt-Datierung – auf 816 bis 822 – noch immer vertreten. Zu ihren Verfechtern gehörte Ulrich Niedhorn, der als Bildhauer beachtliche Beobachtungen auch zur Vorzeit gemacht hat. Andere Kunsthistoriker halten sich an die 1836 entdeckte Inschrift [Mundhenk, 40] in der dahinter liegenden Grotte mit der Zahl 1115, die nicht nur dem Höhlenraum, sondern auch dem Relief ihren Zeitrahmen geben soll. Die Mehrzahl der 'hauptamtlichen' Forscher scheint sich jedoch heute auf den Zeitraum von 1130 bis 1160 [wiki: Externsteine] verständigt zu haben. Es gibt aber weitere Ansätze zwischen grauer Vorzeit [Tränkenschuh] und 16. Jh. [Ritters].

Zum Relief

Fast 20 Quadratmeter groß, ist es eine buchstäblich herausragende, singuläre Steinmetzleistung, erbracht nicht in einer Kirche oder einer gut ausgerüsteten Werkstatt, sondern mitten im Wald an den Externsteinen, im Teutoburger Wald nahe Horn. Das Relief ist wohl nicht leicht zu messen: Niedhorn [81] nennt eine Höhe von 4,70 m, Tränkenschuh [6] gibt 4,80 x 3,70 m, Toman [313] spricht vage von 5,50 m Höhe und von mehr als 3,50 m in der Breite, Legner [17] wie auch *Wikipedia* [Externsteine] von ca. 5,50 m. Die Relieftiefe – die wegen der ursprünglichen Natursteinoberfläche schwanken kann – liegt bei 19 bis 30 cm [Niedhorn, 23].

Das mächtige Kunstwerk zeigt das klassische Sujet der christlichen Kreuzabnahme mit mehreren Personen. Ein riesiges Kreuz steht im Mittelpunkt der Szene; sein senkrechter Balken ist an der Spitze zu einer Tafel erweitert, die auch drei Inschriften in drei Sprachen hätte tragen können [Joh 19,19-22]. Die Seitenenden des Kreuzbalkens und die Kreuzbasis laufen in trapezförmig erweiterte Flächen aus. Der Leichnam Christi wird von Josef von Arimathäa und Nikodemus abgenommen, denen beim gegenwärtigen Erhaltungszustand drei ihrer Beine fehlen; sie sind direkt unter den waagrechten Kleidungssäumen abgeschlagen. Maria ergreift die Hand ihres Sohnes; der Evangelist Johannes, an einem Buch erkennbar, beobachtet traurig das Geschehen. Über dem Kreuz zeigen sich die Personifikationen von Sonne und Mond. Ganz oben tritt Gottvater persönlich auf, gekennzeichnet durch den Kreuznimbus. Er hält die personifizierte Seele Jesu im Arm – bereits die zweite Singularität (s.u. bei Rätseln) –, dazu eine Auferstehungsfahne, so dass nicht nur der Karfreitag, sondern auch der Ostermorgen dargestellt erscheint. Gottvater nimmt die Stelle ein, die in anderen Darstellungen Engeln überlassen wird; er zeigt mit seiner Rechten nicht auf das Haupt Jesu, sondern auf die seitliche Marienfigur, deren – fehlender – Kopf sich ganz dicht an den von Jesus geneigt hat. Unter der Grundlinie dieser Szene sind, kaum mehr erkennbar, zwei Menschen und ein Untier dargestellt.

Nikodemus als der zweite Hantierende steht auf einem seltsamen Gebilde, das immer in Richtung auf germanisches Heidentum interpretiert wird, weshalb die zuständigen Kunsthistoriker seit Jahrzehnten über das Relief gerne schweigen (s.u.).

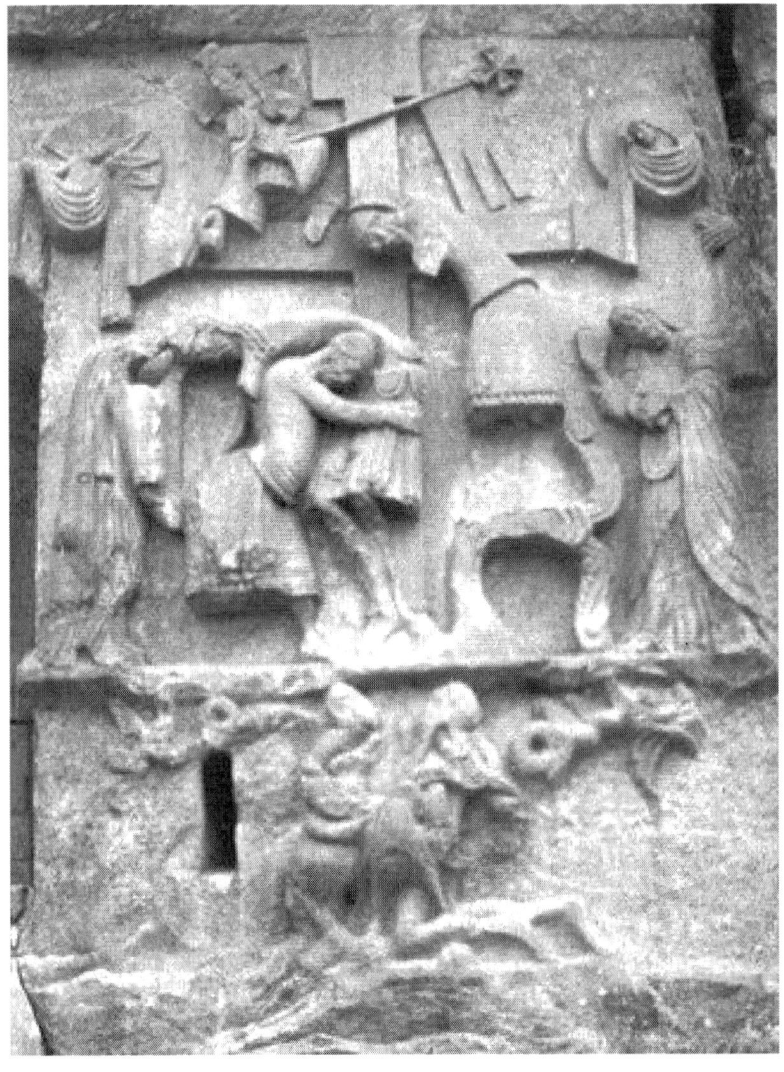

Externsteinrelief, bei Horn [wiki], Kreuzabnahme, oben Gottvater, unten Basilisk, der Adam und Eva umschlingt. Die riesige, über 5 m hohe Arbeit wurde lange bei 1115 angesetzt, dann Mitte des 12. Jh., jetzt Ende des 12. Jh.

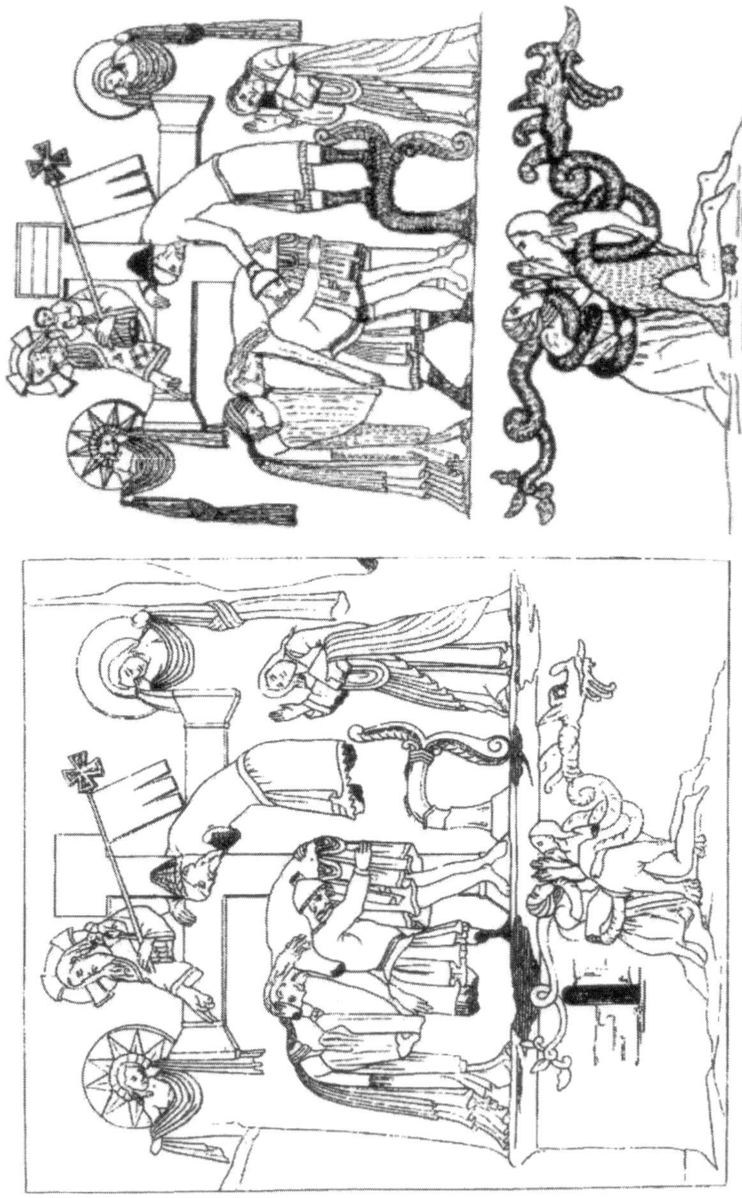

Abzeichnungen des Reliefs: 1862 aus *Die Gartenlaube*, S. 380, durch Ernst von Bendels [wikimedia] und Rekonstruktionsversuch durch Franz Flaskamp [1954].

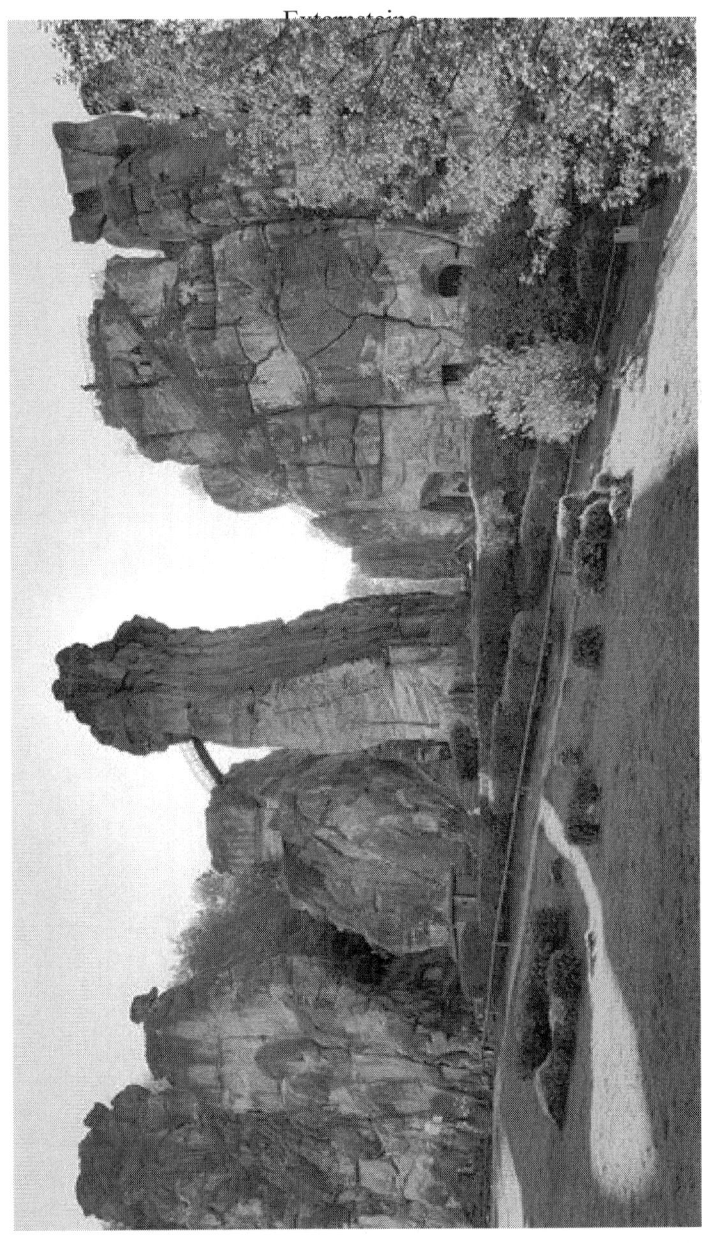

Externsteine im Teutoburger Wald. Das Kreuzabnahmerelief findet sich am rechten Steinmassiv, rechts vom linken Fenster [Bauer]

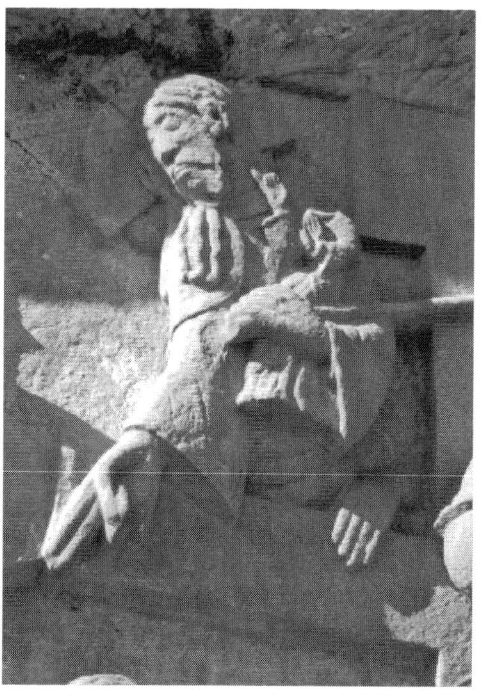

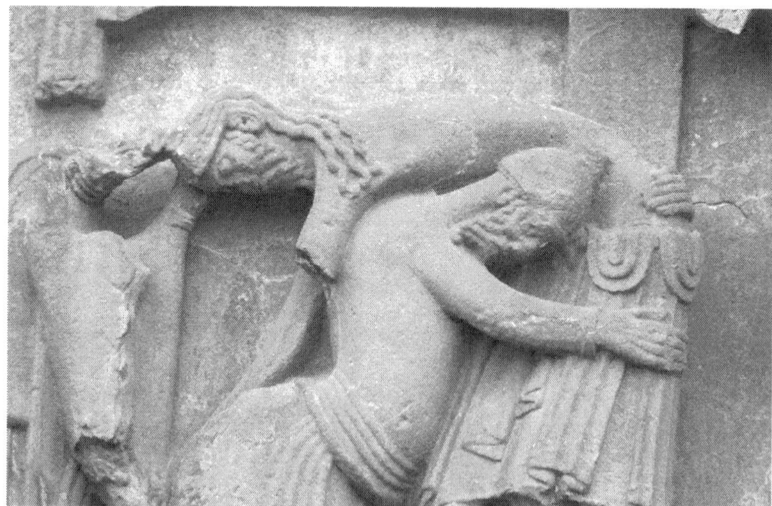

Externsteine: Gottvater deutet auf Maria, hält mit der Linken die personifizierte Seele Jesu, außerdem die Stange der Osterfahne [tripadvisor].
Die eigentliche Kreuzabnahme [Langbein]

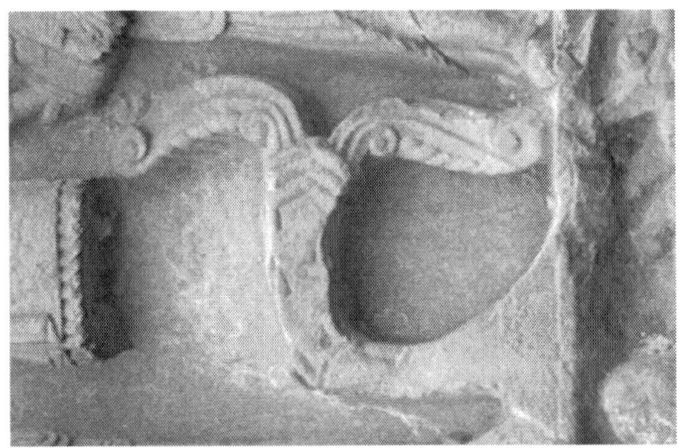

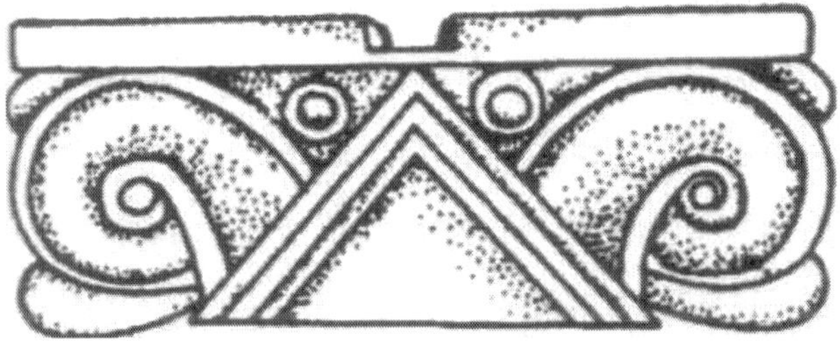

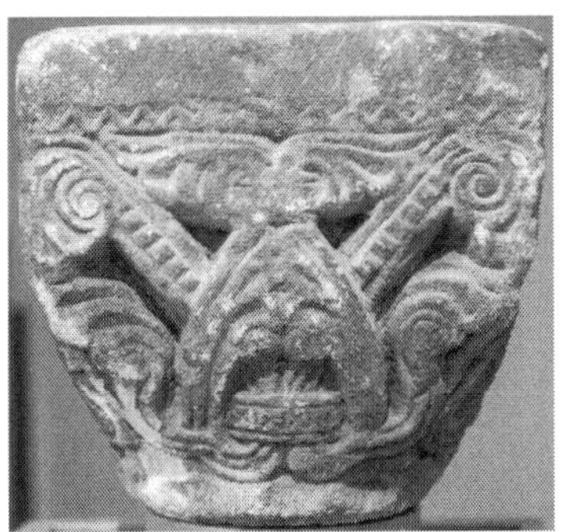

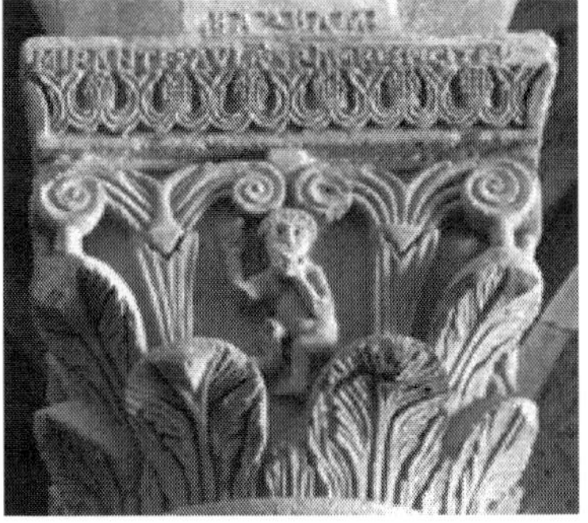

Externsteinrelief: Die sog. Irminsul ist eine umgebogene Säule mit äolischem Kapitell, hier zur Verdeutlichung um 90° nach links gedreht! [Langbein]
Äolisches Kapitell, Israel 10.–8. Jh., v. Chr. mit inneren und äußeren Voluten sowie der charakteristischen dreifachen Mittelspitze [Dever, 113].
Magdeburg: romanisches Kapitell mit Voluten und einer Art Mittelspitze [Brünig]
Montefiascone am Lago Bolsena: Kapitell, doppelte Voluten mit jeweils einer Spitze, 12. Jh. [terrestorie].

Der Stil ist unverkennbar romanisch, sicher auch von byzantinischen Elfenbeindarstellungen beeinflusst; immerhin nach oben lässt sich die Entstehungszeit auf vor 1220 eingrenzen, weil der Korpus Christi mit vier Nägeln ans Kreuz geheftet war.

Dem großen Relief steht – noch dazu in freier Natur – für lange Jahrhunderte nichts Gleichwertiges zur Seite (um nicht gleich den Mount Rushmore zu bemühen...). Insofern ergeben sich etliche Datierungsmöglichkeiten, allerdings auch die Möglichkeit des Schweigens darüber [wiki: Externsteine].

Datierungsfülle

Wer heute bei *Wikipedia* das Alter des Externsteinreliefs erfahren will, erhält kontroverse Auskünfte:

816– 822 karolingisch [Matthes/Speckner; Niedhorn; wiki: Kreuzabnahmerelief an den Externsteinen.]
1130–1160 romanisch [wiki: Externsteine]

Daneben gibt es die lange durchgehaltene Standarddatierung, nämlich

1115 Zeit der salischen Kaiser, dazu
1180 die hier vertretene Jahreszahl und
16. Jh. gemäß Volker Ritters [2014].

Gleich auszuscheiden ist das 16. Jh., denn sonst müsste der reformationszeitliche Lukas Cranach der Ältere, 1472–1553, ganz konsequent ‚auf Alt' und für die Templer gearbeitet haben, obwohl dieser Orden offiziell 1312 aufgelöst worden ist. Für eine ebenso massive wie krude Verfälschung ist kein hinreichender Grund zu sehen.

Karolingische Herkunft?

Unter den Vertretern einer karolingischen Datierung war Ulrich Niedhorn (1919–2013) sicher der genaueste Arbeiter, denn der ausgebildete Bildhauer hat sich auch in Details der Gestaltung ebenso wie in die Kirchengeschichte eingearbeitet. Für ihn war klar, dass die in einer Felsgrotte eingeschlagene Zahl 1115 – vermutetes Weihedatum dieser Grotte – für die Datierung des Reliefs keine Bedeutung haben muss. Ihm boten sich die illuminierten Handschriften der Karolingerzeit und die in solchen Codices eingearbeiteten Elfenbeinplatten zu Vergleichszwecken an. Dieses Vorgehen ist berechtigt, würde aber eine kritische Betrachtung ihrer Datierungen voraussetzen. Da sich Niedhorn auf die Standardaussagen beruft, kommt er zu dem einsamen Schluss:

> „Wenn das Externstein-Relief im 12. Jahrhundert geschaffen sein sollte, so wäre das ein völlig unverständlicher Rückgriff in eine obsolete Thematik des 9. und noch des 10. Jahrhunderts, ein Rückgriff, für den es keine Parallele, aber auch keine Wahrscheinlichkeit geben dürfte. Diese thematischen Entsprechungen lagen aber, anders als die kompositorischen Sachverhalte allezeit jederman[n] vor Augen, wenn er sehen wollte“ [Niedhorn, 71].

Nach den Forschungen des Verfassers liegen die illustrierten karolingischen Handschriften ab dem Godescalc-Evangelium um mindestens ein Jahrhundert später, als karlsaffine Forschung annimmt [vgl. Illig 1996, 314]. Das gilt ebenso für byzantinische Elfenbeine. Sie wären ohnehin schlechte Vorbilder gewesen, als bei ihnen zumindest Gottvater immer frontal abgebildet wird, während dieses Relief die Köpfe im Profil zeigt, nur Johannes im Halbprofil. Obendrein geht Niedhorn von Steinmetzen aus Byzanz aus [ebd. 90, 105 f.], doch entstanden dort spätestens nach Justinian I. im 6. Jh. – von ihm wird ein überlebensgroßes Reiterstandbild auf der Siegessäule berichtet – keine größeren und schon gar keine großen Skulpturen oder Reliefs. Die Steinarbeiten fanden fast ausschließlich an Kapitellen statt und ergaben dort überwiegend abstrahierende Muster, auch mit kaiserlichen Monogrammen. Dortige Steinbildhauer sind ebenso wenig bekannt wie Kunstwerke. So ist Niedhorns Schluss falsch:

> „Offenbar haben auch in Byzanz geschulte Künstler ihre Formtraditionen und Entwurfsverfahren mitgebracht und so bereits im 9. Jahrhundert eine erste, kurze Phase des Auftauchens dieser künstlerischen Mittel in der karolingischen Kunst bewirkt“ [Niedhorn, 72].

Die Vergrößerung einer 30 cm hohen Elfenbeintafel um das 18-Fache an eine Felswand verlangt nicht nur die Errichtung eines Gerüstes, sondern fundierte Kenntnisse der Steinbearbeitung [ebd. 78-82], die gerade byzantinische Künstler nicht kennen konnten. Ausgerechnet der Steinbildhauer beachtete die unterschiedliche Entwicklung der Steinmetzkunst in Ost und West nicht, sonst wäre ihm auch klargeworden, dass im 9. Jh. generell noch keine menschlichen Darstellungen in Stein erwartet werden können (s.o.).

> „Walther Matthes und Rolf Speckner kommen aufgrund eines Vergleichs aller Einzelmotive zu der Goethe bestätigenden Interpretation, dass das Relief zwischen 816 und 822 geschaffen worden sei“ [wiki: Kreuzabnahmerelief an den Externsteinen; dazu Matthes/Speckner 1997].

Dem wird hier von Grund auf widersprochen. Es sei dazu festgehalten, dass etwa Wesenberg 1955 Parallelen sah zwischen diesem Relief, den

Kölner Fragmenten von St. Pantaleon, Gero-Kreuz, Hildesheimer Türplastik, Lothar-Kreuz und Buchmalerei, die dann alle ins 9. Jh. vorgezogen werden müssten [Binding 2011, 100].

1115 – die wichtigste Jahreszahl für das Relief?

Die in einer Grotte eingemeißelte Jahreszahl galt lange als die Datierung für das Relief im Wald, etwa für Rolf Toman [1996, 313]: „Erstes Viertel 12. Jahrhundert“. Doch wo führt diese Jahreszahl hin? Der an sie glaubende Rolf Fritz zeigte ungewollt die Konsequenzen:

> „Denn dieses Bildwerk ist ohne Beispiel in der europäischen Plastik seiner Zeit. Nach unserer heutigen Kenntnis [ca. 1937; HI] der Denkmäler scheint es in Deutschland bis zum Anfang des 12. Jahrhunderts eine monumentale Steinplastik nicht gegeben zu haben. Um das Jahr 1115 beginnt die Reihe der deutschen Steinbildwerke urplötzlich mit einem so gewaltigen Auftakt, wie ihn das Relief der Kreuzabnahme an den Externsteinen darstellt. Die Frage, woher dem deutschen Bildhauer die Kraft zu einer solchen Leistung gekommen sei, gibt immer neue Rätsel auf. Gewiß hat man mit Recht an eine kleinplastische Vorlage – etwa ein byzantinisches Elfenbeintäfelchen – erinnert, das als Vorbild für die Komposition gedient haben könnte. Auch der Hinweis auf die gleichzeitige monumentale Wandmalerei allein vermag die erstaunliche Fähigkeit nicht zu klären, mit der die großen Flächen klar aufgeteilt und künstlerisch beherrscht sind. Es scheint vielmehr, als sei hier ein Gestaltungswille am Werke gewesen, dem wir lange vorher an den Bernwardstüren in Hildesheim oder an der Holztür von St. Maria im Kapitol begegnet sind“ [Fritz].

Auch Fritz denkt mit den Bernwardstüren an ein Kunstwerk von 1015, dessen Datierung hier noch beschäftigen wird (s. S. 197 ff.). Die Holztüren von St. Maria im Kapitol, Mitte des 11. Jh. oder bei 1045/65 gesehen [wiki: Holztür von St. Maria im Kapitol; stadt koeln], sind datierungsmäßig ebenfalls heikel (s. S. 218). Angesichts derartiger Ähnlichkeiten ließe sich das Externsteinrelief auch spätottonisch einstufen, doch ist dem Verfasser kein solcher Versuch bekannt. Auch Johannes Mundhenk, der die einschlägigen Forschungsarbeiten am Externsteinrelief ab dem 19. Jh. gut wiedergibt, hat sich für eine Entstehung um 1115 ausgesprochen, aber zuletzt selbstkritisch angemerkt: das „fast für kanonisch erachtete Jahr 1115“ [Mundhenk, 59].

Kanonisch ist hier gar nichts, wenn man nicht konsequent die Entwicklung der Steinplastik im Abendland ignoriert. Leider hat das bereits Niedhorn getan. Gerade ein Bildhauer müsste Überlegungen anstellen, wie weit innerhalb der Kunstepochen die Fähigkeiten gediehen sind, Menschen in Stein nachzuformen. Dann wäre ihm schnell klar, dass erst ab ca. 1000 – „nach Jahrhunderten plastischer Abstinenz“ [Brandt 2016, 304] die ersten, noch arg primitiven Kapitelle und Türsturzreliefs gemeißelt werden konnten. Gegen 1080 wagen sich die Steinmetze, die noch keine Kunsthandwerker waren, allmählich an Individualköpfe heran [vgl. Illig 2007, 360]. Schon von da her ist kein derartiges Großformat wie das Externsteinrelief früh im 12. Jh. zu erwarten.

Die Überlegung lässt sich durch Kreuzgangplastik im deutschsprachigen Raum rasch unterfüttern. Erhaltene Kreuzgänge, die skulptierte Kapitelle erwarten lassen, finden wir erst im 12. Jh., nachdem von dem bislang ältesten nachgewiesenen ‚Kreuzgang‘ – sofern es einer war – in Köln St. Pantaleon nur bescheidene, skulpturlose Reste aus dem Boden geholt worden sind. Noch in der zweiten Hälfte des 12. Jh. treten uns Kreuzgänge wie die von Feuchtwangen oder Welfenmünster entgegen, die ohne figürlich-figurative Kapitelle gestaltet worden sind. Der Kreuzgang des Bonner Münsters soll durch Bischof Gerhard von Are (Amtszeit 1140–1169) begonnen worden sein. Gemäß örtlicher Quelle ist er rund 900 Jahre alt und „der am vollständigsten erhaltene romanische Kreuzgang nördlich der Alpen und des Rheinlands sowieso“ [*münster*]. Er gehört zu den ältesten verzierten im deutschen Sprachraum, entsprechend urtümlich wirken seine Kapitelle. Die Gruppe bis ca. 1210 ist – im Unterschied zu Frankreich – nicht groß:

um 1150 Bonner Münster,
nach 1150 Königslutter am Elm,
nach 1166 Millstätter Kreuzgang, [wiki: Millstätter Kreuzgang]
um 1180 Busdorfkirche Paderborn (sog. Pürting),
nach 1180 Zürcher Kreuzgang, vor 1230 [vgl. Illig 2005],
Anfang 13. Jh. Berchtesgaden,
Anfang 13. Jh. Stiftskirche Aschaffenburg,
Anfang 13. Jh. Steingaden.

Wenn man die bis 1180 durchaus unbeholfenen Ansätze an deutschen Kapitellen betrachtet, dann ist schwer vorstellbar, dass bereits 825 oder 1115 irgendein Steinmetz in der Lage gewesen wäre, eine derart große Felsfläche wie die an den Externsteinen in derart meisterlicher Manier zu bearbeiten.

Einen zusätzlichen, aber schwierig einzuordnenden Hinweis gibt das Heilige Grab in der Stiftskirche St. Cyriakus zu Gernrode, das mit seiner Westwand von 3,25 x 4,50 m knapp der Größenordnung des Externsteinreliefs entspricht (die Nordwand ist noch größer, wurde aber in zwei Abschnitten gestaltet und errichtet). Hier gibt es schon länger Datierungsprobleme. Früher wurde auf 1030 datiert [Möhle], dann auf 1060/80 [Faure; dort sehr gute Fotografien], heute auf ca. 1100 [wiki: Heiliges

Grab (Gernrode)]. Als das Grab 2012 nach einer mehrjährigen Sanierung wieder geöffnet werden konnte, war die Presse schlecht informiert, wollte sie doch zugleich von einem ottonischen Kunstwerk und von einem Nachbau des Jerusalemer Grabes in der Grabeskirche sprechen, das von den siegreichen Kreuzfahrern 1099 erneuert worden sei [Kowa].

Wer in Gernrode die feine Steinmetzarbeit der Statue der sog. hl. Magdalena bestaunen würde, geriete auf den Holzweg, denn hier wechseln Stein- und Gipsarbeiten ab. Die hl. Magdalena ist eine Gipsfigur, die den Vergleich mit den Heiligenfiguren von Cividales ‚Tempietto' nicht scheuen muss. Niedhorn [73] hat sich ganz entschieden gegen jeden Vergleich mit dem Externsteinrelief ausgesprochen:

> „Das Heilige Grab in St. Cyriakus, Gernrode, ist eine modellierte Arbeit und in Gips abgegossen worden. Als Stuck wird sie fälschlich bezeichnet, denn Stuck ist Gipsantragearbeit und hat als solche ganz andere Formen."

Damit ignoriert er leider die hier vollbrachten Steinmetzarbeiten. Andere haben genau den Impuls gespürt, der zum Externsteinrelief hinführt:

> „Man glaubt in Folge dieser Beziehung im heiligen Grab den ersten Versuch zur Schaffung einer Monumentalplastik, in der sich Figur und Architektur vereinigen, zu besitzen, der sein Ziel durch einfache Vergrößerung zu erreichen strebt" [Grote 1932, 26].

Auch das dürfte die ohnehin schwierige Datierung beeinflusst haben, denn da man damals, 1932, das Externsteinrelief bei 1115 sah, musste das hl. Grab von Gernrode noch älter datiert werden. Wie dem auch sei: Bleibt man im deutschen Sprachraum bei Kreuzgangkapitellen, dann setzt erst ab ca. 1160 die künstlerische Feingestaltung ein, deutlich später als in Frankreich oder Spanien. Insofern setzt der Verfasser seine Datierung noch später an. Zunächst ist festzuhalten, dass das Motiv der Kreuzabnahme hierzulande relativ selten ist, aber auch im oströmischen Raum, den Niedhorn [105] fälschlich favorisiert hat: „Das Externsteinrelief als Werk der byzantinischen Kunst".

> „Groß muß einst die Zahl der byzantinischen Kreuzabnahmefresken gewesen sein, obwohl sie unter anderen ikonographischen Motiven zahlenmäßig nahezu verschwinden. Zu den ältesten unter ihnen scheinen Fresken in den Höhlenkirchen Kleinasiens zu gehören. Und doch reicht auch keins über das 10. Jahrhundert zurück. Die Zahl der erhaltenen Kreuzabnahmebilder erreicht hier kaum ein halbes Dutzend" [Mundhenk, 47].

Kein halbes Dutzend – und dazu auch noch dieses Urteil:

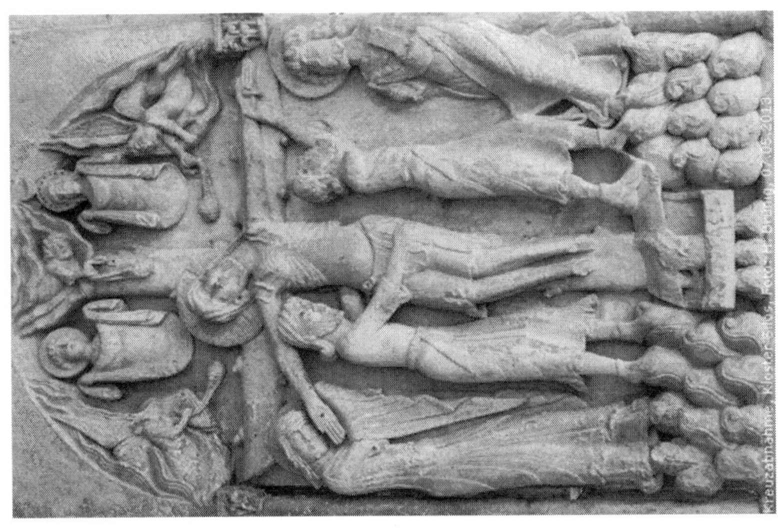

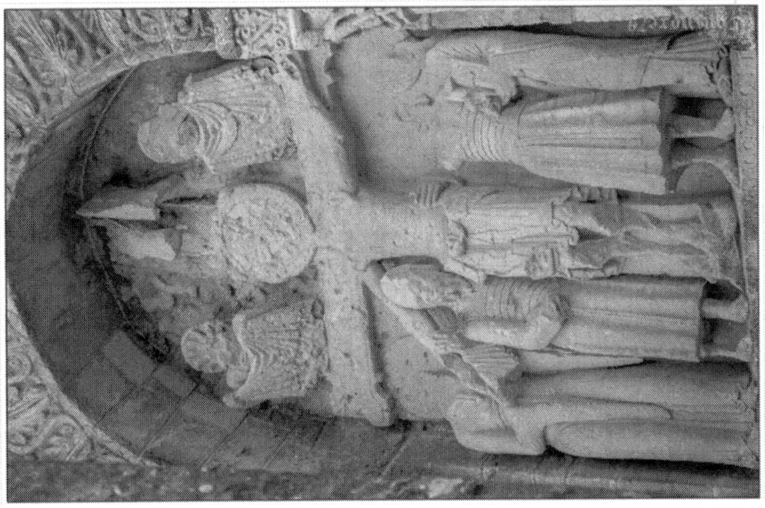

Zwei direkte Vorbilder für das Kreuzabnahmerelief an den Externsteinen:

Links: St-Hilaire in Foussais-Payré, Vendée: Kreuzabnahme, zwischen 1060 und 1200 datiert, jetzt bei 1180 [lesportesdutemps]

Rechts: Santo Domingo de Silos, Provinz Burgos: Kreuzabnahme, zwischen 1050 und 1175, jetzt 1175 [portalsäule].

> „In der Zeit vom 9. bis zum 12. Jahrhundert geht die Gesamtzahl aller erhaltenen Kreuzabnahmedarstellungen kaum über drei Dutzend hinaus“ [ebd. 57].

Auch die Malerei bietet nicht übermäßig viel Vergleichsmaterial.

> „Das bekannte in den *Grottenstein* gemeißelte Kreuzabnahmerelief wird jedoch von der kunsthistorischen Forschung, nach der fälligen Neubewertung in den 1950er Jahren, an der sich Otto Schmitt, Fritz Saxl und Otto Gaul beteiligten, in die Zeit zwischen 1130 und 1160 datiert“ [wiki: Externsteine].

Auch dieser besseren Datierung wird hier widersprochen, weil sie für die Evolution der künstlerischen Steinbearbeitung noch immer zu früh kommt. Sie dürfte aufgestellt worden sein, weil gar zu offensichtlich wurde, dass es in deutschen Landen um 1115 keinen skulpturalen ‚Urknall‘ gegeben haben kann, der sofort zur meisterlichen Beherrschung auch des Großformats geführt hätte. Aber es gibt zwei unmittelbar vergleichbare Bildhauerarbeiten.

Die Datierung bei 1180 bis 1200

Ungeachtet seines vergeblichen Versuchs, das Externsteinrelief ins 9. Jh. zu bringen, gibt Niedhorn [47] einen guten Hinweis auf ein Parallelwerk – im 12. Jh.! Zu einer Zeit, als *Google* noch nicht das Auffinden von fast beliebigen Abbildungen ermöglichte, stieß er dank Beenken auf die weit entfernte Kirche von ***Foussais-Payré***, westlich von Poitiers in der Vendée. Bauphasen und Zerstörungen wechselten dort rasch:

> „Die Kirche Saint-Hilaire gebaut zwischen 1040 und 1080, abgebrannt und ausgeraubt zwischen 1225 und 1232, rekonstruiert um 1300, geplündert und angezündet zwischen 1562 und 1568 (Zerstörung der Gewölbe). Sie ist noch heute ohne Ausstattung. Die Westfassade stammt aus dem ***letzten Viertel des 12. Jh.***“ [fr.wiki: Foussais-Payré; Übersetzg. und Hvhg. HI].

Diese Westfassade hat seitlich des Hauptportals zwei fensterartige Nischen, in denen große Reliefs platziert sind:

> „Die Prioratskirche St. Hilaire verdankt ihr kulturhistorisches Interesse besonders seiner Fassade. Sie musste zwar im 15. Jhdt. mit zwei Strebebögen vor dem Einsturz bewahrt werden und hat dadurch in ihrer Gesamtwirkung verloren, aber noch immer sind wunderbare Einzelheiten im Detail zu beobachten. Das Bildprogramm wird in der Hauptsache durch einen christologischen Zyklus bestimmt. Unter dem rechten Bogen ist das Mahl Christi im Haus des Lazarus dargestellt. Bemerkenswert die von tiefer Menschlich-

keit geprägte kauernde Gestalt der Magdalena, die die Füße des Heilands mit ihren Haaren trocknet. Ähnliche Gefühlsanklänge sind in der Kreuzabnahme aufzuspüren – untrügliche Kennzeichen ***spätester Romanik, die bereits vom Heraufdämmern der Gotik künden***. Bei der Kreuzabnahme hat sich eine der seltenen Künstlersignaturen erhalten: Der Bildhauer Giraudus Audebertus aus der Abtei St-Jean-d'Angély gibt sich dort als Schöpfer des Portals zu erkennen" [T. Droste lt. leo.org; Hvhg. HI].

Das Bildprogramm des Audebertus ähnelt dem Relief der Externsteine stark. Der Querbalken des Kreuzes füllt die ganze Nischenbreite aus. Die rechte Hand Christi ist bereits gelöst, Joseph von Arimathäa stützt den Leichnam, schützt ihn aber vor Berührung mit einem Tuch (Velum). Christi Kopf fiel Ungläubigen zum Opfer, aber sechs Haarsträhnen fallen noch über seine Schultern. Dahinter ist ein großer Nimbus (mit eingemeißeltem Kreuz?) angebracht, darüber ragen zwei rätselhafte Steinfragmente (Flügel?) nach vorn; seitlich trauern vermenschlicht Sonne und Mond. Die Füße des Gekreuzigten wurden von zwei Nägeln durchbohrt. Früher wurde Foussais bereits bei 1061 gesehen, für Mundhenk [1985, 48] gehörte es noch dem 11. Jh. an – ein Hinweis darauf, wie mühsam viele Datierungen erarbeitet worden sind. Jetzt also letztes Viertel des 12. Jh. Immerhin ergibt sich daraus ein wichtiger Hinweis:

> „Älter als das Externsteiner Relief sind mit Sicherheit nur die Lünette in Foussais, die Bronzetür in San Zeno in Verona und das rheinische Holzrelief des 11. Jahrhunderts in Berlin" [ebd. 48].

Dieses Urteil fällte Mundhenk ohne Rückgriff auf Silos, obwohl er Silos als zweite steinerne Arbeit kennt, für die Datierungen ins 11. wie ins 12. Jh. vorliegen.

Bei der Kreuzabnahme im Kloster ***Santo Domingo de Silos*** in der Provinz Burgos handelt es sich um eine große Relieftafel an einem der Eckpfeiler des phänomenal ausgestalteten Kreuzgangs. Ihre Komposition ist der von Foussais sehr ähnlich (bis hin zum Velum zum Schutz des hl. Leichnams), aber noch detailreicher: Neben Sonne und Mond schwingen zwei Engel Rauchfässer, und in der Mitte senkt sich ein Engel herab (damit lässt sich auch für Foussais ein Engel im Scheitel des Reliefs unterstellen). Noch näher am Externsteinrelief sind die waagrechten, glatten Gewandsäume und darunter die dünnen Unterschenkel, die ebenso leicht wegzuschlagen wären, wie es beim Externsteinrelief tatsächlich geschehen ist.

Auch das Kloster von Silos birgt ein Datierungsrätsel. Vorab stellt Mundhenk [1985, 53] fest, dass die Datierungen zwischen 1050 und 1150 schwanken. Für Niedhorn [1990, 46] stammt dieses Relief aus der Zeit

1085–1100. Laut der spanischen *Wikipedia*-Seite ist das Kloster von 1000 bis 1073 erbaut worden; sein Kreuzgang wäre im späten 11. und beginnenden 12. Jh. errichtet worden [es.wiki: Abtei Santo Domingo de Silos]. Demnach hätten die kastilischen Steinmetze einen Entwicklungsvorsprung von fast einem Jahrhundert gegenüber den französischen von Foussais gehabt; die nordspanische Bildhauerei wäre der südfranzösischen mehrere Jahrzehnte voraus gewesen, ohne dass die Vertreter des Schöpfungsintervalls von 1080 bis 1120 davon gewusst hätten.

Doch Rolf Toman [1996, 294-299] bringt einen eigenen Abschnitt „Am Ende des [12.] Jahrhunderts", in dem er neben Uncastillo, Ripoll, Compostela und Àvila explizit Silos behandelt und dessen große Kreuzgangreliefs auf 1150 bis 1175 datiert [Toman, 294]. Tomans Datierungen werden identisch gestützt von dem Kunsthistoriker Barral i Altet [Duby/Duval, 266 ff.], dessen Darstellung romanischer Plastik der damalige Doyen französischer Mediävistik, Georges Duby, mit seiner Einleitung zusätzlich aufgewertet hat.

Wo gibt es weitere Kreuzabnahmen? Aus dem Kreuzgang der Kathedrale von ***Pamplona*** stammt ein Kapitell von 1145, das die Kreuzabnahme zeigt. Es folgt dem gängigen Sujet: drei Personen auf der Basislinie, darüber der Gekreuzigte, Sonne und Mond personifiziert. Ein Kapitell ‚üblicher' Größe und damit weit entfernt von der Riesendarstellung im Teutoburger Wald, auch von den großen Reliefs in Silos und Foussais. Das ergibt ohne weitere Änderungen die Reihung:

1145 Pamplona
1150–1175 Silos
1175–1200 Foussais
1180–1200 Externsteine (Vorschlag des Verfassers).

Der Ansatz des Verfassers ignoriert bewusst alle urkundlichen Falschnennungen und zweifelhaften Steininschriften. Ein Stück weit vorausgegangen ist dem Verfasser der Kunsthistoriker Bruno Thomas [1934], der auf Verwandtschaft mit anderen Kunstwerken aus der Zeit um 1167 hinwies, ohne selbst die Datierung für die Externsteine anzuheben [Mundhenk, 50 f.]. Niedhorn – der bei *Wikipedia* [Kreuzabnahmerelief an den Externsteinen] genannt wird, obwohl Außenseiter dort selten beachtet werden – muss unsachlich kämpfen, um ‚sein' karolingisches Externsteinrelief mit den Elfenbeinvorläufern zu retten:

> „Obwohl es sich [bei Silos] sogar um ein Steinrelief handelt, kann man von künstlerischer Abhängigkeit der beiden Reliefs untereinander nicht sprechen: Zeitstil, Materialstil, künstlerische Handschrift und Kompositionsverfahren sind unterschiedlich. [...]

Bei allen von Mundhenk aufgeführten Kreuzabnahmedarstellungen [Foussais, Silos und vier anderen Arbeiten, nicht aus Stein; ebd. 45], handelt es sich ausschließlich um thematisch-motivische Entsprechungen zum Externstein-Kreuzabnahmerelief. Formal-künstlerische Beziehungen konnten in keinem einzigen dieser Beispiele gefunden werden, ja, es gab nicht einmal geringfügige, ansatzweise nutzbare Hinweise, welche eine weitere Erörterung derselben rechtfertigen könnten" [Niedhorn, 47, 49].

Dieses zu enge Urteil muss hier nicht weiter bewegen; vielmehr lohnt der Vergleich mit zwei anderen Kunstwerken. Benedetto ***Antelami*** hat für den ***Dom von Parma*** eine außergewöhnliche Kreuzabnahme in Marmor mit eingefärbten Schrift- und Ornamentgravuren geschaffen. Der Meister hat seine früheste Arbeit signiert und mit 1178 datiert. Damit verglichen ist das Externsteinrelief eine Arbeit aus der tiefen Provinz, die ohne weiteres gleichzeitig oder auch noch später als die von Antelami entstanden sein kann.

Um das späte 12. Jh. noch einmal zu bekräftigen, eignet sich die Fassade der aragonesischen Kirche Santa Maria la Real in ***Sangüesa***. Dort sind in ähnlicher Gestaltung wie der Basilisk der Externsteine zahlreiche Fabeltiere wie Sphinx, Basilisk oder Harpyen (Vögel mit Menschenköpfen) dargestellt; dazu ersticht ein Held einen Drachen. Der darunter werkelnde Schmied gibt den Hinweis auf die Siegfriedsage. Das alles entstand im letzten Viertel des 12. Jh. [Toman, 339].

Rätsel des Externsteinreliefs

Das Problem mit der Datierung ist nur ein Teilproblem im Rahmen der Gesamtsicht auf die Externsteine in ihrer hart umkämpften Gemengelage zwischen Vorzeit, Germanentum, Christentum und völkischem Heidentum [Eine von vielen Informationsmöglichkeiten: Ruppert/Linde/Haupt 2017 mit über 150 Kommentaren]). Bereits 2002 glaubte der SPIEGEL-Autor Mathias Schulz, das „Forschungstabu" rings um die Externsteine werde wegen dem Fund der Nebra-Scheibe fallen; sie „hat das Thema Archäoastronomie schlagartig hoffähig gemacht", wie der Archäologe Harald Meller damals meinte [Schulz]. Allerdings geht es bei den Externsteinen um keinen neuen archäologischen Fund, sondern um ein Forschungstabu, das vom Dritten Reich herrührt. Insofern ist bei den Externsteinen trotz ihrer künstlich hergestellten, astronomisch interpretierbaren Beobachtungsmöglichkeiten (Kreisöffnung mit dahinter liegender ‚Dunkelkammer') ein Tabubruch nicht einmal ansatzweise zu spüren. Trotzdem sei es gewagt, einige unmittelbar erkennbare Auffälligkeiten am Relief anzusprechen.

Oben ist bereits auf Gottvater hingewiesen worden, der persönlich die Seele seines Sohnes aufgenommen hat. Gottvater ist nicht nach byzantinischer Weise frontal dargestellt, sondern im Profil. Nach Kenntnis des Verfassers handelt es sich bei der Seelenaufnahme um die einzige derartige (bildhauerische) Darstellung im abendländischen Mittelalter. Sie wirft ein theologisches Problem auf. Besitzt eigentlich der Gottmensch Jesus Christus eine Seele? Darauf wusste schon der hl. Hilarius von Poitiers († 367) im zehnten seiner *Zwölf Bücher über die Trinität* die Antwort, konnte doch Jesu Seele betrübt bis zum Tod sein [Mt 26,38; unifr]. Das ist freilich keine erkenntnistheoretische, sondern nur eine schriftkundige Antwort. Theologisch gesehen könnte nur der Mensch Jesus, nicht der Gottmensch Jesus Christus eine Seele besessen haben. Die Oster- oder Auferstehungsfahne ist dagegen nicht singulär, da sie auf etlichen mittelalterlichen Elfenbeinarbeiten erscheint.

Der abenteuerliche Hohlrücken des linken Jesusträgers (Joseph von Arimathäa) hat weitreichende Analysen evoziert. Dieses Rätsel lässt sich unproblematisch auflösen. Hätte Jesus noch seinen linken Arm, dann würde dieser dank des Hohlrückens nicht einfach konturlos dem Rücken aufliegen, sondern eine reliefbetonende Schattenzone bilden.

Germanische oder antike Säule?

Nikodemus als der zweite Hantierende steht auf einem seltsamen Gebilde, das sehr häufig in Bezug auf germanisches Heidentum interpretiert wird. Um was könnte es sich handeln? Eine interessante Bemerkung hat Ernst Förster [1851, III, 1. Teil, 56] beigesteuert:

> „Den baumartigen Sessel, der später zu den verwegensten Interpretationen geführt hat, charakterisiert er folgendermaßen: »Sehr sonderbar und arabeskenartig ist die Gestalt des Stuhls, auf dem Nikodemus steht und der einer umgebogenen Säule gleicht, deren Capitälknospen Zweige getrieben haben«“ [Mundhenk, 42].

Danach wurde und wird diese umgebogene Säule als umgebogene Irminsul interpretiert. Dem Schluss wäre wohl zuzustimmen, wenn es eine vergleichbare zweite Darstellung der Irminsul gäbe; doch weder die Germanen noch Karl d. Gr. als brutaler Verfechter der Schwertmission noch spätere Christen haben uns ein Bild von ihr hinterlassen [vgl. Spanuth, 135-139]. Gleichwohl wird in diesem Fall von der oder von einer Irminsul ausgegangen, soll sie oder eine von ihnen vor den Externsteinen gestanden haben. Aber Genaues ist dazu nicht bekannt.

Zu sehen ist eine Basis, darauf eine geknickte Säule, die eine dreifache Spitze ausbildet, von der aus zwei volutengeschmückte Bögen ausgreifen und in je einer Volute enden. Dieser Form ist der Verfasser vor Jahren bereits einmal begegnet [Illig 1992]: Es ist das Bild eines äolischen Volutenkapitells antiker wie späterer Form, denn noch in christlichen Kapitellvarianten hat sich die antike, zentrale Spitze enthalten. Insofern handelt es sich tatsächlich um eine „Irmin sul", um eine große Säule, doch um keine germanische, sondern um eine antike, im christlichen Raum wiederkehrende Säulen- und Kapitellform. Der Verfasser hat damals gezeigt, dass diese Volutensäule für den alttestamentarischen Altar steht, der an seinen vier Ecken Hörner, dargestellt als Voluten, tragen konnte. Die vier Voluten und damit der ‚Altar' des Externsteinreliefs waren an ihrer Unterseite quer und längst gerippt, wie sich noch am Relief erkennen lässt, vielleicht auch an der rechten Oberseite geschmückt. Das schließt einen germanischen Baumstamm zuverlässig aus, zumal der Stamm – im Vergleich mit den dargestellten Personen – vielleicht 1,40 m hoch wäre. Dient hier ein antiker Altar nur noch als Leiterersatz für das Opfer, das Jesus soeben gebracht hat bzw. das an ihm vollzogen worden ist? Oder geht es um den Altar, auf dem Jesus geopfert worden ist und der jetzt vom Geopferten befreit wird?

Unterm Kreuz

Unter der Grundlinie der Kreuzabnahme ist eine weitere Figurengruppe komponiert. Weil sie ungleich stärker verwittert ist, möchten manche Interpreten sie als deutlich älter, sogar vorchristlich ansetzen. Wegen des schlechten Erhaltungszustandes gibt es eine Vielzahl von Deutungen: „Um den Fuß des Kreuzes windet sich die durch den Erlösertod Christi besiegte, das Böse symbolisierende Schlange" [wiki: Lotharkreuz]. Dieses Motiv wiederholt sich bei den Externsteinen unter dem Kreuz in Form eines Basilisken, wie Niedhorn beschrieben hat:

> „Das dargestellte Fabeltier ist eigentlich ein Basilisk, wie er sich in der Bauornamentik des 12. Jahrhunderts häufig findet (nächstes Beispiel: Krypta von Paderborn-Abdinghof). Der Basilisk hat einen hahnenähnlichen Kopf mit Ohren, einem Vogelkörper auf Beinen mit Raubtierkrallen und einem Schlangenschwanz, der mit einer dreiblättrigen Lilie endet" [O. Gaul lt. Niedhorn, 94].

Das Kloster Abdinghof soll im Jahre 1015 gegründet und um 1115 Eigentümer des Felsreliefs gewesen sein:

> „Neue archäologische Erkenntnisse legen jedoch den Schluss nahe, dass das Abdinghofkloster erst im späten 11. Jahrhundert gebaut worden ist. Sollte dies zutreffen, kann Bischof Meinwerk (um 975–1036) nicht den Grundstein des Klosters gelegt haben" [wiki: Abdinghof].

Diesen Befund kann *Wikipedia* nicht mehr mit der Klostergründung in Einklang bringen; er wirft obendrein ein bezeichnendes Licht auf die *Vita Meinwerci,* die Abt Konrad von Abdinghof vor 1173 geschrieben haben soll. Davon betroffen sein könnte auch die Gründung des Busdorf-Stifts durch Meinwerk am 25. Mai 1036, da dieses Datum ebenfalls aus der *Vita Meinwerci* stammt [wiki: Busdorfkirche].

Die Bestie als Sinnbild für das von Christus überwundene Böse ist häufig unter dem Kreuz dargestellt. Ähnlich oft symbolisiert der Kopf Adams am Fuß des Kreuzesholzes die Überwindung des ersten Sündenfalls, der durch unseren Stammvater in die Welt gekommen sei. Auch ein Schädel wird dort häufig gezeigt – als Hinweis auf die Überwindung des Todes. Im Kloster Silos geschieht die Kreuzabnahme wohl auf Schädeln, zugleich Hinweis auf den Ort Golgota = Schädelstätte. Von Adam bis Golgota. Es liegt also nahe, die beiden unkenntlichen Figuren, die der Basilisk umschlingt, als Adam und Eva zu interpretieren. Durch seine Suche nach Vorbildern und – für ihn – Nachfolgern geriet Niedhorn auch an das Perikopenbuch Heinrichs II., entstanden zwischen 1007 und 1012. Bei der Elfenbeinarbeit des Buchdeckels, die er als karolingisch einschätzt, hat sich die Schlange des Paradieses am Kreuzfuß eingerollt. Doch Niedhorn suchte weiter und entdeckte am untersten Rand des Elfenbeins zwischen aus Gräbern auferstehenden Menschen auch Okeanos und Gäa. Diese beiden antiken Symbolgestalten für Meer und Land wollte er gerne bei den Externsteinen sehen, entschied sich dann jedoch für folgenden Satz: „Des unterworfenen sächsischen Heidentums Führergestalten“ [Niedhorn, 100], um Karls Sieg über die Sachsen Rechnung zu tragen. Dementsprechend ging es ihm letztlich auch um die heidnische und deshalb gebeugte Irminsul (Weltenachse), auch wenn sie nicht wie eine germanische Eiche, sondern wie eine Palme geformt sei [ebd. 101].

Dagegen gibt es einen zwingenden Einwand: Eine derartig politische, antisächsische Darstellung der Franken des 9. Jh. hätte in den schwer kontrollierbaren sächsischen Wäldern sicher kein Jahr überdauert. Das Bild des auf einem Altar geopferten Jesus liegt näher, zumal wenn die Darstellung vom Ende des 12. Jh. stammt.

Holz

Neuanfang der geschnitzten Skulptur

Wir kennen die phantastische Entwicklungslinie der altgriechischen Skulptur, die sich wie aus dem Nichts entfaltet hat. Denn es gab weder in der minoisch-mykenischen Kultur noch in den dunklen Jahrhunderten Griechenlands größere Plastiken. Doch dann wurden urplötzlich riesige Kouroi aus Stein gemeißelt und aufgestellt, plötzlich wurden rohe Holzfiguren geschnitzt, die dann kunstvoll mit Metallblechen umhüllt wurden, sogenannte Sphyrelata. Beides dürften die Griechen bei den Ägyptern gelernt haben. Als nächste Errungenschaft kam die im Wachsausschmelzverfahren gegossene Bronzestatue, die sehr schnell die Figuren mit rohem Holzkern verdrängte. Gleichzeitig gewann man erlesenem Marmor ebenso schöne Figuren ab. Beide edle Varianten wurden dann durch die Jahrhunderte der Antike beherrscht, bis die Fähigkeit zur plastischen Gestaltung versiegte. In Westrom geschah dies wohl um 400, in Ostrom hätte Plastik über das Jahr 476 hinaus weiter erstellt werden können, doch hat sich der Geschmack nach Kaiser Justinian I. so weit geändert, dass überhaupt keine Skulptur mehr entstand, die größer war, als aus Elfenbein zu schnitzen war.

Seinen Teil hat das sich ausbreitende Christentum beigetragen. In seinen Anfängen durchaus der römischen Sicht verpflichtet, erstellten byzantinische Handwerker Sarkophage und kleine Einzelfiguren, um jedoch bald auf jede größere Figur zu verzichten.

Mariensitzfiguren

Der Neuanfang wird vage in den dunklen Jahrhunderten danach gesehen. Konkrete Angaben gibt es jedoch erst für das 10. Jh. Die früheste vollplastische Marienfigur wird für das Jahr 948 und Clermont berichtet [Juwig] bzw. für das dritte Viertel des 10. Jh. [Holländer, 157]. Es folgen nur wenige Figuren: die der hl. Fides (Sainte-Foy) aus Conques, die

Goldene Madonna aus Essen, die große Goldene Madonna von Hildesheim, 1010, und eine rohe, nicht mit Metallfolie bekleidete Holzfigur, ebenfalls aus Hildesheim, 1022, die hier nicht weiter betrachtet wird. Sie folgen dem Muster des Sphyrelatons. Fides und Essener Madonna

> „zeigen wenig von den künstlerischen Möglichkeiten ihrer Zeit, sind weit entfernt von den Leistungen der Elfenbeinkunst und der Buchmalerei. Es handelt sich um goldglänzende, juwelenüberhäufte, starrblickende und kunstlose Gebilde, um Idole, die genau das verkörpern, was kluge Theologen, die mit den Bedürfnissen ihrer Zeitgenossen vertraut waren, als verabscheuungswürdig erkannt hatten“ [Holländer, 157].

Fides-Reliquiar in Conques

Dieses uralte Kultbild ist 85 cm hoch und zeigt blockartig eine sitzende Frau, die im Lauf der Jahrhunderte oftmals verändert worden ist. Trotzdem wird von *de. Wikipedia* [Ste-Foy (Conques)] ihr Entstehungsdatum präzise mit 984 angegeben, offenbar in Konkurrenz zur Essener Madonna, die aus deutscher Sicht etwas älter sein soll. Die *fr. Wikipedia* [Abbatiale Sainte-Foy de Conques] legt Wert darauf, dass die ursprüngliche Figur bereits aus dem 9. Jh. stamme, weil 866 die Fides-Reliquien nach Conques gekommen und dann in der Figur verwahrt worden seien. Erst in einer zweiten Fertigungsstufe wurde sie nach einem auf 995 datierten Wunder in die Form gebracht, die wir in etwa heute noch sehen [fr.wiki: Statue reliquaire de Sainte Foy]. Sie besteht aus einem Holzkern, auf dem vergoldetes Silberblech befestigt und mit Perlen und Edelsteinen geschmückt wurde. Die nach vorne gestreckten Arme sind viel spätere Ergänzung. Der Kopf stammt von einer antiken Figur, möglicherweise von einer Kaiserstatue des 3. oder 4. Jh. Anders formuliert: Im 10. Jh. konnte man nur einen ungefügen Korpus herstellen, die Feinarbeit für ein Gesicht war noch nicht möglich, nicht gestattet. Bernard von Angers hat sich noch Ende des 10. Jh. gegen jede plastische Darstellung gewandt: „Heiligenstatuen jedoch, also dreidimensionale Bildwerk, sind ihm idolatrieverdächtig“ [Klein, 49]. Später akzeptierte er die Darstellung der hl. Fides mit ihrem goldglänzenden Aussehen:

> „Das unnatürliche Material verringerte so die Gefahr, daß die »einfachen Leute«, wie Bernard sich ausdrückte, eine künstliche Statue allzu rasch mit einem lebendigen Wesen verwechselten“ [Klein, 49].

Diese Gefahr wurde auch deshalb gebannt, weil er feststellte, „die Figur sei vor seinem Besuch vollständig erneuert worden“ [Juwig]. Und nun avancierte Bernard zum großen Fides-Fürsprecher. Er war 1010 erstmals in Conques, hat die Statue bis zu seinem Tod, 1020, wiederholt besucht und zwei Bücher über die von ihr vollbrachten Wunder geschrieben.

Goldene Madonna, Essen

Essen bewahrt seine Goldene Madonna. Sie wird von *Wikipedia* der Zeit um 980 zugewiesen, von anderen der Zeit um 1000 [sofia], aber auch der zwischen 1010 und 1015; sie ist mit 74 cm Höhe kleiner, bereits fein ausgearbeitet, mit Kind und Kugel- oder Erdball-Attribut. Die feine Ausarbeitung gilt auch für das Madonnengesicht; nur die starren ‚Glupschaugen' aus Email wirken künstlerisch noch nicht bewältigt. Ursprünglich war die Figur mit Filigran, Perlen und Email bedeckt. Begreiflicherweise wird die Rundumsicht einer vollrunden Statue damals nur ungenügend beherrscht.

> „Die Goldene Madonna ist die älteste vollplastische Skulptur nördlich der Alpen und die älteste erhaltene Marienfigur" [wiki: Goldene Madonna].

Madonna und Fides erlauben das einhellige Urteil: „Wiederaufleben der vollplastischen Skulptur im 10. und 11. Jahrhundert" [Juwig]. Dieses Wiederaufleben bedeutet aber nicht nur ein verbessertes Können, sondern auch die Überwindung eines theologischen Dilemmas, das die damaligen Geistlichen umtrieb, während wir heute kaum mehr das Problem ermessen.

> „Dass man aber die im Kindesalter verstorbene Heilige als goldene Thronfigur mit spätantikem Männerkopf repräsentierte, führt in den Kern einer kontroversen Debatte über die Funktionen anthropomorph gestalteter Reliquiare und die Entstehung der Monumentalplastik. […]
> Diese bewusst konzipierte Ambivalenz evoziert ein ständiges Changieren der Skulptur zwischen Mimesis und Substitution […]
> Frickes umsichtige Rekontextualisierungen verdeutlichen, dass die Etablierung der Vollplastik in einen Zeitraum fiel, in dem sich das Verhältnis von Wahrnehmung, »Ähnlichkeit, Zeichenverweisung und Sinnverbindung« (Kurt Flasch) grundlegend wandelte. Einer der Kulminationspunkte dieser Prozesse ist der sich im frühen 11. Jahrhundert entspinnende Eucharistiestreit um Berengar von Tours. Berengars Diktum, nur für den wirklich Gläubigen verwandele sich die Hostie in den präsentischen Leib Christi, hat auch den Idolatrieverdacht empfindlich geschwächt: »Erst dann, als man glaubte, dass der Leib Christi im Himmel und die Hostie zweierlei Repräsentationsmodi verkörpert und doch beide Leiber »wahr« seien, konnten Heiligenstatuen entstehen.«" [Beate Fricke, 164 lt. Juwig, 3]

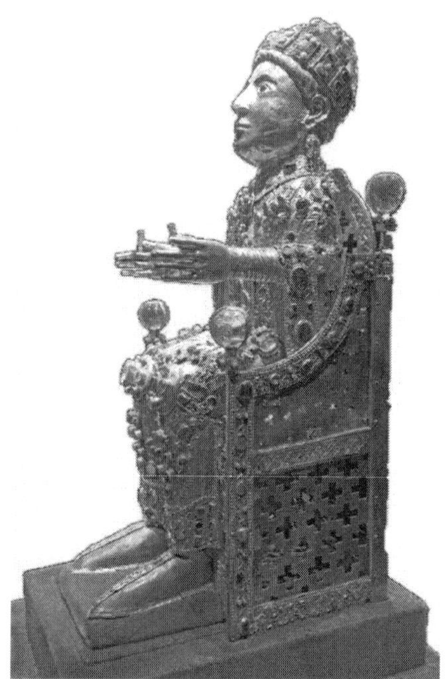

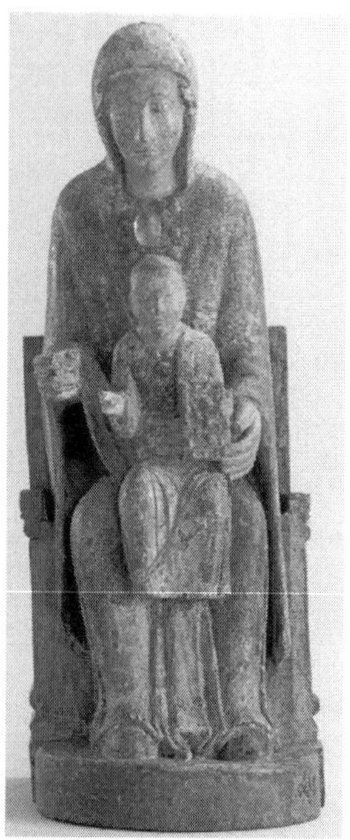

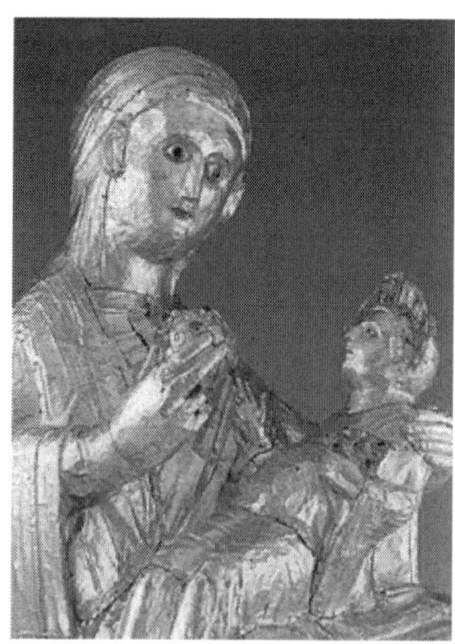

Statue der hl. Fides von Agen, Conques [ÖHl, Joachim Schäfer]
Madonna von Koblenz, um 1050 [liebieghaus]
Hildesheim, Goldene Madonna, zwischen 980 und 1010 [wiki]

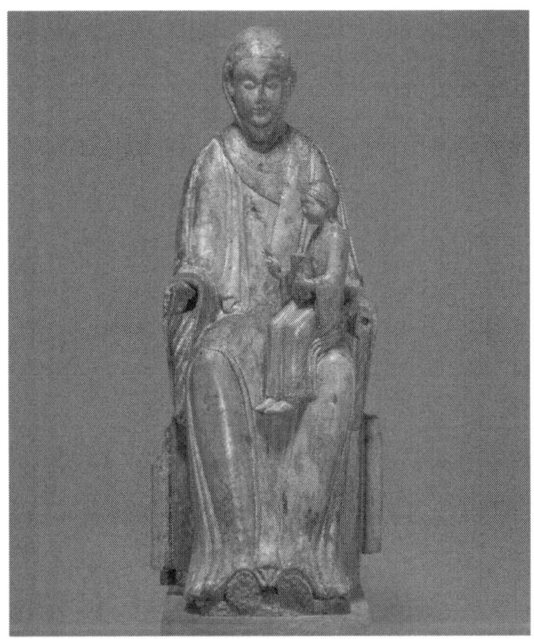

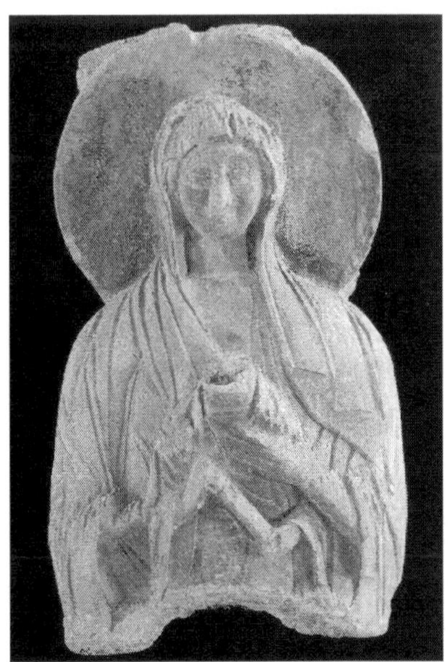

Imad-Madonna, Paderborn, 1050–1058 [dioezesan-museum]
Madonna von Brescia, zeitweilig 850, jetzt wieder 12. Jh. [Bertelli/Brogiolo, 484]

> „Die »Geburtsstunde der nachantiken Skulptur« fiel somit in jenen Moment, als »erstmals in diesem Medium eine künstlerisch geschaffene Realität den Anspruch auf Wahrheit, ein Kunstkörper den Anspruch auf Heiligkeit erhob«" [Fricke, 162 lt. Juwig, 3].

Der Streit um Berengars Irrlehre tobte allerdings noch nicht im frühen 11. Jh., wie Fricke mein. Er zog sich erst ab 1050 lange hin, der Scholastiker selbst starb 1088. Auf jeden Fall konnte die Kirche ab da Großstatuen zulassen. Auffällig ist, dass noch Bernard von Angers allein goldglänzende Madonnen vor Augen hatte. Bis zu seinem Tod 1020 scheint er kein großes Kruzifix gesehen zu haben.

Die Goldene Madonna in Hildesheim

Nach der Goldenen Madonna von Essen gibt es aus der Zeit des hl. Bernward zu Hildesheim die sog. Goldene Madonna, von der allerdings nur der goldbedeckte Torso überdauert hat, während Köpfe und Hände ergänzt werden mussten. Da man Bernward († 1022) „aus Gründen der Stilkritik als ihren Stifter ansieht" [Brandt 1993, 11], wird die Madonna auf 1010 bis 1015, vor den Tod des Heiligen datiert.

Allerdings wurde die Madonna erst im 13. Jh. mit Bernward in Verbindung gebracht; „sie war offenbar keine »Bernwardreliquie«" [Höhl], und wurde erst von Wilhelm Pinder und Josef Braun vor 1947 als ottonisch eingestuft [ebd.]. Die Frage nach Bernwards Kunstschätzen wird hier eigens behandelt (s. ab S. 211).

Paderborns Imad-Madonna

Es folgt eine ***Thronende Muttergottes aus Koblenz***, 52 cm hoch, die ihre ursprüngliche Fassung bewahrt hat (heute Liebieghaus) und ohne Email-Augen auskommt. Ihr Kind präsentiert ein heiliges Buch. Sie wird um 1050 datiert und „zählt zu den frühesten und bedeutendsten Beispielen dieser Zeit" [Liebighaus]. Auch für sie gilt:

> „Mit ihrer Farbfassung, die zu den frühesten an Marienbildern gehört, vergegenwärtigte die Liebieghaus-Madonna die Menschwerdung Christi sehr viel eindrücklicher" [Liebieghaus2].

Im „Erzbischöflichen Diözesanmuseum Paderborn" wird eine weitere Madonna-Figur aufbewahrt: die im Sitzen 1,12 m hohe ***Imad-Madonna***, deren Entstehungszeit zwischen 1050 und 1058 gesehen wird.

> „Dabei ist sie deutlich größer als die mit Gold überzogenen Bildwerke in Essen und Hildesheim und anders als jene – wie schon Wilhelm Pinder 1935 erkannte – in ihrer Klarheit und »fesselnd

strengen archaischen Schönheit« eher eigenständig aus einem plastischen Kern heraus entwickelt, so dass sie »des Metallschimmers«, wie Pinder sich ausdrückte, eigentlich nicht bedürfe. Wie recht er hatte, erwies die umfassende Restaurierung der Figur von 1968 bis 1970, die den Nachweis erbrachte, dass die Figur ursprünglich farbig gefasst war und erst nach Beschädigung – wohl durch den Dombrand von 1058 – mit vergoldetem Kupfer überzogen wurde" [diözesan].

Wir werden beim Gero-Kreuz darauf zurückkommen, dass um 1050 erstmals an derartigen Figuren anstelle eines Goldüberzuges eine farbige Fassung nachgewiesen werden konnte. Für andere Holzarbeiten wie die Türflügel von St. Maria im Kapitol, Köln, ist sie um 1065 bereits selbstverständlich, sofern ihre Datierung stimmt.

Brescias Langobarden-Madonna

Ergänzend ist auf eine weitere Madonna hinzuweisen, die ein für diesen Text typisches Problem mit sich bringt, obwohl sie nicht in Holz gefertigt ist. Im Museum von Brescia („Monastero di Santa Giulia") wird eine – ursprünglich farbig gefasste – Terrakotta-Madonna verwahrt, die in der Gestaltung der Imad-Madonna ähnelt. Das Exemplar aus Brescia galt lange als Werk des 12. Jh., bis man es – 1999 in Vorbereitung einer Ausstellung über die Zeit Karls des Großen [Bertelli/Brogiolo 2000, 484, 493 f.] – dank mitgebrannter Strohhalme mittels ^{14}C datieren konnte. Daraus wurde eine Sensation, denn nun sollte sie ungefähr um 850 entstanden sein („metà del IX secolo circa" [ebd. 493]). Mit dieser Veralterung gewannen die Karolinger ihre erste Madonnenskulptur, die sie wegen damaliger Idolatrieangst noch gar nicht gehabt haben dürften [Siepe, 138]. Im Jahr 2001 hat sich der Verfasser dafür ausgesprochen, sie „wieder ins hohe Mittelalter zurückkehren" zu lassen [Illig 2001, 128].

Marienfiguren im Überblick

Aus nachfolgender Zeit sind weitere Marien-Sitzfiguren erhalten, etwa in Saint-Pourçain, Tournus oder Aurillac [fr.wiki: Statue reliquaire de Sainte Foy]. Auch wurden unbeholfene Heiligenfiguren geschaffen, in gleicher Sitzposition und farbig gefasst, etwa der hl. Petrus in Saint-Pierre oberhalb des auvergnatischen Dorfes Bredons, der zwischen 1125 und 1150 gesehen wird [vpah]. Die Form der sitzenden Madonna ging nicht unter. Noch um 1170 entstand die *Vierge en Majesté* von Orcival mit einem goldüberzogenen Holzkorpus, die Gesichter farbig gefasst. Rekapitulieren wir die kurze Reihe an frühen, sitzenden Madonnenstatuen, wobei sich „farbig gefasst" nur auf Gesichter und Hände bezieht:

850	Brescia,	Terrakotta-Madonna (tatsächlich 12. Jh.);
980	Essen,	Goldene Madonna (Goldüberzug);
984	Conques,	Fides-Reliquiar (Goldüberzug);
1015	Hildesheim,	Goldene Madonna (Goldüberzug);
1050	Koblenz,	Thronende Madonna (farbig gefasst);
1055	Paderborn,	Imad-Madonna (farbig gefasst);
1170	Orcival,	Vierge en Majesté (farbig gefasst).

Wer möchte, kann noch an Notre-Dame zu Paris im Tympanon des rechten Westportals eine blockhafte Madonnendarstellung finden: vor 1220 eine steinerne Maria als Thronsitz der Weisheit, entsprechend der von den Ottonen her bekannten „sedes sapientiae", wie die Imad-Madonna [Abb. Schäfke, Nr. 23]. Doch die Entwicklung der Skulptur ging andere Wege: Nach derartigen Steinfiguren wurden stehende Abbilder von Maria und ihrem Kind entworfen, wie sie ab dem letzten Viertel des 12. Jh. von den zur Gotik wechselnden Künstlern geformt werden, etwa die 90 cm hohe sog. Madonna des hl. Hermann Josef in St. Maria im Kapitol zu Köln.

Festzuhalten ist bis hierher: Ab 980 kennen wir erste plastische Kunstwerke, deren anfängliche Plumpheit durch Goldfolien oder auch einen antiken Kopf kaschiert worden ist. Sie werden aber rasch feiner in der Gestaltung und erhalten einen sauber herausgearbeiteten Holzkorpus, der farbig gefasst wird. Dieser Zeitpunkt wird bei den Madonnendarstellungen bei 1050 gesehen. Doch damals gab es längst Kruzifixe mit farbig gefasster Oberfläche – so zumindest glauben es bislang Wissenschaftler.

Es ist mittlerweile allgemein bekannt, dass antike Statuen farbig gefasst waren, auch die Tempel schimmerten wie bunte Schmetterlinge in der Landschaft. Allerdings können wir uns kaum von den gipsweißen Oberflächen lösen, an die wir seit Winckelmann gewöhnt sind. Weniger bekannt ist möglicherweise, dass auch die mittelalterliche Kunst farbig überhöht vor die Augen ihrer Bewunderer trat. Das gilt bei den Kirchen und Kathedralen für die Innen- wie für die Außenansicht. Anders ließen sich auch die zahllosen Figuren an Tympana und Gewänden kaum auseinanderhalten. Mittlerweile ist an der Kathedrale von Chartres nachgewiesen, dass nicht nur die Figuren bemalt waren, sondern die Wände innen wie außen hell gestrichen und mit einem regelmäßigen Fugennetz überzogen waren, als ob alle ihre Steine einheitlich gewesen wären. Das hat bei der gegenwärtig laufenden Restaurierung zu wilder Empörung geführt. Versuchen wir also wenigstens, farbig abgesetzte Skulptur zu imaginieren. Erst zu Ende des Mittelalters bleiben einige Werke von

Tilman Riemenschneider – unbeabsichtigt – ohne Fassung. Tatsächlich verzichtet erst die Renaissance auf Bemalung.

Bleiben wir bei dem Problem der farbig gefassten Kreuze, die gleichzeitig mit den plumpen Madonnen aufgetreten sein sollen.

> „Die Entstehung der *Monumentalskulptur* ist ein Prozeß, der sich über einen längeren Zeitraum hinzog und nicht nur in den Bildkünsten geführt wurde, dort sogar zunächst am wenigsten. Die Frage, ob monumentale Bildwerke wünschenswert oder zu vermeiden waren, war ein theologisches Problem. Es betraf die Möglichkeiten und Grenzen der Kunst, ihre Ziele und ihre Gegenstände und die Rolle des Kultbildes. Die Plastik, die lebensgroße zumal, war von den begründeten Bedenken ungleich stärker betroffen als andere Künste. Nirgends war die Gefahr der Idolatrie stärker, die Neigung, das Bild als identisch zu betrachten mit seinem Gegenstand und so das Bild zu verehren als Träger magischer Kräfte. [...] Die Entstehung der monumentalen Skulptur war unter diesen Bedingungen sehr erschwert. Es fehlte nicht die Fähigkeit, monumentale Bildwerke herzustellen. Zu keinem Zeitpunkt in dem hier behandelten Zeitraum hätten die Künstler nennenswerte Schwierigkeiten gehabt, Bildwerke von größerem Format zu realisieren. Auch schwierigere Techniken, wie der *Bronzeguß,* standen jederzeit zur Verfügung. Die Bereitschaft war also vorhanden; es fehlte die Aufgabe“ [Holländer, 149, 157; seine Hvhg.].

Hans Holländer hat gleichwohl nicht die Ansicht vertreten, der Kruzifixus sei erst ein Jahrhundert später als das Mariensitzbild entstanden, aber er hat bereits das wesentliche Kriterium genannt: die Angst des Klerus vor Idolatrie. Sie wird gemeinhin mit Abgötterei, Fetischismus und Götzendienerei umschrieben. Die noch heute in manchen christlichen Ländern unübersehbare abergläubische Verehrung von Kultgegenständen oder Reliquien lässt ermessen, wie groß die berechtigte Angst vor solchen Auswüchsen ein Jahrtausend vor unserer Zeit gewesen sein muss. Die Priester fürchteten, viele Gläubige würden nicht zu Heiligen und zu Maria um Beistand beten, sondern sie anbeten. Diese Angst musste umso größer werden, wenn derartig verehrte Gegenstände auch noch ‚leibhaftig‘ in Kirchen aufgestellt wurden. Am gravierendsten wäre dies, wenn das reale Objekt in Kreuzform mit Gott selbst verwechselt würde. Insofern darf man davon ausgehen, dass der möglichst reale Kruzifixus nicht gleichzeitig mit den goldglänzenden Marienidolen, sondern deutlich später auftauchen würde.

Noch im zweiten Don Camillo-Film, 1953, entschuldigt sich der Priester gegenüber Gott, er wolle das sprechende Kirchenkreuz nicht als Fetisch stehlen, nicht als einen Gegenstand, von dem besondere Kräfte ausgingen und der verehrt werden müsse [Dschepper, 98].

Kreuz und Kruzifix

Weniges ist in katholischen Kirchen wichtiger als Kreuz und Kruzifix. Da sollten die Kunsthistoriker längst Entwicklungslinien von den Anfängen bis ins hohe Mittelalter gezogen haben. Doch das ist nicht geschehen; es gibt nur wenige Ansätze, um derartige Objekte sinnvoll datieren und gruppieren zu können.

Großkruzifixe konnten auf Altären oder Lettnern stehen, an Kirchenwänden oder Gewölben hängen. Allerdings ist Manuela Beers Standardwerk über „Triumphkreuze des Mittelalters“ [2005] für hier gestellte Fragen nur bedingt hilfreich, weil ihr Katalog erst um 1150 einsetzt und drei Viertel der 121 Objekte erst zwischen 1200 und 1260 datiert werden [Reiche]. Gerade die datierungsmäßig heikle Zeit zwischen 960 und 1150 wird leider ausgeklammert.

Das größte mittelalterliche seiner Art ist mit 17 m Höhe das von Bernt Notke 1477 geschaffene Triumphkreuz im Lübecker Dom, sein Leib des Herrn misst 3,55 m. Manche verkörperten sogar den Kirchenschatz. So soll Erzbischof Willigis von Mainz (* um 940, 975–1011) den Auftrag für einen überlebensgroßen Kruzifixus aus 600 Pfund puren Goldes, für das Benna-Kreuz gegeben haben, mit Augen aus „eidottergroßen“ Rubinen. Da sich das Kreuz in vierzehn Einzelteile zerlegen ließ, sei im Lauf der Zeit ein Fuß oder ein Arm dazu benutzt worden, ein Bischofs-Pallium zu kaufen, eine Romfahrt zu ebnen oder eine bewaffnete Auseinandersetzung zu finanzieren [Fuchs/Hedtke/Kern]. Von diesem Goldkreuz hat sich erwartungsgemäß nichts erhalten. Es könnte natürlich auch sein, dass bei Willigis als dem ranghöchsten Bischof nach dem Papst auf den athenischen Stadt- und Staatsschatz in Gestalt der Athene-Statue nur angespielt worden wäre – also frommer Betrug. Seine lateinische Bezeichnung „pia fraus“ ist noch geläufig.

Das Kreuz als Christussymbol in der Kunst

Wer heute eine beliebige Kirche oder Kapelle besucht, wird einen toten Körper an einem Kreuz hängen sehen, das Kruzifix – Schrecken für alle Nichtchristen, die vor dem oft blutigen Leichnam erschrecken. Auch andernorts ist häufig ein Kreuz zu finden, ubiquitäres Symbol für das Christentum, in Bayern ohnehin. Umso verwunderlicher ist es, dass in den ersten Jahrhunderten das Kreuz als Kunstobjekt praktisch fehlt. Die Katakomben-Malerei kennt kein Kreuz.

Als Referenz wählt der Verfasser drei Bildbände: *„Deus homo"* von Paulus **Hinz** [1973/81], weil er weder die damals aktuellen Datierungen als einzig gültige sieht noch Hinweise auf ältere Klassifizierungen vermeidet, das Werk über vorgotische Großkreuze von Eduard **Syndicus** [1964] und Hermann **Beenken**s erstaunlich treffsicheres Werk über romanische Skulptur in Deutschland [1924].

Die ersten 129 Bilder bei Hinz zeigen Darstellungen vom 2. Jh. bis zum 6. Jh. Wir finden den Fisch ebenso wie das berühmte Chi-Rho-Symbol (XP, χρ), auch Orpheus oder Helios als Christussymbol. Im 3. Jh. tritt vielfach der gute Hirte auf, der ein Lamm oder auch einen Widder trägt, wie früher Apoll ein Stierkalb. Diesen Typus gibt es als Fresko in den Katakomben wie als Steinrelief an Sarkophagen, selten als vollplastische Freifigur. Derartige Kleinkunstwerke muss man lange suchen; fündig wird man etwa im „Cleveland-Museum of Art" mit den dortigen Jonas-Statuetten, Ausnahmen aus der zweiten Hälfte des 3. Jh. [vgl. Illig 2018b, 415-419]. Lebensgroße Skulpturen wie die des hl. Hippolytus oder die des hl. Petrus in den Grotten des Vatikans sind keine Originale, sondern Umarbeitungen spätantiker Figuren.

Ab demselben Jahrhundert werden Episoden aus Jesu Leben an die Katakombenwände gemalt, ob Taufe, Verkündigung oder eine Brunnenszene in Sichem, dazu Jesus auch als Lehrender.

In dieser Eigenschaft wird Jesus gegen 300 wie ein bärtiger, kynischer Philosoph gezeigt [Hinz I: Nr. 56-59]. Ab Mitte des 4. Jh. tritt uns auf Fresken und im Relief auch der bärtige, jugendliche Christus entgegen, laut Hinz [I: Nr. 95] als „Ausdruck für die im 4. Jh. erkämpfte Lehre von der Gottgleichheit Christi". Zugleich sei es um „die Übergabe des für den Neuen Bund im Reiche Christi gültigen Gesetzes" gegangen [Hinz, I:70]. Als eine andere Erklärung sieht Gérard-Henry Baudry [126] hier die Jugend des Evangeliums im Kontrast zum alternden Heidentum symbolisiert.

Doch gleichzeitig bleibt, gerade auf Mosaiken, Jesus als gereifter Bärtiger präsent, anklingend an das Zeus-Haupt der Antike wie an jüdische Tradition. So findet Hinz den bärtigen Christus auch in den beiden Nischenmosaiken in Santa Costanza, dem von Kaiser Konstantin I. frühzeitig in Rom errichteten Mausoleum für seine 354 verstorbene Tochter Constantina; beide Mosaike sind heute stark überarbeitet, aber auch aus einer Beschreibung der Zeit um 1600 bekannt und damit in ihrer Form gesichert [ebd. 71]. In derselben Darstellungsform dominiert Christus das Apsismosaik von San Lorenzo fuori le mura in Rom [Baudry, 126]. Der Hinweis auf die Barttracht erscheint von Bedeutung, wird sie doch die zeitliche Untergrenze für Großkreuze erbringen.

Der Gekreuzigte

Nicht die Verordnung des Staatschristentums (anno 380) bringt das Kreuz in den Blickpunkt und damit in Verehrung, sondern die Lehre von der Erbsünde, wie sie Augustinus († 430) um 418 ausgearbeitet hat. In katholischer Formulierung:

> „Wie im 3. Kapitel des Buchs Genesis beschrieben, sündigten die Stammeltern Adam und Eva, weil sie der Versuchung des Teufels zustimmten und das göttliche Gebot, nicht vom »Baum der Erkenntnis« zu essen, übertraten. Dahinter standen Stolz und Hochmut sowie ein Mißtrauen gegenüber Gott.
>
> Zur Strafe für diese »**Ursünde**« gingen Adam und Eva der heiligmachenden Gnade verlustig, d.h. sie verloren die Freundschaft Gottes und damit die Gewissheit der übernatürlichen Bestimmung menschlicher Existenz. Ebenso sollten auch ihre Nachkommen das Fehlen dieser Gnade der Gotteskindschaft erfahren; eben darin besteht das Wesen der Erbsünde. Sekundäre Folgen, aber mit der Erbsünde verbunden, sind die Anwesenheit von Leiden und Tod als Strafe der Sünde, die Begierlichkeit (Konkupiszenz) als ungeordnete Neigung zum Bösen sowie eine Trübung der Erkenntnis und eine Schwächung des Willens.
>
> Da Gott nicht will, dass die Menschen verloren gehen, sandte er seinen Sohn Jesus Christus als Erlöser in die Welt, um die Erbsünde und alle weiteren Sünden wieder gut zu machen. Dies geschah durch den freiwilligen Opfertod Christi am Kreuz. [...]
>
> So wurden durch die Sünde des Einen (Adam) alle Menschen zu Sündern, und durch die Erlösungstat Christi (der neue Adam) allen Menschen das Tor zur Erlösung geöffnet“ [kathpedia: Erbsünde; dortige Hvhg].

Hamann [1935, 77] spricht das ‚Pervertierte‘, also das buchstäblich ‚Umgekehrte‘ des Kreuzes und seiner Verehrung aus:

> „Denn es bedeutet, daß die Erhöhung zu Gott durch die tiefste Erniedrigung geht, daß nicht der Triumph, sondern das Leiden den Menschen rechtfertigt und daß der zürnende, rächende Gott, der nur durch Opfer zu versöhnen ist, das höchste Maß seiner Gnade darin zeigt, daß er sich selbst, in seinem Sohne Mensch geworden, opfert.“

Diese Sicht auf einen zürnenden, tötenden Gott hatte sich den frühen, spätantiken Christen offensichtlich noch nicht erschlossen, kannten sie doch auch die Erbsünde nicht.

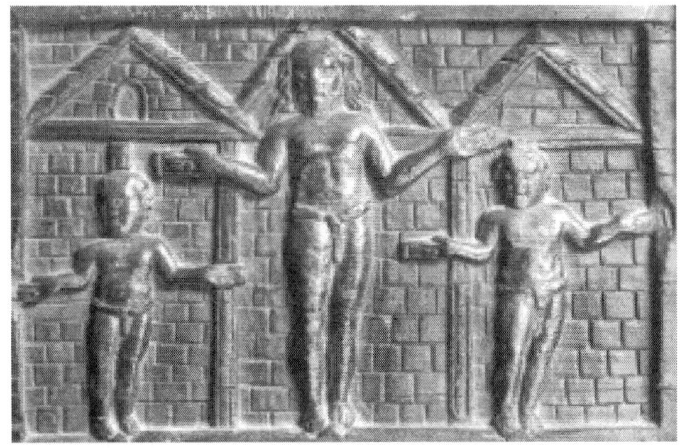

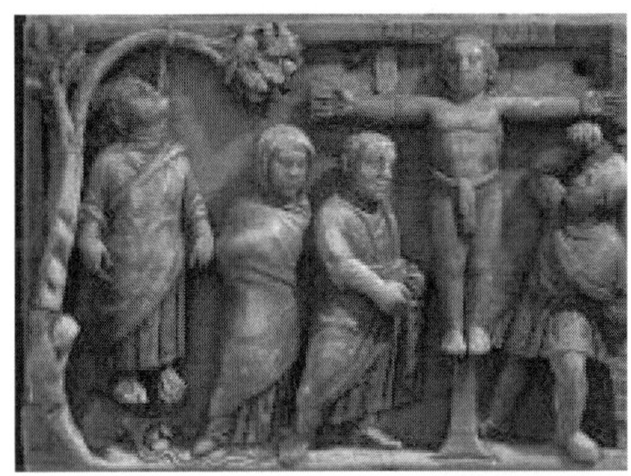

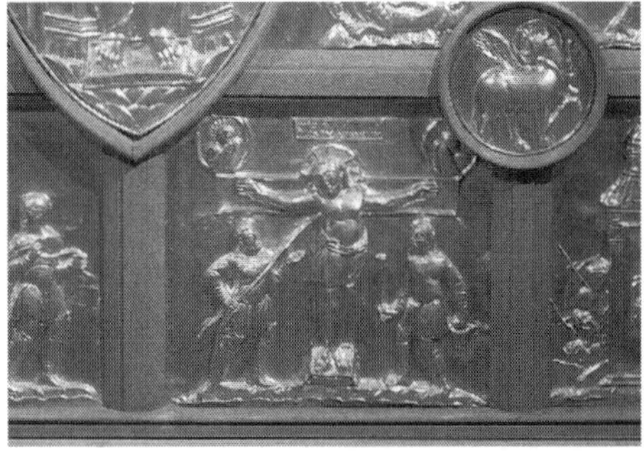

S. Sabina, Rom: Holztür, Kreuzigung: bärtiger Christus, weder tot noch leidend; unverändert 432 [Hinz I: Abb. 124].

Elfenbeinkästchen, Passionsszenen, unverändert um 430, „British Museum" London: bartloser Christi, nicht leidend [Christe, 51; British Museum].

Pala d'oro, Aachener Dom: Der bereits bärtige Christus ist noch nicht leidend; um 1020 [wikimedia].

Erst durch Augustinus wurde die ‚Schande' des Kreuzestodes Christi in den göttlichen Erlösungsplan eingefügt; nun erst bekam die Darstellung des Kruzifixes ihren tiefen Sinn. Sie setzte rasch ein. Auf 420 bis 432 werden die beiden ersten Darstellungen datiert, einmal auf einem ***Elfenbeinkästchen*** oberitalienischer Provenienz, einmal als Holzschnitzerei an den ***Türen von S. Sabina*** auf dem Aventin zu ***Rom*** [Hinz I: Nr. 123 f.].

Beide zeigen einen Christus mit sehr knappem Lendentuch, in beiden Fällen hängt der Körper nicht, sondern scheint zu schweben oder zu stehen; das Kreuz wird vom Körper fast verdeckt. In beiden Fällen hat Christus die Augen geöffnet, aber nur die Holzfigur ist bärtig. Es gibt praktisch keine andere so alte, noch dazu geschnitzte Tür; ihr Alter wird aus dem *liber pontificalis* abgeleitet, der sich auf den Kirchenbau bezieht. Einzige Ausnahme sind Türfragmente in Mailand, Sant'Ambrogio. Die Türen von St. Maria im Kapitol, Köln, sollen ein Jahrtausend jünger sein (s. aber S. 218). Der Tür von S. Sabina würden erst 160 Jahre später in Codices vergleichbare Abbildungen folgen, etwa im ***Rabbula-Codex***, 586, oder auf dem Schiebedeckel eines ***Reliquienkästchens***, 580–600 [Hinfz I: Nr. 128 f.]. In beiden Fällen ist Christus bärtig und bekleidet, in beiden Fällen hängt der Korpus nicht, sondern scheint mit ausgestreckten Armen frei zu schweben. Hier lässt sich vom Triumphator, vom Überwinder des Todes am Kreuz sprechen.

Im selben 5. Jh. trägt auf der Mosaikdarstellung im Mausoleum der Galla Placidia ***(Ravenna)*** der von sechs Schafen umgebene gute Hirte ein Kreuz, ein Jahrhundert später tritt in der Erzbischöflichen Kapelle von Ravenna ein „Christus militans" auf, der jedoch keine Lanze schultert, sondern das Kreuz. Beide Christusdarstellungen sind bartlos. Demnach gibt es im 6. Jh. Darstellungen des Herrn mit und ohne Bart. Gerade in Ravenna treten beide Darstellungsformen gleichzeitig auf (Sant' Apollinare Nuovo bzw. San Vitale). In beiden Baptisterien der Stadt wird Jesus sehr menschlich mit Geschlechtsteil dargestellt, aber nur bei den Arianern bartlos, obwohl gerade sie nur die menschliche Natur Jesu gelten ließen. Da im Weiteren der Salvator Mundi eine Rolle spielen wird: In der großen Apsis-Darstellung von San Vitale (bis 545) ist er bartlos, in der winzigen Apsis-Darstellung in Sant'Apollinare in Classe (nach 549) ist er bärtig. Das winzige Medaillon mit dem Christuskopf im Zentrum des riesigen Kreuzes kann darauf hinweisen, dass schon damals der Bilderstreit ausgefochten wurde und ein großes Kreuz erträglich, ein Kruzifix jedoch unerträglich war.

Allein für Christian Beutler [1991, 42] wäre im selben 6. Jh. das erste kleinformatige Bronzekreuz mit dem Korpus des Entschlafenen entstanden, ein vollbärtiger Christus mit Rasta-Frisur und nach vorne über die Schultern fallenden Haarsträhnen, der die Augen geschlossen hält. Beutler hat es im Kölner „Museum Schnütgen“ zwischen anderen Kleinkreuzen des 12. und 13. Jh. aufgespürt und vom frühen 13. Jh. ins späte 6. Jh. katapultiert. Das Museum scheint vor 1100 kein derartiges Exponat zu haben, allenfalls eine Kreuzabnahme aus Elfenbein, um 1100. Wie wir sehen werden, genügen Frisur und Haltung, um das Kreuz im 12. Jh. zu belassen, zumal Beutlers Argumente nicht stichhaltig genug sind für eine Umdatierung von über 600 Jahren. Er beachtet vor allem nicht, dass die anderen Darstellungen aus dem 6. Jh. keineswegs einen Toten zeigen [Beutler, 51], sondern einen lebenden Christus, der durch sein aufrechtes Schweben vielleicht sogar den bereits Auferstandenen verkörpert. Außerdem hätte er bedenken sollen, dass es bis zumindest 800 kein einziges Kruzifix aus Metall gibt [Roth, passim] – in hier vertretener Sicht verschiebt sich diese Grenze bis 1080.

Der bärtige Gott ab den späten Ottonen

Bei Hinz folgen nach dem Jahr 600 und einer Zeitlücke Christus-Darstellungen, die den ‚Karolingern' zugeschrieben werden und dann nahtlos zu den Ottonen wechseln. Die Reihe beginnt mit einer Majestas des 9./10. Jh. [Hinz I: Nr. 161] und bringt [bis Nr. 177] Darstellungen des jugendlich-bartlosen Christus bis hin zum *Codex Aureus* aus St. Emmeram, Regensburg (um 870). Einzige Unterbrechung: der gütige Weltenrichter aus dem Evangeliar von Kaiser Lothar, das bei 850 gesehen wird [Nr. 183]. Die Reihe der ‚Bartlosen‘ setzt sich mit weiteren Unterbrechungen bis zum Beginn des 11. Jh. fort [bis Nr. 209].

Gerade bei ***Otto III.*** (* 980–1002) teilt sich die Darstellung: In seinem Evangeliar (um 1000) ist Christus bartlos, in seinem privaten Gebetbuch (datiert auf 991 oder auf ca. 1000) ist er bärtig. Eine Spekulation des Verfassers: Weil Erzkanzler Willigis für den Kindkaiser (980–1002, König ab 983, Kaiser ab 996) ein ganz persönliches Gebetbuch anfertigen ließ, mag er es für sinnvoll angesehen haben, Jesus nicht als Jüngling, sondern als gereiften Mann mit Bart darzustellen. Zugleich möglich ist der Rückgriff auf byzantinische Gottesbilder. Auf jeden Falls setzte sich diese Auffassung dann in der westlichen Christenheit einhellig durch.

Der Wechsel in der Barttracht lässt sich durch die ***Pala d'oro*** bestätigen, die den Hochaltar des Aachener Doms verkleidet. Auf ihr ist der Salvator Mundi in der zentralen Mandorla bartlos, doch Jesus auf den zwölf anderen Tafeln bärtig. Ihre Datierung liegt seit langem präzise bei 1020 [Lepie/Minkenberg, 37] oder, abgeschwächt, im ersten Viertel des 11. Jh. [wiki: Pala d'oro (Aachen)]. Das Kreuzigungsbild der Pala d'oro zeigt weiterhin den Christus, der am Kreuz steht, nicht hängt, als Gebarteten.

Auf seinen Schultern liegen Haarsträhnen, fallen aber nicht über die Brust.

Die Elfenbeintafel des ***Codex Aureus Epternacensis*** zeigt zentral die Kreuzigung eines bärtigen Christus, die früheste dem Verfasser bekannte Darstellung, wird sie doch in die Lebenszeit der beiden Dargestellten, Theophanu und Otto III., gelegt [Holländer, 160], präziser auf 985 bis 987 [wiki: Codex aureus Epternacensis]: ein Gekreuzigter mit offenen Augen. Noch die Kreuzigung im ***Perikopenbuch Heinrichs II.*** zeigt einen aufrecht-schwebenden Jesus, ohne Bart und ohne Haarsträhnen [Hinz, I: Nr. 204]. In dieser Zeit rund um das Jahr 1000 liegt die Übergangszone hin zum durchwegs bärtigen Jesus.

Ein Blick auf frühe Malerei

Erst der ***Hitda-Codex*** bringt eindeutig Neues: Die Darstellung des Sturms auf dem See Genezareth ist berühmt, wirkt doch das Schiff wie ein wildes, den Bildrahmen sprengendes Tier; das Segel wird vom Sturm gepeitscht, die acht erkennbaren, bärtigen Apostelgesichter wirken sehr besorgt, nur Christus schläft unbeeindruckt. Dieser Christuskopf ist ebenfalls bärtig; er bleibt es auch durchwegs in diesem Codex. Der *Hitda-Codex* wird auf 1000–1005, auch auf 975, 1020 oder nach 1030 datiert [wiki: Hitda-Codex]. Somit wird Christus erst zu Ausgang der ottonischen Königszeit (Heinrich II. stirbt 1024) durchwegs bärtig dargestellt. Bis dahin gilt:

> „Dabei ist es bedeutsam und gewiß nicht zufällig, daß das Christusbild der Karolingischen Epoche *zumeist* ein jugendliches geworden ist. Dies ist um so mehr bemerkenswert, als sich in der spätantiken Kunst, wie wir gesehen haben, der seit Ende des vierten Jahrhunderts aufgekommene bärtige, älter wirkende Typus inzwischen schon längst allgemein durchgesetzt hatte und auch im Westen der allein gültige geworden war. Daß dennoch die karolingische Kunst nicht unmittelbar an ihn anknüpfte, sondern auf eine frühere, zeitlich doch sehr viel ferner liegende Christusbildauffassung zurückzugreifen scheint, das kann weder Willkür sein noch Unkenntnis der späteren Tradition“ [Hinz, I:115; Hvhg. HI].

Wenn bis zum Ende der Ottonenzeit Christus noch ohne Bart dargestellt wird, dann ist das kein Rückgriff auf eine viel ferner liegende Auffassung, sondern auf – nach Sichtweise des Verfassers [Illig 1996] – die unmittelbar vorausgehenden Darstellungen des 6. Jh. Hinz verwendet in diesem Zitat den Begriff „zumeist“, kennt er doch zwei Ausnahmen. Die eine ist der ***Tassilo-Kelch*** aus dem späten 8. Jh., dessen Datierung vom Verfasser seit 1996 bezweifelt wird, da er dem nächsten Kelch mit einer Personendarstellung um Jahrhunderte vorauseilen würde [vgl. Illig

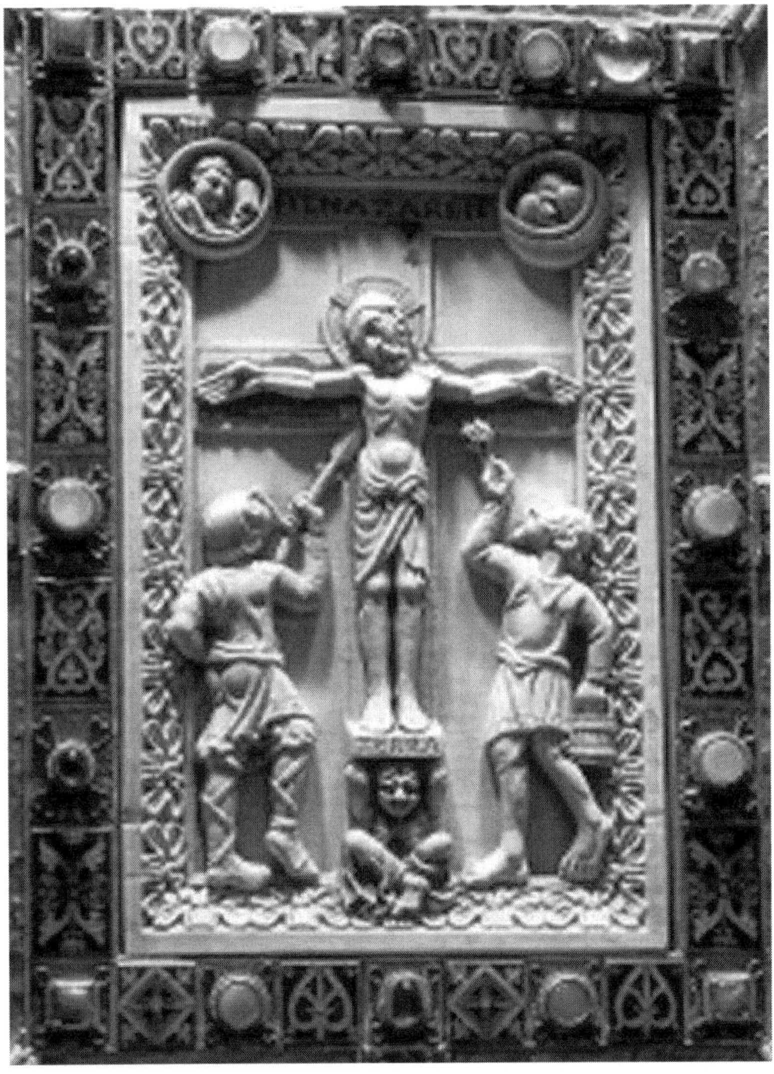

Codex Epternacensis. Elfenbeintafel des Einbandes, um 986. Der Körper Jesu steht aufrecht, er wird nicht von seinen Armen getragen. Der Mann ist bärtig. Den Kreuzesfuß stützt „Terra“ [wort].

1996, 134-136]. Er stammt – ‚beim Barte Christi' – aus Zeiten nach 1000 (s. S. 160). Die andere ist der grandiose Freskenzyklus von ***St. Johann in Müstair*** in Graubünden, der 1894 entdeckt, aber erst nach dem 2. Weltkrieg freigelegt worden ist. Er wirkt für das 9. Jh. unbegreiflich, gibt es doch allein an den Seitenwänden 62, gab es ursprünglich mehr als 100 Bildfelder, darunter große Christusdarstellungen in den Apsiden.

> „Auch in dem Medaillon auf der *crux gemmata* [Motiv des sieghaften Kreuzes; HI] und auf anderen Fresken erscheint jener bärtige Christusbild-Typus. Doch sind dies Ausnahmen. Sie kommen zwar gelegentlich auch sonst vor, bestätigen aber letztlich die sich durchsetzende Regel, daß das Christusbild der Karolingischen Epoche ein jugendliches ist" [Hinz, I: 117].

Der dortige David-Zyklus von 20 Bildern ist genauso erstaunlich wie „das älteste große Weltgerichtsbild, das wir kennen" [ebd. 118]. St. Johann wird bereits 805 erstmals erwähnt und gilt als Gründung Karls d. Gr. Das Standbild des Überkaisers steht unübersehbar zwischen zwei Apsiden. Es galt früher als zeitgenössisch bzw. aus dem 9. Jh. stammend (s. S. 61), musste aber von den Kunsthistorikern in die Zeit um 1200 verbracht werden [vgl. Illig 1996, 197 f.; *lemo*]. Das muss nun auch mit diesen Wandmalereien geschehen, wenn wir der Bärtigkeit Christi vertrauen. Zweifel an der karolingischen Urheberschaft wurden schon früher geäußert [vgl. Illig 1996, 328].

Zum zeitlichen Vergleich sind die Fresken von ***St. Prokulus*** in ***Naturns*** schwer heranzuziehen, denn ihre Datierung schwankt zwischen 7. Jh., spätem 8. Jh. und 9./10. Jh. Wer dort das letzte Abendmahl betrachtet, wird angesichts der Geschlossenheit der Darstellung oder auch wegen der sauberen perspektivischen Darstellung eines im Vordergrund stehenden, runden Zubers ohnehin nicht ins 1. Jtsd. zurückschauen, sondern ins 11./12. Jh. vorausblicken; der bärtige Christus spricht zumindest für das 11. Jh.

Anders steht es mit den Fresken von ***Mals, St. Benedikt,*** ebenfalls aus Südtirol. Auch sie gelten als karolingisch, 8./9. Jh. In der Hauptapsis zeigt sich

> „die hoheitsvoll dastehende, von zwei Engeln flankierte Christusgestalt, eine jugendliche Erscheinung mit bartlosem Antlitz und blondem, wallendem Haupthaar" [Hinz, I:119].

Sie können ebenso gut dem späten 10. Jh. zugeordnet werden. Nach 900 herkömmlicher Rechnung klafft bislang in Südtirol eine große Lücke [vgl. Spada Pintarelli] bis zum Zyklus von ***St. Jakob*** in ***Kastelaz*** bei Tramin

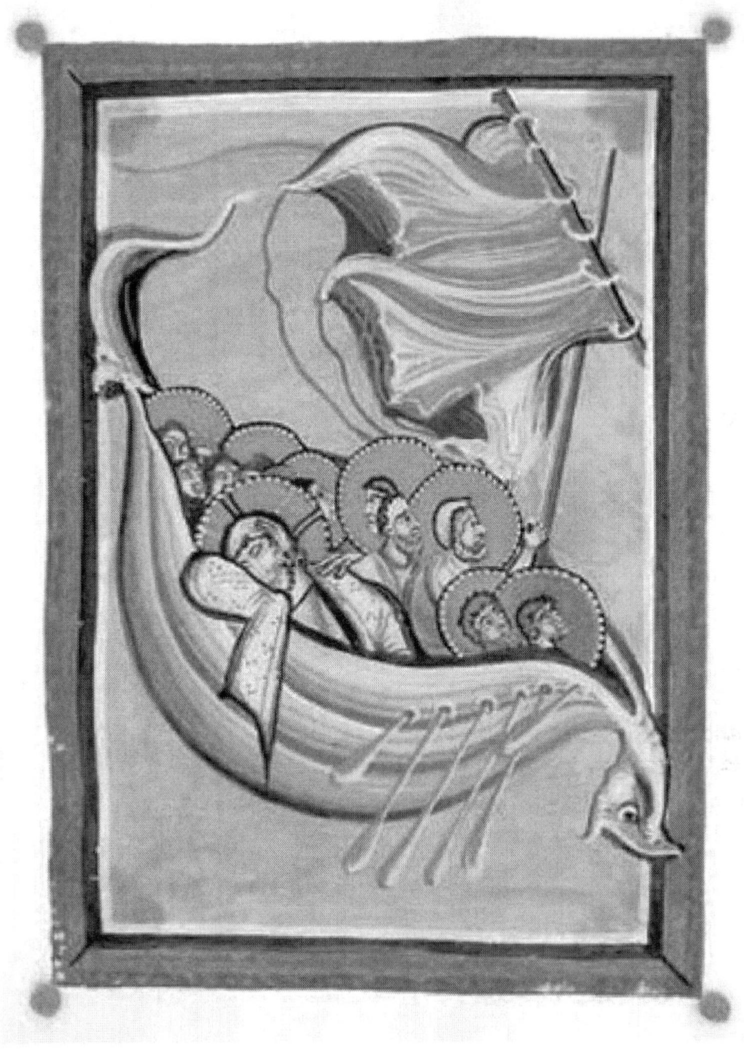

Hitda-Codex, Hauptwerk der ottonischen Buchmalerei, Köln, schwankend zwischen 975 und 1030. Berühmt ist die Darstellung des Sturmes auf dem See Genezareth, nach Mk 4:35 [wiki]. Die Bärtigkeit Jesu wird während der Ottonen-Zeit obligatorisch.

aus dem frühen 13. Jh. In diese Lücke sind die genannten Freskenarbeiten einzufügen.

Der nächstfolgende, mit Müstair vergleichbare Freskenzyklus findet sich erst auf der Reichenau, in ***St. Georg*** von ***Oberzell***. Er besteht aus deutlich weniger Bildern und zeigt den Heiland durchwegs jung und bartlos. Die Bilderfolge soll um 980 entstanden sein. Wenn wir den Sturm auf dem See Genezareth sehen – das Schiff wie ein richtiges Schiff, das Segel noch ordentlich vertäut –, so kann der zeitliche Abstand zu dem entsprechenden weitergereiften Bild der *Hitda-Chronik* korrekt sein. Auffällig ist das unter den Bildern verlaufende Mäander-Band, das eine Dreidimensionalität imaginiert, die gerade auf Schwarzweißfotografien bestechend hervortritt. Dieselben Muster gibt es auch bei den sog. karolingischen Bildern, gerade in Naturns, St. Prokulus. Damit bestätigt sich einmal mehr, dass die vom Verfasser vorgeschlagene zeitliche Transformation von karolingischen in ottonische Bilder trägt, sofern sie in ihrer Reihung richtig erkannt sind:

„750 – 780 → 930 – 975
780 – 815 → 975 – 1010
815 – 875 → 1010 – 1050“ [Illig 1996, 314].

Zurück zu den Kreuzigungsdarstellungen. Bei Hinz setzt [mit Nr. 213] eine neue Sequenz von Bildern ein: gemalt ein bekleideter, bartloser Christus aus der Zeit von 950 bis 975 in einem ***Missale*** des Domschatzes zu ***Halberstadt***: „Christus blond, jugendlich, in königlichem Rock“, der bartlose Kopf geneigt, aber der Körper geradlinig stehend, nur die Kleidung des Gekreuzigten asymmetrisch gestaltet, zugleich „Frühestes abendländisches Dedikationsbild“, da der Maler sich selbst zu Füßen des Herrn zeigt [Hinz, I:213, Bildlegende]. Daraus kann geschlossen werden: Nachdem Malerei und Plastik zeitlich parallel voranschreiten, können wir bei den Ottonen ***kein bärtiges Großkruzifix vor 1000*** erwarten! Doch die erhaltenen Großkreuze sind durchwegs bärtig, sowohl das lange älteste, also das *Gero-Kreuz* von 970 (s.u.), wie das aktuell älteste, das *Volto Santo di Sansepolcro,* obwohl dieses „Heilige Antlitz“ dank ^{14}C sogar bei ca. 760 gesehen wird [Syndicus, 19; it.wiki: Volto Santo di Sansepolcro].

Gero-Kreuz

Wir nähern uns der Gruppe der monumentalen Kreuze, die seit langem, aber keineswegs schon immer mit einem heute berühmten Kruzifix einsetzt. Es beschließt im Kölner Dom das nördliche Seitenschiff. Aus einer jüngeren, goldenen Gloriole leuchtet das viel ältere Kreuz heraus; wer nähertritt, findet seinen Gott getötet, leblos am Kreuz hängend, ein Bild gefasster Trauer. Das heute hochgepriesene Kruzifix ist nicht immer als bedeutend gesehen worden. Als der Kölner Dom 1880 im zweiten Anlauf fertiggestellt wurde, war von einem Gero-Kreuz noch nichts bekannt. Im *Baedeker* von 1905 [431-438] wird im Dom selbst kein Kruzifix erwähnt, nur im Dom-Museum „ein holzgeschnitztes Kruzifix (XII. Jahrh.)“ [ebd. 438]. Es hing dann in verschiedenen Seitenkapellen und wurde noch im Dom-Führer von 1960 nur knapp erwähnt:

> „Der Kruzifixus selbst wirkt eindrucksvoll, tief ergreifend mit dem Ausdruck des überstandenen Leidens und der Erhabenheit im Todesschlaf. Besondere Bedeutung schenken wir auch der noch gut erhaltenen Wandmalerei“ [Huppertz, 93 f.].

Der *Baedeker* für die Bundesrepublik von 1959 erwähnt das Gero-Kreuz gar nicht; erst im viel dickeren *Baedeker*-Reiseführer *Deutschland* von 1998 [444] steht neben Dreikönigenschrein und dem Bild „Anbetung der Könige“ „außerdem das Gerokreuz mit einem überlebensgroßen Christus (um 980)“.

2012 hat unter Leitung von Prof. Bruno Reudenbach die Referentin Johanna Hoffmann über das Gero-Kreuz im Kölner Dom als „Der älteste Monumentalkruzifixus“ referiert und dabei folgende Punkte hervorgehoben:

Der Korpus misst 187 cm in der Höhe und 166 cm in der Armspanne (ergänzt: eine Holztiefe von 33 cm am Hals [wiki: Gerokreuz]). Der vermutliche Stifter sei Erzbischof Gero, doch gebe es eine kleine Datierungskontroverse zwischen Mainstream (970/76) und Günther Binding (um 1000), wovon aber die Wertung „Das ‚Gero-Kreuz ist das älteste erhaltene Monumentalkruzifix“ unberührt bleibe. Es wird auf den Wunderbericht des Thietmar von Merseburg hingewiesen, wonach Gero durch Einlegen einer Hostie in den Riss im Haupt diesen schließen konnte. Wie weit ist Thietmar ein verlässlicher Zeuge? Anlässlich einer Ausstellung zu seinem 1.000. Todestag wurde befunden:

> „Dem kirchlichen Volkssport, der Urkundenfälschung, um an begehrte Landstücke zu kommen, frönte Thietmar als Bischof natürlich auch, wie eine von ihm eigenhändig gefälschte Urkunde beweist“ [AK/TK].

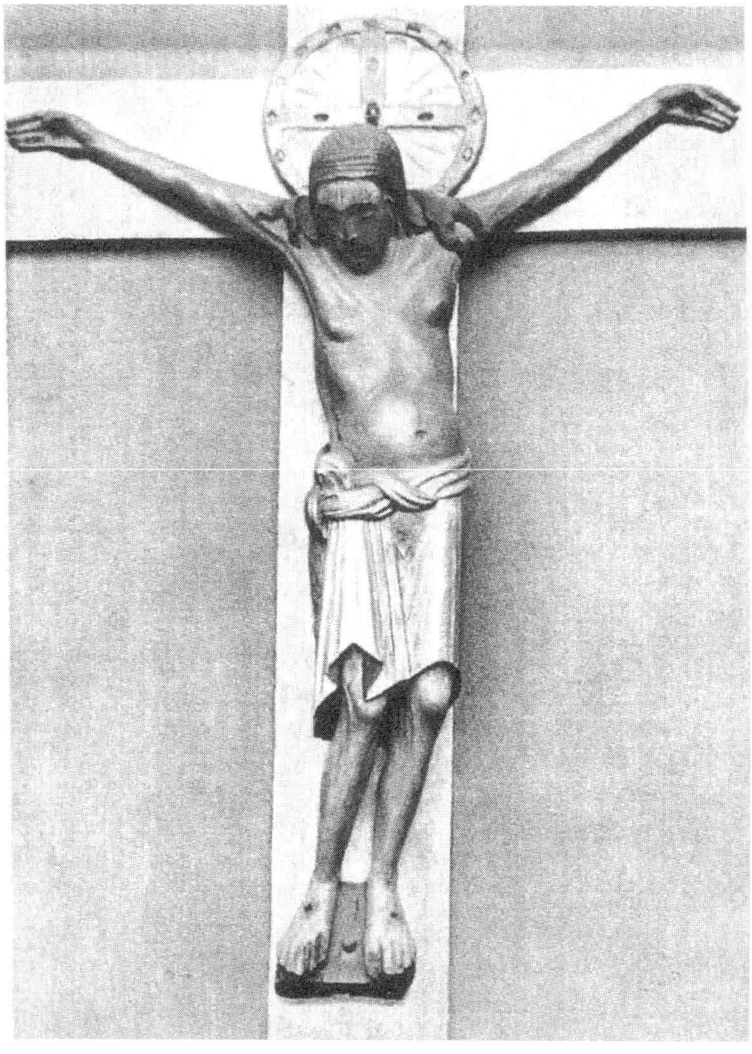

Dreh- und Angelpunkt für zahlreiche Datierungen in der Romanik:

Sog. Gero-Kreuz, Kölner Dom, früher 12. Jh., seitdem 970 [Holländer, Nr. 134], jetzt um 1180. Die hier fehlende barocke Gloriole ist spätere Zutat.

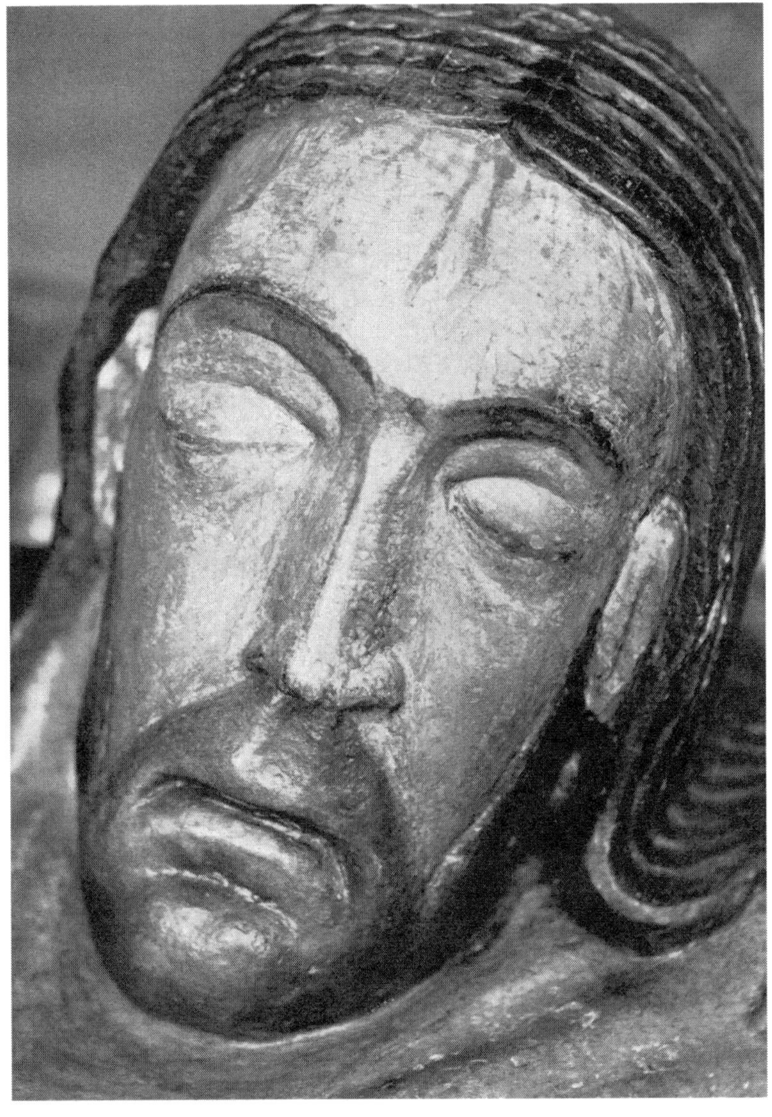

Sog. Gero-Kreuz: Das Antlitz des Todes [Syndicus, Aufnahme Pattis, 17]
Folgeseite: Der Leichnam [Syndicus, Aufnahme Pattis, 18]

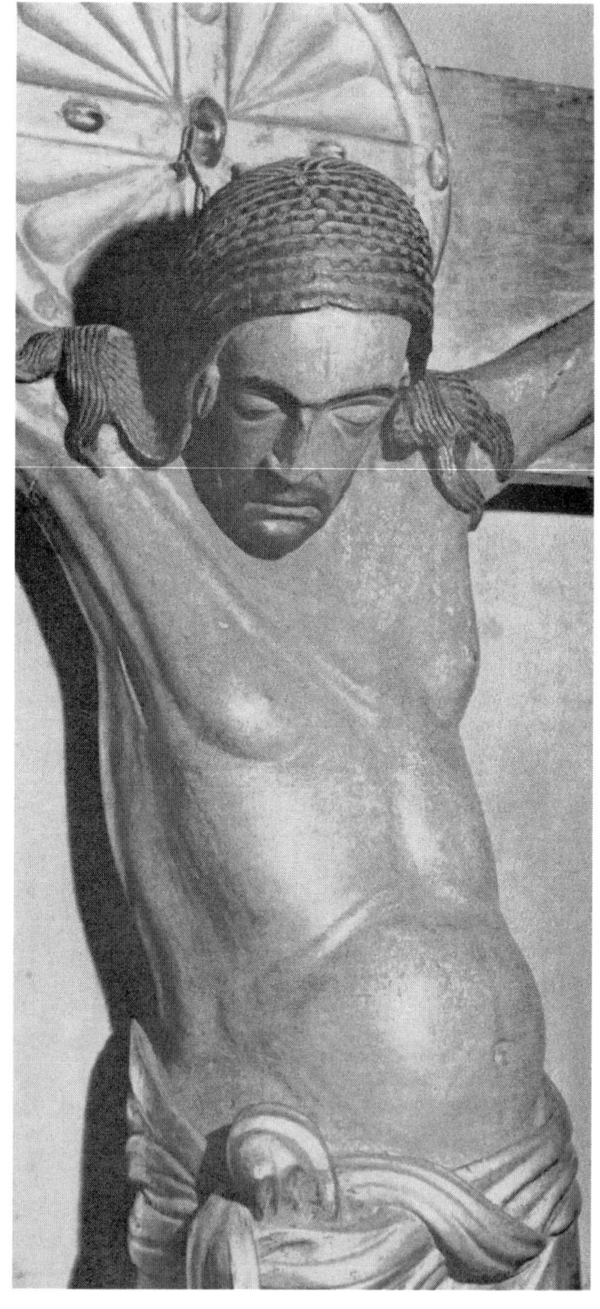

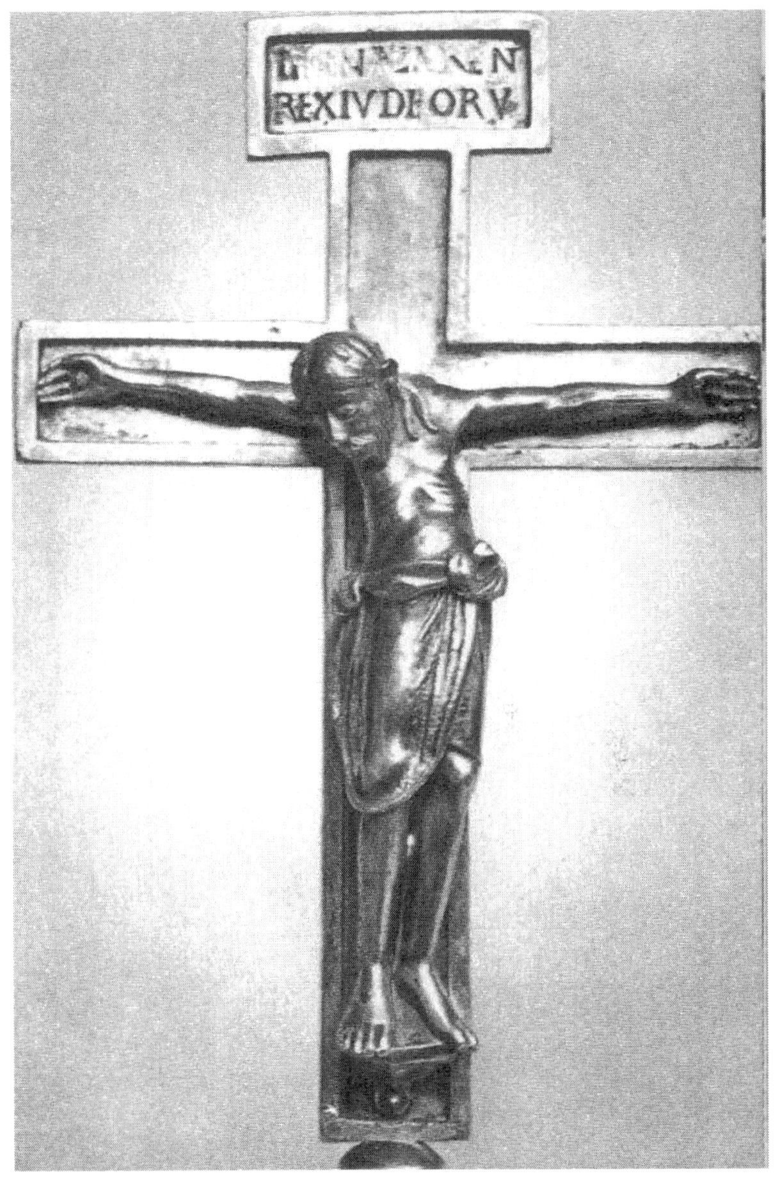

Bernwards kleines Silberkruzifix, Hildesheim; stilistisch immer nahe beim Gero-Kreuz gesehen [Holländer, Nr. 137]; bislang 1008, jetzt 1180–1200

Die von Thietmar kolportierte Behauptung, im Hinterkopf des sog. Gero-Kreuzes habe sich ein Sepulchrum, ein Aufbewahrungsort für Reliquien erhalten, ist längst widerlegt, oder er beschrieb ein anderes Kreuz. Warum aber schrieb er so ausführlich darüber?

> „Sicher ist ebenso, daß die menschenähnlichen Großkruzifixe zu Thietmars Zeit noch immer als höchst ungewöhnlich gegolten haben müssen, nicht nur, weil sie so selten sind – was ja eventuell auf der Zufälligkeit des erhaltenen Bestandes beruhen könnte – sondern vor allem, weil Thietmar selbst es als nötig empfunden hat, so ausführlich über die Entstehungsumstände des Gerokreuzes zu berichten“ [Klein, 55].

Thietmar (976–1018) hat uns „den ältesten erhaltenen schriftlichen Nachweis für ein großes mittelalterliches Holzbildwerk überhaupt“ [ebd. 51] hinterlassen. Sein unkenntlich gewordener Grabstein stammt nicht aus dem frühen 11. Jh., sondern aus der Zeit um 1260. Wann mag seine Chronik geschrieben worden sein? Außerdem:

> „Ältere groß-plastische Bilder des Gekreuzigten sind aus karolingischer und merowingischer Zeit in schriftlichen Quellen bezeugt, jedoch nicht selbst erhalten“ [Hoffmann].

Soweit der trockene Bericht in diesem Pro-Seminar, der einschlägige Literatur erst ab 1964 benennt. Ergänzend sei darauf hingewiesen: Die auffällige goldene Strahlensonne hinter dem Kreuz stammt erst von 1683 und fehlt auf der ausgewählten Aufnahme. Geblieben ist der mit Halbedelsteinen besetzte Nimbus, obwohl er später, vermutlich im 12. oder 13. Jh. angebracht worden ist [Klein, 43].

Bei Hoffmanns Bericht bleibt die eigentliche Datierungsproblematik ausgeklammert. Denn die Kontroverse um das Entstehungsjahr 1000, die Binding mitentfacht hat, ist bei weitem nicht so bedeutend wie jene, die von einer früheren Datierung ausgelöst worden ist. Über sie gibt z.B. *Wikipedia* [Gerokreuz] Auskunft.

> „Erst 1924 und 1930 zog Richard Hamann Stilvergleiche mit verschiedenen ottonischen Plastiken, darunter die genau datierte Bernwardstür des Hildesheimer Doms von 1015, und brachte in zwei Arbeiten die Thietmar-Beschreibung erneut mit dem Kölner Kreuz in Zusammenhang. Hamanns Frühdatierung ins 10. Jahrhundert war ein Durchbruch für die Kunstgeschichte, die das Gerokreuz bis dahin dem 12. Jahrhundert zugeordnet hatte (u. a. bei Beenken).“

Hamann hat 1924 in seinem Aufsatz mehrfach betont, wie widersprüchlich die stilistische Entwicklung gerade in der deutschen Frühromanik und Romanik verlaufen sei, was damit zusammenhänge, dass Vorbildern aus Byzanz, Italien oder Frankreich gefolgt worden sei. Bei dieser

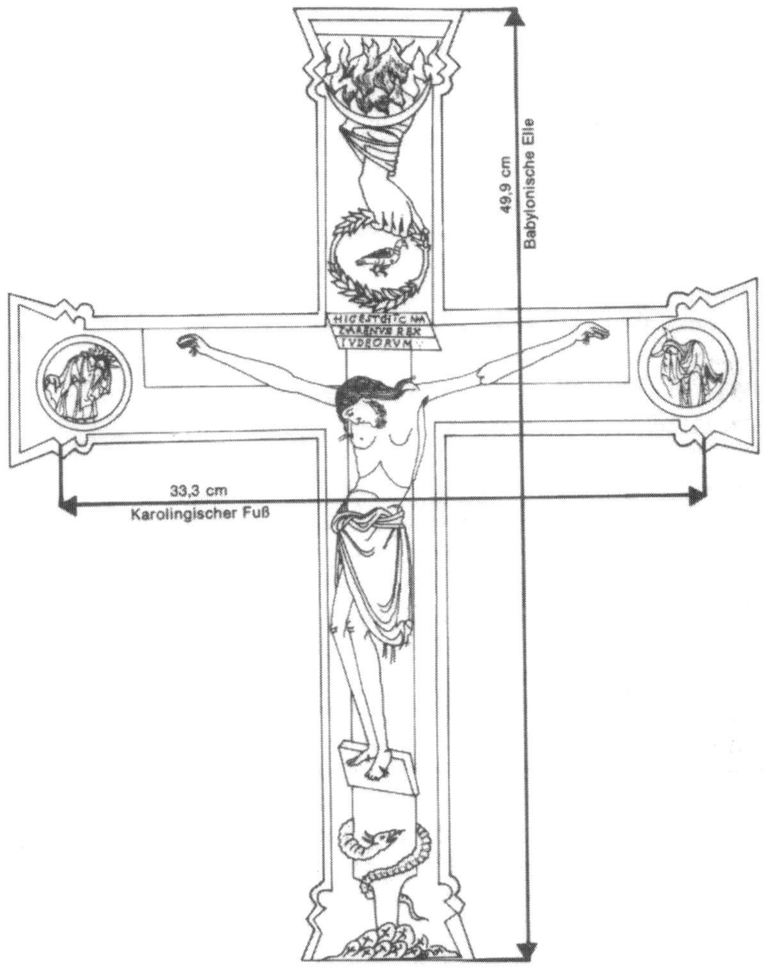

Lothar-Kreuz, Rückseite, Schatzkammer Aachen [Weisweiler, 97]. Die Zeichnung gibt besser als jede Fotografie diese Kreuzigungsdarstellung wieder. Auch sie wird zeitlich immer dicht beim Gero-Kreuz gesehen; bislang 975–1000, jetzt Ende 12. Jh., aber nur diese Rückseite!.

Die Maßbenennungen von Hermann Weisweiler sind hier irrelevant, denn der karolingische Fuß wird viel häufiger mit 32,24 cm, die Gudea-Elle mit 49,61 cm angegeben als mit den Maßen der Zeichnung [wiki; Rottländer,93]. Irritierenderweise lassen sich die Maße als ⅓ bzw. ½ eines Meters sehen, obwohl dieser erst viel später definiert worden ist.

disparaten Gemengelage entschloss er sich, durch Stilvergleich mit der Hildesheimer Bernwardstür das fragliche Kreuz nicht am Ende des 12. Jh. zu belassen, sondern es im ersten Schritt fast 180 Jahre früher, zu Beginn des 11. Jh. anzusetzen [Hamann 1924, 18].

Bernwards Kunstschöpfungen zum Vergleich

Am Bernwardskreuz in Hildesheim

> „und an den Türen in Hildesheim finden wir alles, was im Gerokreuz vorgeschritten wirkt, die runde, weiche Körpermodellierung, den schweren, müden Kopf, die gleichmäßige Ausbiegung des Körpers. Für Einzelheiten wie die schräg abwärtsgeführten Hände mit dem eingelegten Daumen vergleiche man die Hände des Gekreuzigten der Hildesheimer Türen, und für den einzigartig ausdrucksvollen Blick den des sterbenden Abel in der Kain-Abelszene. Auch die reichere, scharfkantige Faltenbehandlung des Schurzes hat im Gewand des Adams ihr Gegenstück. Es bleibt also nichts übrig, als das Gerokreuz ebenfalls in den Anfang des 11. Jahrhunderts zu setzen" [Hamann 1924, 17 f.].

Hamann hat also die bronzenen Bernwardstüren und das silberne Bernwardskreuz als Bezugs- und Fixpunkt für Datierungen genommen und so die Dimension des Datierungsproblems gezeigt.

Im selben Jahr 1924 hat Hermann Beenken in seinen Betrachtungen über *„die romanische Skulptur in Deutschland"* vorgeschlagen, dieses Kreuz, das er wie alle vor Hamann nicht Gero-Kreuz nennt, in die Zeit „um 1180 – 1190" zu bringen [Beenken 1924, 214]. Wer von beiden besser gesehen hat, wird sich im weiteren Verlauf zeigen. Ein paar Jahre später, 1930, legte Hamann [18, Anm. 1] dann – lediglich in einer Fußnote – erstmals die Möglichkeit der Identitätssetzung des Kruzifixes im Kölner Dom mit dem von Gero gestifteten Kreuz nahe.

> „Die starke Ausprägung dieses Typs [Elfenbein] des 10. Jahrhunderts läßt eine Datierung des Kölnischen Kreuzes in die Zeit des Erzbischofs Gero (969–976) sehr wohl zu" [Hamann 1930, 18, Fn. 1, lt. Binding 2011, 94].

Obwohl Geros Kreuz von seiner Quelle Thietmar von Merseburg nicht weiter beschrieben wird, zog Hamann die Datierung in die Lebenszeit Geros vor und überzeugte mit dieser Minimalbegründung rätselhafterweise die meisten Kunsthistoriker [Haussherr, 5]. Fünf Jahre später, 1935 [907], stellte Hamann seine Umdatierung auf 970 bereits als fix dar und belehrte letzte Gegner:

> „Der aufrüttelnde Realismus dieses Bildes schien der Kunstgeschichte bisher in dieser Frühzeit unmöglich, weil man die Formung

> der Einzelteile übersah, die Kugel des Leibes, und sich nicht klar war, daß nur in dieser Zeit solche unrhythmische Zusammenfügung der Teile, solche Drastik des Psychologischen, solcher Ausdruck der Ergebung in den hart geschnittenen Zügen, solche Einheit von Kunst und Charakter möglich war" [Hamann 1935, 235].

Das ist keine stimmige Einschätzung. Trotzdem gilt seit Hamann für das Gero-Kreuz: „Älteste deutsche Großplastik" [Syndicus 1964, 19] und sogar „der früheste erhaltene monumentale Kruzifixus" [Haussherr 1963, 5]. Nur Matthias Untermann [1977, 282] und Günter Binding [1982] haben auf die ganz ungenügende Begründung hingewiesen, doch ohne Erfolg. Hamanns Einschätzung wird unbeirrt weitergegeben.

> „Mit Sicherheit aber ist das Kölner Gerokreuz die älteste erhaltene lebensgroße und farbig gefaßte Holzskulptur. Daß sie dies von Anfang an war, legen die zahlreichen Quellen zu älteren Kruzifixen nahe, bei denen in fast allen bekannten Fällen ausdrücklich hervorgehoben wird, daß die Kreuze aus Metall bestanden oder mit Edelsteinen geschmückt waren." [Klein 2002, 57]

So galt es auch im Jahr 2013 – „das ottonische Gero-Kreuz, die erste lebensgroße Skulptur des gekreuzigten Christus" [west-art] –, so gilt ganz aktuell: „Das Gerokreuz ist die erste erhaltene Monumentalfigur des gekreuzigten Christus" [Lauer 2019]. Im weiteren Verlauf wird sich ergeben, dass dem Gero-Kreuz andere Kruzifixe längst den Rang abgelaufen haben, was niemand besser wissen müsste als die Kunsthistoriker. Wie sieht nun der Gekreuzigte von Köln aus?

Für uns Heutigen wirkt dieses Kunstwerk ‚ganz normal': Ein angenagelter Leichnam hängt am Querbalken des Kreuzes. Der Körper ist naturalistisch dargestellt, in Armen und Oberkörper ist keine Muskelanspannung mehr zu erkennen, nur sehnige Striemen laufen über Oberarme und Brust, die auffällig fleischig gezeigt wird. Dagegen sind die einzelnen Rippen nicht angedeutet, aber unterm Rippenbogen wölbt sich der Bauch vor, an den ein Lendenschurz anschließt, dessen Gurtung (Cingulum) betont eigenwillig verdreht ist. Er bedeckt die Knie nicht und lässt am rechten Oberschenkel sogar einen Streifen Haut bis zum Hüftgurt frei – eine Rarität vor allem in der frühen Romanik. Die Knie sind durch das Körpergewicht weit nach vorne geschoben, weil die Füße am Fußbrett (Suppedaneum) festgenagelt sind. Das Haupt ist zur Seite geneigt, tief gebeugt, das bärtige Antlitz ist schmal und spiegelt bei geschlossenen Augen den Tod wider. Die Haare laufen ohne Mittelscheitel quer über den gesamten Kopf; es ist nicht zu erkennen, dass sie überdeckt gescheitelt wären. Außerdem wirken sie, als wären kleine Noppen eingearbeitet. Eindeutig sind die kräftigen Haarsträhnen, die in drei Spitzen über die rechte, in zwei Spitzen über die linke Schulter nach vorne fallen.

So bleibt die Frage: In welche Zeit gehört das Kreuz, nachdem Hamann 970 als Untergrenze, Beenken 1180/90 als Obergrenze vorgegeben hat? Allzu simpel ist ein Urteil, wonach das sog. Gero-Kreuz „nach Stil und Tradition aus der Zeit des Erzbischofs Gero" stamme [Huppertz, 93], denn genau das will erst erkannt werden.

Wir werden dazu auch vier Merkmalen nachspüren, von denen das erste mittlerweile selbstverständlich ist: Es gibt kein *bartloses* Großkruzifix. Unbeachtet scheint der Umstand zu sein, dass einem Gekreuzigten keine einzige Haarsträhne, bei anderen Exemplaren aber auch gleich sechs *Haarsträhnen* über die Schulter auf die Brust fallen können. Doch lässt sich daraus keine bislang übersehene Abfolge erkennen, wie der Verfasser anfangs meinte [Illig 2018b, 445-448]. Weiter geht es um den *Bauch* des Gemarterten, der so wie beim Gero-Kreuz nur selten hervortritt, denn andere Kruzifixe des 11. und 12. Jh. zeigen einen jünglingshaften Körper ohne Muskel- und Bauchbildung. Den gotischen Künstlern gefiel dann die Überstreckung des hängenden Körpers mit so erzeugter schmaler Taille. Hier verhilft Aufmerksamkeit dann doch zu Querbezügen. Schließlich ist die Körperverspannung des Gero-Kreuzes auch an weiteren Kruzifixen zu finden. Und offensichtlich zeigt das Gero-Kreuz Jesus mit geschlossenen Augen, also – zusammen mit der Haltung – als tot. Aber der lebende Christus tritt zu Beginn des 11. Jh. genauso auf wie vor allem in der zweiten Hälfte des 12. Jh.

Die Crux mit Dendro-Datierungen

Den Thesen *gegen* einen Kreuzstifter namens Gero widerfuhr das Missgeschick, dass 1974 der Konstrukteur der deutschen Standardkurve der Eichenchronologie, also Ernst Hollstein, die Fällung des Holzes für den Korpus des Gero-Kreuzes bei 965 ansetzte. Das Prozedere für diese Datierung wirkt einigermaßen unwissenschaftlich, doch das Ergebnis passte exakt zu den Vorgaben.

> „Die Untersuchung der Skulptur gestaltete sich komplizierter, da man aus restauratorischen Gründen weder Proben entnehmen noch eine so hohe Anzahl zusammenhängender Jahresringe messen konnte wie beim Kreuz[esbalken; HI]. Genaue Werte ergaben sich nur für die Jahresringe zwischen 647 und 779, weitere Jahresringsequenzen wurden nach Fotos vermessen und abgeschätzt. Die Wachstumsphase der Eiche begann folglich um 570; der Baum wurde etwa 400 Jahre alt. Hollstein schätzte die am weitesten außen lie-

gende Stelle des geschnitzten Korpus am Stirnscheitel aufgrund dieser Erkenntnisse auf das Jahr 940. Auch hier ging er mit hoher Wahrscheinlichkeit und aus Erfahrung davon aus, dass zur Herstellung nur die etwa 25 Jahre umfassenden äußeren Splintholzjahrringe entfernt wurden und nicht wesentlich mehr an hochwertigem Kernholz verschwendet wurde; daraus ergibt sich eine Fällungszeit um das Jahr 965. Aufgrund der genannten Einschränkungen bei der Untersuchung schätzt Hollstein die Datierung der Skulptur zwar weniger gesichert als beim Kreuz ein, sieht sie aus wissenschaftlicher Sicht jedoch als »wahrscheinlich« an" [wiki: Gerokreuz].

Hollsteins eigenes Dendro-Urteil war durchaus skeptisch:

„Wie Hollstein abschließend selbst feststellt, kann man nicht mit Sicherheit ausschließen, »daß der Baum wesentlich später gefällt wurde«" [Binding 2003, 2].

Mit dieser im Grunde wertlosen Holz-Datierung wurde Hamanns Frühdatierung zu einer ‚eisernen' Jahreszahl.

Binding bemühte sich später mehrmals, die keineswegs gut begründete biologische Datierung bis ins letzte Jahrzehnt des 10. Jh. zu dehnen. Als bekannt wurde, dass beim Querbalken der jüngste Jahresring für 965 stehe und die Fällzeit „mit Sicherheit zwischen 971 und 1012" liege, erhöhte Binding die Anzahl der weggeschnittenen Splintholzringe und justierte das früheste Fälldatum auf „ca. 985/1000" [Binding 2011, 89; 2003, 3]. Damit würde aus dem Gero-Kreuz vielleicht sogar ein Heribert-Kreuz, amtierte doch dieser heiliggesprochene Kölner Erzbischof von 999 bis 1021 [ebd. 93 f.]. Doch Köln bleibt lieber bei Geros Todesjahr 976.

Es gibt aber ein ganz anderes Gutachten, das Hollsteins Können – er war *der* deutsche Pionier bei Entwicklung der dendrochronologischen Standardkurven – zu diesem Zeitpunkt fraglich erscheinen lässt, obwohl dieses Gutachten wegen der damaligen Interessenlage selbst fraglich ist.

Karlsthron in Aachen?

Im Jahre 1999 wurde die große Ausstellung *„Krönungen"* in Aachen für das Jahr 2000 vorbereitet und deshalb einmal mehr der Thron im Aachener Dom untersucht, obwohl Karl d. Gr. 1.200 Jahre früher nicht in Aachen, sondern in Rom zum Kaiser gekrönt worden war – dort ohne Thron. Im Aachener Thron liegen Eichenbretter, die sich dendrochronologisch bestimmen lassen. Das hatte Ernst Hollstein († 1988) im Jahr 1967 durchgeführt, anschließend wurde auch sein Meisterschüler Bernd

Becker († 1994) um ein Urteil gebeten. Erst viel später, 1976, veröffentlichte Dombaumeister Leo Hugot das für Aachen ‚schreckliche' Ergebnis: Ein Fälldatum um 900 ließ auf einen Otto-Thron für das Jahr 936 schließen, weil Otto d. Gr. damals zum deutschen König gekrönt worden war, auch wenn ‚sein' Thron noch nicht auf der Empore, sondern in der Vorhalle gestanden wäre [wiki: Otto I. (HRR)].

1999 sollten die Dendro-Labore Trier und Hohenheim ihre alten Ergebnisse überprüfen, während sich jene von Köln, Hamburg, Göttingen und schließlich Kiel um eine neue Datierung bemühen sollten.

> „Die Resultate können wie folgt zusammengefaßt werden. *Ernst Hollsteins Datierung kann nicht mehr nachvollzogen werden,* die Unterlagen für die Datierung Beckers sind *nicht mehr vorhanden.* [...] Der Aachener Thron wurde *mit großer Wahrscheinlichkeit* in Zusammenhang mit der Erbauung der Aachener Marienkirche errichtet, darf also wieder als karolingisch gelten" [Schütte 2000, 219 f.; Hvhg. HI. Vgl. Illig 2014, 60].

Geschrieben hat das Sven Schütte, damals zuständig für die Untersuchung des Throns. Das genaue Fälldatum der Hölzer hat er nicht mitgeteilt, weil er es seiner vielfach von ihm angekündigten Monographie zum Aachener Thron vorbehielt, die jedoch bis heute nicht erschienen ist. In der Ausstellung gab auf der Westempore des Aachener Doms eine Info-Tafel folgenden Hinweis zum Thron, vom Verfasser anno 2000 notiert:

> „Das Fälldatum der Holzstücke liegt nicht um 935, sondern zwischen 760 und 824, mit der höchsten Wahrscheinlichkeit bei 798."

Mit diesen Zahlenangaben war klargestellt, dass nicht allein Dendrochronologen, sondern vor allem Radiokarbon-Datierer zugange gewesen waren. Schütte hat im Jahr darauf in einem Zeitungsartikel mitgeteilt, wie dieses Intervall so genau festgestellt werden konnte:

> „Zur Sicherheit waren an dieser Untersuchung mehrere Analytiker, Dendrochronologen (die das Alter nach Jahresringen bestimmen – d. Red.) und Radiokohlenstoff-Forscher beteiligt. Statistiker rüttelten die Kurven – und siehe da: Der große Karl darf wieder Platz nehmen" [Schütte 2001].

Seitdem weiß alle Welt: Wissenschaftler schütteln und rütteln ...

Somit haben wir den Nachweis, dass sich Ernst Hollstein (aus heutiger Sicht) bei seiner Datierung des Aachener Throns, die wie die des Gero-Kreuzes ins 10. Jh. fiel, um rund 150 Jahre geirrt hat. Inwieweit Dendrochronologen von Wünschen oder Vorgaben freie Ergebnisse liefern, soll hier nicht thematisiert werden. Sonst müsste auch die Frage beantwortet werden, wie man am Aachener Dom aus Resten eines

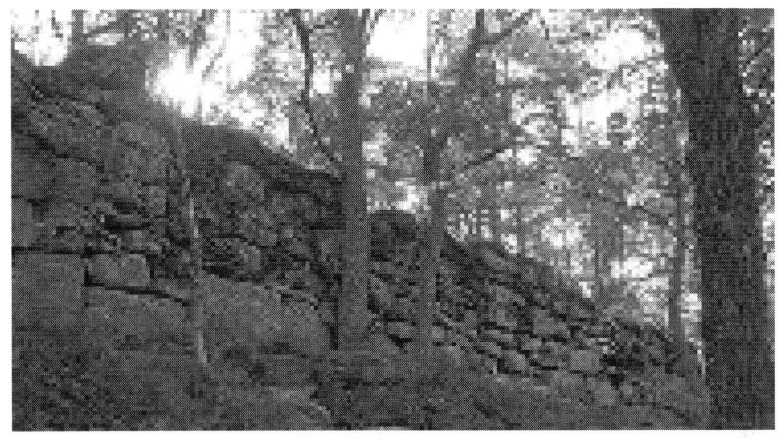

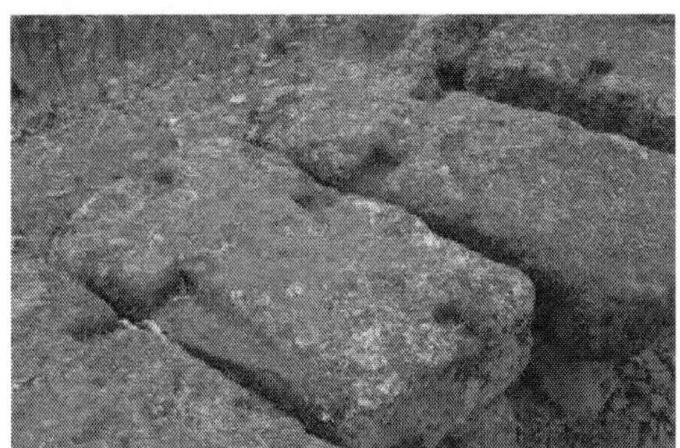

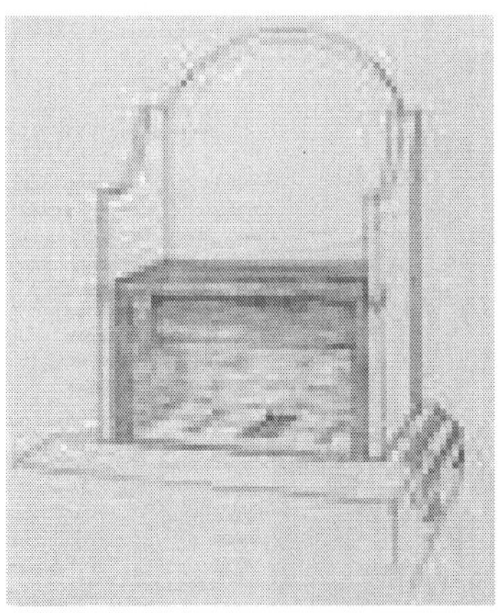

Heidenmauer am Odilienberg, von 1500 v. Chr. bis 700 n. Chr. [odilienberg]
Odilienberg: Aussparungen für Verbindungshölzer [wiki:commons]
Aachener Steinthron: Holzeinbau nach Felix Kreusch [Corsepius, Abb. 10], mal spätestes 8. Jh., mal 10. Jh.

Holzringankers mit der Konsistenz von Watte präzise jene Datierung gewann, die wegen dem und gegen den Verfasser dringend erwartet worden war [vgl. Illig 2014, 29-38].

Der Odilienberg (Mont Sainte-Odile) im Elsass

Dendrochronologen können auch Ergebnisse vorlegen, die mit dem herrschenden und jedem anderen Geschichtsbild völlig unvereinbar sind. Am Odilienberg traten die Holzforscher erst nach der Jahrtausendwende in Aktion, zumal die sog. ***Heidenmauer*** im Wesentlichen aus mächtigen, häufig oblongen Steinblöcken besteht. Es gibt auch größere Formate und regelrechte Megalithe, die man allesamt der Bronzezeit oder noch früheren Zeiten zuschreiben könnte.

In die Blöcke sind schwalbenschwanzförmige Aussparungen eingemeißelt, sicheres Indiz dafür, dass die großen Steine mit entsprechend geformten ‚Holzdübeln' verbunden waren.

> „Jüngste Untersuchungen (dendrochronologisch und nach der C14-Methode) von wiederaufgefundenen Eichenholzklammern, mit denen die Steine der Mauer verbunden waren, datieren diese zweifelsfrei in das letzte Viertel des 7. oder das beginnende 8. Jahrhundert n. Chr., eventuell stammen sie aus einer Reparaturphase, denn eine so späte Entstehung, in christlicher und nicht in heidnischer Zeit, war bisher nicht ernsthaft in Betracht gezogen worden.
> Noch sind die wichtigen Datierungsfragen offen, eine deutsch-französische Expertengruppe befasst sich mit der Auswertung aller Befunde" [wiki: Odilienberg].

Dieser Hinweis steht seit über zwölf Jahren auf der einschlägigen *Wikipedia*-Seite; die genannte Expertengruppe dürfte es mittlerweile aufgegeben haben, die Datierungen zwischen Bronzezeit (2. Jtsd. v. Chr.), gallo-römisch der Zeitenwende und frühmittelalterlicher Merowinger-Zeit irgendwie zu ‚homogenisieren', da sich niemand vorstellen kann, dass um 700 n. Chr. eine uralt-heidnische Befestigungsmauer repariert worden wäre, zumal es im zwar schwach gewordenen, aber von außen seltsamerweise nie attackierten Merowingerreich keinen Grund für eine solche gewaltige Befestigungsanlage von rund 10 km Umfang hoch oben auf einem Berg gegeben hätte. Und nur 90 Jahre später wäre dann der Bau der Aachener Pfalzkapelle mit ihrer perfekt konstruierten Kuppel begonnen worden…

Wir wollen hier nicht diesem Rätsel nachgehen, sondern nur festhalten, dass Dendrochronologen im Verein mit Physikern Datierungen präsentieren können, die entweder um viele Jahrhunderte daneben liegen oder aber so passend wie nur möglich sind, so nicht nur beim

Aachener Thron, sondern auch bei Hölzern im Mauerwerk des Aachener Doms, bei der Brescianer Terrakotta-Madonna (s. S. 89) oder eben beim sog. Gero-Kreuz. Insofern müssen ihre Ergebnisse mit ebenso großer Skepsis betrachtet werden wie kunsthistorische. Die Kunsthistoriker finden es aber sehr gut, wenn ihnen von Seiten ‚richtiger' Wissenschaft, also von den Naturwissenschaften scheinbar makellose Ergebnisse geliefert werden, die niemand zu kritisieren wagt, zumal niemand ein überaus knapp mitgeteiltes Ergebnisintervall einsichtsvoll kritisieren kann.

Dendrochronologisch umdatierte Kruzifixe

Nach den von Experten betriebenen und hier geschilderten Vergleichen muss das Gero-Kreuz mindestens um ein Jahrhundert ins späte 11., frühe 12. Jh. verjüngt werden. Ob diese Umdatierung ausreicht, wird sich bald zeigen.

Gerresheimer Kreuz

Wenn man einen Kandidaten für das älteste Kruzifix aus dem Umfeld des Gero-Kreuzes nennen will, dann wohl das Gerresheimer Kreuz. Aus gegenwärtiger Sicht der Kirchengemeinde dieses Düsseldorfer Stadtteils stammt es von 960: ein bärtiger Christus mit einem Haarzopf hinter den Schultern, dazu mit einem Korpus von 2,10 m, also überlebensgroß. Die Augen vermutlich geschlossen, bärtig, ohne sichtbare Rippen, das Haar hinter einer Binde versteckt, möglicherweise als Sitz für eine Krone. Im Jahr 1959 wurde der Gerresheimer Kruzifix ‚erhöht':

> „Sein Rang wurde erst in den letzten Jahren erkannt. Erzbischof Gero schenkte das Holzbildwerk um 970 der Kirche. Es steht dem berühmten Gerokruzifix im Dom zu Köln nahe, dürfte sogar älter und der *älteste monumentale Kruzifixus (Höhe 210 cm) der abendländischen Kultur überhaupt* sein" [Reclam, 159 f.; Hvhg. HI].

Mittlerweile ist das Kreuz restauriert und die Datierung bestätigt worden. Der dendrochronologische Befund bleibt mit zweiter Hälfte des 10. Jh. unscharf [Peez]; er signalisiert lediglich zeitliche Nähe zum Gero-Kreuz, was immer das bei einer Dendro-Datierung bedeuten mag.

> „Das über zwei Meter hohe (2,10 × 1,80 m) ottonische Bildwerk aus Eichenholz dürfte nach neuesten Erkenntnissen um 960 gefertigt worden sein und mit der Weihe der Kirche im Jahr 970 im Zusammenhang stehen. Der Korpus zeigt noch heute Reste der ursprünglichen Bemalung. Auffallend sind in der Christusdarstellung die geringe Ausformung des Körpers und die weichen Züge des Antlitzes.

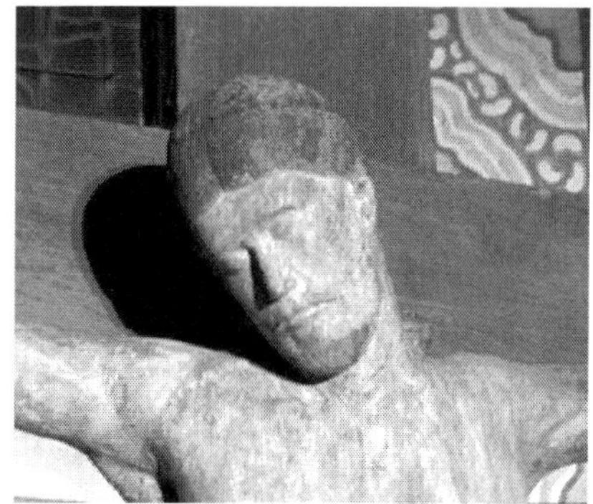

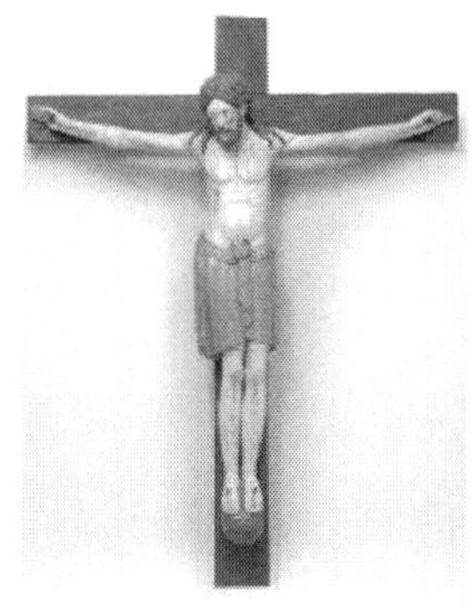

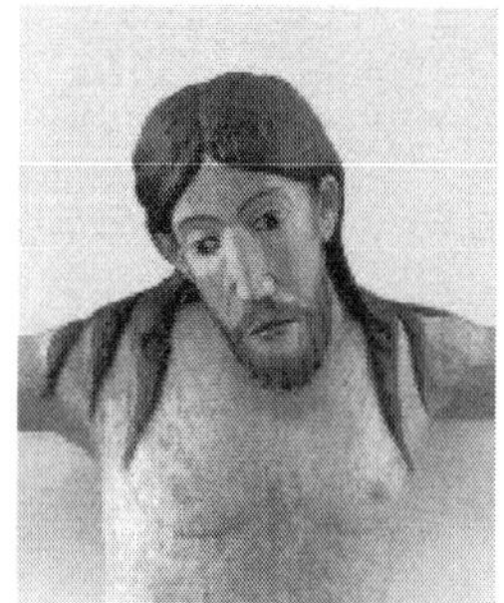

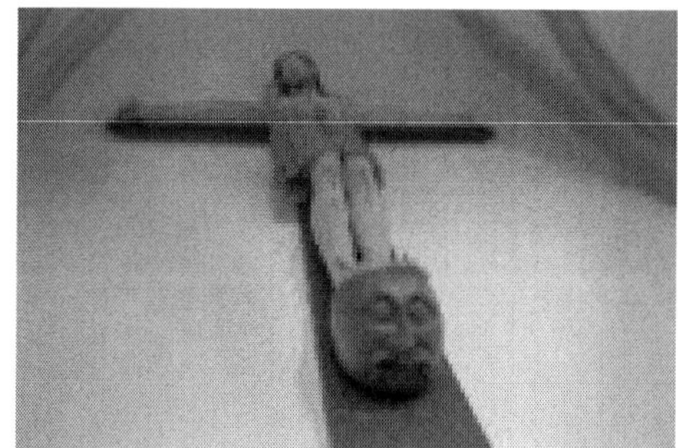

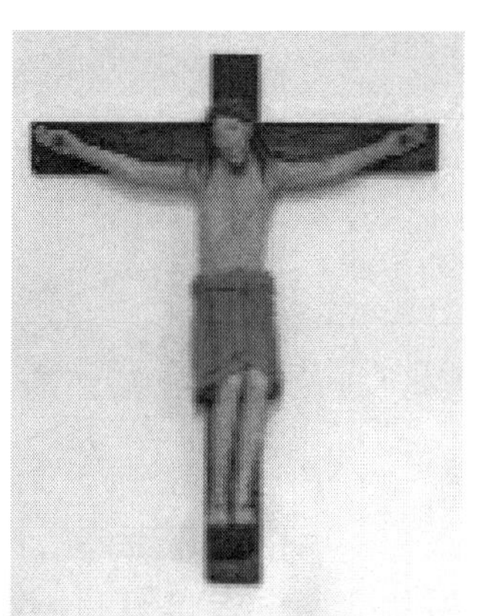

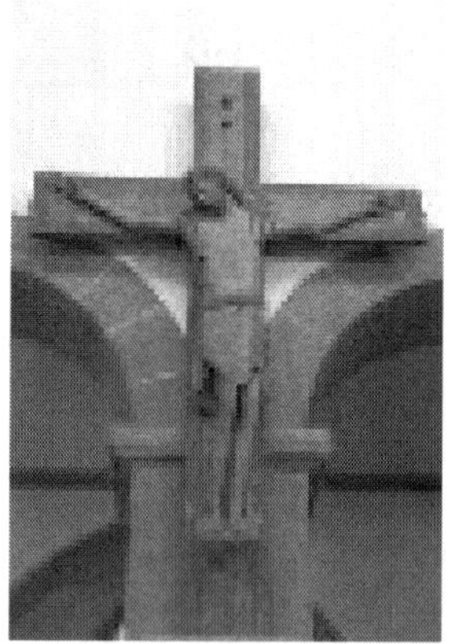

Oben links: Gerresheimer Kruzifix [St. Margareta], bislang 960, jetzt 12. Jh.
Oben r.: Enghausener Kreuz [tourismus], früher 12. Jh., derzeit 890, jetzt 12. Jh.
Mitte links: Schaftlacher Kreuz [schaftlach], um 970, jetzt 12. Jh.
Mitte r.: Dämonenkopf des Enghausener Kreuzes [Hess]
Unten links: Schaftlacher Kreuz [erzbistum], 12. Jh. oder 970
Unten r.: Aschaffenburger Kreuz [commons.wiki], neuerdings 978, jetzt 12. Jh.

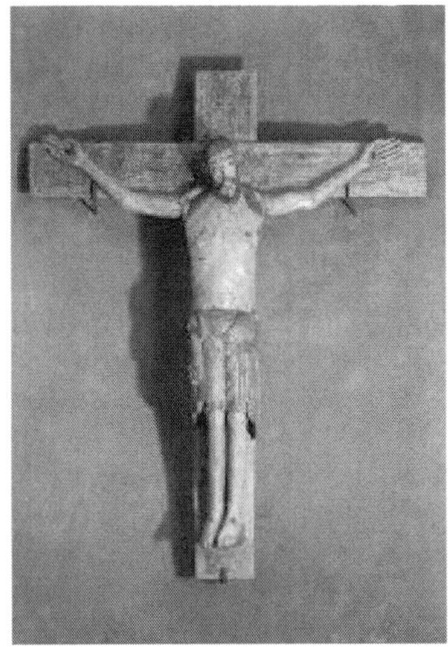

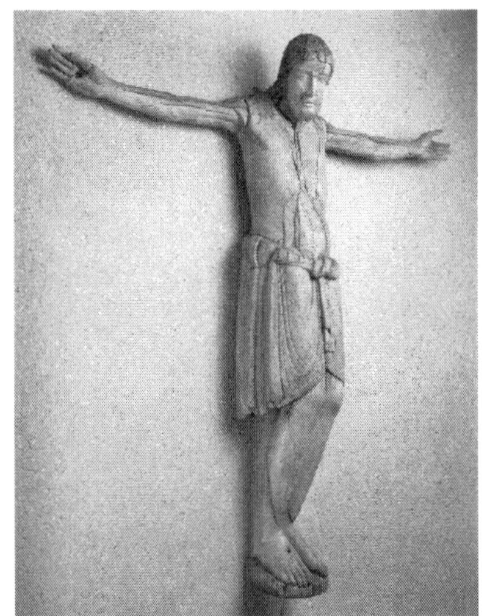

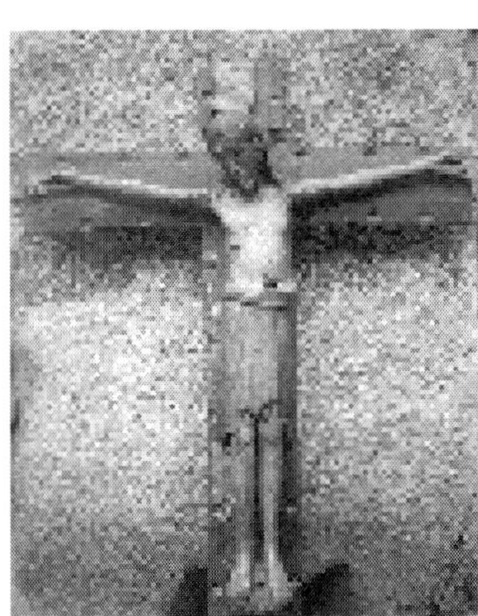

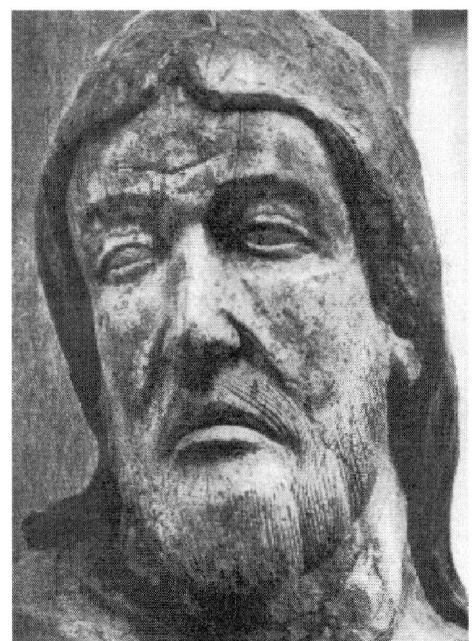

Oben links: Udenheimer Kreuz [info], 1070–1140, jetzt 12. Jh.
Oben rechts: Ringelheimer Kreuz [bistum Ringelheim]
Unten links: Mirakelkreuz von Elspe [wikibooks], Ende 10. Jh., jetzt 12. Jh.
Unten: Ringelheimer Kreuz [Hinz, Nr. 219], bislang um 1000, jetzt 1150–1200

Es wurde vermutlich vom Kölner Erzbischof geschenkt. Es ist neben dem Kölner Gerokreuz wohl das älteste erhaltene Hochkreuz Europas nördlich der Alpen. Forscher sehen in dem Kruzifixus die älteste erhaltene Monumentalplastik in Deutschland“ [wiki: Basilika St. Margareta].

Für jeden erkennbar: Dieses Kreuz hat nicht die Bogenspannung des Gero-Kreuzes und der mit ihm vergleichbaren Kruzifixe des 11. Jh.

In den letzten Jahren sind etliche Kreuze spektakulär durch naturwissenschaftliche Methoden umdatiert worden, worauf die sorgfältige Reihung erheblich ins Schwanken geriet. Das gilt auch für Kreuze, die nicht im stilistischen Zusammenhang mit dem Gero-Kreuz stehen. Kann und darf die kunsthistorische Fakultät naturwissenschaftliche Ergebnisse – gerade bei Kruzifixen – einfach gottergeben hinnehmen? Das tun zumindest die Kunsthistoriker, die ihre eigene Fachkenntnis prompt vergessen und wie beim nächsten Beispiel lieber seltsame Statements abgeben.

Enghausener Kreuz

Das Juwel hing unbeachtet in einer Freisinger Filialkirche. Bei seiner Restaurierung 2005 wurde von der ETH Zürich mittels Dendro und ^{14}C auch sein Alter geprüft – und es stieg prompt um 300 Jahre, gilt doch nun „um 890 / 900 […] <u>*Das älteste Kreuz der Welt!!!*</u> Dokumentation des Erzbischöflichen Ordinariats München“ [vg-mauern; dortige Hvhg.]. Daraufhin gaben die Experten sofort ihren Expertenstatus preis:

> „Die Haare hätten es bereits verraten können [...] Die aufgetürmten, rastaähnlichen Locken des Christus waren nämlich zur Zeit der Romanik schon aus der Mode. Sie waren bei den Karolingern in. Und denen wird in Zukunft vielleicht eine entscheidende Kulturleistung zugeschrieben werden: Nach der dunklen Zeit der Völkerwanderungen erstmals wieder den Menschen lebensgroß dargestellt zu haben“ [kna in erzbistum].

Als ältestes erhaltenes Großkruzifix der Menschheit überhöhte es im Jahr 2006 die Messe von Papst Benedikt XVI. auf dem kommerziellen Münchner Messegelände. Die heutige Fassung stammt aus der Neuzeit; die ursprüngliche Farbgebung war nur noch in Spuren erhalten. Die vielfältigen Blutspuren sind nicht vom Schnitzer angelegt worden; das Lendentuch war ursprünglich dunkelrot, nicht wie heute goldfarben.

Dieser Christus (1,88 m groß) hat die Augen geöffnet; sein Haupt wird von einer erstaunlich grob strukturierten, helmartigen Rasta-Frisur bedeckt; kräftige Haarsträhnen fallen über beide Schultern. Der Körper hat kaum innere Spannung. Auffällig ist der Dämonenkopf unter dem

Suppedaneum, den man erst in jenem 12. Jh. erwarten würde, ab dem seltsame Unholde und Fabelwesen die Kirchen innen wie außen bevölkern. Das Erzbistum [ebd.] ließ anklingen, dass es sich bei dem Kreuz um ein Geschenk Arnulfs von Kärnten handeln könne, der 896 als letzter Karolinger zum Kaiser gekrönt worden und 899 gestorben sein soll.

Also Rasta-ähnliche Locken. Die Bezeichnung 'Locken' ist ein Euphemismus für Strähnen verfilzten Kopfhaars, sie leitet sich wohl von engl. 'Dreadlocks' ab. Doch wo sind die Vergleichsobjekte, wenn damals noch kein karolingisches Kreuz bekannt war? In solchen Fällen greift man auf Illustrationen zurück, die man dieser Zeit zuschreibt, überträgt damit aber mögliche Fehldatierungen einer anderen Disziplin auf die Skulpturen: Wenn die karolingischen Abbildungen nach Meinung des Verfassers aus ottonisch-salischer Zeit stammen, dann müsste das Kreuz jener Zeit zugeordnet werden. Gibt es im 12. Jh. keine weiteren Kruzifixe mit vergleichbarem Haarschmuck? Hier werden nur Funde bis 1200 aufgelistet, doch es gibt danach zahlreiche weitere:

Um 1147	Museum Barcelona (MNAC) [Syndicus, 123],
um 1150	Reichenau-Oberzell, St. Georg [Hinz, I: 119],
um 1150	Moissac, Saint-Pierre, extreme Rasta-Haare [ebd. 135],
1150–1175	Schwäbisch, in den Berliner Staatlichen Museen [ebd. 167; dort zwei weitere, ebenso gestaltete Kreuze],
12. Jh.	Salzburg, Kloster Nonnberg [ebd. 179],
um 1200	*Volto Santo* di Lucca [vgl. Illig 2014, 45].

(Was das Salzburger Kreuz angeht, so fällt auf, dass im dortigen Kloster gegenwärtig nur ein Kruzifix aus der Zeit um 1300 erwähnenswert ist [panorama].)

Die kleine Aufstellung zeigt: Kruzifixe mit Rasta-Locken gehören keineswegs zwangsläufig in die Zeit um 900. Weiter gibt es das Freudenstädter Lesepult, datiert auf 1150. Seine vier Evangelisten, aus einem Block geschnitzt, haben drei unterschiedliche Frisuren, einer von ihnen trägt Rasta-Locken. Das erledigt zwar eine Arbeit des Verfassers [Illig 2018b], aber zugleich alle kuranten Einschätzungen der Fachleute zu Rasta-Locken. Trotzdem noch einmal zum Enghausener Kreuz:

> „Christus wird als »der göttliche Mensch, der in seiner Würde und hoheitsvollen Größe als Erlöser und Überwinder von Tod und Leid« den Betrachter anblicke, dargestellt. Damit entspricht das Kreuz der in der karolingischen Zeit üblichen Christusdarstellung und hebt sich von der Romanik ab, die Christus bevorzugt als König darstellte. Und auch von späteren Kunstepochen, die Christus als Leidenden betonen“ [wiki: Enghausener Kreuz].

Der Nachweis müsste erst geführt werden, dass die Romanik Christus bevorzugt als König darstellte. Er würde scheitern, da die meisten Kruzifixe den Heiland weder tot noch triumphierend zeigen, sondern gesenkten Hauptes, ermattet, resigniert, traurig, todesnah. Wenn ein Kommentator zu einem anderen Kreuz schreibt: „Christus ist als Sterbender, der den Tod überwunden hat, dargestellt“ [wiki: Helmstedter Kreuz], so täuscht er sich und die anderen, denn von Überwindung des Todes kann seit den ottonischen Kunstwerken keine Rede sein. Und der Unterschied zum Gero-Kreuz ist groß:

> „Dort ist der Gekreuzigte als ein nach tiefem Leiden verschiedener Mensch dargestellt, während er in Enghausen eindeutig lebt, den Betrachter in hoheitsvoller Stille ansieht!!!!
> In Enghausen ist jedoch noch kein Christus triumphans zu sehen, sondern schlicht ein in seiner Würde ausgezeichneter Mensch, der offenkundig nicht leidet!! Gerade darin scheint sich das Geheimnis von der Überwindung des Todes auszudrücken!!!“ [kna in erzbistum]

Schaftlacher Kreuz

Ebenfalls aus der Freisinger Gegend stammt das Schaftlacher Kreuz. Hier existiert sogar noch die ursprüngliche Fassung: Christus lebt, hat die Augen geöffnet, er hängt nicht an seinen Armen, sondern verharrt in einer Art Schwebezustand: die Arme unbelastet, aber die Knie leicht angewinkelt, als würde er nicht stehen. Der Körper ist schlank, nicht muskulös, die Daumen liegen den Händen an, die Frisur ist mittelgescheitelt, fünf Haarsträhnen liegen über den Schultern. Das Lendentuch ist, wie bei praktisch allen Kruzifixen individuell gestaltet; die Formen sind oft beachtet worden, aber ohne konkrete Aussage für einen Entwicklungsgang geblieben. Ein solcher Gekreuzigter ist kein Triumphator, sondern einfach ein Mensch am Ende seines Lebens.

> „Seit der C-14 Analyse und der Computertomographie 2001/2004 wissen wir, dass der in einem Stück gearbeitete, 193 cm hohe Korpus aus gehöhltem Lindenholz (Fälldatum wahrscheinlich um 970) und auch die angesetzten Arme und Seitenfalten des Lendentuchs nicht, wie bisher angenommen, in romanischer, sondern schon in ottonischer Zeit entstanden sein dürften – also etwa gleichzeitig mit dem berühmten Gerokreuz im Kölner Dom (vor 976) und dem Kruzifix in der Aschaffenburger Stiftskirche (um 978). […]
> Bei der Untersuchung der Farbfassung des Schaftlacher Kruzifixes stellte sich heraus, dass die kräftige, stilisierende Fassung der Entstehungszeit so gut und ausreichend in allen relevanten Bereichen nachgewiesen werden kann wie bei keinem anderen vergleichbaren

> Kruzifix des Mittelalters. Man fand in der Urfassung ein helles Inkarnat, einen weitgehend unversehrten Körper, halboffene Augen und ein außen taubenblaues, innen rotes Lendentuch mit grünem Gürtel und rotem Ziersaum. [...]
> So erscheint der gut lebensgroße Christus nicht als Geschundener und am Kreuz Gestorbener, sondern – wie zur Entstehungszeit – als der auferstandene Erlöser der Menschheit und Sieger über Tod und Leid. Er blickt hoheitsvoll-gelassen, ohne Ausdruck von Schmerz den Kirchenbesucher an, empfängt ihn mit ausgebreiteten, »offenen« Armen und bietet ihm Zuflucht in allen Nöten an“ [schaftlach].

Richtig ist davon nur, dass der Gekreuzigte nicht gequält aussieht, obwohl aus den Nagelwunden Blut fließt, und dass die Augen halbgeöffnet sind. Aber wo wäre der auferstandene Erlöser, wo der Sieger über Tod und Leid, wo der hoheitsvoll-gelassene Blick? Das ist reines Wunschdenken. Tatsächlich lässt sich der Gesichtsausdruck mit dem Psalmwort [22,2] unterlegen, das Jesus am Kreuz wiederholt: „Mein Gott, mein Gott, warum hast du mich verlassen?“ [Mk 15,34; Mt 27,46]. Dieser Spruch gehört zu den sieben letzten Worten Jesu Christi [wiki: Sieben letzte Worte] – und das Kunstwerk kann weitere drei ausdrücken, gerade weil es sie nicht hoheitsvoll präsentiert:

> „Vater, vergib ihnen, denn sie wissen nicht, was sie tun“ [Lk 23,34].
> „Es ist vollbracht.“ [Joh 19,30]
> „Vater, in deine Hände lege ich meinen Geist.“ [Lk 23,46]

Das Bild des Gekreuzigten hat sich später grundlegend gewandelt. Das geht aus den ganz unterschiedlichen Farbfassungen hervor, mit denen gerade die Gotik den im Todeskampf unterlegenen Menschen schuf. Die veränderte Farbgebung hier am Beispiel des umgearbeiteten Schaftlacher Kreuzes, das niemals den Sieg Christi dargestellt hat:

> „Die Gotik erlebte den Gekreuzigten als den zu Tode gemarterten Menschen am Kreuz – Cruzi fixus – und verwirklichte ihr gewandeltes Gottesbild. Es ist beeindruckend, dies am Schaftlacher Kreuz ablesen zu können; diese Epoche hat »ihren Christus« einfach über den Christus der Vorzeit gemalt: Leid und Tod wurden anstelle des Sieges dargestellt, die Augen geschlossen, gebrochen; Blutspuren über Gesicht und Hals von einer Dornenkrone, die blutende Wunde über der Brust, Blutspuren an den Knien, das ursprünglich kostbare farbige Lendentuch weiß übermalt, anstelle des farbigen Kreuzbalkens ein grobes dunkles Bretterkreuz“ [Weber].

Das Gero-Kreuz mit seinem Gestorbenen kann dicht vor Beginn der Gotik und ihren Gemarterten stehen, während das Schaftlacher Kreuz noch einen melancholischen Lebenden zeigt, der in einer Art Schwebezustand verharrt. Angesichts der ganz unterschiedlichen Darstellungsformen muss es verwunden, dass beide Kreuze praktisch aus demselben Jahrzehnt stammen sollen, wie schon einmal bemerkt:

> „also etwa gleichzeitig mit dem berühmten Gerokreuz im Kölner Dom (vor 976) und dem Kruzifix in der Aschaffenburger Stiftskirche (um 978)“ [schaftlach].

Aschaffenburger Kreuz

Ein weiteres Kreuz wurde von den Naturwissenschaftlern untersucht: Aschaffenburgs Kreuz in der dortigen Stiftskirche. Es ist mit 1,95 m überlebensgroß. Im Jahr 1963 wurde es sowohl „um 1200“ [Ritz, 21, 113] wie „um 1100“ eingestuft [Schindler, I: 175]. Es ist bei 1070 gesehen worden, aber auch bei 1200, weil es den Übergang vom „rex triumphans“ zum „homo patiens“, zum leidenden Menschen verkörpere [Syndicus, 63]. Denn dank der Originalfassung sind die Blutspuren übers Gesicht – als geschnitzte Gerinsel – und unter der Seitenwunde deutlich erkennbar. Doch damals wurde auch und gerade das Gero-Kreuz am Ende des 12. Jh. gesehen. Jedoch:

> „Eine dendrochronologische Untersuchung am Eichenholz des Kreuzes wie auch eine C-14-Untersuchung des Pappelholzes des Corpus ergab, dass das Kreuz in den letzten beiden Jahrzehnten des 10. Jahrhunderts entstanden ist. Es ist damit nur geringfügig jünger als das Gerokreuz des Kölner Doms“ [wiki: Triumphkreuz (Aschaffenburg)].

Das Erzbistum München präzisiert sogar auf 978, vielleicht um eine agonale Reihenfolge zu schaffen:

960 Gerresheimer Kreuz
970 Gero-Kreuz
970 Schaftlacher Kreuz
978 Aschaffenburger Kreuz [schaftlach].

Seit seiner Umdatierung gilt Aschaffenburgs Kreuz als wahrscheinliche Stiftung durch Erzbischof Willigis von Mainz [Klein, 53]. Doch das sind Aussagen, die einfach aus der neuen Datierung, keineswegs aus nachgewiesenen Verbindungen abgeleitet sind.

Mirakelkreuz von Elspe

„Ursprünglich wurde es auf das 12. Jahrhundert datiert“ [wiki: Mirakelkreuz Elspe]. Damals, in der Weimarer Republik, war es in zeitlicher Nähe zum Gero-Kreuz angesetzt, wurde sogar demselben Künstler zugeschrieben. Nachdem das Kölner Kreuz schon lange ins 10. Jh. verbracht worden war, folgte das Mirakelkreuz 1975 nach. Verschiedene Abgleiche anlässlich der Ausstellung „*Monumenta Annonis*“ führten zu dem Ergebnis, zwar seien die Kreuzbalken erst im 12. Jh., genauer um 1175 angefertigt worden [wiki: Mirakelkreuz Elspe], doch das Korpusholz sei laut Dendrochronologen um 989 geschlagen worden [wikibooks: Das Mirakel des Heiligen Kreuzes zu Elspe]. Damit sind Elspe und Gero wieder eng vereint.

Ringelheimer Kreuz

Dieses Kreuz ist 1993 umfassend restauriert worden; eine naturwissenschaftliche Datierung scheint nicht durchgeführt worden zu sein, weil man ohnehin ‚wusste‘, dass es sich um eine Schenkung durch Bischof Bernward von Hildesheim nahe dem Jahr 1000 handele [Klein, 53]. Es wird im eigenen Bernward-Abschnitt behandelt, ab S. 211.

Udenheimer Kreuz

Das Udenheimer Kruzifix wurde erst 1962 für den Mainzer Dom angekauft; ursprünglich hing es in St. Emmeram, Mainz. 1964 gab es eine fragliche Datierung: „Um 1160?“ und eine ältere durch Hamann-MacLean: „um 1100“ [Syndicus, 139]. Ein schwerer Körper, der gründlich verändert worden ist, wie vier Brustwarzen und zwei Seitenwunden bezeugen. Der Körper zeigt keine Ausschwingung, die Beine sind gestreckt; die Arme sind leicht gebeugt, müssen aber den Körper nicht tragen. Die Augen sind geöffnet; das Haar läuft über der Stirn quer über den Kopf, danach dann straff nach hinten gelegt, woraus zwei schwere Haarstränge über die Schulter fallen. Insofern sieht der Verfasser wenige Gemeinsamkeiten mit dem Gero-Kreuz. Trotzdem wird es mit ihm verglichen – „auch sonst steckt in der Akt- und Schurzbehandlung noch manche ottonische Reminiszenz“ [Syndicus, 139]. Es gilt auch hier:

> „Daß die Ottonische Epoche gleich an ihrem Beginn ein Werk der Großplastik wie das Gerokreuz hervorgebracht hat, ist erstaunlich. Aus den drei folgenden Jahrzehnten ist uns Gleichartiges nicht bekannt“ [Hinz, 164].

Das Udenheimer Kreuz kann die Lücke nicht füllen, taumelt seine Datierung doch besonders stark durch die Jahrhunderte:

> „Die genaue Entstehungszeit dieses Kreuzes ist umstritten, teilweise wird es bis ins 9. Jahrhundert zurückdatiert, meist wird eine Zeit zwischen 1070 und 1140 angenommen” [mainz2].

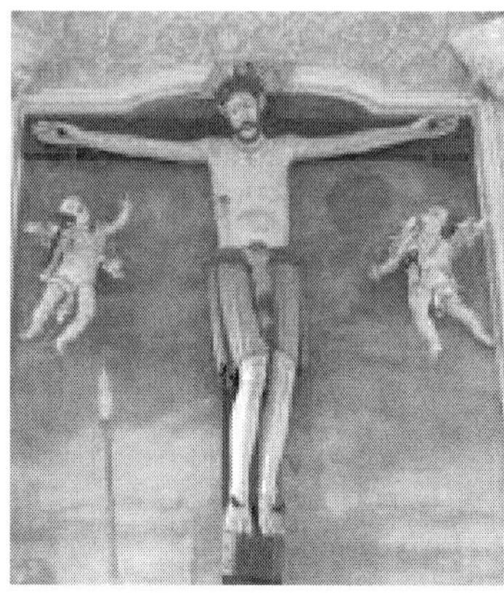

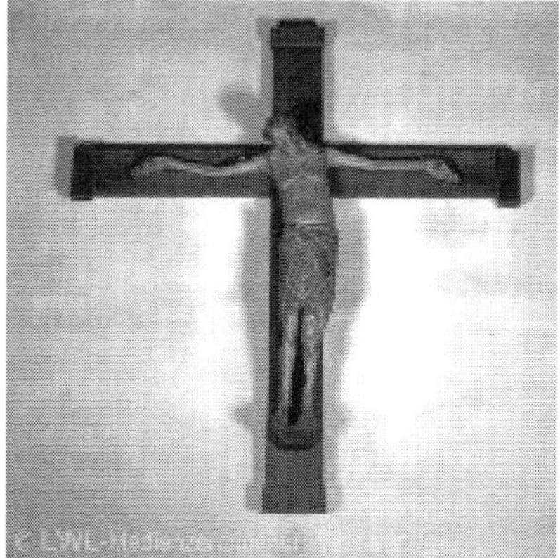

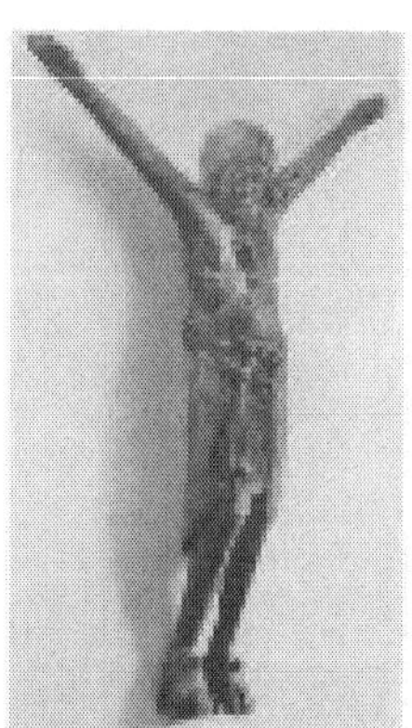

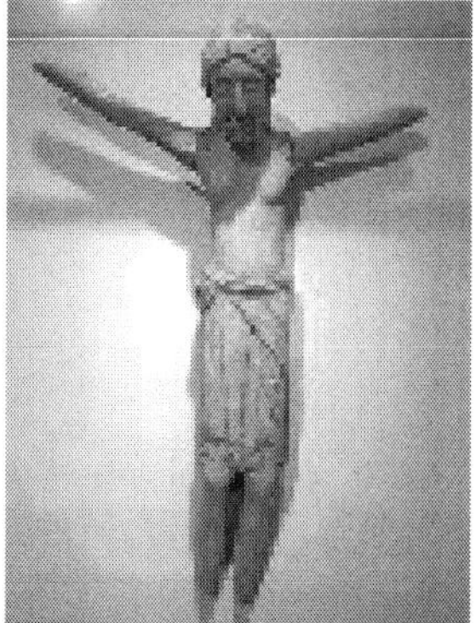

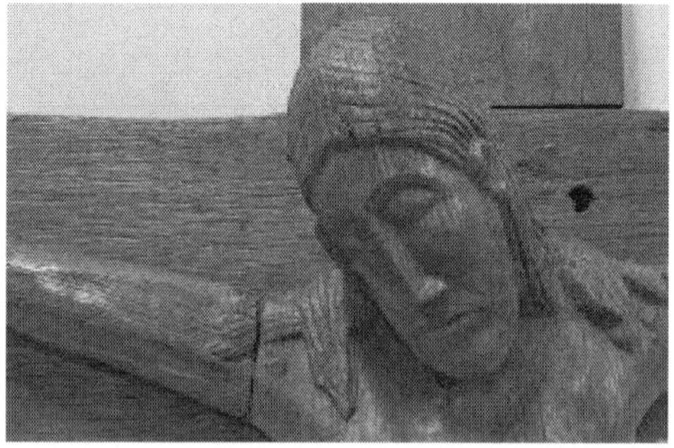

Schlehdorfer Kreuz [sz], früher 970, derzeit 1100
Kruzifix von Metelen, 1150 bis 1200 [lwl]
Birkenbringhausener Kruzifixus, 1070–1100 [Kippenberger]
Kruzifix von Dietkirchen [wikiwand: Dietkirchen], spätes 11. Jh., jetzt 12. Jh.
Haupt des Kreuzes von Büsdorf, 1075–1100 [miteinander]

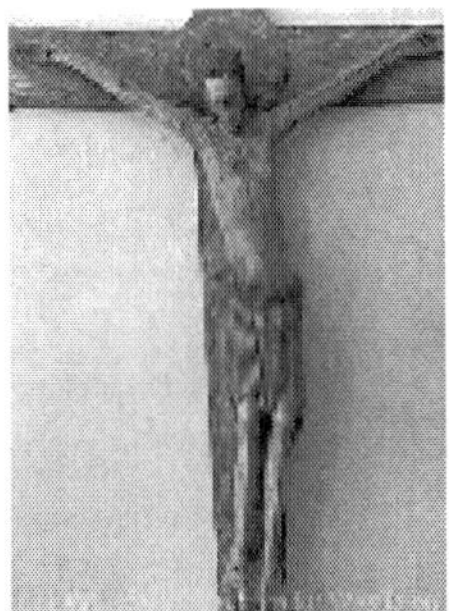

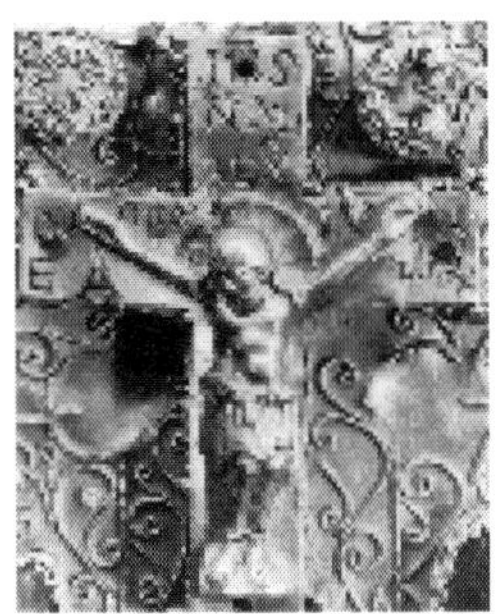

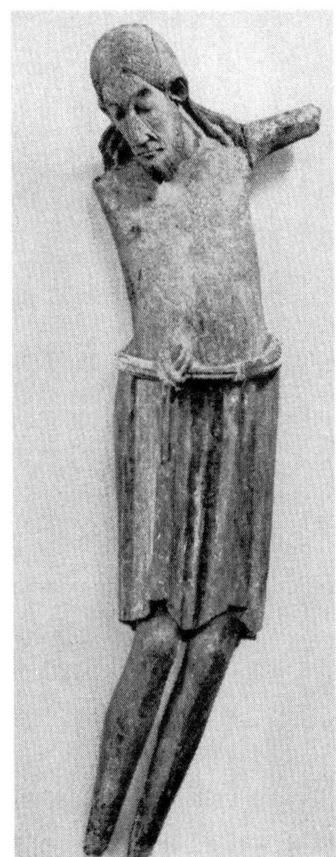

Kruzifix aus Benninghausen [lwl], 11. Jh., jetzt ca. 1170
Kleinkreuz auf dem Osnabrücker Kapitelkreuz [Wehking], 11. Jh., jetzt 12. Jh.
Köln, St. Georgs-Kirche [Syndicus, 42]: Christus trauernd, nicht leidend, Körperspannung wie Gero-Kreuz, Haarflechten, bislang 1067 (1120), jetzt 1120

Die früheste Datierung stammt einmal mehr von Christian Beutler; sie kann getrost übergangen werden, weil sie sich ‚einfach so' auf den hl. Benedikt bezog. Weiter gab es „die umstrittenen C14-Untersuchungen zum Udenheimer Kruzifix im Mainzer Dom" [Reiche]. Seitdem wird das Kreuz zwischen 1070 und 1140 gesehen, ein für dendrochronologische Bewertung zu breites Zeitintervall.

Dieser Gekreuzigte zeigt bei einer Höhe von 170 cm einen mächtigen Körperbau mit einem trapezförmig sich weitenden Oberkörper, dazu einen schweren Schurz mit ungewöhnlich breitem Cingulum. Da die Oberarmmuskulatur an das Gero-Kreuz erinnert [Syndicus, 139], gehört dieser Kruzifixus nunmehr in den Entwicklungsgang von den ganz einfachen Kruzifixen hin zum Gero-Kreuz.

Auf diesem Weg ist auch der Ringelheimer Kruzifix anzusetzen, der mit seiner stark ausgeprägten Körperlichkeit dahin gehört. Er steht aber noch aufrecht auf dem Suppedaneum, hängt nicht wie der Heiland des Gero-Kreuzes tot am Kreuz.

Schlehdorfer Kreuz

Beim Schlehdorfer Kreuz (Kochelsee) hat Dendro ausnahmsweise zu einer Verjüngung geführt. Aus stilistischen Gründen sah man dieses Kreuz Ende des letzten Jahrtausends bei 970 und damit ebenso alt wie das Gero-Kreuz. Doch seit 2017 sehen die Dendrochronologen die jüngsten Jahresringe des hölzernen Korpus zwischen 980 und 1040 gewachsen. Da sie in diesem Fall von einer 50-jährigen Lagerzeit vor dem Schnitzen ausgehen, datieren sie es um 1100 [Näher]. Hieraus wird die Beliebigkeit von Dendro-Datierungen sinnfällig, die seit 1997 durch die ausführliche Studie von Christian Blöss und Hans-Ulrich Niemitz bekannt ist.

Kruzifix von Metelen

Zusätzlich lässt sich das Kruzifix von Metelen anführen, das in der ehemaligen Stiftskirche St. Cornelius und Cyprian von Metelen (linksrheinisch, Kreis Steinfurt) hängt. Es zeichnet sich durch eine ‚Dornenkrone' aus, die aus einem – aus Holz geschnitzten – gewundenen Strick besteht. Hier ist die Körperbiegung analog zum Gero-Kreuz evident, ebenso die fleischige Brust oder die an die Hände angelegten Daumen. Doch es wird der zweiten Hälfte des 12. Jh. zugerechnet [lwl], also ein volles Jahrhundert nach den übrigen Kreuzen dieser Gruppe datiert. Andere Berichte lassen jedoch auch das 11. Jh. zu: Als das Kreuz 2010 zur Restaurierung kam, sprach die Presse von einem Alter von 800 Jahren, also vom Anfang des 13. Jh. [metelen1]. 2015 wurde das Kreuz in der

Kirche zum ersten Mal nachgereinigt; jetzt entpuppte sich „der über 900 Jahre alte Holzkorpus" [metelen2], das wäre eine Entstehungszeit um 1100. Eine definitive Altersangabe scheint noch nicht vorzuliegen.

Das älteste Großkreuz

Bisherige Favoriten für „la più antica", also für die älteste Monumentalskulptur des gesamten westlichen Mittelalters sind durch Naturwissenschaftler zum Teil von ihrem Podest gestürzt, andere Kreuze dagegen wissenschaftlich veraltet worden.

Kunsthistorische Datierung		Dendro-Daten
960	Gerresheimer Kreuz	950–1000
970	Schlehdorfer Kreuz	1100
976	Gero-Kreuz, Köln	965
1100	Udenheimer Kreuz	1070–1140
1100	Aschaffenburger Kreuz	978
12. Jh.	Mirakelkreuz von Elspe	989
12. Jh.	Volto Santo di Sansepolcro	679– 845
12. Jh.	Schaftlacher Kreuz	970
1200	Enghausener Kreuz	890
1200	Metelen, Kruzifix	1100

Die Neudatierungen gehen in Richtung: „Die letzten werden die ersten sein" und stellen somit den Kunsthistorikern ein vernichtendes Urteil aus – sofern sie wirklich besser sind:

Naturwissenschaftliche Datierung		Bisherige Datierung
762	Volto Santo di Sansepolcro	12. Jh.
890	Enghausener Kreuz	1200
970	Gero-Kreuz, Köln	970
970	Schaftlacher Kreuz	12. Jh.
975	Gerresheimer Kreuz	960
978	Aschaffenburger Kreuz	1100
989	Mirakelkreuz von Elspe	12. Jh.
1100	Schlehdorfer Kreuz	970
1100	Metelen, Kruzifix	1200
1105	Udenheimer Kreuz	1100.

Dem Gero-Kreuz stilistisch verwandte Kruzifixe

Auf solch eher morschen Befunden gründen also Bewertungen wie „der früheste erhaltene monumentale Kruzifixus" [Haussherr, 5] oder diese von Bruno Klein:

> „Zwar ist nicht auszuschließen, daß es damals nicht auch schon andere, dem Gerokreuz ähnliche hölzerne Figuren gegeben hat, die heute verloren sind. Mit Sicherheit aber ist das Kölner Gerokreuz die älteste erhaltene lebensgroße und farbig gefaßte Holzskulptur" [Klein 2002, 57, Fn 4].

Steht nun das so gerühmte Gero-Kreuz für sich allein oder gibt es verwandte Kruzifixe? Dazu haben sich präzise Beobachter geäußert, die wie Joachim Salzwedel in einem einzigen Satz mehr Querverbindungen ansprechen können, als andere jemals sehen:

> „Für den Pantaleonstyp, genauer: für den Gerokreuz-Schädel sind außer konvexem Profil charakteristisch die sehr flach, gleichwohl prall zurückgespannte und überbreite Stirnschalenwölbung mit weit unterböschten Brauenbögen, unter die gebettet stark plastizierte Augenmandeln liegen, eine leicht unterkehlte, ganz schwach im Bogen gezogene Nase von dreikantigem bzw. prismatischem Querschnitt, die also das Gesichtsprofil nicht durchstößt, sondern dessen Kontur nachgeführt bleibt; nicht nur unter dem Gewicht der Haarkappe, sondern auch freiliegend tropfen- bzw. birnenförmig an den Schädel nach oben sich verschmiegende Ohren (das meint meist senkrecht ausgestellte Ohrmuscheln, die das Haargewicht herausgedrückt hat), das Höherziehen einer Augenbraue; der stämmig, konusförmige, sehr widerständig knapp gebogene Hals, gegen den sich das Haupt einlegt: all dieses weist – ungeachtet der Beschädigung identifizierbar – das kleine Ringelheimer Bildwerk in besonderem Maße auf, aber auch noch beispielsweise das Haupt vom Tür-Kruzifix oder vom Gravierten des Großen Bernwardkreuzes, am reinsten zuvor versammelt vielleicht im reichenauischen Poussay-Evangelistar am Kopf des Widmungsbild-Christus" [Salzwedel in Gosebruch/Steigerwald, 186 f.].

Birkenbringhausener Kruzifix und andere

Alle diese Attribute wären im Jahr 970 ganz neu, wie das Kruzifix als solches. Ein direktes Gegenstück beherbergte lange das nordhessische Birkenbringhausen; jetzt hängt es im „Marburger Universitätsmuseum" und zeigt ebenfalls den vorgewölbten Bauch, die gleichen vorgedrückten Knie, eine etwas schwächere Körperspannung und einen ähnlichen 'Haar-Helm' samt Strähnen auf den Schultern [vgl. Syndicus, 91] – doch es wird rund ein Jahrhundert später, zwischen 1066 und 1100 gesehen!

Haussherr [23 f.] datiert es präzise bei **1070**. Obendrein kennt er eine Reihe weiterer Repliken des Gero-Kreuzes in *Brempt, Dietkirchen,*

Büsdorf, Benninghausen und *St. Georg* zu *Köln* [Haussherr, 25-30]. Merkwürdigerweise wird keinem von ihnen ein auch nur ähnliches Alter wie dem Gero-Kreuz zugewiesen.

Das Kreuz von Brempt/Niederkrüchten

Das eichene Kreuz von Brempt/Niederkrüchten am Niederrhein zeigt nach der Restaurierung von 1959 wieder die ursprüngliche Fassung, hängt in einer St. Georgs-Kapelle und animiert örtliche Kommentatoren über Gebühr:

> „*Karolinger Kreuz*
> Die bedeutendste und kostbarste Skulptur in der Kapelle ist das romanische Kruzifix mit einem Korpus aus dem frühen 11. Jahrhundert, vermutlich von 1060" [brempt; dortige Hvhg.].
> „Die bedeutendste Figur in der Kapelle ist das romanische Kruzifix mit einem Korpus aus dem 9. Jahrhundert, vermutlich von 1060" [niederkrüchten].

Wenn wir die Karolinger des 11. Jh. und das abwegige 9. Jh. beiseitelassen, bleibt die Datierung bei 1060 und damit fast ein Jahrhundert vom Gero-Kreuz entfernt.

Das Kreuz von Dietkirchen

Das Kreuz von Dietkirchen (Bonn) ähnelt dem Gero-Kreuz nur bedingt, fehlt ihm doch die Körperspannung bis auf eine minimale Abwinkelung der Unterschenkel. Es wird gegenwärtig zum Ende des 11. Jh. gesehen. Auf S. 137 ist noch einmal darauf zurückzukommen.

Das Kreuz von Büsdorf

In der katholischen Pfarrkirche St. Laurentius von Büsdorf (Rhein-Erft-Kreis) hängt ein Kruzifix aus dem dritten Viertel des 11. Jh. oder präziser von 1080 als Nachfolgewerk des Gero-Kreuzes [Pawlik], dem die ursprüngliche Fassung abgelaugt worden ist. Auch ihm fehlt die deutlich erkennbare Körperspannung.

Das Kruzifix von Benninghausen

In der gotischen St. Martin-Kirche von Benninghausen (Lippstadt) mit ihrem spätgotischen Sakramentshaus hängt ein Kruzifix aus der Zeit um 1030 oder 1070 oder erst 1170. Es fällt gewissermaßen aus der Reihe, weil es einen sehr sehnigen Körper zeigt, kann aber seine Verwandtschaft zum Gero-Kreuz nicht leugnen. Beenken, der das Gero-Kreuz bei 1180 bis 1200 sah, datiert es wegen dieser Nähe ebenfalls sehr spät:

> „Kruzifix / Benninghausen bei Lippstadt / um 1170.
> Das 1,75 m hohe Corpus aus Holz ist ebenso wie das des etwas jüngeren Kölner Gerokreuzes [...] anscheinend Weiterbildung des Kruzifixes aus St. Jakob in Köln [= Kreuz aus St. Georg; HI] (frühes 12. Jahrhundert)" [Beenken 1924, 212].

Ein alter Reclam-Kunstführer, sonst mit möglichst knappem Text, wird bei diesem Kruzifix ungewohnt beredsam, fast hymnisch und bescheinigt ihm „abendländischen Rang in der Geschichte der Plastik":

> „Er ist ein Werk der 1. Hälfte des 11. Jh. und gehört in die kleine Gruppe bedeutender Kruzifixe seiner Zeit. Der 167 cm hohe Corpus ist aus Eichenholz gearbeitet. Haar und Bart erhielten schwarze Farbe, der große Lendenschurz eine Bemalung in Purpur und Gold. Dargestellt ist der leidende Christus. Er wird jedoch nicht durch Leidensmerkmale und Dornenkrone betont. Der unbekannte Meister beschränkt sich darauf, in dem dramatisch-rhythmischen Zueinander der Glieder und dem deutlichen Hängen am Balken das göttliche Leiden zu vergegenwärtigen. Erinnerungen an das Gerokreuz und das ihm verwandte Kreuz von Gerresheim sind noch zu spüren; wir sehen aber, wie die antike Körperfreude der kölnischen Kreuze hier einer knappen Gliederbildung und einem präzisen Umriß weichen. Körper und Lendentuch werden fast skeletthaft formuliert. Im Kopf wirkt dagegen noch der östl.-byzantinische Typ. Er macht das kleine Haupt Christi zu einer zerbrechlichen erschütternden Schale des Schmerzes. Liniensprache, visionäre Ausdruckskraft und die Erinnerung an das schöne Menschenbild der Antike begegnen sich und schaffen ein unvergängliches Meisterwerk der frühmittelalterl. Kunst" [Reclam 1959, 55].

Der Torso von St. Georg, Köln

Ein volles Jahrhundert nach dem Gero-Kreuz wird auch der Kruzifixus von St. Georg in Köln (im „Museum Schnütgen") angesetzt; um 1067. Der Torso zeigt dieselbe Bogenspannung, einen ähnlichen Lendenschurz und die Haarsträhnen, dazu eine ähnliche Haartracht, lediglich gescheitelt. Der Naturalismus der Körperformen ist noch nicht so weit getrieben wie beim Gero-Kreuz. Die Datierungen verteilen sich über die Zeit bis 1200. Das wird uns S. 137 f. beschäftigen.

Braunschweiger Kapitelkreuz

Außer der Reihe läuft ein Kapitelkreuz aus dem „Domschatz- und Diözesanmuseum" von ***Osnabrück***. Es wird dem 11. Jh. zugeordnet, weil auf ihm ein winziges Kruzifix mit gegossenem Korpus angebracht ist, das dem sog. Gero-Kreuz stark ähnelt:

> „Am oberen Balkenende ist ein kleines goldenes Kruzifix befestigt. Es stammt vermutlich ebenfalls aus dem 11. Jahrhundert und steht dem Kölner Gerokreuz des späten 10. Jahrhunderts nahe, das als Vorbild für zahlreiche Kruzifixe der Folgezeit diente“ [Wehking].

Auch dieses Kleinod wollte man nicht zum Gero-Kreuz ins 10. Jh. bringen; jetzt rückt es mit seinem Kapitelkreuz ins späte 12. Jh.

Angebliche Nachfolger des Gero-Kreuzes · Eine Übersicht

970	Köln, Gero-Kreuz
1060	Brempt
1070	Birkenbringhausen
1075–1100	Büsdorf
1080	Dietkirchen
1120/30	Köln, St. Georg
1170	Benninghausen (oder 1070)
1180	Braunschweig.

Für das Gero-Kreuz gilt in Hinblick auf seine Nachfolge-Kreuze: Allzu lange ist von einer Nachfolge nichts zu bemerken.

> „Ein direkter stilistischer Einfluß, den das Gerokreuz auf die Plastik der Folgezeit – von 975 bis etwa um 1040 – ausgeübt haben könnte, läßt sich nicht nachweisen. Wohl aber setzt um die Mitte des 11. Jahrhunderts – anscheinend unvermittelt – eine lebhafte Beeinflussung auf die Kruzifixdarstellungen des Rheinlandes ein“ [Haedeke lt. Binding 2011, 95].

Eine „lebhafte Beeinflussung“ nach erst 80 Jahren, aber nun anscheinend unvermittelt nach fast drei Bildhauergenerationen, das stimmt sehr skeptisch. Viel näher liegt der Schluss: Das Gero-Kreuz gehört wegen seiner Qualitäten ans Ende dieser Gruppe seiner angeblichen Nachfolger, also in eine Zeit nach 1175.

Wie sah das älteste Großkruzifix aus?

Die bisherigen Untersuchungen widersprechen sich gegenseitig. Insofern muss ein neuer Blickwinkel, ein neuer Ansatz gewählt werden. Wir orientieren uns dafür am Praktischen. Wer ein großes Kreuz errichten will, muss lediglich auf einem Brett im rechten Winkel ein weiteres Brett mittig montieren. Wenn er nun als Künstler einen Korpus hinzufügen will, dürfte er ein weiteres, allerdings dickeres Brett benutzen und aus ihm den Korpus formen. Das wird dem Handwerker bald nicht mehr genügen, so dass er immer dickere Bretter, also Balken wählen wird, um daraus vollrunde Körper mit immer stärkerer Ausdruckskraft zu formen. Die Arme werden separat gearbeitet, um nicht mit einem vergleichsweise riesigen Holzstück beginnen zu müssen, das es in der Natur nur selten gibt.

Der Kruzifixus von Urach

Bei der Suche nach einem ersten Referenzstück müssen wir noch einmal einige der bereits angesprochenen Kruzifixe ins Auge fassen, eine leider zwangsläufige Wiederholung. Doch zunächst begegnet uns das Kruzifix von Urach, das im „Germanischen Nationalmuseum" (GNM) zu Nürnberg verwahrt wird. Es ist mit 1,41 m Körperlänge noch deutlich unterlebensgroß; seine Armspannweite ist mit 1,44 m realistisch gewählt. Auffällig ist die brettflache Tiefe von nur 9,5 bis 16,5 cm für den Korpus, verglichen mit den 33 cm beim Gero-Kreuz. Der Oberkörper ist blockhaft-eckig gezeigt, mit Andeutung einiger Rippen und des Rippenbogens, aber ohne Betonung irgendeines Volumens; die Seitenwunde fehlt. Die Augen sind geschlossen, wobei die Grenze zwischen Ober- und Unterlid in der Mitte des Augapfels verläuft – eine Darstellungsart, die schon bei mykenischen Goldmasken gewählt worden ist. Die Frisur besteht aus Rasta-Locken, die in wohl sieben Haarsträhnen über die Schultern nach vorn fallen. Der Lendenschurz ist senkrecht gefältelt, mit vier Knotungen des Cingulums, von denen vier Falten parallel auf der Vorderseite herabfallen.

Dieses Kreuz wird von den Museumsmitarbeiterinnen Anna Pawlik und Elisabeth Taube [2012, 97] bei „1080/90" gesehen, inzwischen vom Museum selbst noch präziser bei „um 1090" [objektkatalog2]. Diese Datierung ist gewonnen worden aus engen stilistischen Bezügen zum schwäbischen wie zum rheinisch-Kölner Raum. Davor wird die Belegdichte einigermaßen dünn, gibt es doch aus der Zeit von 1020 bis 1100 nur 21 große Kruzifixe [Pawlik/Taube, 97]. Mit dieser Intervalleingrenzung wird die umstrittene Zeit davor – mit dendro-datierten Kreuzen und dem Gero-Kreuz – wohl bewusst ausgespart. Gleichwohl werden diese hier zur Beurteilung herangezogen.

> „Gegenüber der deutschen Kunst um die Jahrtausendwende, die sich noch mit dem überlieferten Formengut der Spätantike auseinanderzusetzen hatte, bemühte sich die Zeit des Meisters von diesem aus Urach/Württemberg stammenden Kruzifix um eine Formverfestigung, die, zunächst primitiv erscheinend, zu einer eigenständigen

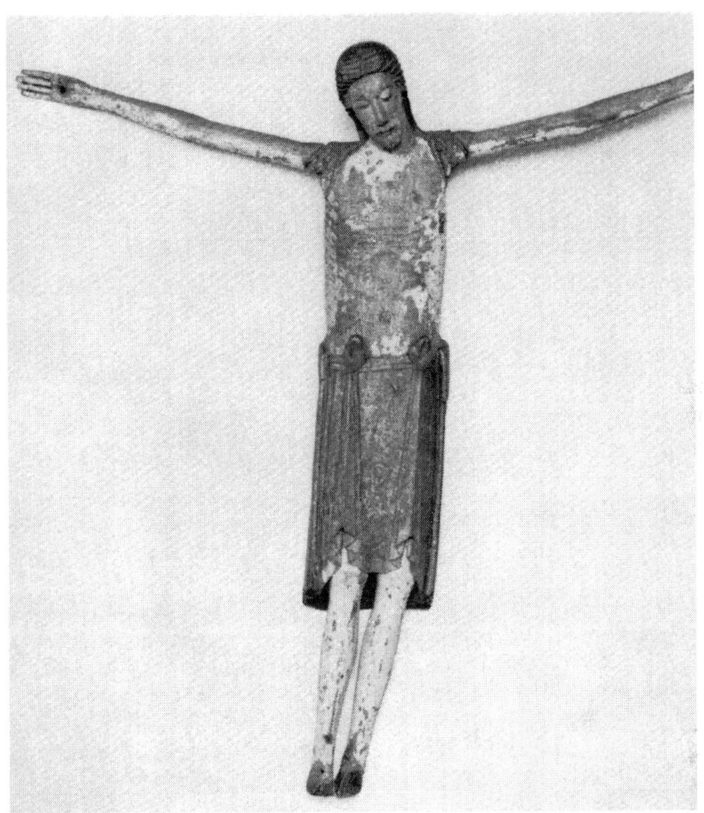

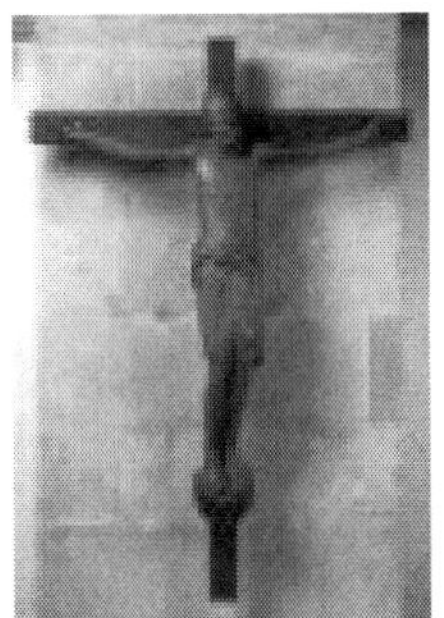

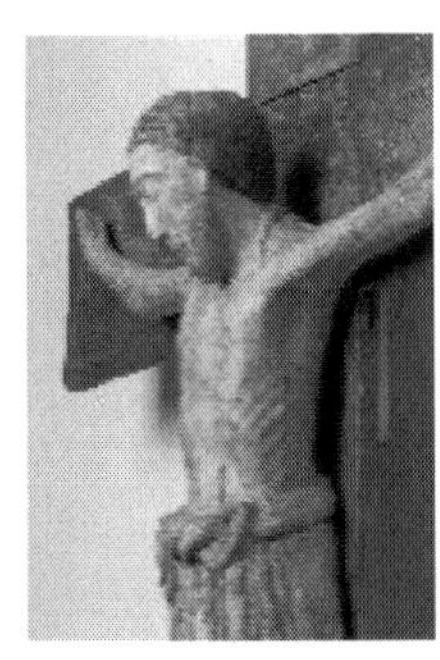

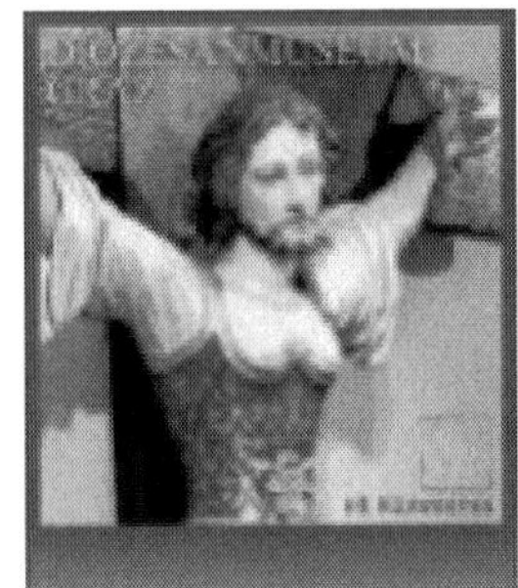

Sog. Uracher Kreuz, um 1090 [Syndicus, Nr. 28]
Kruzifix aus Sammlung Neuerburg, „Museum Schnütgen“ [schnütgen], Anfang 11. Jh., jetzt bis 1130
Kruzifix, Liebieghaus [Liebieghaus], um 1050, jetzt 1100
Hl. Kümmernis aus dem „Diözesanmuseum Graz“ im weißroten Dirndl, österreichisches Postwertzeichen von 2015 [post.at]

mittelalterlichen Kunstentwicklung führte. Der Oberkörper der Figur ist fast bretthaft reduziert und hat parallel geführte Umrisse. Die Modellierung zeigt überall das Bestreben, auf Grundformen zurückgehen: Die Arme sind röhrenförmig, die Knie kugelig gebildet, der Schienbeingrat ist als gerade, scharfe Kante gegeben“ [objektkatalog2].

Vom Nationalmuseum werden die Datierungen der vermeintlich älteren Kreuze ernst genommen, was scheinbar jüngere Arbeiten wie die von Urach als eine Re-Primitivisierung erscheinen lässt, für die ab 1050 zunehmend auf geometrische Grundformen abstrahiert worden wäre [Pawlik/Taube, 97]. So wird der scheinbar zurückgelegte Weg von dem anatomisch bestens ausgeführten Gero-Kreuz ‚zurück‘ zu schlichten Darstellungen motiviert. Gleichzeitig sollte aber aus Sicht der Prüfenden auch der gestalterische Weg in die Zukunft nicht verbaut werden. Denn die

> „erkennbare Erstarrung der Körperformen und die einsetzende Abstraktion des Nürnberger Kruzifixes nehmen bereits Gestaltungselemente des 12. Jahrhunderts vorweg“ [Pawlik/Taube, 103].

Tatsächlich hat der Schnitzer noch große Probleme, einen Körper zu gestalten, will er doch nur gerade ‚Bauteile‘ mittels ‚Kugeln‘ verbinden. Das wird sich aber in den nächsten Jahrzehnten bessern.

Die Datierung des Urach-Kreuzes kam in 130-jähriger Forschungsarbeit zustande:

11. Jh.	(Katalog des GNM)	1890 [Beenken, 120]
„um 1200“	(Katalog des GNM)	1910 [ebd.]
ca. 1110	Beenken [120]	1924
1.Hälfte 12. Jh.	Syndicus [71]	1964
„1080/90“	Pawlik/Taube [97]	2012
„um 1090“	GNM-Internetseite	2019,

wobei Beenken [120] für den Gekreuzigten formulierte: „der dem 11. Jahrhundert noch nahesteht“ und „1. Hälfte 12. Jahrhundert“. Wichtig erscheint sein Vergleich mit dem Freudenstädter Lesepult, für ihn eines „der ältesten Holzbildwerke Süddeutschlands“. Es wird auf derzeit 1150 datiert; seine Evangelistenfiguren sind zwar brettflach gestaltet, aber das Ensemble ist aus einem einzigen Block geschnitzt, was beweist, dass Volumen kein Problem mehr darstellt.

> „Vorangegangen dürfte nur weniges sein, etwa […] der aus Urach stammende Gekreuzigte des Germanischen Museums“ [Beenken, 120].

Die aktuelle Urach-Datierung durch das GNM wird vom Verfasser vollauf akzeptiert, weil sowohl die zeitlich benachbarten wie die nachfolgenden Kruzifixe beachtet worden sind. Aber wie steht es mit den Datierungen davor, also vor der ersten Jahrtausendwende? Als ganz entscheidend ist hier anzumerken, dass die Jahreszahl 1080/90 auch den Beginn der Bildhauerkunst in Stein bezeichnet. Damals hat sich die Christenheit nicht nur mit der menschlichen Darstellung, sondern auch stark mit dem hl. Kreuz und der Kreuzsymbolik beschäftigt. Ab 1071, ab der verlorenen Schlacht bei Manzikert suchte Byzanz nach westlicher Hilfe gegen die Türken. 1095 rief Papst Urban II. zum Ersten Kreuzzug auf, 1099 wurde Jerusalem von den unchristlich agierenden, bewaffneten Wallfahrern eingenommen. Dabei konnten sie einen Teil des Heiligen Kreuzes ausfindig machen, der vor den Moslems versteckt worden war. Das kann die Künstler zusätzlich beeinflusst haben: das Heilige Kreuz wieder in Händen der Christen.

Das Kreuz von Dietkirchen und andere

Das „LVR LandesMuseum Bonn" besitzt einen Kruzifixus aus dem alten Kloster St. Peter, genannt Dietkirchen. Er ist nur 102 cm hoch. An diesem schlecht erhaltenen Kunstwerk fällt wiederum die flache Körpergestaltung auf. Das Lendentuch kommt ohne Cingulum aus, ist teils vertikal gefältelt, teil schräg plissiert. Es wurde früher bei 1150 gesehen [Syndicus 1964, 95], heute stuft ihn das Museum bei „spätes 11. Jahrhundert" ein [wiki: Dietkirchen]. Damit ist es gut getroffen.

Der Torso von St. Georg, Köln

Wie könnten sich die Großkruzifixe fortsetzen? Das lässt unmittelbar an jenen Torso aus St. Georg in Köln denken, der 1921 entdeckt und seit 1929 vom „Museum Schnütgen" bewahrt wird [Janner]. Anfänglich wurde er der benachbarten Kirche St. Jakob zugerechnet. Er trägt ähnlich wie der Uracher Kruzifixus einen gegürteten Lendenschurz mit vier senkrechten, hart profilierten, ‚hölzernen' Faltungen. Noch ist

> „das bloß Kubische, Ungegliederte der körperlichen Masse gewollt. Parallele Umrisse fassen den Thorax ein, in die keine im Körper erzeugte Schwellung und Spannung der Muskeln eindringen darf. Der Körper ist also von fremder Gewalt durchbogen, auf eine über ihn hinausgreifende Kurve gespannt, nicht aus sich selber in eigener Qual bewegt" [Beenken, 58].

Der Naturalismus der Körperformen tritt bereits stärker hervor. Die Datierung auf 1067 hat Fritz Witte [1932] allein aus der Kirchweih von St. Georg abgeleitet, während Beenken [1924, 58] „1. Viertel 12. Jahrhundert" vorschlug; Johanna Pfeiffer schloss sich 1938 mit 1120/30 an [Syndicus, 43].

> „Wohl das älteste erhaltene lebensgroße Holzkruzifix (1,90 m hoch). Bisher vielfach fälschlich gegen Ende des 12. Jahrhunderts datiert, wogegen von Fr. Witte [...] mit Recht die noch nahe stilistische Verwandtschaft mit ottonischen Goldschmiedearbeiten hervorgehoben wurde“ [Beenken, 58].

Das „Museum Schnütgen“ nennt heute als Datierung „letztes Drittel 11. Jh.“ [schnütgen]. Der Verfasser möchte bis maximal 1120 ausweiten.

Das Kreuz von Bennninghausen

Als Weiterbildung des Kruzifixes von St. Georg lässt sich der von Benninghausen sehen, wie S. 131 f. bereits dargestellt. Mit den Worten von Beenken [212]:

> „Der Körper ist gestreckt, und diese Streckung ist durch Binnenmodellierung: scharf heraustretende Rippen, Sichabsetzen von Leib und Hüfte, Vortreten der Brustmuskel, betont. Die Umrisse des Thorax fallen im Gegensatz zu denen des Gerokreuzes noch gerade, während in der reicheren Modellierung der Beine Knie und Schenkel deutlich sich gegeneinander runden.“

Den Lendenschurz mit scharf profilierten senkrechten Falten, die an der Vorderseite zweimal auftragen und zu den Seiten noch zu erahnen sind, finden wir auch an einem Korpus aus dem Wallis, 140 cm Höhe, den das „Schweizer Landesmuseum“ von Zürich zeigt. Seine Datierung in die erste Hälfte des 12. Jh. [Syndicus, 115] lässt die Abfolge zu.

Das Kruzifix von Untergermaringen

Das gleiche Lendentuch zeigt ein Kruzifixus aus dem schwäbischen Untergermaringen, der im „Bayerischen Nationalmuseum“ hängt und nicht mehr ‚nach 1250‘ datiert wird [Syndicus, 241], sondern seit 1955 auf 1150/70 [germaringen]. Es kann auch noch etwas älter sein.

Das Kruzifix aus der Sammlung Neuerburg, Köln

Ein Kruzifixus aus der Sammlung Neuerburg im Kölner „Museum Schnütgen“ wird bislang bei ca. 1020 gesehen [Hinz, I: Nr. 220]. Er lässt sich zu Beginn der Großkruzifixe erwarten: mit 134 cm nicht lebensgroß, der Heiland aufrecht stehend, die Hände nach oben weisend, weder Rippen noch Körperlichkeit und innere Spannung erkennbar; Muskeln, Sehnen oder auch Fett werden nicht gezeigt [Syndicus, 27]. Dieser Gekreuzigte trägt nicht nur Bartlocken, sondern auch einen schweren Haarzopf, der nach hinten, nicht auf oder über die Schultern fällt. Auch dieses Kreuz ist früher deutlich jünger eingestuft worden: „Galt lange als spätromanisch. [Richard] Hamann-Mac Lean erkannte seine um 200 Jahre frühere Entstehung“ [ebd.]. Das Museum ist dabeigeblieben und datiert heute mit „Anf. 11. Jh.“ [*schnütgen*]. Eine Datierung zwischen 1100 und 1130 wirkt aus Sicht des Verfassers realistisch, denn der nackte Körper wird noch in einfachen Linien gestaltet.

Das Kreuz aus Frankfurts Liebieghaus

Noch kleiner ist das Kruzifix aus dem Frankfurter Liebieghaus. Es misst nur 104 cm und wird heute bei 1050 bzw. vor Ende der Salierzeit, vor 1125, gesehen; bei ihm sind noch Originalkreuz und Farbreste erhalten. (Die Größenangabe auf der museumseigenen Website mit 1,04 x 1,46 m ist falsch; der Korpus misst 1,04 x 0,97 m [liebieghaus; Syndicus, 31].

Seltsamerweise ist die Titulus-Inschrift mit einem sechszeiligen Text überschrieben, dessen letzte Worte „WILGEFORTIS OdER KÖMMERNUS“ noch gut zu entziffern sind [liebieghaus1]. Der Mann Jesus wurde demnach als eine Frau namens Wilgefortis gesehen. Von ihr ging die Sage, sie wäre von der Muttergottes persönlich in einen Mann verwandelt worden, um sie vor einer Zwangsheirat zu schützen. So wurde aus Jesus dem Mann die sog. hl. Kümmernis (Kommernus), von der es aus spätgotisch-barocken Zeiten über tausend Darstellungen gibt, üblicherweise als bärtigen Mann in Frauenkleidung am Kreuz. Da ein Mann im Lendenschurz schwer als Frau vorzustellen war, wurde der Frankfurter Kruzifixus wohl mit einem Tuch oder Gewand verhüllt.

Dagegen sind Darstellungen als triumphierender Christus in langem Gewand seit dem Dreinageltypus ‚ausgestorben‘ [Syndicus, 13].

Von sehr kleinen und sehr großen Kreuzen

Diese letzte Gruppe von Kruzifixen umfasst relativ kleine Kreuze, die zwischen 102 cm und 150 cm messen. Für eine herkömmliche Datierungsmesslatte, die vor diesen Kruzifixen bereits solche mit einem Korpus von über 2 m kennt, ist die Funktion solcher Kreuze rätselhaft, weil sie deutlich zu klein für Triumphkreuze waren, die zwischen Chor und Hauptschiff hingen [Liebieghaus: Christus am Kreuz]. Viel einfacher wäre die Erklärung, dass die Kreuze allmählich größer wurden, bis sie schließlich über 3 m maßen: „Der große Gott von Altenstadt“ (bei Schongau) ist 3,23 m hoch, wurde früher bei 1100–1125, wird heute bei 1200 bis 1225 gesehen [Syndicus, 200-203; wiki: St. Michael (Altenstadt)]; mit gleicher Datierung das Seckauer Kreuz aus der Steiermark mit 2,73 m [Syndicus, 278]. Und schließlich Bernt Notkes Lübecker Triumphkreuz von 1477; bei einer Gesamthöhe von 17 m misst der spätgotische Korpus sogar 3,55 m [Notke].

Zehn Jahre zuvor hat *Niclaus* ***Gerhaert van Leyden*** einen Christus mitsamt Kreuz und wehendem Lendentuch aus einem einzigen Steinblock herausgearbeitet, das Kreuz ohne separaten Sockel 4,57 m, der Korpus 2,30 m hoch, das Kreuz 2,08 m breit, heute Baden-Baden [Roller, 216]. Die Bewältigung der damit verbundenen Probleme übertraf wohl alle Schwierigkeiten, die Holzschnitzer hatten. Es zeigt aber auch, dass Steinmetze und Holzschnitzer damals zeitlich gleichauf gearbeitet haben, was der Verfasser ihnen auch für das späte 11. Jh. zutraut.

Vor 1080 waren die wenigen Kreuze sehr klein, misst doch der Korpus des größten mittelalterlichen Elfenbeinkreuzes nur gut 30 cm – am 52 cm hohen Kreuz, das König Fernando I. und seine Gemahlin Doña Sancha 1063 für die Kirche San Isidoro in León gespendet haben.

Kamm des hl. Heribert, Köln

Eine der kleinsten Kreuzigungsszenen bringt sicherlich der fast wunderliche, auf jeden Fall wunderbare Ritualkamm, den ebenfalls das Kölner „Museum Schnütgen" verwahrt. Mit ihm konnte der Priester nach Überwerfen der Messgewänder sein Haar ordnen. Der Heribert-Kamm ist „der schönste unter den vielen liturgischen Kämmen" [Selb].

Dieses Elfenbein von nur 12 cm Breite und 14 cm Höhe demonstriert mit fünf Personen auf seiner zentralen Fläche von 8 x 5 cm das außergewöhnliche Können – von Karolingern? Wir sehen unterm Kreuz die beiden Schergen, dazu Maria und Johannes, darüber Sonne und Mond sowie zwei Engel, umrankt von Rosetten und Akanthusblättern. Er wird nach dem Kölner Erzbischof Heribert (* um 970, 999–1021) benannt, der zugleich Kanzler des ostfränkisch-deutschen Reichs war, 1147 heiliggesprochen und um 1175 in den edlen Heribert-Schrein zu Köln-Deutz umgebettet wurde. Trotz seiner Benennung wird der Kamm jedoch der Zeit um 870 bis 875, der Zeit Karls des Kahlen (König 843–877) oder auch der zweiten Hälfte des 9. Jh. und dem Metzer Elfenbeinatelier zugeordnet [Selb]. Beda Kleinschmidt [1907, 42] sah seine Erstellung stattdessen in der Mitte des 10. Jh., was sich nicht durchsetzte. Die winzige Darstellung schmückt den Herrn mit einer Rasta-Frisur. Auch dieser Kamm bestätigt die Umdatierung karolingischer Handschriften mit Rasta-Locken in der vorgeschlagenen Weise.

Da der Gekreuzigte aufrechtstehend und bärtig dargestellt ist, lässt er sich durchaus in die tatsächliche Wirkungszeit von Heribert verlegen, in dessen Nachlass er ohnehin gefunden worden ist [vgl. Siepe, 145 f.].

Die romanischen Exemplare stellen nicht den lebenden Christus vor dem Kreuz dar, aber auch nicht den toten Jesus, der so weit zusammengesunken ist, wie es die Nagelungen zulassen, sprich wie beim Gero-

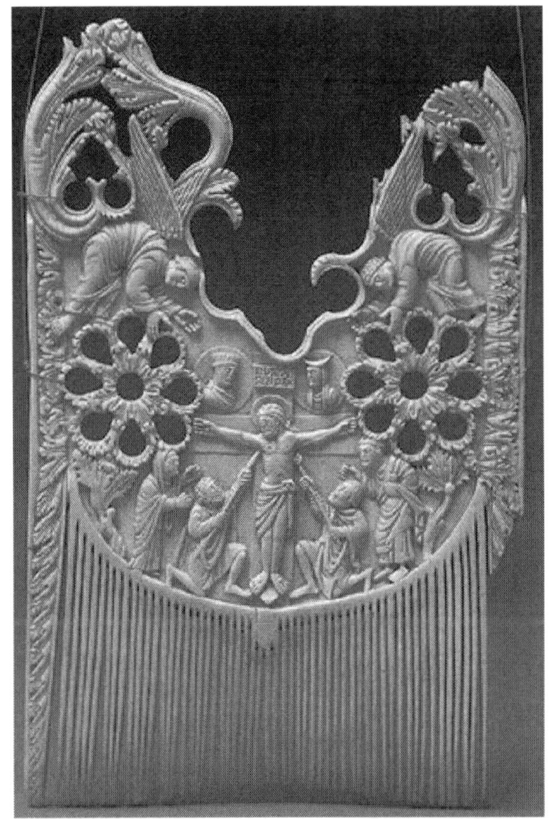

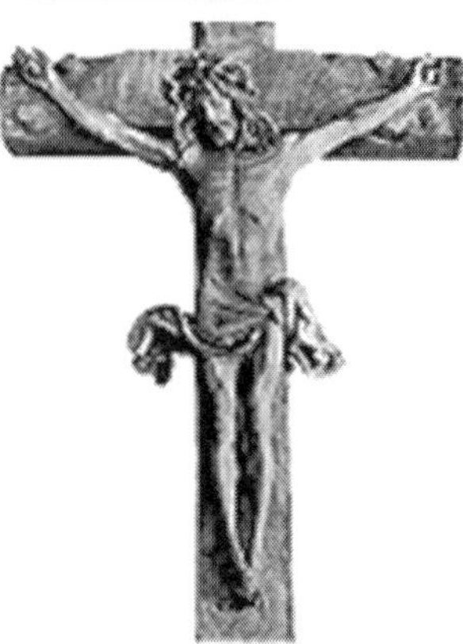

Sog. Heribert-Kamm, Köln [museenkoeln], bisl. 850–900, jetzt 11. Jh.; 0,14 m
Niclaus Gerhaert: Steinkreuz, Baden-Baden, 1467: Korpus 2,30 m hoch [bad]

Kreuz. Vielmehr geht es um verschiedene Stadien der Traurigkeit, den sieben letzten Worten und darunter besonders diesem entsprechend: „Mein Gott, mein Gott, warum hast du mich verlassen?“ Doch da dieser Satz laut Bibel mit fester Stimme ausgesprochen worden ist, geht es vielleicht eher darum:

> „Sein Leben war das stellvertretende Opfer für uns Sünder. Er selbst wurde nicht Sünde, er wurde von Gott als unser Sündopfer bereitgestellt!“ [Schneider].

Das ist im Kern das, was Nichtchristen weder begreifen noch akzeptieren. Von hier aus laufen die Darstellungsformen auseinander, vom göttlich Schwebenden bis zum Getöteten, der am Kreuz zusammengesackt ist. Damit nähen wir uns ein weiteres Mal dem Gero-Kreuz. Im Gegensatz zu den meisten frühromanischen und romanischen Kreuzen ist hier wirklich ein Leichnam dargestellt. Auf diesem Weg wird die Gotik voranschreiten, wenn sie diese Leiche immer grässlicher gefoltert und entstellt den Gläubigen zumutet. Aus diesem Grund bleibt es bei der Datierung, die Beenken [214] dem Gero-Kreuz gab, das er nicht einmal unter diesem Namen kannte: „Kruzifix / Köln / Dom / Um 1180 —1190“.

Seltsamerweise kann dieser Entwicklungsgang von Kunsthistorikern ganz anders gesehen werden, wenn sie die Ausweglosigkeit des Kreuzestodes in den Aufbruch zum Göttlichen umdeuten, etwa beim Vergleich zwischen ottonischer und romanischer Kunst:

> „Ungeachtet der Unterschiede im Formalen haben diese Kruzifixe eins gemeinsam: das Ernstnehmen der Todeswirklichkeit im Bild des Gekreuzigten. Dies ist auch sonst charakteristisch für Kruzifixe der Ottonischen Epoche, wohingegen die Bildwerke der dann folgenden Romanik den Triumph des Gekreuzigten bezeugen und ihn zumeist als den am Kreuz Lebenden, oft auch als den vom Kreuz hoheitsvoll Herrschenden der Gemeinde vor Augen stellen“ [Hinz, 162].

Der Verfasser kann dies den ottonischen Kruzifixen nicht ablesen, denn gerade sie bezeugen noch den Triumph des Gekreuzigten, während in romanischer Zeit die Resignation zunimmt, bis hin zum tatsächlichen Tod, wie ihn das sog. Gero-Kreuz verkörpert. Das konträre Urteil rührt daher, dass der Verfasser auch Elfenbeinarbeiten und Handschriften heranzieht, während Paulus Hinz nur jene Großkreuze geprüft hat, die damals vor 1024, ja vor 1070 angesetzt worden sind.

Das hat Folgen für eine ganze Reihe anderer Kunstwerke, die uns gleich beschäftigen sollen. Doch zuvor noch eine Variante, die ebenfalls lange präferiert worden ist.

Bekleidete Gekreuzigte: zweimal Volto Santo

Parallel zur Darstellung des trauernden, gekreuzigten Jesus mit Lendenschurz entstand die Darstellung des bekleideten Heilands am Kreuz. Hierbei handelt es sich um den Himmelskönig, der mit offenen Augen vor dem Kreuz ‚schwebt', bekleidet mit einem knöchellangen Gewand und langen Ärmeln. Es lässt sich annehmen, dass ein gleichmäßiges Gewand ohne komplizierte Fältelung leichter zu gestalten war als ein nackter Körper, dessen detaillierter Darstellung anatomische Beobachtungen vorausgegangen sein müssen. Etwa ein Zehntel der erhaltenen romanischen Kruzifixe sind bekleidet. Sie gaben später Anlass für eine verwirrende Umdeutung, für die ‚Erfindung' der hl. Kümmernis (s. S. 139).

Volto Santo di Lucca

Jenseits von Alpen und Apennin gibt es zwei sagenumwobene Kreuze. Im Dom zu Lucca wird das „heilige Antlitz" *(„Volto Santo")* bewahrt, ein ganz besonders hoch verehrtes Kruzifix, mit einer Tunika bekleidet, mit Rasta-Frisur, üppigem Bart, königlichem Aussehen und sogar mit Krone. Hier wurden zwei Legenden mit Realität vermengt: Ein erstes Kreuz habe bereits jener Nikodemus geschaffen, der Christus vom Golgota-Kreuz abgenommen hat. Im Jahr 742 sei es dann wundersam im toskanischen Hafen Luni angelandet und nach einigen Streitereien nach Lucca gebracht worden. Historisch gesichert wird seit Ende des 11. Jh. ein lebensgroßes Kruzifix in Lucca verehrt. Seltsamerweise wurde dieses Kreuz bald nach 1200 durch „ein ähnliches, aber stilistisch moderneres" ersetzt [wiki: Volto Santo von Lucca]. Dieses wird dem frühen 13. Jh. zugeschrieben [Schüppel] und bekam im späten 15. Jh. einen eigenen, freistehenden Schrein im Dom. Dieses jüngere *Volto Santo* ist für diesen Text nicht von Interesse. Weil es aber vom älteren bereits seit Ende des 11. Jh. romanische Kopien in Katalonien und im Roussillon gab, in Deutschland ab 1130, insbesondere das Braunschweiger Imervard-Kreuz von 1150 [wiki: Imervard-Kreuz] mit seinem sehr flach gehaltenen Korpus, lässt sich das ältere *Volto Santo* einigermaßen rekonstruieren.

Volto Santo di Sansepolcro

Und es gibt ein zweites Volto Santo, in Sansepolcro bei Arezzo. Für Gläubige ist es ebenfalls nicht von Menschenhand geschaffen. Es wurde lange dem 12. Jh. zugewiesen, bis es von 1983 bis 1989 restauriert und analysiert worden ist. Dank ^{14}C lautet die sensationelle Datierung seitdem: 679 bis 845 (die arithmetische Mitte wäre 762); diese neue

Datierung gilt nicht für die Farbfassung, die erst aus dem 12. Jh. stammt. Die *italienische Wikipedia* [Volto Santo di Sansepolcro] bringt die alte und die neue Datierung gemeinsam: „secoli XI/XII“ und „VIII-IX secolo“, die *Cathopedia* [Volto Santo di Sansepolcro] berichtet gegenwärtig vom „X – XI Secolo“, allerdings zugleich vom „karolingischen Bereich“ („ambito carolingio“). Sieht man die dicken Rasta-Locken und die Schultersträhnen – die nicht herabhängen, sondern auf den Schultern liegen, um nicht optisch mit dem üppigen Vollbart zu verschmelzen –. ist es für den Verfasser weiterhin im 12. Jh. anzusetzen.

Anna Maria Maetzke hat die zunächst überraschende These aufgestellt, dass es sich beim *Volto Santo* di San Sepolcro um das ursprüngliche *Volto Santo* di Lucca handle, das aus ungeklärtem Grund 140 km weit nach Sansepolcro gebracht worden ist. Dort ist es erst seit 1348 belegt [Schüppel]. Die deutsche *Wikipedia* beachtet die ^{14}C-Datierung ebenso wenig wie die meisten deutschen Kunsthistoriker, dabei hat Maetzke das Kunstwerk bereits 2002 als die „scultura monumentale più antica di tutto il Medioevo occidentale“ bezeichnet. Für die Forschungsgemeinde läge also endlich ein karolingisches, ein frühkarolingisches oder sogar merowingisches Kruzifix als älteste Monumentalskulptur des westlichen Mittelalters vor. Obendrein ist es von Papst Benedikt XVI. im Jahre 2012 besucht worden, hat also wie das von Enghausen den päpstlichen Segen. Vielleicht wird keine Literatur über die Alpen hinweg ausgetauscht, oder deutsche und italienische Forscher verwenden unterschiedliche ^{14}C-Skalen … [vgl. Illig 2014, 44-46]

Doch das spielt hier keine Rolle, geht es doch um die Abfolge. Ab dem späten 11. Jh. sind bekleidete Kruzifixe zu erwarten. Um 1100 mehren sich die Hinweise auf ein heiliges Antlitz in Lucca, vor dem Papst Urban II. 1096 vor dem Kreuzzug gepredigt hat [Meyer, 31]. Es sieht so aus, als sei 1314 das Volto Santo nach Sansepolcro verbracht worden und dort ab 1348 bekannt geworden [ebd. 34]. Eine Unklarheit bleibt: Wurde das Ersatzkreuz für Lucca bereits im frühen 13. Jh. erstellt, fast ein Jahrhundert vor seiner ‚Umsiedlung‘?

Zurück zum sog. Gero-Kreuz

Welchen Kunstwerken sind wir bislang begegnet, die im Stil an das sog. Gero-Kreuz erinnern? Rudolf Wesenberg verglich es 1955 mit Hildesheimer Türplastik und Bernwardsäule, außerdem mit dem Lotharkreuz. Binding sah es verwandt mit dem Zyfflich-Kapitell. Hamann wies den Weg, ging ihn allerdings in umgekehrter Richtung:

> „Ähnlich steht es mit dem Gero-Kreuz des Kölner Domes. Verglichen mit dem Kreuz von St. Jakob [heute Kreuz von St. Georg; HI]

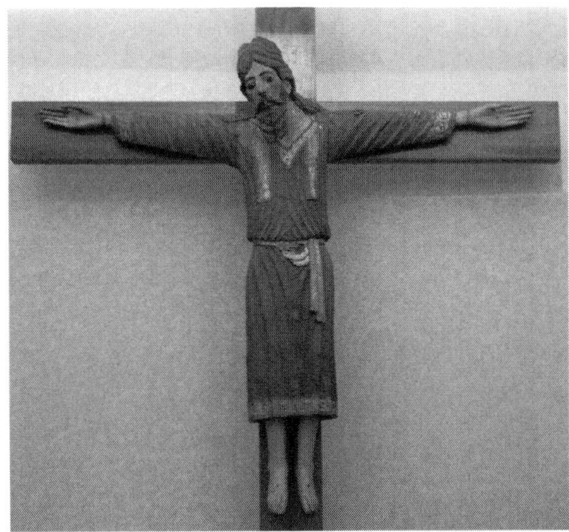

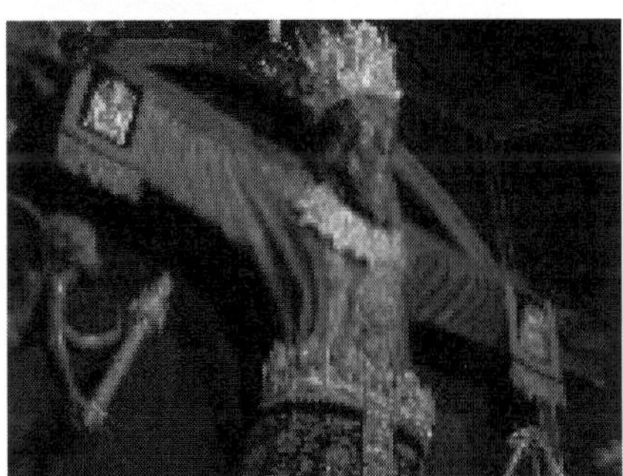

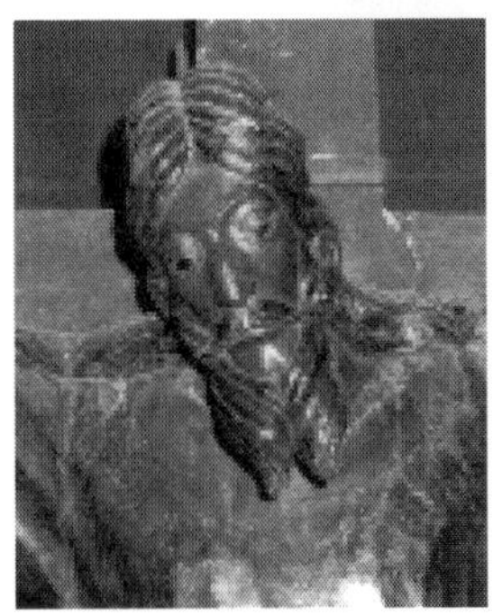

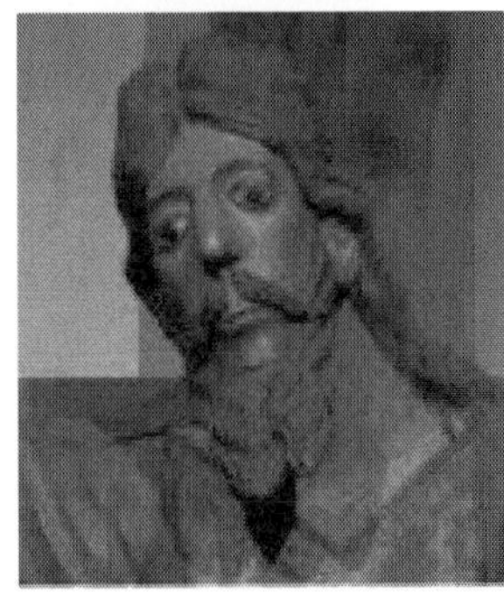

Volto Santo di Sansepolcro, zwischen 760 und 1100 [it.wiki]
Volto Santo di Lucca, festtäglich geschmückt, 13. Jh. [unprosecchino]
Haupt des Volto Santo di Lucca, 13. Jh. [tripadvisor]
Haupt des Volto Santo di Sansepolcro, jetzt um 1100 [Frangi]

oder anderen romanischen Kruzifixen, ist es außerordentlich entwickelt, scheinbar fortgeschritten. Ganz reich ist der Oberkörper gegliedert. Die Brustmuskeln wölben sich stark, die Sehnen der Achseln zerren sich, der Leib quillt hervor, der Umschlag des Hüftschurzes ist ein plastisch dicker Wulst, die Biegung des Körpers, der an den schräggezerrten Armen hängt, ist von gleichmäßiger Rundung, weniger eckig gebrochen als beim Kruzifix von St. Jakob. Der Kopf sinkt schwer mit dem Kinn auf die Brust und zeigt ein Antlitz mit schmerzverzerrtem Mund, zeigt in nach oben geöffneter Lidspalte den brechenden Blick, einen Ausdruck von ganz ungewöhnlicher Natürlichkeit und psychologischer Vertiefung. Demgegenüber ist in St. Jakob alles zu größerer Form zusammengenommen, vereinfacht und in Massen oder strengen Linien geformt. Die Entwicklung im Romanischen und Frühgotischen aber geht nicht zu diesem Realismus der fleischigen quellenden Formen und des starken Ausdrucks, sondern zu strengerer Symmetrie und ausdrucksfremder Monumentalität oder zu gefälligem Kontrapost gekreuzter Beine und zu wachen zurückhaltenden Mienen. Rückwärts dagegen führt die Seitenbiegung eines vom sinkenden Kopf mitgezogenen sterbenden Körpers und die psychologische Darstellung des Sterbensmomentes zu dem ***Bernwardskreuz*** in Hildesheim; an diesem und an den ***Türen in Hildesheim*** finden wir alles, was im Gerokreuz vorgeschritten wirkt, die runde weiche Körpermodellierung, den schweren, müden Kopf, die gleichmäßige Ausbiegung des Körpers. Für Einzelheiten wie die schräg abwärtsgeführten Hände mit dem eingelegten Daumen vergleiche man die Hände des Gekreuzigten der Hildesheimer Türen, und für den einzigartig ausdrucksvollen Blick den des sterbenden Abel in der Kain-Abelszene. Auch die reichere, scharfkantige Faltenbehandlung des Schurzes hat im Gewand des Adams ihr Gegenstück. Es bleibt also nichts übrig, als das Gerokreuz ebenfalls in den Anfang des 11. Jahrhunderts zu setzen" [Hamann 1924, 15-18; Hvhg HI].

Das Gero-Kreuz hat eine sehr gute farbige Fassung. Eine solche Behandlung ist bei Madonnenstatuen frühestens gegen 1050 nachweisbar. Bereits aus diesem triftigen Grund kann das Gero-Kreuz nicht bei 970 bleiben, sondern muss in die zweite Hälfte des 12. Jh. gehören, nachdem anschließend das Drei-Nagel-Kreuz für lange Zeit, bis weit in die Neuzeit zum ausschließlichen Typus wird. Die Gotik liebte ihn, weil sich die Figur damit dramatisieren und im Kontrapost gestalten lässt. So wird klar, dass die Entwicklung von den einfachen Formen hin zum „Realismus der fleischigen quellenden Formen und des starken Ausdrucks" ging. Leider hat Hamann mit seiner Umdatierung des Gero-

Kreuzes und seiner Verkennung der Gotik – von wegen strenger Symmetrie und Monumentalität – bis heute für massive Verwirrung gesorgt. Den genannten Ähnlichkeiten ist nun nachzugehen.

Zyfflicher Atlanten-Kapitell

Es gibt einen weiteren stilistischen Zusammenhang, der jetzt besser behandelt werden kann als auf S. 54 und bei dem das Gero-Kreuz später als 970 gesehen wird:

> „Für das sogenannte Gero-Kreuz (ca. 990/1000), die Skulpturen von St. Pantaleon (ca. 995/1000) und das Atlantenkapitell von Zyfflich (ca. 1002/3) sind immer wieder stilistische Verwandtschaft untereinander, mit dem von Otto III. gestifteten Aachener Lotharkreuz (um 1000 in Köln entstanden) und mit der Kölner Buchmalerei (996–1002) festgestellt worden“ [Binding 2003, 8].

Deshalb kann das fragliche Kapitell, das „zu den bedeutendsten ottonischen Großplastiken des Rheinlandes“ zählt [wiki: St. Martin (Zyfflich)] ohne seine direkten Vergleichsobjekte nicht in der ottonischen Zeit vor 1000 bleiben. Es rückt zusammen mit dem Gero-Kreuz, dem Lothar-Kreuz (nur die Vorderseite!) und den Skulpturfragmenten von St. Pantaleon ins späte 12. Jh. Nur die Schriftstücke bleiben davon unberührt, ohne Umdatierung. Zu ihrer Zeit ließen sich plastische Kunstwerke nur in winzigen Elfenbeinarbeiten realisieren. Die größeren Arbeiten in Stein, Holz und Metall konnten erst ab 1080 nachziehen und bedienten sich zunächst der vorhandenen Vorlagen.

Vermeintlich folgende Kreuze

Eine ganze Reihe von Kruzifixen, die dem Gero-Kreuz direkt gefolgt sein sollen, werden von den maßgeblichen Kunsthistorikern erst ein rundes Jahrhundert später datiert, während Dendro-Datierungen das 10. Jh. ‚bevölkerten‘ (s. S. 129). Wegen den nachgewiesenen Ähnlichkeiten rücken diese Kreuze gemeinsam in Richtung 1200. Das ist weniger befremdlich, als man denken könnte, weil die meisten Kruzifixe nicht gerade nach Gutdünken, aber doch nach Kriterien datiert sind, die nicht sicherer sind als die Zuschreibung beim Gero-Kreuz. Unsere Suche ist aber noch nicht zu Ende, denn es gibt auch Metallarbeiten, die gut erkennbare Ähnlichkeiten zum Gero-Kreuz aufweisen, nämlich

1020 Kleines Bernwardskreuz,
1050 (= 11. Jh.) Kapitelkreuz Osnabrück, kleines Goldkreuz,
1060 Werdener (Helmstedter) Kreuz,
1070 Mindener Kreuz (s. ab S. 155).

Kriterien für eine Kreuzesdarstellung: Sie wandelt sich vom souverän Triumphierenden, der aufrecht vor dem Kreuz steht oder zu schweben scheint, hin zu einem Menschen, dessen Körper sich noch nicht vor Qualen krümmt, sondern der eine traurige oder eine hingegebene Haltung zeigt, bis er tatsächlich hängt und als Gestorbener dargestellt wird [Klein, 43]. In der Gotik wird dann eine ganz andere Hängeposition dargestellt: An den beiden Handnägeln hängend, wird der Körper athletisch gezeigt, der sich der Schwerkraft widersetzt, indem seine Taille stark verengt wird. Hier gibt es keinen vortretenden Bauch mehr, sondern einen durch das Hängen zusätzlich verschlankten Korpus. Ist aber auch folgende Beobachtung richtig?

> „Eine Herausforderung für die Künstler bestand darin, in einer Figur gleichzeitig deutlich zu machen, dass Christus als Mensch gestorben ist und als Gott die Kraft hat, den Tod zu überwinden. Im Lauf der Jahrhunderte werden entweder stärker das Leiden und Sterben, oder die Kraft und die Vitalität der Figur betont. Vom frühen Mittelalter bis in die Barockzeit sind jedoch in der Regel beide Aspekte dieses Widerspruchs in der Figur des Gekreuzigten vereint“ [Museum Schnütgen: Wege durch die Sammlung].

Nach Auffassung des Verfassers sind die beiden Aspekte selten in einer Figur vereint. Wenn das Großkreuz im späten 11. Jh. aufkommt, gibt es mehrere Varianten: zunächst der hoheitsvolle Aspekt, der gerade auch von den bekleideten Figuren verkörpert wird. Ihn gibt es auch im Lendenschurz, wenn der Gekreuzigte großäugig nach vorne schaut. Doch meistens wird ein Dahinsterbender gezeigt, der bei gesenktem Haupt kummervoll, traurig dreinblickt oder bereits die Augen geschlossen hat. Diese innere Hinfälligkeit tritt mit dem Gero-Kreuz in eine neue Phase. Denn nun ist der Mensch definitiv am Kreuz gestorben, von Kraft und Vitalität der Figur kann keine Rede mehr sein. Diese dahingesunkene Haltung des nur noch von den Nägeln gehaltenen Körpers wird sich im Lauf der Gotik intensivieren, da die Wundmale immer exzessiver gezeigt werden, die Qualen des Gefolterten immer drastischer vor die Augen des Betrachters gebracht werden und die Hoffnungslosigkeit alles überwältigt.

Wir müssen bis Michelangelo gehen, der nicht nur einen nackten Gekreuzigten schnitzte (1492) und seine unvergleichliche Pietà vollendete (1498/99), sondern schlussendlich – zwischen 1519 und 1521 – einen nackten Auferstandenen in Marmor meißelte, der keine Wunden mehr zeigt, der das überwundene Kreuz und einige Marterwerkzeuge noch in Händen hält, aber beiseitelegen wird. Seine ursprüngliche Arbeit von 1514/15, heute in Bassano Romano aufbewahrt, wäre die bedeutendere geworden; doch der Künstler brach die Arbeit ab, als eine

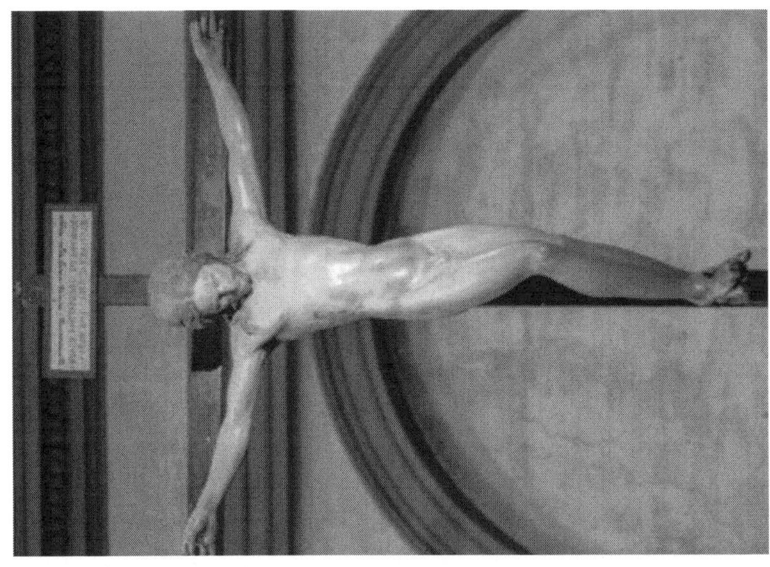

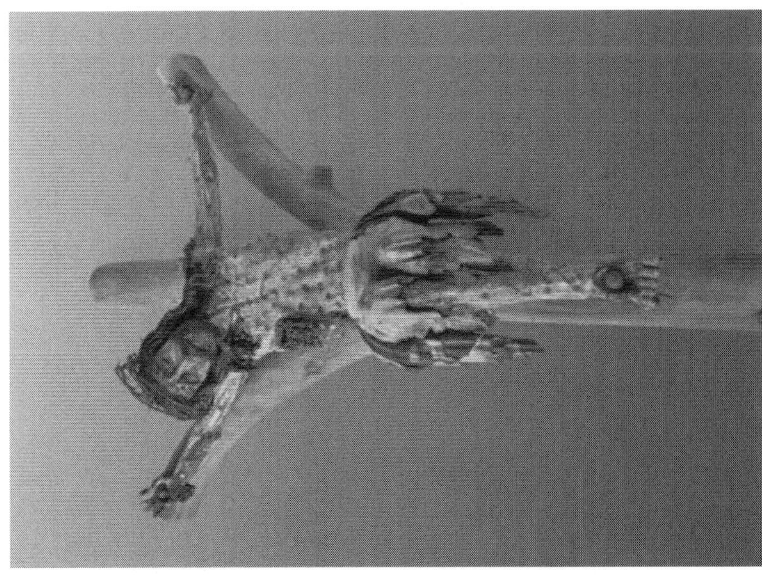

Beispiel für einen gotischen Schmerzensmann, Polen, um 1300
Michelangelo: Kruzifix Florenz,, Santo Spirito, vor 1500 [beide medieval.eu]

schwarze Ader im Stein – im Gesicht – auftrat; sie wurde später von unbekannter Hand vollendet.

Doch selbst ein Michelangelo konnte Sterben, Tod und Auferstehung nur in drei separaten Statuen zur Darstellung bringen, so man nicht seinem Gekreuzigten diesen Rang zumessen will. Dasselbe gilt für seinen Zeitgenossen Matthias Grünewald. Er benötigte auf seinem Isenheimer Altar, 1516, zwei Bilder – die grausige Kreuzigung doppelt so groß wie die gloriose Auferstehung. Insofern muss der Christ jene Kruzifixe suchen, bei denen tatsächlich der Gottmensch den Tod erleidet und zugleich den Tod überwindet. Es sind sehr wenige, eigentlich zu wenige.

Bronze und Edelmetall

Arbeiten aus Bronze, Silber und Gold

Der katholische Christ geht ebenso wie der Kunstkenner davon aus, dass schon immer ein Kreuz auf dem Altar stand, als ständige Erinnerung an Golgota, an den Ort der Wandlung, an die Transsubstantiation von Hostie und Wein in Fleisch und Blut des Herrn. Auch solche Glaubensgewohnheiten haben ihre Ursprünge; sie finden sich nicht beim letzten Abendmahl in Jerusalem, sondern deutlich später. Wir hören eine häufig vertretene Meinung:

> „Die Entwicklung des Kruzifixus zum autonomen und monumentalen Bild besitzt ihren Ort jedoch im Abendland. Seit karolingischer Zeit waren die Kirchen reich mit Kreuzen und auch Kruzifixen ausgestattet. Zwar blieb keines der lebensgroßen Bildwerke jener Epoche erhalten, aufgrund von Schriftquellen sind solche Stücke jedoch vielfach belegt“ [Kammel, 126].

Das klingt plausibel, wissen wir doch vom St. Galler Idealplan, dass er mindestens einen „Altar des heiligen Erloesers am Kreuz“, dazu weitere elf Kreuze auf Altären vorsieht [stgallplan]. Doch Frank M. Kammel vom „Germanischen Nationalmuseum“ Nürnberg fährt anders fort:

> „Das plötzliche und massenhafte Auftauchen kleinformatiger Bronzekruzifixe um 1080 lässt vermuten, dass es damals zur liturgischen Gewohnheit wurde, Kruzifixe auf dem Altar zu platzieren. In seiner Schrift »Admonitio synodalis« schränkte Papst Leo IV. (847–855) im 9. Jahrhundert dort zu deponierende[n] Gegenstände außerhalb der Messfeier noch auf Evangelienbuch, Reliquien und die Pyxis mit den konsekrierten Hostien für die Krankenkommunion ein. [...] In der um 1200 verfassten Abhandlung »De sacro altaris mysterio« dagegen sprach Papst Innozenz III. (1198 – 1216) von einem Kreuz, das den Altar grundsätzlich, zumindest aber während der Messe zwischen zwei Leuchtern zu schmücken habe und nannte dies eine Neuerung“ [ebd. 128 f.].

Demnach wurden vor 1080 Bronzekreuze noch nicht benötigt, hatten Bronzegießer keine Arbeit, muss der St. Galler Idealplan für seine angebliche Zeit um 830 falsches Zeugnis ablegen. Mittlerweile ist gezeigt, aber noch nicht akzeptiert: Das Riesenpergament stammt erst aus dem

12. Jh. [vgl. Illig 2017, 157-162]. Den Bronzebefund bestätigt Peter Bloch [1992, 13, 16] in seinem Korpus der romanischen Bronzekruzifixe. Immerhin kann er auf einige erhaltene byzantinische Kruzifixe ab 700 verweisen, die erst den lebenden Jesus Christus mit geöffneten Augen, dann auch den toten Jesus mit geschlossenen Augen zeigen, wobei für dieses Urteil primär auf Buchmalerei zurückgegriffen wird [ebd. 12]. Warum im Westen nur die karolingischen und ottonischen Kleinkreuze restlos vernichtet worden wären, ließe sich nicht motivieren. Das „Germanische Nationalmuseum“ zeigt als eines der ältesten Kleinkruzifixe einen kleinen Christus mit ‚Topfkrone', der aber nicht aus dem 10. Jh. stammt, sondern aus der Zeit um 1100 [Kammel, 130]. Bei Bloch gibt es das jüngere Mathildenkreuz von 1060, dazu ein Exemplar aus dem Bestand des „Museums Schnütgen“, dort ab 1080 datiert [Bloch 1992, 55]; alle übrigen werden dem 12. Jh. zugeschrieben.

Und das ältere Mathildenkreuz und das Kreuz mit den großen Senkschmelzen? Stammen sie aus der Zeit um 1000? Diese Frage verlangt einen Blick auf die Gießereien des Mittelalters.

Zwei gegossene Bronzekreuze

Kleine Kreuze sind nicht bereits nach 1000 unter dem hl. Bernward auf Altäre gestellt worden, sondern erst ab ca. 1080. Ab da lassen sich auch die ersten hölzernen Großkreuze nachweisen. Es werden aber auch gegossene Kreuze dem 11. Jh. zugeordnet. Hat es damit seine Richtigkeit?

Werdener (oder Helmstedter) Kreuz

Dieses Kruzifix soll bereits Karl d. Gr. bei seiner blutigen Sachsenmission begleitet haben. Trotzdem gilt es als Werk des 11. Jh., präziser von 1060. Die Jahreszahl wird allerdings lediglich aus einer Umbaumaßnahme im Kloster abgeleitet [wiki: Helmstedter Kreuz]. Für Beenken [38 f.] entsprach es der Zeit von 1065 bis 1080, weil noch die eigentliche plastische Durchgliederung fehle. Der 1,08 m hohe Körper gilt als der größte mittelalterlicher Korpus aus Metall, in seinem Fall aus vergoldetem Kupfer [Moseler-Worm]. Er besteht aus fünf Einzelteilen, die mit Bedacht zusammengefügt sind. Wie beim Gero-Kreuz handelt es sich um einen Gestorbenen mit geschlossenen Augen und leicht vorgewölbtem Bauch. Die Arme sind etwas angehoben, die Daumen liegen an den Händen, der brettartig flache Körper zeigt Rippen, die Beine sind gerade. Die Frisur besteht aus feinem Haar, das nach hinten fällt, aber auch in zwei Haarsträhnen nach vorne über die Schultern.

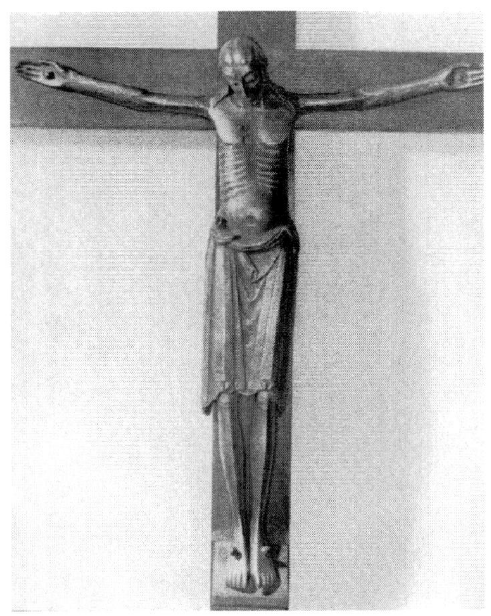

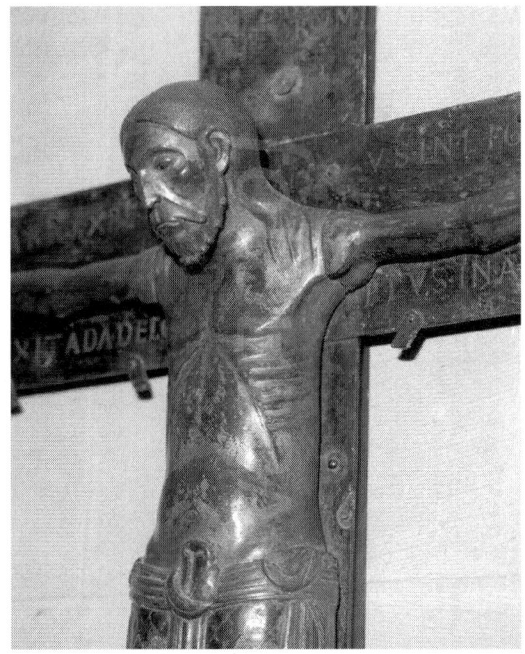

Werdener (Helmstedter) Kruzifix, bislang 1060, jetzt 1150 [wikipedia.org]
Mindener Kreuz, bislang 1070/1120, jetzt um 1150 [Lindenburger]

> „Das Helmstedter Kreuz weist wie die meisten ottonischen Kruzifixe Einflüsse des Kölner Gerokreuzes auf, besonders in der Ausbildung der Bauch- und Brustpartie und in der Kopfhaltung, aber auch beim Lendentuch, das in der Grundform noch dem des Gerokreuzes entspricht, aber bereits nach Symmetrie strebt. Eine engere Verwandtschaft besteht zu den Kruzifixen am jüngeren Mathildenkreuz des Essener Domschatzes und am Kölner Hermann-Ida-Kreuz, die beide in Werden gegossen wurden“ [wiki: Helmstedter Kreuz].

Die Einreihung unter ottonische Kunstwerke ist Hans Jantzen [1947] geschuldet (s. S. 15). Die jüngst abgeschlossene Restauration [Wegener/Krupp/Hülscher, 53-78] hat ergeben, dass Werdener Kreuz und ***Liudgers Kelch*** am selben Tag mit derselben Charge gegossen worden sind. Der Bezug zu Liudger ist künstlich, denn dieser Missionar soll zwar Klöster in Werden und in Helmstedt gegründet haben, sei jedoch bereits 809 gestorben. Bei ‚seinem‘ Kelch handelt es sich um einen „der ältesten und zugleich kleinsten Messkelche des Abendlandes (Höhe 12,2 cm)“ [schatzkammer]. Er wurde so von ca. 1000 auf 1060 umdatiert, was die Schatzkammer St. Ludgerus in Essen-Werder [ludgerus; Aufrufe am 2. und 10.7.] in ihrem Internet-Auftritt noch nicht mitträgt („Eine Entstehung um 1000 […] kann aber angenommen werden“ [ludgerus; 19. 07. 19]). Auffällig ist die Bezeichnung als einer der ältesten Kelche, wird doch der viel größere und aufwändiger geschmückte Tassilo-Kelch fast 300 Jahre früher angesetzt (vgl. S. 160). Werdener Kreuz und Liudger-Kelch stehen für eine Neuerung:

> „Auch Technik im Innern von Kelch und Kruzifix verbindet die beiden Kunstwerke miteinander: Beide Objekte werden von *Schrauben* zusammengehalten, die nach Ansicht des Schatzkammer-Teams zu den ältesten Schrauben nach der Römerzeit gehören“ [Rünker].

Nachdem das Jahr 1060 kein zwingender Schluss ist, möchte der Verfasser in die Zeit nach 1100 gehen, versuchsweise ab 1150. Große Holzkruzifixe wurden damals bereits gefertigt. Der Metallguss ist umständlicher als Schnitzen. Deshalb lässt sich unterstellen, dass das Gießen von größeren, mehrteiligen Kreuzen nicht gleichzeitig mit dem Schnitzen begonnen worden ist. Dazu ermutigt auch der sog. Wolfram-Leuchter in Erfurt (s. S. 178), der ab 1160 gesehen wird. Da nur zwei derartige Kruzifixe, das Werdener und Mindener Kreuz, erhalten sind, liegt als Begründung nahe, dass sich der Bronzeguss als komplizierter erwies als die Arbeit in Stein oder Holz erwies und dass es so auch geblieben ist. Die kaum mögliche Farbgebung, das Inkarnat bei Metallarbeiten sollte ein weiterer Grund sein, vorwiegend auf Holzarbeiten zu setzen.

Mindener Kreuz

Beenken [42] lässt unmittelbar das gleich hohe Mindener Kreuz folgen, da dem „Werdener nächstverwandt“. Er datiert es in die „2. Hälfte 11. Jahrhundert“ [ebd.], Syndicus [55] präzisiert auf 1080. *Wikipedia* spricht ihm höchstes Lob aus:

> „Das *Mindener Kreuz* ist einer der größten Kunstschätze der Romanik in Deutschland. Es ist ein sehr seltenes, christliches Großkreuz aus dem 11. Jahrhundert und soll um 1070 – neuere Forschungen verweisen auf das frühe 12. Jahrhundert – vermutlich in einer Helmarshausener Werkstatt entstanden sein. [...] Der durchgehend romanische Bronzekorpus ist 1,05 m groß und ist eine außergewöhnliche Besonderheit, da er keinerlei Wunden, wie es sonst bei Darstellungen Jesu üblich ist, aufweist“ [wiki: Mindener Kreuz].

Dieses ebenfalls einst vergoldete Kruzifix besteht aus sechs Teilen. Ähnlich zum Gero-Kreuz zeigt sich am Heiland ein leichter Bauchansatz, doch im Gegensatz dazu sind auch die Rippen sichtbar. Der Gegensatz gilt auch für die gesamte Haltung, denn Jesus ist keineswegs zusammengesackt, sondern steht oder schwebt aufrecht. Die Frisur ist mittelgescheitelt, mit ebenso feinen Haaren wie beim Helmstedter Kreuz, aber nun fallen sechs Haarsträhnen über die Schultern. Die Augen sind in Silber eingelegt, das Lendentuch ist in Niello-Technik geschmückt. Bemerkenswert ist der geflügelte Drache, der dem Heiland als Fußstütze dient. Er verweist auf das Unglück, das Adam mit dem Essen der Frucht über die Menschheit gebracht hat. So steht es auf dem miterhaltenen Kreuz: „Das stellt Christus, der am Holze gekreuzigte Gott, wieder her, was der am Baum getäuschte Adam zerstört hat.“ Derartige Suppedanea treten zusammen mit zahllosen anderen Unwesen erst in der romanischen Steinskulptur des 12. Jh. auf.

Der Dombau-Verein Minden machte aus den disparaten Angaben eine Kombi-Datierung: „1070/1120“ [minden]. Die Aufteilung in mehrere Gussstücke demonstriert, dass es noch nicht einfach war, ein auch nur einen Meter großes, dreidimensionales Werkstück zu gießen. Dies als Hinweis vorweg auf die Hildesheimer Türflügel, von denen jeder 1,85 t wiegt [wiki: Bernwardstüren] – das Kreuz dagegen rund 15 kg.

In Abwägung des Umstandes, dass im frühen 11. Jh. nur ganz kleine Körper des Gekreuzigten gegossen worden sind – etwa 20 cm hoch –, dass kleine Gusswerke erst nach 1080 in Erscheinung treten, lassen sich die beiden Kruzifixe ab 1150 ansetzen. Beenken [42] hat anders analysiert und geschlossen, „daß Datierung schon gegen 1100 nicht unwahrscheinlich sein dürfte.“ Die Einschätzung des Verfassers korrigiert Beenkens Datierung.

Wenn immer wieder von Metallkreuzen die Rede war, so muss ihre Größe bedacht werden. Allein für die Benediktinerabtei St. Eucharius-St. Matthias von Trier werden für Anfang des 12. Jh. drei Kreuze mit Gold- und Edelsteinschmuck und zwei vergoldete Kreuze berichtet [Becker, 62]. Wenn es sich um kleine Altarkreuze handelt, so ist das nachvollziehbar. Größere, gegossene Kruzifixe sind erst etwas später zu erwarten.

Edelsteingeschmücktes Altargerät

Lothar-Kreuz, Aachen

Die in Aachens Schatzkammer verwahrte Preziose erhielt ihren Namen nicht von der dominanten Kamee des Augustus, einem dreischichtigen Sardonyx in ihrer Mitte, sondern wegen des Siegels eines Lothar, das ein Herrscherprofil auf einem Bergkristall mit der spiegelverkehrten Umschrift „+XPE ADIVVA HLOTARIVM REG (»Christus, hilf König Lothar!«)“ zeigt. Dass derartig edle Siegel unter den ‚Karolingern‘ nicht üblich waren [Posse, 151 f.], hat bei der Benennung nicht gestört. Schließlich geht es um den „Siegelstempel für Lothar I., den Sohn Ludwigs des Frommen, oder für seinen Sohn Lothar II.“ [wiki: Lotharkreuz], also um Enkel oder Urenkel von Karl dem Großen. Das Kreuz „wurde um das Jahr 1000 vermutlich in Köln gefertigt und wahrscheinlich von Kaiser Otto III. gestiftet“ [ebd.]. Er hatte die große Konzeption „der »renovatio imperii Romanorum« (der Wiederherstellung des römischen Reiches)“ vor Augen [Lepie/Minkenberg, 33]. Alle vier Enden des Lothar-Kreuzes sind trapezförmig verbreitert, in gewisser Ähnlichkeit mit dem Kreuz der Externsteine. Die beiden Schauseiten unterscheiden sich in ihrer jeweiligen Auffassung grundsätzlich. Deshalb schlägt der Verfasser vor, sie getrennt zu sehen und zu datieren! Das ist möglich, weil für die Vorderseite und die Kanten ein Goldblech über den Holzkern geschlagen worden ist; die Rückseite besteht aus einem vergoldeten Silberblech [Beuckers] und kann deshalb später angebracht worden sein.

Während die Vorderseite ursprünglich 144 Edelsteine und Perlen geziert haben dürften [vgl. Weisweiler, 94 f.], ist auf der Rückseite ein Kruzifix mit einem leidenden Jesus eingraviert. Er gleicht dem Gero-Kreuz [ebd.]: ein toter, hängender Christus mit vorgeschobenem Bauch, bärtig, mit einer Haarsträhne auf der Schulter. Die Kreuzform lässt auch an das Externsteinrelief denken. Hermann Weisweiler sieht es vor sich:

> „Am meisten überraschen müssen allerdings die Abbildungen der weinenden Sonne über dem linken und des weinenden Mondes über dem rechten Kreuzbalken. Haltung und Gestaltung der beiden Sym-

bolfiguren erinnern bis ins Detail an die gleichen Figuren im Aachener Lothar-Kreuz“ [Weisweiler, 141].

Auf der Rückseite befindet sich das Haupt des toten Jesus auf gleicher Höhe wie das Augustus-Konterfei der Vorderseite. Auf Höhe des Lendentuchs ziert die gemmengeschmückte Vorderseite ein antiker Amethyst, auf dem die drei Grazien und ein kurzer Text eingeritzt sind. Er spricht von den Charitinnen, die als Liebesdienerinnen von Apoll und Aphrodite gelten [ebd. 93 f.]. Trotz dieser Entsprechungen korrespondieren die Stile beider Seiten in keiner Weise. Das lässt sich durch einen goldenen Buchdeckel wiederum aus der Aachener Schatzkammer illustrieren. Auf ihm ist eine Kreuzigung aus der Zeit um 1020 dargestellt, also spätottonisch: Der Heiland steht aufrecht vor dem Kreuz, die Arme waagrecht ausgebreitet, nur das Haupt ist leicht geneigt [Lepie/Minkenberg, 62]. Dies wird von den Kreuzen des späten 11. und anfänglichen 12. Jh. nachvollzogen.

Ganz im Gegensatz dazu der tot am Kreuz hängende Jesus der Lotharkreuz-Rückseite. Er entspricht nicht der Biegung des Jesus vom Gero-Kreuz, denn diese ist ein durchgehender Spannungsbogen von der rechten Hand über die nach links verschobene Hüfte bis zu den Zehenspitzen. Beim Lothar-Kreuz weicht die Brust nach links aus, doch die Hüfte ist bereits nach rechts bis an den Kreuzbalken verschoben, um dann erneut nach links zu den Füßen auszuweichen. Diese spannungsreiche Darstellung, ja Dynamik weist übers späte 12. ins 13. Jh.

Nach Meinung des Verfassers bleibt das Lothar-Kreuz dem 10. Jh. erhalten, bei etwa 980 [Beuckers, Titelseite]. Seine Rückseitengravierung gehört hingegen ins späte 12. Jh., zeitlich dicht beim Gero-Kreuz.

Gisela-Kreuz in der Schatzkammer der Münchener Residenz

Auf dem 44 cm hohen Giselakreuz ist der Herr „lebend dargestellt, aufrecht am Kreuz in jener eigentümlichen Haltung, die halb ein Stehen, halb ein Schweben ist“ [Haussherr, 5]. Die Figur ist streng symmetrisch gestaltet, auch der Knoten des Cingulums sitzt mittig. Der Korpus selbst ist nur ca. 20 cm hoch; das entspricht einer Elfenbeinarbeit, doch ist er aus Gold gegossen. Das Kreuz trägt ihren Namen, weil es Gisela von Bayern, zugleich Königin von Ungarn, für ihre 1006 oder 1007 gestorbene Mutter Gisela von Burgund gestiftet hat. Daraus lässt sich aber nicht zwangsläufig auf eine Erstellung des Kreuzes im Jahr 1006 schließen. Immerhin lebte Gisela von Bayern von ca. 984 bis ca. 1060 und bekam dann im Kloster Niedernburg (Passau) eine original erhaltene Grabplatte. Aber der Verfasser will nicht an dieser Datierung deuteln, weil dieses Memorialkreuz als erlesenes Kunstwerk zu keiner Grundausstattung von Kirchen und speziell Altären gehörte, sehr wohl aber in den Umkreis ottonischer Kreuze.

Drei Kreuze aus dem Essener Domschatz

Als ältestes wird das ***Otto-Mathilden-Kreuz*** gesehen. Es ist 44,5 cm hoch und zeigt einen aus Goldblech getriebenen Korpus, dazu in Email zwei Stifterfiguren. Herzog Otto von Schwaben und Äbtissin Mathilde entstammen der Enkelgeneration Ottos d. Gr. Auffällig ist die Form der Kreuz-Enden, die in ihrer mehrfachen Stufung dem Lothar-Kreuz ähnelt. Entsprechend diesem Kreuz, 980, wird auch hier das Essener Kreuz datiert.

Das ***Kreuz mit den großen Senkschmelzen*** hat Äbtissin Mathilde († 1011) gestiftet; es interessiert in diesem Zusammenhang nur am Rande, weil es keinen Korpus besitzt, nur ein kleines Email-Bild der Kreuzigung. Aber es steht im Zusammenhang mit den anderen Kreuzen des Essener Schatzes und wird auf das Jahr 1000 datiert.

Schließlich das ***Jüngere Mathildenkreuz:*** Dieses Kreuz ähnelt in Ausschmückung und Größe dem Gisela-Kreuz, misst es doch 45 cm, der Korpus ca. 20 cm. Er wirkt auch in der symmetrischen Gestaltung überaus ähnlich; allerdings handelt es sich hier um einen vergoldeten Bronzeguss. Stifterin Mathilde wird auf einem kleinen Emailplättchen dargestellt und namentlich bezeichnet. Die Kreuz-Datierung schwankt zwischen „vor 1011" und 1050 [ebd.]. Nachdem es sich um kein ‚normales' Altarkreuz handelt, dürfte die Datierung in die erste Hälfte des 11. Jh. stimmig sein. Die Enden der Kreuzbalken sind ähnlich dem Lothar-Kreuz gestaltet, dessen Vorderseite bei 980 gesehen wird. Insofern kann ‚vor 1011' richtig sein. Die im Kreuz aufbewahrten, originalen Reliquienpäckchen sind beschriftet.

> „Die Schrift, karolingische Minuskel, wurde ins 10./11. Jahrhundert datiert und in das Skriptorium des Essener Frauenstifts lokalisiert" [wiki: Mathildenkreuz].

Demnach wird es als ganz normal gesehen, dass karolingische Schrift Mitte des 11. Jh. noch verwendet wird. Das gilt generell, weshalb sich die Zuordnung von Schriftquellen des 8. bis zumindest dem 11. Jh. schwierig ist.

Das Hermann-Ida-Kreuz aus Köln

Etwas später wird dieses Kreuz gesehen, ebenfalls aus Bronze gegossen und vergoldet, aber mit antikem Lapislazuli-Kopf: 1040. Es ist ‚nur'

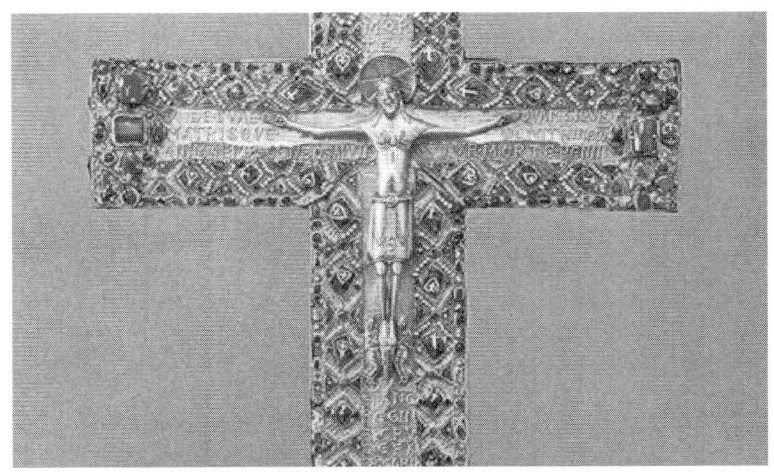

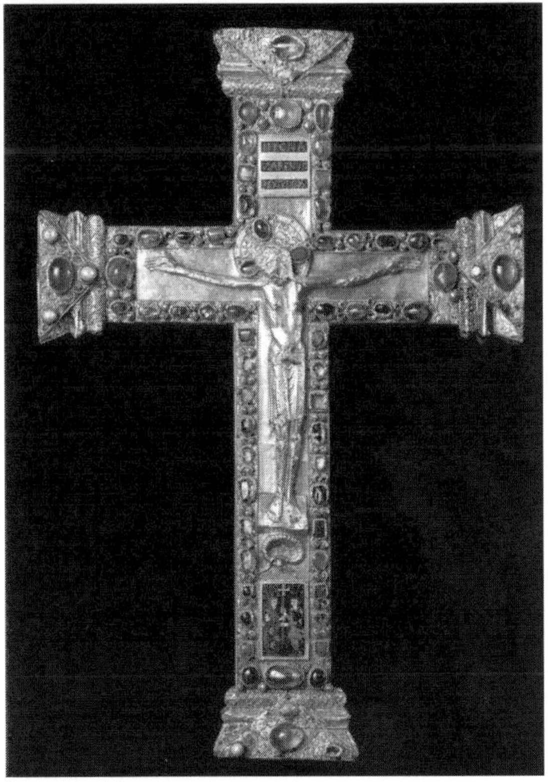

Gisela-Kreuz, Residenz München, nach 1006 [kulturgut]
Otto-Mathildenkreuz, Essen, vor 1000 [wiki]

33,3 cm hoch, der Korpus dürfte wiederum um die 20 cm messen. Es wird auf Erzbischof Hermann von Köln und seine Schwester, Äbtissin Ida zurückgeführt, die beide auf der goldfolienbedeckten Rückseite abgebildet und benannt sind. Die Vorderseite des Kreuzes ist beschädigt, aber ihr goldenes Filigran wird ohnehin dem 13. Jh. zugeschrieben. Die Rückseite aus vergoldeter Kupferfolie ist weitgehend erhalten; sie zeigt insbesondere Hermann und Ida, dazu trägt es einen Hinweis auf den Herstellungsauftrag an Herimann (bzw. Hermann).

Die behauptete Ähnlichkeit mit dem Gero-Kreuz bezieht sich allenfalls auf den Oberkörper, denn der Gekreuzigte steht/schwebt vor dem Kreuz; er ist vor allem nicht eingeknickt, also nicht tot dargestellt. Die beiden Füße werden nur durch einen Nagel ‚gehalten', der zwischen den Fußgelenken ins Holz getrieben ist.

Kleines silbernes Bernwardskreuz

Das kleine silberne Bernwardskreuz gilt als bestes aller frühen gegossenen Kruzifixe, verlangt jedoch eine andere Beurteilung, die im Kapitel über den hl. Bernward erfolgt. Dort (ab S. 21) wird es als Kunstwerk des späten 12. Jh. erkannt.

Tassilo-Kelch, Kremsmünster

Zwischen all diesen Zimelien darf ein weiteres Altargerät nicht fehlen, das schwer einzuordnen ist. Der Tassilo-Kelch wird heute *nach* 768/69 oder bei 780 gesehen [wiki: Tassilokelch]. In Kremsmünster wird er aus Anlass der Klostergründung bei 777 eingeordnet [Krall/Neunteufel, 15], beeinflusst durch die Forschungen Pankraz Stollenmayers, der um 1960 den Kelch ins späte 8. Jh. datierte und in den stilverwandten Tassilo-Leuchtern das Zepter Tassilos vermutete. Spätestens seit Braunfels [1991, 52] werden die Leuchter dem 11. oder gar 12. Jh. zugewiesen; in Wien ist man erst bei Mitte des 10. Jh. angelangt und geht trotzdem von einem geteilten Zepter aus [Krall/Neunteufel, 16]. Da aber Kelch und Leuchter in demselben angelsächsischen Stil gearbeitet sind – der freilich ‚auf dem Kontinent' kopiert worden sei, muss auch der Kelch deutlich verjüngt werden [vgl. Illig 1996, 134].

Diese bisherigen Datierungen scheint ein Chronogramm aus der Inschrift am Kelchfuß präzis zu bestätigen (persönliche Mitteilung durch Florian Huber [auch Huber 2003]):

tassILo DVX fortIs + LIVtpIrC VIrga regaLIs,
daraus DCLLLXVVVIIIIII = 781.

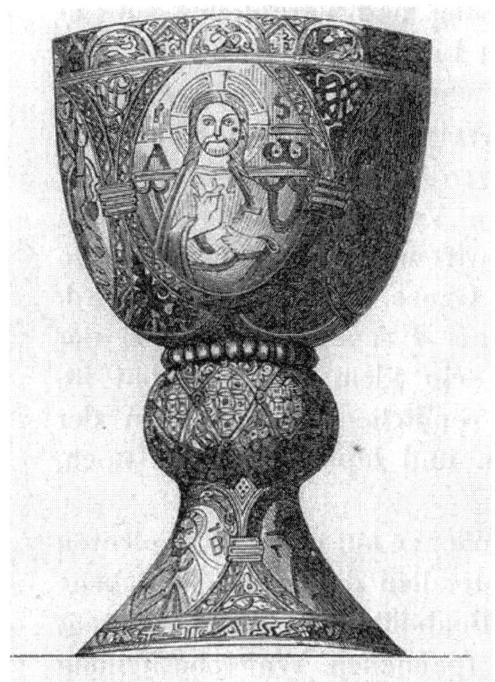

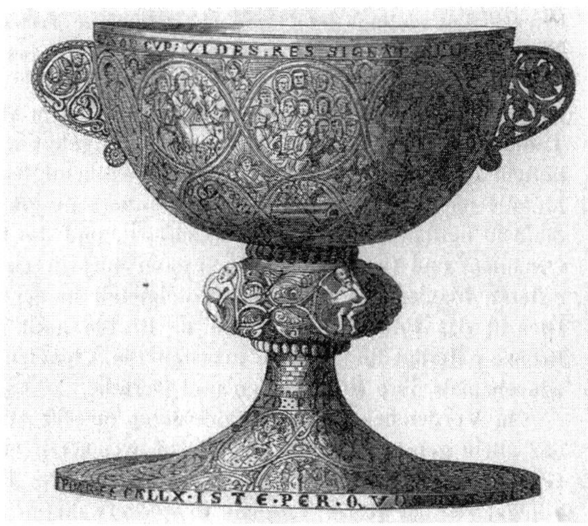

Tassilo-Kelch, Kremsmünster, bislang ca. 780, jetzt frühes 12. Jh., und Wiltener Kelch, Wien, ca. 1165, im selben Maßstab [Holzschnitte von 1873]

Doch als Chronogramm käme das viele Jahrhunderte zu früh. Das älteste dem Verfasser bekannte stammt von 1155:

> „Im Chorraum der Wallfahrtskirche Maria Weinberg in Eberau Südburgenland): SaLVe sanCta Mater = MCLV (Sei gegrüßt, heilige Mutter).“ [wiki: Chronogramm]

Zeigen also Inschrift und Chronogramm, dass der Kelch in Wahrheit aus dem 12. Jh. stammt? Dazu als drittes, noch gewichtigeres Argument: Im

> „ganzen Westen ist der Tassilokelch bis ins 12. Jahrhundert das einzige Altargerät, das an seiner Oberfläche figurale Darstellungen aufweist“ [Braunfels 1965, 366].

Braunfels könnte sich auf den Wiltener Kelch bezogen haben, der von 1160/70 stammt und dessen Darstellungen wie die des Tassilo-Kelchs in Niello-Technik ausgeführt sind. Dieser Kelch wird im „Kunsthistorischen Museum“ zu Wien aufbewahrt; er ist 16,7 cm hoch und damit deutlich kleiner als der Tassilo-Kelch mit seiner Höhe von 25,5 cm.

Im Osten beginnt die Reihe figural geschmückter Kelche im späten 10. Jh. mit einem Exemplar, das im Domschatz von San Marco in Venedig verwahrt wird [Christe, 227] – ebenfalls deutlich zu spät für tassilonische Zeit des 8. Jh. Im Zuge vorliegender Betrachtung wird beim Tassilo-Kelch die Darstellung Christi mit Bart auffällig, die gut zwei Jahrhunderte vor 1000 nicht zu erwarten wäre – ein weiteres, eigentlich bereits unnötiges Indiz dafür, dass der Kelch weder tassilonisch noch karolingisch ist. Er dürfte im 12. Jh. im Raum Salzburg anzusetzen sein, als es – gerade unter Friedrich I. Barbarossa – das Bedürfnis gab, die neu eingefügte Zeit von 614||911 mit Geschichte und zugehörigen Kunstwerken aufzufüllen und auszustatten.

Eine Zeitlang hat man versucht, die Ornamentik des Tassilo-Kelchs mit der des Rupertus-Kreuzes abzugleichen. Das würde für die Datierung noch nichts bringen, weil die Datierungsspannweite bei Ruperts Kreuz enorm ist: vom 6./7. Jh. bis zum 12. Jh., mit Betonung der Zeit kurz vor 800 [Illig 2006, 147], heute allerdings um 700 [wiki: Rupertus-Kreuz]. Aus Sicht des Verfassers gehört es ins erste Drittel des 11. Jh. [Illig 2006, 154]. Das Rupertus-Kreuz lag übrigens bis 1998 vergessen auf dem Dachboden der Bischofshofener Kirche; trotzdem glaubt man mittlerweile zu wissen, dass es mit dem Missionar Virgil gegen 745 nach Salzburg gekommen sei [wiki: Rupertus-Kreuz]. Aus Sicht des Verfassers ist der Tassilo-Kelch nach dem Rupertus-Kreuz und vor dem Wiltener Kelch einzuordnen.

Altäre und Antependien

Es gibt nur wenige Altarverkleidungen aus dem Mittelalter; sie sind wie die von Venedig und Mailand verschwenderisch mit Gold, Emailarbeiten, Perlen und Edelsteinen ausgestattet. Drei von ihnen, in Aachen, Basel und die ältesten Teile in Venedig, stammen anerkannterweise aus ottonischer Zeit. Nur der Mailänder Paliotto, aufbewahrt in Sant' Ambrogio, soll deutlich älter sein.

Paliotto, Mailand

> „Der Altar unter diesem Baldachin, der berühmte paliotto, mit der weltweit einzigen erhalten gebliebenen karolingischen Altarverkleidung, entstanden zwischen 824 und 856, zeigt an der goldenen Vorderseite (Antependium) Christus mit den Aposteln, an den silbernen Seiten Erzählungen aus den Evangelien und an der Rückseite Episoden aus dem Leben des Ambrosius. Eine Inschrift nennt als Verfertiger den Goldschmied Volvinus“ [wiki: Sant'Ambrogio].

Diese an Glanz und Können kaum überbietbare Altarverkleidung (mit Paliotto wird korrekterweise sie, nicht der Altar oder das Ziborium des 12. Jh. bezeichnet) ist zu Recht weltberühmt. Sie umstellt den Altar kastenförmig, mit einer Vorderfront von 2,20 x 1,22 m; die gestaltete Fläche misst insgesamt 6,10 x 1,22 m. Aber karolingisch? Wollte das niemand bezweifeln, weil der Kunsthandwerker sich namentlich genannt und damit verewigt hat, weil ein Bischof Angilbert II. als Stifter des Paliotto, 846 bekannt ist?

> „Kaum ein Werk im gesamten Bereich der Kunstgeschichte scheint bezüglich seiner Entstehungszeit besser beglaubigt zu sein als der silberne und goldene Hochaltar von Sant'Ambrogio zu Mailand“ [Zimmermann 1897, 178, lt. Siepe 2002, 95].

Max Zimmermann schrieb das nur, um seine Zweifel anzumelden, die sich bis 1924 schon vervielfacht hatten:

> „Über die Entstehungszeit der Altarverkleidung von St. Ambrogio in Mailand ist von der kunstgeschichtlichen Forschung bislang keine Einigung erzielt: sie wird bald ins 9., bald ins 12. Jahrhundert gesetzt, bald zweifelhaft gelassen. Urkundlich überliefert und inschriftlich beglaubigt ist das Weihedatum 1. März 835. Von [Max] Zimmermann ist es aus stilistischen Gründen bezweifelt worden“ [Deckert 1924, 268].

Schon der erste Blick zeigt, dass Jesus auf dem Paliotto durchwegs bärtig dargestellt wird, was ‚karolingischen‘ Gepflogenheiten nur bedingt entspricht. Er steht oder schwebt mit ausgebreiteten Armen vor dem Kreuz, senkt aber den Kopf. Damit lässt sich die Vorderseite dieses Altarvorsatzes zwischen 1000 und 1020 einordnen, in etwa zeitgleich zur Aachener Pala d'oro. Den hl. Ambrosius wird das nicht schrecken: Er „liegt *angeblich* in Mailand unter dem Hochaltar von S. Ambrogio begraben“ [ÖHl: Ambrosius; Hvhg. HI].

Aber weitere Zweifel müssen ausgeräumt werden, zumindest für Teile dieser Verkleidung mit ihren dramatischen Stildivergenzen:

> „Die stilistischen Unterschiede zwischen den beiden Seiten des Altars veranschaulichen deutlich die Situation der Kunst zur Zeit der Karolinger, die sich zwischen dem Zauber der Antike und einer neuen Ästhetik nicht entscheiden konnte“ [Duby/Daval, 264].

Auf der Rückseite finden sich zwei spezielle Szenen: Der hl. Ambrosius segnet Bischof Angilbert (824–859), der den Paliotto dem Heiligen schenkt, wobei Angilbert der rechteckige Heiligenschein der noch Lebenden ziert. In der Malerei wird geschieden zwischen goldfarbenem Nimbus für damals lebende und blauem Nimbus für fiktive Gestalten [vgl. Illig 1996b, 316-319], was bei diesem Material nicht möglich war. Die Kunstgeschichtler sind überzeugt, dass Angilbert jedes Detail der Komposition beachtet hat; so ließ er auf der Rückseite beim Begräbnis des hl. Ambrosius auch den hl. Martin von Tours auftreten, den ‚Nationalheiligen‘ jener Franken, mit denen er damals Frieden geschlossen hätte [Frangi].

Ebenfalls auf der Rückseite bedeckt der hl. Ambrosius das Haupt des „VVOLVINI“, des „MAGIST PHABER“. Dieser ‚Homo faber‘ hat sich nicht nur als solcher benennen und verewigen dürfen; er wird sogar gekrönt! Wenn man die winzigen Stifterbilder von Heinrich II. und seiner Frau in Basel (s. S. 170) vergleicht, dann scheint Volvinus rangmäßig über dem Kaiser zu stehen. Und wir hätten das allererste abendländische Selbstporträt vor uns [Frangi]. Zumindest Giuseppe Frangi geht davon aus, dass die Vorderseite von byzantinischen Künstlern gestaltet worden ist, während die Rückseite von dem Franken Volvinus (eigentlich Wolvinus) für seinen Landsmann Angilbert gearbeitet worden sei. Da muss die Frage erlaubt sein, welcher Franke damals überhaupt als Goldschmied hätte arbeiten können, nachdem selbst Aachens Pala d'oro erst aus ottonischer Zeit stammt.

Zwei weitere Darstellungen irritieren auf der Rückseite. So flüchtet Ambrosius vor seiner Bischofsernennung auf einem sehr gut als solchem erkennbaren Hengst, nicht Wallach. Er ist in allen Details gut getroffen, einschließlich der Steigbügel, die die angeblich zeitgleiche Karlsstatuette nicht zeigt. Solche Pferdedarstellungen – es gibt noch eine zweite, bei der das Pferd in voller Bewegung den Kopf wendet,

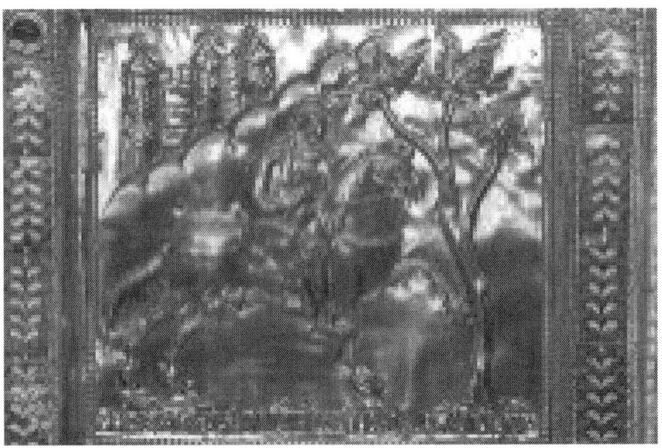

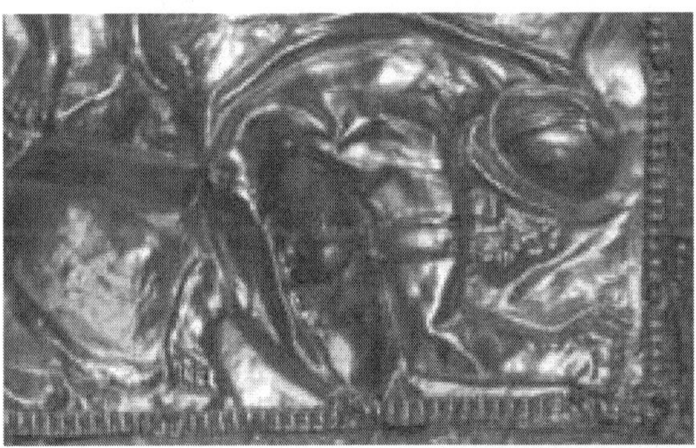

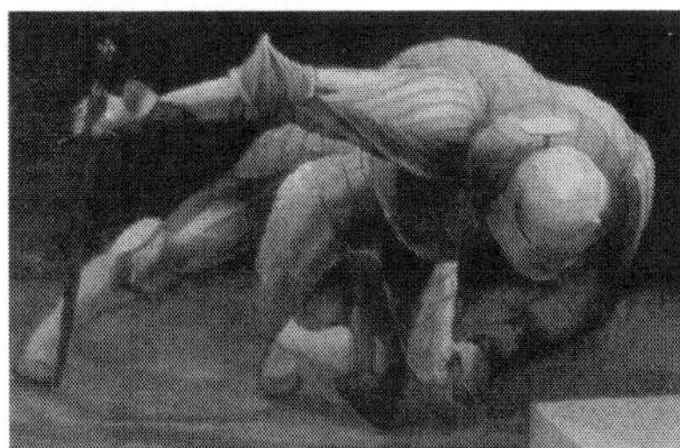

Paliotto, Mailand, vermeintlich 846: Der auf einem prächtig dargestellten Hengst reitende hl. Ambrosius, durch ein schräges Wolkenband von seiner Bischofskirche separiert [Cerisola]. Jetzt 11. Jh.

Dito: als Detail aus der Auferstehung (links oben die Füße des Heilands) ein von hinten oben mit Eisenhut gezeigter, nach rechts gebeugter Soldat [Cerisola]. Jetzt deutlich spätere Datierung.

Matthias Grünewald, Isenheimer Altar, 1516: bei der Auferstehung ein von hinten oben gezeigter, stürzender Soldat (hier gespiegelt!) [Lücking, Taf. 14].

weil Gott den Heiligen umbeordert – sind nach den hier im Text geschilderten Pferdedarstellungen nicht vor dem 13. Jh. zu erwarten! Auf beiden Pferdebildern wird zudem im Hintergrund eine türmereiche Staffage gezeigt, die perspektivisch gut bewältigt ist, zu gut für das 9. Jh., auch für das 10. und 11. Jh., wenn man mit angeblich zeitgleichen Handschriftenilluminierungen vergleicht. Schließlich scheint der essigreichende Soldat der Kreuzigung eine eiserne Rüstung zu tragen, im verlorenen Profil dargestellt zu sein und möglicherweise keinen Schwamm zu reichen, sondern die zweizipfelige Osterfahne [Frangi/Cerisola; Text und sehr gute Fotografien].

Auch die Vorderseite enthält mit der Auferstehung zumindest ein problematisches Bild. Christus ist über dem Grab mit einer sehr lebhaft flatternden Osterfahne postiert. Wie eine antike Figur steht er im Kontrapost, also mit Spiel- und Standbein und einer Schulterpartie, die gegen die Hüftpartie geneigt ist, hier also erstmals im richtigen Kontrapost. Er ist vor der Gotik im Mittelalter nicht beherrscht worden. Als Wiederbeleber des antiken Kontraposts gilt Donatello, etwa mit seinem bronzenen David aus der Zeit bis 1440. Verräterisch am Paliotto sind bei der Auferstehung auch die beiden Soldaten am Boden. Ist schon der linke in erstaunlicher Perspektive gestaltet, wie er sich mit seinem schräggestellten Schild vor dem Glanz des Auferstandenen schützt, so stürzt der rechte schier aus dem Bild heraus. Er kann sich gerade noch mit dem rechten Ellbogen abstützen. Ein Pendant findet sich erst bei Signorellis Orvieto-Fresken, wenn um 1500 über der Kapellentür die Welt untergeht.

Der Paliotto-Soldat erinnert den Verfasser obendrein an den rechten Grabwächter auf dem Isenheimer Altar Grünewalds, 1516. Dieser stützt sich in ganz ähnlicher Perspektive mit dem rechten Arm ab, umgerissen von der Wucht des Wunders. Und warum trägt der ‚karolingische' Wächter einen Helm mit waagrechter Krempe? „Der Eisenhut war während des gesamten Hoch- und Spätmittelalters in ganz Europa gebräuchlich" [wiki: Eisenhut]. Karolingischen Soldaten stand er nicht zu, zumal sich ohnehin kein Helm aus dieser Zeit erhalten hat, wie 1999 die große Karls-Ausstellung in Paderborn als Leerstelle erwiesen hat: „Aus der Karolingerzeit fehlen jedoch entsprechende Funde" [Stiegemann/Wenhoff, III.316; vgl. Illig 1999, 422 f.]. Resümee des Verfassers: Zumindest die angesprochenen Goldtafeln stammen weder aus ‚karolingischer' noch ottonischer Zeit, sondern sind deutlich jünger, sogar noch im 15./16. Jh. denkbar.

Es wäre für Zimmermann ein Leichtes gewesen, den Paliotto kunstkritisch in Produktionen verschiedener Jahrhunderte zu zerlegen. Doch

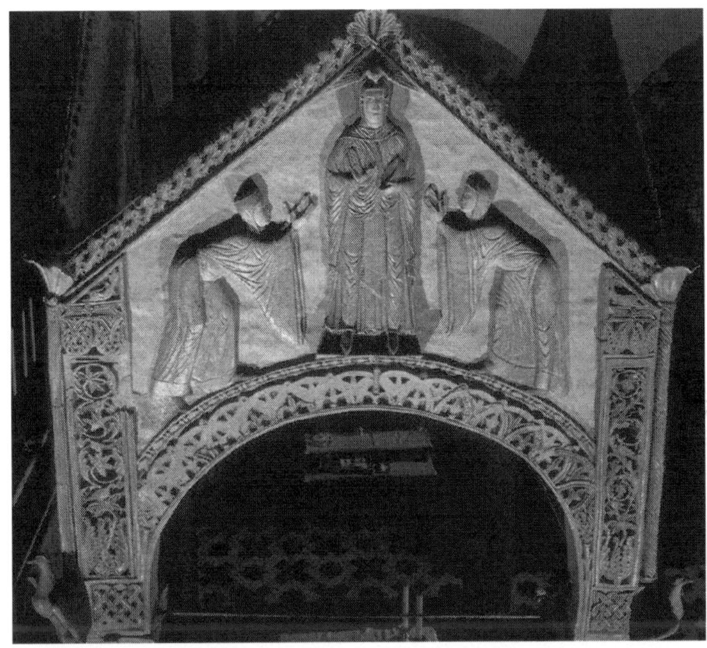

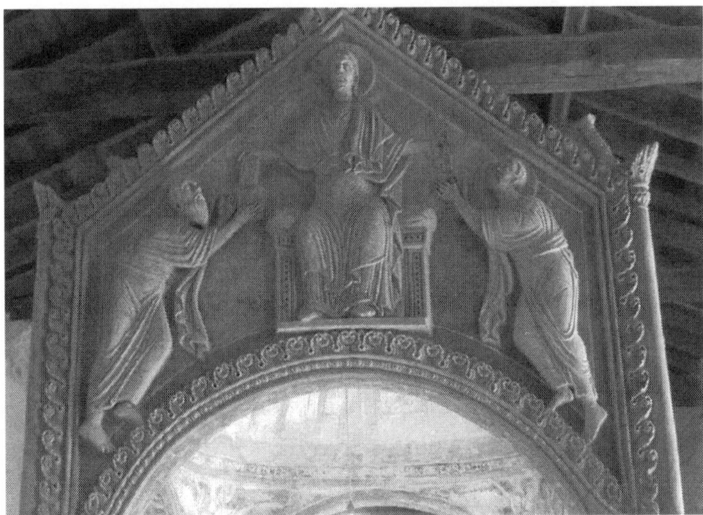

Zweimal derselbe Künstler?

Sant'Ambrogio, Mailand: Ziborium, Flachreliefs und verschiedene Flechtbandtypen [izi.travel], bislang 8. Jh., jetzt 12. Jh.

San Pietro oberhalb Civate, südlich des Comer Sees, Ziborium, 12. Jh. [wiki].

davor schreckte der gestandene Kunsthistoriker zurück. Franz Siepe enthüllte diese Probleme:

> „Und so rettet Zimmermann sich in ein Gedankenabenteuer, das hier als eine Probe zum Thema »Kunsthistorie in Not« ausführlich referiert werden soll:
> »Der in einer Urkunde erwähnte von Angilbert II. erbaute Altar könnte ein anderer, auch prächtig geschmückter an derselben Stelle gewesen sein, aber die Inschrift und die Charakterisierung des Angilbert als eines Lebenden durch den viereckigen Nimbus auf einem der Reliefs scheint doch unwiderleglich zu beweisen, daß die Reliefs und der ganze Altar in das 9. Jahrhundert gehören [...]. Der einzige Ausweg wäre, anzunehmen, daß schon Angilbert einen prächtigen Altar errichtet habe, daß dieser beim Einsturz der Kuppel im Jahre 1196 zerstört worden ist, daß bei der Erneuerung eine große Zahl von Emailplättchen von dem alten Altar zur Dekoration der Leisten des neuen benutzt wurde, und daß zum Andenken an den alten Altar dessen Inschrift und die Darstellung der Krönung des Angilbert durch den heiligen Ambrosius wiederholt wurden, wobei der viereckige Nimbus aus Mißverständnis herübergenommen wurde. Man wußte um das Jahr 1200 vielleicht nicht mehr, daß dieser Nimbus einen Lebenden bezeichnete, sondern sah in ihm nur die Hervorhebung einer angesehenen Persönlichkeit«" [Zimmermann, 196, bei Siepe 2002, 97].

Siepe wollte damals mit dem Paliotto primär demonstrieren, dass es in den dunklen, ‚karolingischen' Jahrhunderten generell zu wenige Marienbilder gibt, als dass sie als ‚missing links' der Verzahnung von Nachantike und karolingischer Hofkunst dienen könnten. Auch der Paliotto bringt kein autonomes Marienbild, sondern nur Abbildungen von der Gottesmutter in einer Reihe von Szenen aus dem Leben Jesu [Siepe 2002, 73-158].

Zu Beginn des Abschnitts war vom örtlichen Ziborium aus dem 12. Jh. die Rede. Diese Datierung ist noch nicht die Regel. Lange Zeit wurde es comaskischen Bildhauern zugeschrieben, aber nicht solchen von z. B. 1120, sondern aus der Zeit vor 1000: „L'altare è sormontato dal ciborio di ***epoca ottoniana***" [it.wiki: Basilica di Sant'Ambrogio; Hvhg. HI]. Andere italienische Seiten präzisieren auf 968 bis 1000. Trotzdem setzen sich realistischere Datierungen durch, so bei *Wikipedia* [Sant'Ambrogio (Mailand)]: „Der romanische Altarbaldachin aus dem frühen 12. Jahrhundert". Derartige Jahresangaben finden sich mittlerweile auch auf anderen deutschen Seiten. Die Bögen des Ziboriums sind mit ganz unterschiedlichen Flechtbändern geschmückt, die hier ebenfalls umdatiert

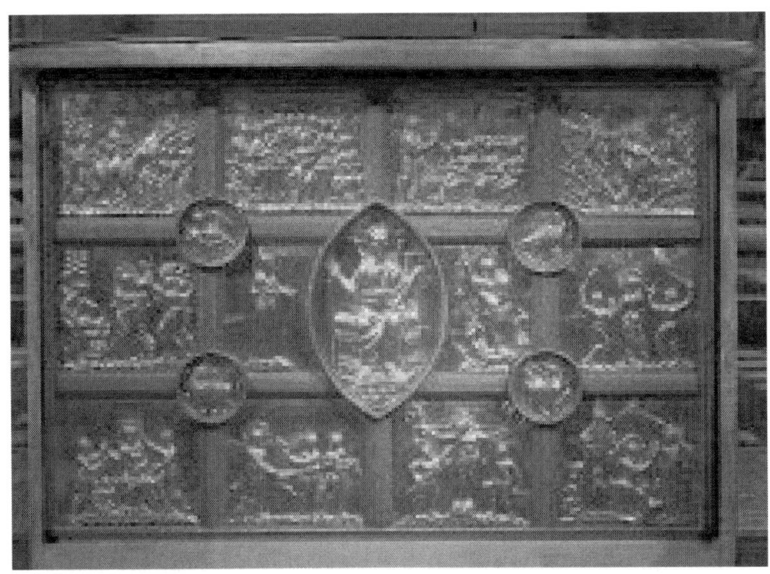

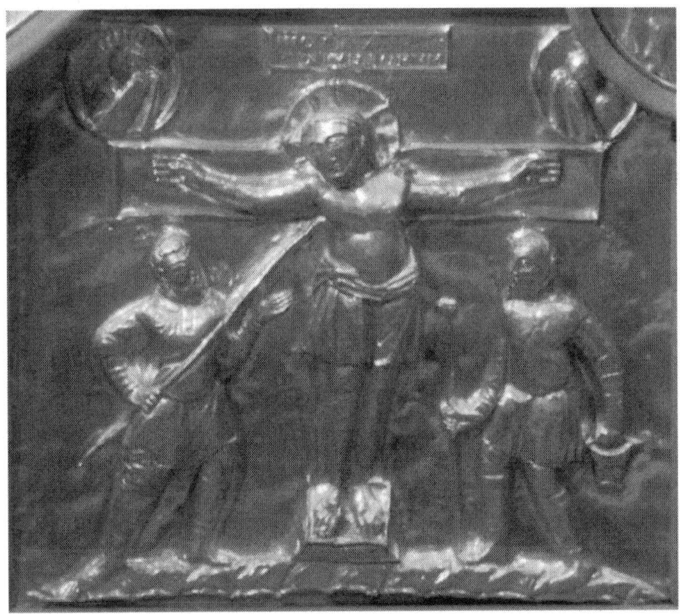

Pala d'oro, Aachen, Gesamtansicht, um 1000 [wiki]
Kreuzigung; der Heiland wird lebend und bärtig dargestellt [commons.wiki]

werden (s. S. 27 ff.). Da die Abstimmung über die Alpen hinweg manchmal mühsam ist (s. Santo Volto), dürfen Deutsche bis auf weiteres davon ausgehen, dass das Ziborium mit seinen steifen Figurenreliefs nicht vor 1000, sondern nach 1100 entstanden ist. Schließlich gab es vor 1080 noch überhaupt keine Bildhauerkunst. Mit der genannten Umdatierung ins 12. Jh. ist man dem Verfasser zuvorgekommen. Man musste sich dafür nur an dem Ziborium von San Pietro al Monte orientieren (s. S. 60 f.), das keine 45 km entfernt steht.

Zweimal Pala d'oro und Basler Antependium

Die in herrschender Lehre zeitlich nächste Altarverkleidung, die ***Pala d'oro in Aachen,*** ist als ottonische Arbeit bekannt; ihre 17 goldenen Relieftafeln messen in der heutigen Anordnung 1,21 x 0,83 m. In der Mitte thront der Weltenherrscher mit Zepter und Buch. Anders als in den umgebenden Tafeln ist er bartlos dargestellt. Die Kreuzigungsszene rechts darunter zeigt einen aufrechtstehenden Jesus mit ausgebreiteten Armen, der keineswegs tot ist, aber die Augen geschlossen hält.

Während man Aachens Pala d'oro als Stiftung Ottos III. sieht, soll das ***Basler Antependium*** von Heinrich II., also nur wenige Jahre später gestiftet worden sein [wiki: Basler Antependium]. Es ist mit 1,75 x 1,2 m größer, zeigt aber unter Arkaden ‚nur' fünf aufrechtstehende, in Gold getrieben Figuren: zu Seiten des Pantokrators, der nun vollbärtig gezeigt wird, drei Erzengel und den Ordensgründer Benedikt. Zu Füßen Christi werden die Stifter, als Heinrich II. und seine Ehefrau Kunigunde von Luxemburg interpretiert, sehr klein dargestellt. Das edle Stück wurde von den Baslern gut verkauft und steht heute im „Musée national du Moyen age" in Paris.

Die ***Pala d'Oro*** in ***San Marco*** in Venedig ist vergleichsweise riesig: 3,45 x 1,40 m; das einstige Antependium wird über dem Altar gezeigt, während als eigentliche Altarverkleidung eine weitere Goldtreibarbeit dient. Die aus vielen Händen und Zeiten stammenden Tafeln der Pala – ab 976 – wurden erst 1345 zusammengefügt. Die Kreuzigungsszene stammt aus byzantinischer Hand des 12. Jh. und zeigt den aufrechtstehenden Jesus mit gesenktem Haupt.

Hausartige Reliquienschreine

Erst unter den staufischen Kaisern kam die Sitte auf, wertvolle Reliquien, idealerweise ganze Leichen oder Skelette, in einem hausartigen Behältnis aufzubewahren und frei in der Kirche aufzustellen. Handelte

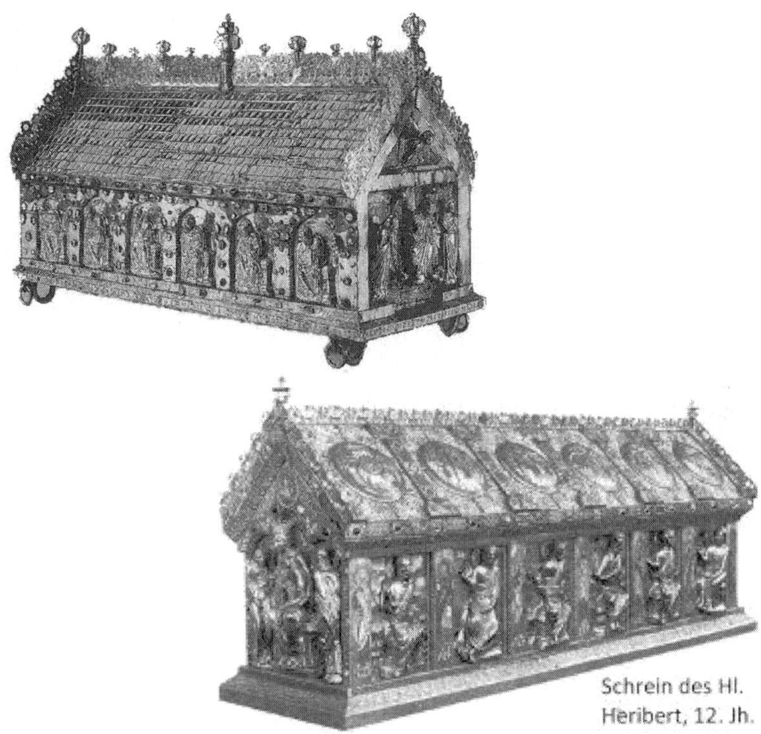

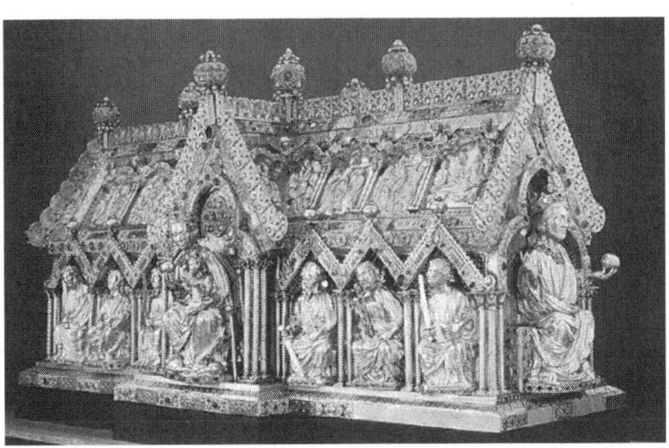

Godehard-Schrein, 1140, Hildesheim [ÖHl: Godehard von Hildesheim]
Heribert-Schrein, Köln-Deutz, hergestellt bis 1175, mit zahlreichen Email-Arbeiten (Erzbischof Heribert, um 1070–1121) [kreuzau]
Marien-Schrein, Aachen, 1220–1239 [pilger]

es sich zunächst um reine Goldschmiedearbeiten, traten bald Emailarbeiten, vor allem aus dem Maasland hinzu. Ihr größter Meister war Nikolaus von Verdun, der Goldschmiede- und Emailkunst (Grubenschmelztechnik) auf das perfekteste verband, wobei er bei der Gestaltung byzantinische Einflüsse und antike Vorbilder zu vereinen wusste. Als einziges ihm mit Sicherheit zuschreibbares Werk gilt der „Verduner Altar“, bei dem es sich ursprünglich wohl um eine Kanzelverkleidung gehandelt hat; Nikolaus war aber mit großer Wahrscheinlichkeit auch am Dreikönigenschrein und am Marienschrein von Tournai beteiligt. Hier eine Auswahl von berühmten und auch weniger bekannten Schreinarbeiten:

1140	Godehard-Schrein, Hildesheim
vor 1150	Epiphanius-Schrein, Hildesheim
1150	Viktor-Schrein, Xanten
1165	Servatius-Schrein, Maastricht (NL)
1156–1170	Ursula-Schrein, Köln
1170	Aetherius-Schrein, Köln
–1175	Heribert-Schrein, Köln
ca.1176	Domitianus-Schrein, Huy (B)
12. Jh.	Mauritius-Schrein, St-Maurice d’Agaune (CH)
12. Jh.	Sigismund-Schrein, St-Maurice d’Agaune (CH)
1150–1180	Hadelinus-Schrein, Stiftskirche, Visé (Wesent), (B)
1171–1181	Verduner Altar, Stift Klosterneuburg (A)
–1183	Anno-Schrein, Abtei Michaelsberg, Siegburg
–1185	Mauritius- u. Innocentius-Schrein, Siegburg
–1190	Benignus-Schrein, Siegburg
1180–1200	Stephan-Schrein, Ambazac (F)
1181–1200	Dreikönigen-Schrein, Köln
1200	Vitus-Schrein, Kloster Willebadessen
1205	Marien-Schrein, Tournai (B)
1210	Honoratus-Schrein, Siegburg
1182–1215	Karls-Schrein, Aachen
1225	Nantelmus-Schrein, Abtei St-Maurice d’Agaune (CH)
1225–1230	Maurus-Schrein, Bečov nad Teplou (Petschau; CZ)
1235–1236	Elisabeth-Schrein, Marburg
1220–1239	Marienschrein, Aachen
1220–1240	Potentinus-Schrein, Paris, Louvre (F)
1230–	Prudentia-Schrein, Beckum
1264	Suitbertus-Schrein, Düsseldorf
–1268	Remaklus-Schrein, Stavelot (Stablo; B)

Fazit für edles Altargerät und Schreine

Die Prüfung von besonders schön geschmücktem Altargerät, ob nun Schmuck- oder Memorialkreuz, Kelch oder Antependium, ergab seltsame Widersprüche. Ausgerechnet das berühmte Lothar-Kreuz stammt aus zwei verschiedenen Schaffensperioden; es gehört zum Teil ins späte 10. Jh., die Rückseite jedoch ins späte 12. Jh. an. Die nächsten Edelsteinkreuze aus München, Essen und Köln sind zeitlich korrekt eingeordnet, doch das gilt nicht für das kleine silberne Bernwardkreuz. Es muss dem Gero-Kreuz ins späte 12. Jh. folgen, gehört also nicht zu den Bernward gehörigen Preziosen, wird aber bei ihnen behandelt. Der Tassilo-Kelch als ungewöhnlich großer, figürlich geschmückter Kelch kann niemals für das 8. Jh. stehen, sondern für das 12. Jh.

Unter den Antependien muss Mailands Paliotto aus mehreren triftigen Gründen die ‚karolingische' Zeit verlassen. Das gilt insbesondere für die Rangerhöhung des Handwerkers Volvinus (Wolvinus) gegenüber kaiserlichen Stiftern, das gilt gleichermaßen für die Pferdedarstellungen, für die Darstellung des Auferstandenen im Kontrapost und für die kühne Perspektive bei der Auferstehung. Insofern ist der Paliotto zeitlich der Aachener Pala d'oro zuzuordnen, doch einige seiner Tafeln stammen aus einer deutlich späteren Zeit, die bis nach 1500 reichen kann

Die Reliquienschreine wurden hier aufgeführt, weil sie ein wichtiges Verbindungsglied darstellen zwischen den Gold- und Emailarbeiten der ottonischen Zeit und den vergleichbaren Arbeiten des 12. bis 14. Jh. Ein Umdatierungsbedarf ist bei ihnen nicht zu erkennen.

Sonderfall ‚Karolingische Karlsstatuette'

Hochberühmt ist die Reiterstatuette, die der Louvre bewahrt. Ehrfürchtig wird sie umwandert, soll sie doch eine, ja sogar die erste plastische Porträtdarstellung des Abendlandes nach der Römerzeit, zudem ein Porträt Karls des Großen sein. Davor kann aus der erhaltenen Kunst für viele Jahrhunderte keine Skulptur bereitgestellt werden, allenfalls der Koloss von Barletta (3,55 m Scheitelhöhe), dessen Datierungen zwischen 4. und 5. Jh. changieren, ohne dass man den porträtierten Kaiser namentlich festmachen könnte. Die kleine Reiterstatue wird selbstverständlich als ein Höhepunkt karolingischer Kultur gesehen. Wie ist der aktuelle Stand der Forschung?

> „Bei der sogenannten ***Reiterstatuette Karls des Großen*** handelt es sich um ein wohl 870 in Metz entstandenes Miniatur-Reiterstandbild mit einer Darstellung möglicherweise Karls des Großen, das

> wahrscheinlicher aber seinen Enkel Karl den Kahlen zeigt" [wiki: Reiterstatuette Karls des Großen; dortige Hvhg.].

Das ist nicht übermäßig viel. In der englischen *Wikipedia* wird zusätzlich ausgeführt, die 24 cm hohe, ursprünglich vergoldete Bronzefigur bestehe aus drei Teilen: Pferd, Reiter mit Sattel und sein Kopf. Claudia List [1983, 45 ff.] sah auch Schweif und Pferdefüße separat gegossen, ein Urteil, das nicht leicht zu fällen war, weil die Statuette 1871 schwer beschädigt und danach repariert worden ist.

Es bleibt weiter strittig, welcher Karl dargestellt sei; Karl der Kahle oder der Große. Für letzteren plädiert die englische *Wikipedia* in ihrer Artikelüberschrift „Equestrian statuette of Charlemagne", allerdings in dem Wissen, dass sich im späten 20. Jh. mehr Forscher für Karl den Kahlen ausgesprochen haben. Eine andere, französische Website [Gathelier 2011] spricht sich für Karl den Großen und die erste Hälfte des 9. Jh. aus, sieht aber in dem Pferd eine wiederbenutzte Antike, weil der Reiter zu groß für das Tier sei.

Auch im deutschen Sprachraum bleibt das Kunstwerk umstritten. Gert Zeising [1999] hat einschlägige Stimmen zusammengestellt. In frühen Analysen [Beissel 1909, 79; Lill 1925, 11] sah man Ross *und* Reiter als einheitliche Arbeit des 15./16. Jh. 1972 erkannte Anton Legner [1972, I:12] zeitlich getrennte Skulpturen: „Das Pferd mutet so antikisch an, daß es oft als ein Werk der Renaissance angesehen wird." Wenig später bestätigt Hubertus Günther [1975, 21]: „Das Pferd stammt in seiner heutigen Gestalt aus dem 15. Jahrhundert", laut *dtv-Lexikon der Kunst* [1994, VI:94] sogar aus dem 16. Jh. [bis hier Zeising 1999, 459-466].

2015 wurde in Hildesheim ein *„Forum Kunst des Mittelalters"* veranstaltet. In seinem Vortrag gab der Ingenieur und Kupferspezialist Jean-Marie Welter seinen Befund bekannt, der schon im Titel enthalten ist: *„Karl der Große und sein Pferd: eine zeitgleiche Schöpfung".* Welter zufolge herrsche in der Forschung mittlerweile Einigkeit darüber, dass Karl der Große dargestellt und der Guss im 9. Jh. erfolgt sei. Keine Einigkeit bestehe beim Pferd, da es zwar nicht der Renaissance, wohl aber spätrömischer Zeit entstammen könnte. Dem widerspricht Welter, lasse sich doch dank Studien am Aachener Karlsskelett und an karolingischen Pferdeskeletten nachweisen, dass die Größenrelation zwischen damaligen Rössern und Reiter stimme. Auch seien beider Materialanalysen identisch, beide mit einem niedrigen Bleigehalt, wie er für die Vergoldung notwendig sei. Es folgt eine eher esoterische Passage Welters:

> „Wenn auch einige ornamentale Details sich in Reiter und Pferd wiederfinden, so ist die größte Übereinstimmung in den Kraftlinien

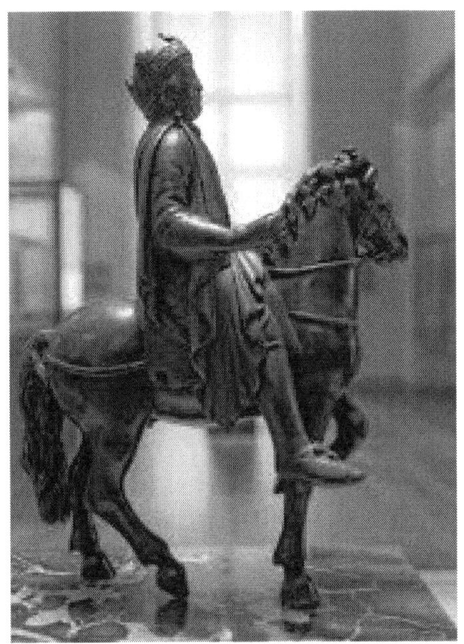

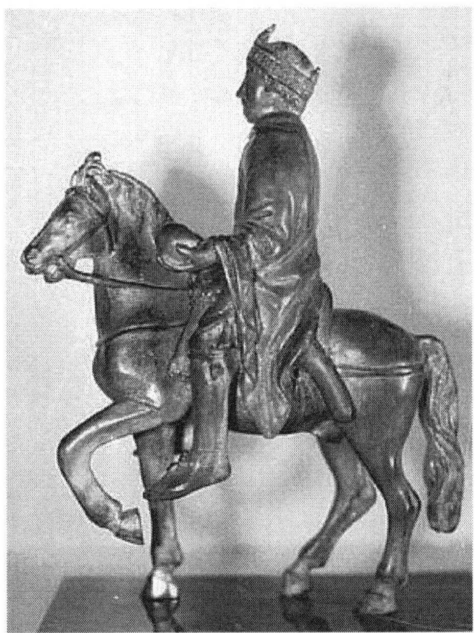

Metzer Reiterstatuette, heute Louvre [wiki: Reiterstatuette Karls des Großen], bislang 9. Jh., jetzt 16. Jh.; Replik [zum]

von beiden zu sehen. Auffallend ist die vertikale Ausrichtung von Reiter und Pferd, was sie stark unterscheidet von römischen Reiterdenkmälern mit ihrer horizontalen Betonung, wie die des Marc Aurel“ [Welter].

Ob hier überhaupt das richtige Skelett herangezogen wurde, ist zu bezweifeln, denn es misst ‚nur‘ 1,82 m gegenüber Zeitgenossen bis 2 m und lässt auf schmächtige Statur und damit auf keinen kräftigen Kämpfer schließen [vgl. Illig 2019a]. Trotzdem lohnt es sich, das Kunstwerk noch einmal zu betrachten und mit anderen Reiterbildern zu vergleichen. Einigkeit besteht immerhin darin, dass die Statuette dem Reiterstandbild Mark Aurels auf dem Kapitol in Rom nachgebildet ist. Diese Statue überlebte als einzige antike Reiterstatue, weil sie nicht als Konterfei eines heidnischen Potentaten, sondern als Abbild des ersten christlichen Kaisers, Konstantins d. Gr., galt. Sie zeigt den Herrscher mit Tunika und Feldherrnmantel. Die Sitzhaltung ist für uns ungewohnt, weil die Römer noch keine Steigbügel kannten. Das Pferd Mark Aurels misst 3,87 in der Länge und 3,52 m in der Höhe; doch mit Reiter ist die Kaiserstatue 4,24 m hoch [wiki: Reiterstatue Mark Aurels] und damit eher vertikal ausgerichtet. Über die „Kraftlinien“ hinausgehende kunsthistorische Betrachtungen hat Welter nicht angestellt.

Die sog. Karlsstatuette misst in der Höhe nur fünf Prozent ihres Vorbilds; der Reiter sitzt wie sein Vorbild ohne Steigbügel im Sattel, obwohl diese Reithilfen zur Karlszeit existiert hätten. Dieser Potentat trägt ebenfalls eine Art Tunika, dazu einen Mantel, allerdings keine Sandalen, sondern fränkisches Schuhwerk mit Gamaschen. Auch Krone und die Erdkugel in der Linken entsprechen nicht der Antike. Das auf vielen Abbildungen gezeigte Schwert in seiner Rechten ist eine späte, zweifelhafte Ergänzung; ein Zepter dürfte passender sein.

Cappenberger Kopf und Wolfram-Leuchter

Mangels irgendwelcher Vergleichsstücke besteht zwangsläufig Einigkeit darüber, dass aus der Karolingerzeit keine weitere Skulptur mit Porträtähnlichkeit existiert. Als früheste derartige Darstellung gilt der Cappenberger Barbarossa-Kopf von ca. **1160**, ausgeführt in Rotguss, also einer Legierung aus Kupfer, Zinn, Zink und Blei. Auch bei ihm kam das Wachsausschmelzverfahren in verlorener Form zum Einsatz [wiki: Rotguss].

Dieses früh in ein Reliquiar umgewandelte Kunstwerk ist 31,4 cm hoch. Die verfünffachte Kopflänge gegenüber der ‚Karlsstatuette‘ erlaubt hier tatsächlich das Bemühen um Ähnlichkeit, während sie bei der ‚Karlsstatuette‘ im Wesentlichen vom Schnurrbart hergeleitet wird, der

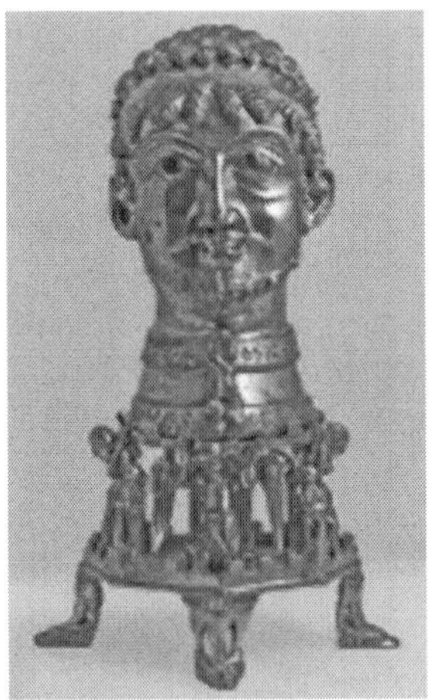

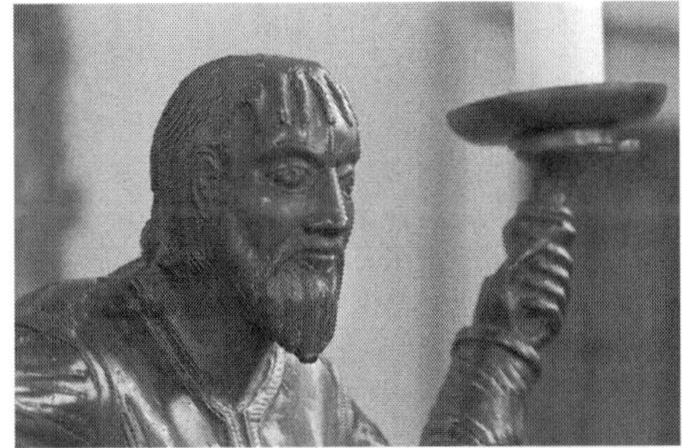

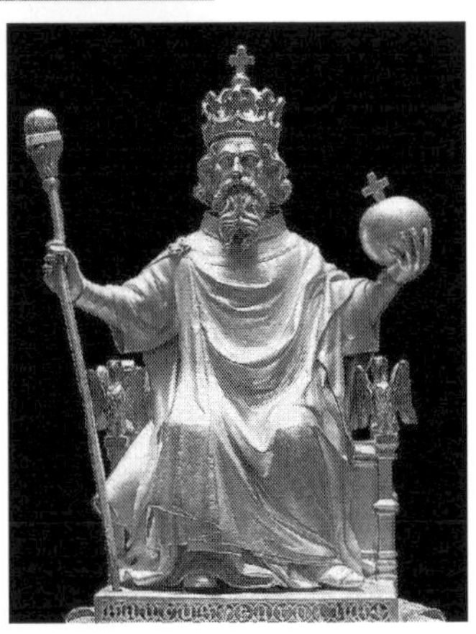

Cappenberger Kopf, 1160 [wiki: Cappenberger Barbarossakopf]
Kopf des Wolfram-Leuchters, Erfurt, frühestens 1160 [CC-BY]
Zepter Karls V. mit dem Abbild Karls des Großen, um 1370 [Biennais]

sich auf den abzählbar wenigen Karlsdenaren mit eingeprägtem Herrscherporträt findet, die aber gefälscht sein dürften [Zeising, 465 f.]. Auch wenn sie echt wären, bliebe eine massive Schwierigkeit:

> „Wenn der Bronzegießer und Bildner der einzelnen Wachsmodelle, vor allem des Herrscherkopfes, tatsächlich nur Münzbilder zum Vorbild gehabt haben sollte, dann hat er sich als ein Meister der Umsetzung vom Relief zur plastischen Form erwiesen: ein in karolingischer Zeit ungewöhnliches – und für uns heute – einmaliges Beispiel künstlerischer und technischer Freiheit und Souveränität im frühen Mittelalter“ [Roth, 74].

Hier ist zu fragen: „einmaliges Beispiel“ oder falsche Zuschreibung?

Zeitgleich mit dem Cappenberger Kopf entstand (frühestens) um 1160 auch der ***Wolfram-Leuchter*** des Erfurter Doms, wohl in derselben Werkstatt Magdeburgs wie die Türen von Nowgorod [Mende, 78] (s. S. 200). Der ‚Wolfram‘ ist eine naturalistische, lebensnahe Porträtdarstellung, auch wenn wir den Dargestellten nicht kennen. Bei dem 1,80 m hohen und 276 kg schweren Leuchter handelt es sich um die älteste mittelalterliche Darstellung eines Menschen als freistehende Bronzeskulptur. Er wird für den Dom allerdings erst 1425 erwähnt [Janzen]. Ihm folgten Kopf-Reliquiare mit realistischen Zügen. Schon vorher hätte es Grabplatten mit porträtähnlicher Gestaltung gegeben: für König Rudolf von Schwaben, erstellt 1080, und für Herzog Widukind, dem 300 Jahre nach seinem Tod um 1100 eine Grabplatte gemeißelt worden sei. Doch scheinen diese Datierungen nicht stimmig (vgl. S. 207). Auch *nach* dem Cappenberger Kopf sind dreidimensionale, bronzene Porträtabbildungen im hohen Mittelalter selten.

Erst auf dem Zepter Karls V. (1365–1380) ist wieder Karl der Große dargestellt. Die Metallbearbeitung ist bei diesem kleinen Wunderwerk bereits weit vorangetrieben; sie lässt keinen Vergleich mit der Reiterstatuette zu, eher „stilistische Nähe zum aufkommenden Realismus in der Monumentalskulptur" erkennen [Duby/Daval, 426].

Aquamanilien

Angesichts dieser absoluten Ausnahmestellung der ‚Karlsstatuette' – welches Kunstwerk hält 300 Jahre Abstand zum ersten Nachfolger – müssen weitere Metallarbeiten gesucht werden, Vorläufer wie Nachfolger. Gibt es vor Karls Reiterlein irgendeinen vollrunden Guss?

> „Zu den seltenen Ausnahmen innerhalb des Repertoires der Gießer ist ein wohl bronzener Hirsch zu zählen, der im Baptisterium von Viviers (Lothringen) aufgestellt gewesen sein soll. Wenn es sich

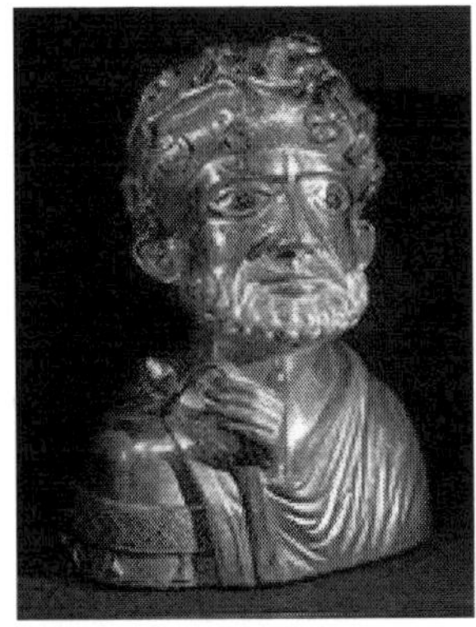

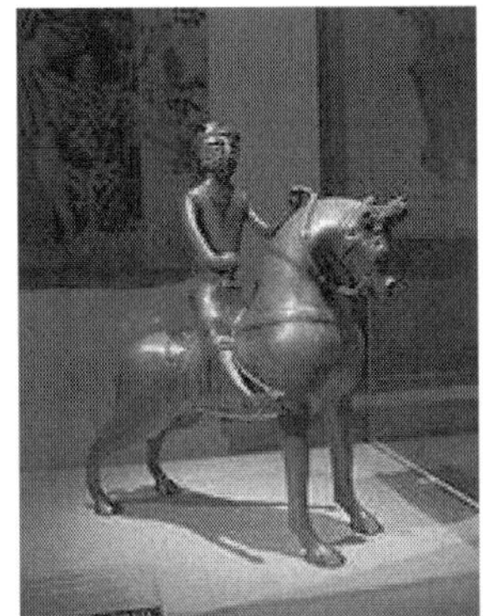

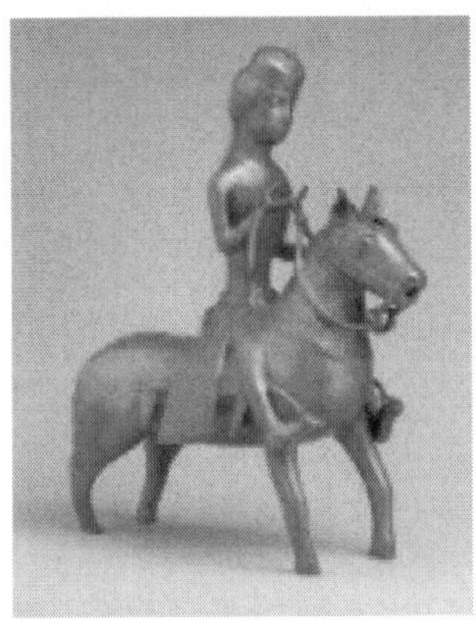

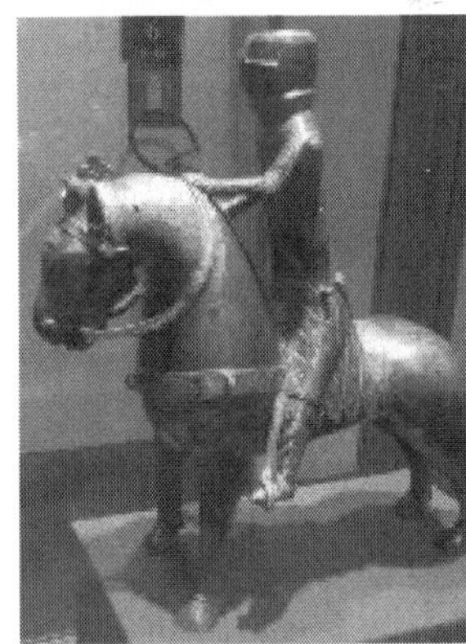

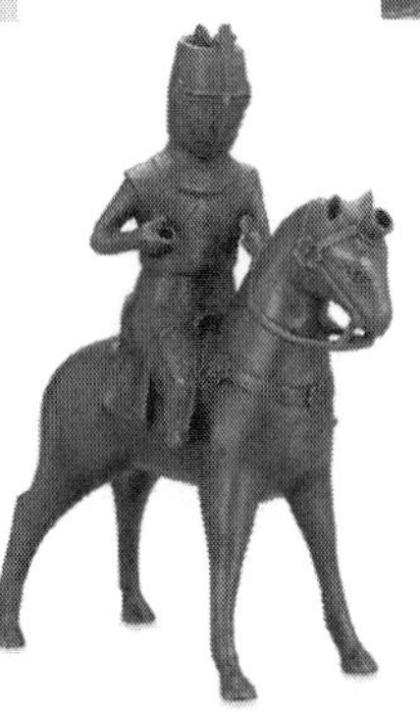

Oben links: Aquamanile aus der Domschatzkammer Aachen, öfters als Karl d. Gr. interpretiert, 1170/80 [wiki: Aquamanile]
Aquamanile, Niedersachen, 1250–1300, New York [wiki: Aquamanile]
Mitte links: Falkner auf Pferd, 13. Jh. [met]
Mitte rechts: Aquamanile als Ritter, 13. Jh. [eva]
In England gefundener Reiter, „British Museum", 1275–1300 [britishmuseum]

> nicht um ein überkommenes römisches Stück gehandelt hat, ist dies der einzigartige Hinweis auf eine solche Plastik im frühen Mittelalter vor der Statuette Karls des Großen“ [Roth, 73].

An dieser Ausführung erstaunt die Souveränität, mit der aus irgendeinem schriftlichen Hinweis ein realer, gegossener und sogar leidlich datierbarer Vorläufer der Reiterstatuette imaginiert wird. Die eigentliche Botschaft ist klar: Es gibt kein einziges Stück im Abstand von bis zu 400 Jahren, mit dem sich ein Neubeleben römischer Gusstechnik belegen ließe.

Und Nachfolger? Es gibt vielleicht Bindeglieder zwischen der sog. Karlsstatuette und dem Cappenberger Kopf, die in der Debatte gerne übergangenen Aquamanilien. Der Typus ist für Handwaschungen im Orient entstanden und im hohen Mittelalter nach Europa gelangt, wo diese Geräte während der Messzeremonie eingesetzt wurden. Mittlerweile sind um die 400 Exemplare gefunden worden [Olchawa, 3], wie überhaupt ab ca. 1150 viele gegossene Kleinkunstwerke auftreten: Taufbecken, Brunnen, Kreuzfüße, Gefäße, Weihrauchfässer, Kruzifixe, Türklopfer, gravierte Bronzeschalen und Glocken [Weihrauch]. Solche sind in beliebiger Zahl auch erhalten, 250 Jahre nach den ‚Karolingern‘.

> „Die ältesten Aquamanile hatten die Form eines menschlichen Kopfes, etwa ein Gefäß, welches im Aachener Dom aufbewahrt wird. Ihre Blütezeit hatten sie im Hoch- und Spätmittelalter“ [wiki: Aquamanile].

Die frühesten Gießgefäße werden der zweiten Hälfte des 12. Jh. zugeschrieben [Mende, 79], der kleine Kopf aus der Aachener Domschatzkammer wird auf 1170/80 datiert. Er ist demnach nicht älter als der Cappenberger Kopf und wird manchmal als ein Porträt Karls d. Gr. angesprochen. Diese Bezeichnung ist auch hier willkürlich, da niemand weiß, wie Karl ausgesehen hat. Deshalb wird diese Spekulation in Aachens Schatzkammer ignoriert. Dort verweist man auf das den Kopf umrankende Weinlaub, das neben der antikisierenden Kleidung gegen Karl spreche [Lepie/Minkenberg, 49].

Entsprechende Gefäße in Reiterform sind allesamt jünger. Ein Rundblick erbrachte keines, das noch dem 12. Jh. angehört. So wird ein Reiter als Aquamanile („Metropolitan Museum of Art“, New York) erst in die zweite Hälfte des 13. Jh. datiert, ebenso ein in England gefundener Ritter, der erst jetzt wohlproportioniert ausgeführt werden konnte, vier Jahrhunderte nach der vermeintlichen Karlsstatuette.

Dasselbe gilt für weitere Gefäße dieser Art. Sie kommen in ihrer Unbeholfenheit als Verbindungsglieder zwischen ‚Karlsstatuette’ und Cappenberger Kopf ohnehin nicht in Betracht.

Demnach gibt es auf dem Gebiet der metallischen Kleinkunst, ob in Bronze, Messing oder Elektrum, keine Kleinplastik, die älter als der Cappenberger Kopf von 1160 wäre. Damit bleibt die rund drei Jahrhunderte währende Lücke seit ca. 860 unverändert bestehen.

Immerhin gibt es einen gestalterischen wie technischen Hinweis: die Pferdemähne. Bei den hier abgebildeten Aquamanilien ist die Mähne nie plastisch gestaltet. Auch bei der Vielzahl der übrigen kleinen Löwen, Zentauren und Fabeltieren wird die Mähne später ziseliert, nicht bereits in der dann verlorenen Tonform gestaltet und mitgegossen; das dürfte zu aufwändig gewesen sein. Doch die feine Gussvorbereitung, sogar mit Hinterschneidungen bei den Stirnsträhnen, ist für die sog. Karlsstatuette typisch.

Das erlaubt auch einen Rückblick auf die Statue Mark Aurels. Sie hat sehr wohl eine gut ausgearbeitete Mähne und zwischen den Ohren ein Haarbüschel, das wie ein Horn aussieht. Die Mähne wurde bei der ‚Karlsstatuette' imitiert, was bei der bescheidenen Größe nicht leicht war. Andere antike Pferde wie die der Quadriga, die heute in Venedigs Markusdom steht, haben keine ‚wallenden', sondern sehr kurz gehaltene Mähnen.

Insgesamt stellt die ‚Karlsstatuette' ein gestalterisch wie technisch deutlich anspruchsvolleres Artefakt als die Aquamanilien dar. Damit scheidet dieses kleine Kunstwerk als Erzeugnis des frühen und hohen Mittelalters ebenso aus wie als spätrömisches.

Vergleichbare Arbeiten?

Die Suche nach Vergleichsstücken wird generell wenig betrieben, was uns hier nicht hindern soll. Wie steht es denn mit anderen, größeren Metallarbeiten, die uns ebenfalls Hinweise geben könnten?

Löwe und Drache

Keineswegs ein Reiterstandbild ist der gut bekannte ***Braunschweiger Löwe***, der als „älteste erhaltene Großplastik des Mittelalters nördlich der Alpen und erster größerer figürlicher Hohlguss seit der Antike" gilt.

> „Der Bronzeguss wiegt 880 kg, hat eine Höhe von 1,78 m, eine Länge von 2,79 m und eine maximale Wandstärke von 12 mm" [beide Zitate bei wiki: Braunschweiger Löwe].

Er wurde gegen 1166 im Zentrum Braunschweigs platziert. Damit bezeugt er zusammen mit dem Cappenberger Kopf und den ihm nachfolgenden Aquamanilien den Beginn der künstlerisch anspruchsvollen

Bronze- und sonstigen Metallbearbeitung im deutschen Raum, zugleich die Gusstechnik bei einem Objekt von fast einer Tonne Gewicht.

Die erste größere Reiterstatue in Bronze steht in einem Hof des Hradschins von Prag, ein ***hl. Georg als Drachentöter***, präzise auf **1373** datiert [cz]. Diese Präzision ist eine nur scheinbare, wurde doch 1562 das Pferd so schwer beschädigt, dass noch im 16. Jh. ein Neuguss erfolgte, der heute vor dem St. Veit-Dom steht, während die beschädigte Urform im Hradschin aufbewahrt wird.

„Es handelt sich hierbei um die erste uns bekannte Statue, die freien Raum geziert hat, die also an kein Bauobjekt gebunden war" [prague].

Wir bewegen uns bei ihr in einer Zeit von 500 Jahren nach den gemutmaßten Karolingern und sollen glauben, dass auch der Braunschweiger Löwe keinen engen Bezug zur Burg Dankwarderode hat, vor der er Wache hält…

Reiterstatuen aus dem 15. und 16. Jh.

Die großen Reiterstandbilder der Renaissance – Donatellos Gattamelata in Padua, Verrocchios Colleone in Venedig, Giovanni da Bolognas Cosimo I. in Florenz – stammen alle aus der Zeit nach 1446.

Noch in der Renaissance sind Statuetten ohne manuelle Funktion – Stichwort Aquamanile – selten. Eine Reiterstatuette ist nicht darunter. Es brauchte gewissermaßen einen antiken Anstoß. Papst Paul II. gab ihn, als er den ‚Mark-Aurel' restaurieren und auf dem Kapitol aufstellen ließ; das geschah von 1466 bis 1468. Die erste Reproduktion in drastisch reduzierter Größe stammt von Filarete [Zeising, 467], unmittelbar nach der Neuaufstellung geformt, starb doch der Künstler bereits 1469. Die in Dresden verwahrte Kopie war noch sehr frei. Im ersten Jahrzehnt des 16. Jh. folgte Pier Jacopo Alari Bonacolsi, den man wegen seiner antikisierenden Vorliebe „Il Antico" nannte. Auch seine Kopie, heute im Palais Liechtenstein zu Wien, ist noch sehr frei gestaltet und zum Teil vergoldet.

Zeitgleich wurde Leonardos da Vinci nie vollendete Riesenstatue für Francesco Sforza zwischen 1505 und 1508 in seiner Mailänder Werkstatt auch als Kleinplastik von 23,5 cm Höhe geformt [Duby/ Daval, 599]. Und von Andrea Briosco (Il Riccio) existiert aus derselben Zeit „der schreiende Reiter" mit 41 cm Höhe [ebd.]. Weitere Mark-Aurel-Repliken wie die von Ludovico del Duca (1553) sind bekannt. Es setzte also im 16. Jh. ein breiteres Interesse an Reiterstatuetten ein. Damals lässt sich auch eine Karlsstatuette erwarten, die dann allerdings weniger eine Nachbildung als eine neue Gestaltung wäre. Zeising [467] hielt sich

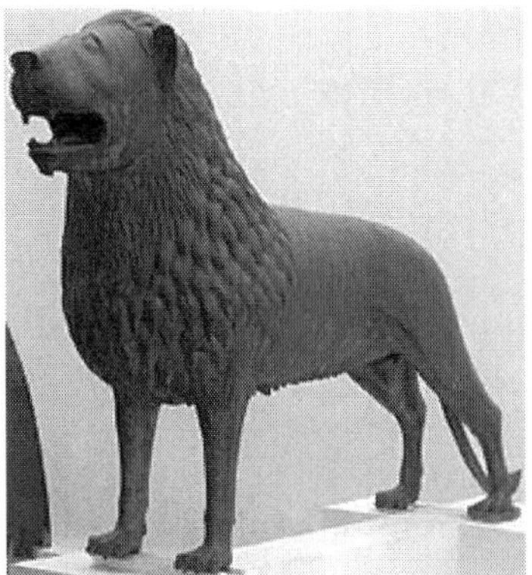

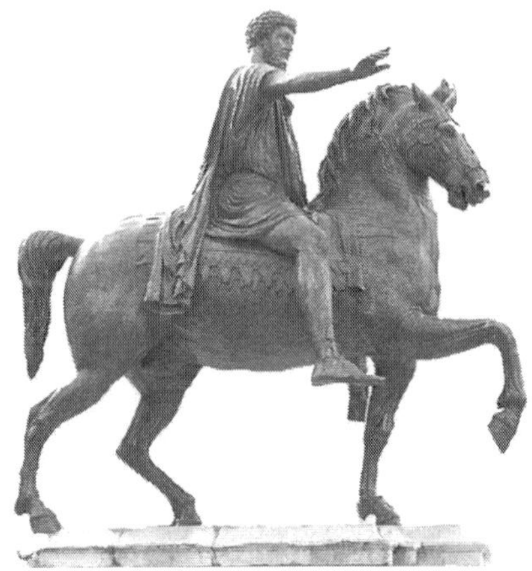

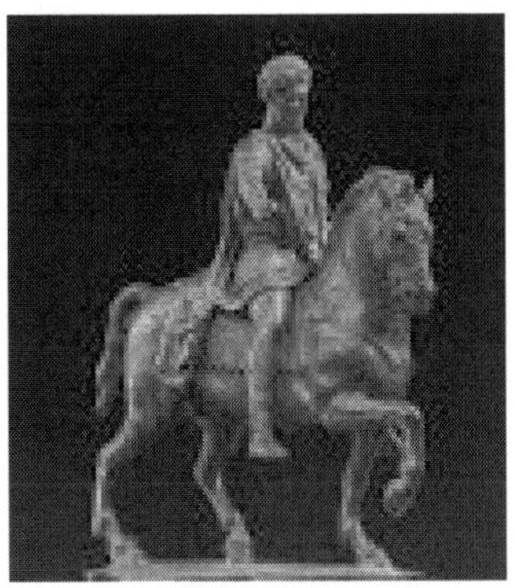

Braunschweiger Löwe, Original in der Burg Dankwarderode [wiki]
Mark Aurel als Kopie auf dem römischen Kapitol [ritter]
Mark Aurel als Statuette, nach 1500 [EC]

an die Blattzacken des Kronreifs, die Florentine Mütherich als „Lilienaufsätze“ gedeutet hatte, weshalb er an die Bourbonen-Könige dachte:

> „Seit 1552 war das vielfach umkämpfte Metz französische Festung. Das Liliensymbol indiziert eine Herstellung in bourbonischer Zeit“ [Zeising, 467].

Allerdings trugen die Bourbonen die Lilien schon viel länger im Wappen [vgl. wiki: Haus Bourbon]. Als französische Könige herrschten sie von 1589 bis 1793. Zeising [459] hat aber auch darauf hingewiesen, dass Inventare des Kirchenschatzes der Kathedrale von Metz die Statuette vermutlich 1567, sicher erst 1657 nennen.

In Bezug auf die Reiterstatuette kann das Urteil nur lauten: Mangels entsprechender Gegenstücke aus Spätantike, aus 9. bis 15. Jh. handelt es sich bei der ‚Karlsstatuette‘ um ein Produkt aus dem 16. oder gar 17. Jh. – je nach Sichtweise gestaltet nach 1508, nach 1552 oder vor 1657.

Die sog. ‚Karlsstatuette‘ ist ‚altersgerecht‘ mit einer römischen Tunicella und einem Mantel gekleidet [Feulner/Müller lt. Zeising, 460], aber mit fränkischem Schuhwerk samt Gamaschen und mit einer bei den Römern nicht üblichen Krone versehen. Die selbst bei den steinernen Reiterfiguren nach 1220 (s.u.) und den bronzenen Aquamanilien durchwegs dargestellten Steigbügel fehlen hingegen, weil sie auch bei der Mark-Aurel-Figur fehlen. Der Verdacht, ein Renaissance-Pferd vor sich zu haben, ist spätestens von Legner [1972 lt. Zeising 1999, 461] geäußert worden. Seit Beissel [1909] gehören Ross und Reiterlein ins spätere 16. Jh. [Zeising 1999], vielleicht sogar ins 17. Jh.

Die Reihe der plastischen Personendarstellungen oder gar Porträts beginnt tatsächlich erst mit dem Cappenberger Kopf und dem oben genannten Aquamanile-Kopf, beide nach 1150.

Pferde aus Stein und Elfenbein

Ein Zitat aus *Wikipedia* zeigt die Brüchigkeit der Überlieferung ungewollt deutlich:

> „Reiterstandbilder waren bereits in der Antike ein Herrschaftssymbol. Diese Tradition wurde von Karl dem Großen fortgesetzt. So ließ er das Reiterstandbild Theoderichs im Jahre 801 aus Oberitalien nach Aachen bringen, – vermutlich da es keine fränkischen Künstler gab, die ein Standbild in ähnlicher Qualität hätten meißeln können. Der Kaiser ließ diese Skulptur vor der Pfalz aufstellen. Dieses Reiterstandbild ist nicht erhalten, aber literarische Quellen geben an, dass es »dem großen Kaiser nicht zuletzt die Achtung und Verehrung als weströmischer Kaiser und die Gleichrangigkeit mit dem oströmischen, in Byzanz residierenden, sichern« sollte. Außerdem

entstand um 870 eine Reiterstatuette aus der jüngeren Metzer Schule, welche nach einer bis in das 16. Jahrhundert zurückverfolgbaren Lokaltradition den reitenden Herrscher Karl den Großen darstellt. Diese Statue befindet sich im Pariser Louvre.
Kaiser Otto sah sich in der Tradition Karls des Großen. Der ottonische Kaiser beanspruchte die Führung des Abendlandes für sich und ließ Magdeburg als »neues Aachen« ausbauen. Das macht es wahrscheinlich, dass bereits zu Ottos Lebzeiten vor seinem Palast ein Reiterstandbild aufgestellt wurde, das nicht erhalten geblieben ist" [wiki: Magdeburger Reiter].

Schälen wir das Faktische heraus: Karl als legendärer Vorreiter ließ angeblich ein nicht erhaltenes, nur literarisch erwähntes, überlebensgroßes Reiterstandbild des Theoderich aus Ravenna holen, das mit Sicherheit nicht aus Stein, sondern – wie bei den kaiserzeitlichen Römern üblich – aus Bronze gewesen wäre, ohne dass es von ihm irgendeine materielle Spur gäbe oder gegeben hätte. In dieser Tradition hätte im 10. Jh. Otto d. Gr. eine Reiterstatue errichten lassen, die wiederum nicht erhalten ist. Aus ihr leitet sich dann der Magdeburger Reiter ab, der tatsächlich existiert und nun aus Stein gemeißelt ist, aber zu Otto einen Zeitabstand von fast 300 Jahren, zu Karl einen von 440 Jahren hält.

Steinerne Reiter

Nachdem also hier – eher ungewollt – auch Steinplastiken herangezogen wurden, wollen wir nicht versäumen, weitere Kunstwerke aus anderen Materialien zu sichten. Steinerne Reiterstandbilder sind werkstoffbedingt eher großformatig. Es gibt tatsächlich steinerne Reiter an kirchlichen Westfassaden. Als erstes ist noch einmal auf ein Kapitell in St-Benoît-sur-Loire hinzuweisen, dessen Meister bereits Pferde darstellen konnte. Oben wurden die Gründe genannt, warum Kapitell und dortiger Turm nicht bald nach 1026, sondern erst im 12. Jh. geschaffen worden sind.

Es folgt eine Arbeit an der Kirche Saint-Pierre von Châteauneuf-sur-Charente, bei der Pferd und Reiter eine Solitärstellung einnehmen: um 1100.

Ein weiterer Reiter wird an Saint-Pierre in Parthenay-le-Vieux, gezeigt. Im nördlichen Nouvelle-Aquitaine gibt es in der Umgebung von Parthenay überraschend viele Reiterskulpturen: an den Kirchen Saint-Hilaire in Melle (ca. 1150), Saint-Pierre in Aulnay, Saint-Nicolas in Civray und Saint-Pierre in Airvault.

Die beiden gezeigten Reiterreliefs werden der Zeit um **1100** zugerechnet, also der Anfangszeit französischer Skulptur, was ein, zwei

Jahrzehnte zu früh sein könnte. Es werden Verbindungen hin zu den Kreuzzügen ebenso wie zu Konstantin d. Gr. vermutet.

Eine Besonderheit bieten die Archivolten romanischer Portale. Denn hier werden oft auch die nichtchristlichen Tierkreiszeichen dargestellt. Zu ihnen gehört der Schütze, gerne in Gestalt eines Kentauren, also eines Pferdemenschen präsentiert. Derartige Reliefs treten nach 1100 auf, als die Bildhauerei solche Kleindarstellungen bewältigte. Als Beispiel eine Archivolte vom Portal von Sainte-Marie-Madeleine in Vézelay [Duby/ Daval, 286]. Am selben Tympanon finden sich ein oder zwei Reiter, die an das troianische Pferd denken lassen, nachdem an einem Pferd eine Leiter lehnt.

Reiter treten auch an Portalwänden wie denen von Ripolls Klosterkirche oder von San Zeno in Verona auf, doch keiner vor dem 12. Jh.

In Deutschland setzt die Reihe porträtähnlicher Darstellungen mit dem Bamberger Reiter ein, in Arbeit von 1225 bis **1237**. Sie wird fortgesetzt vom Magdeburger Reiter aus der Zeit um **1240**.

Fast gleichzeitig ist ein Sandsteinrelief entstanden: für den Mainzer Dom der Bassenheimer Reiter, ebenfalls um **1240**. Unmittelbar folgt, noch vor **1250**, jener hl. Martin, der in Lucca an der Domfassade seinen Mantel mit dem Bettler teilt. Danach finden sich zunächst keine auffälligen Reiterstandbilder mehr. Ein Jahrhundert später folgen mehrere für Mitglieder der Scaliger-Sippe in Verona; sie sind rings um ihre Kirche Santa Maria Antica postiert. Außerdem die Grabstatue des Bonino da Campione, die heute den Mailänder Castello ziert.

Unterm Strich ist festzuhalten: Wer einen Karl d. Gr. im 9. Jh., vielleicht gar um 840 abgebildet haben wollte, dem konnten Steinmetze erst 350 Jahre später folgen.

Elfenbein-Pferde

Elfenbeinarbeiten entstammen einer ganz anderen Traditionsrichtung aus der Spätantike. Während damals die Darstellung von Reiter und Pferd in Perfektion beherrscht wurde, wie das Barberini-Diptychon beweist, erlischt diese Fähigkeit im frühen Mittelalter gänzlich.

Das „Germanische Nationalmuseum" in Nürnberg verwahrt einen byzantinischen Kamm von 10 cm Breite, der dem 10. Jh. zugeschrieben wird [objektkatalog1] und gut illustriert, wie unbeholfen damals Pferde wiedergegeben werden: Dieser Künstler aus einer durchaus reichen Kunstlandschaft war noch keineswegs in der Lage, ein Pferd plastisch zu formen.

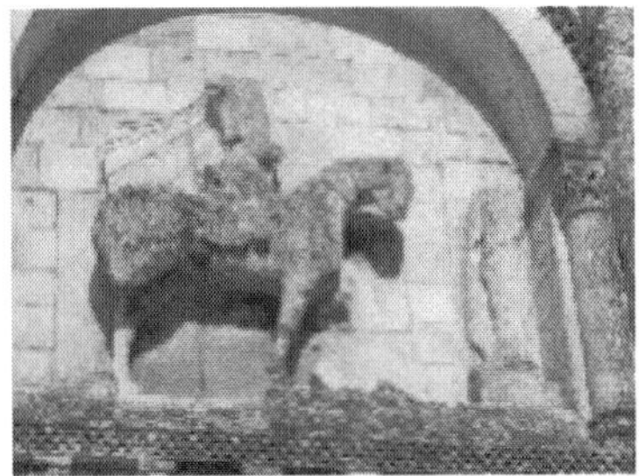

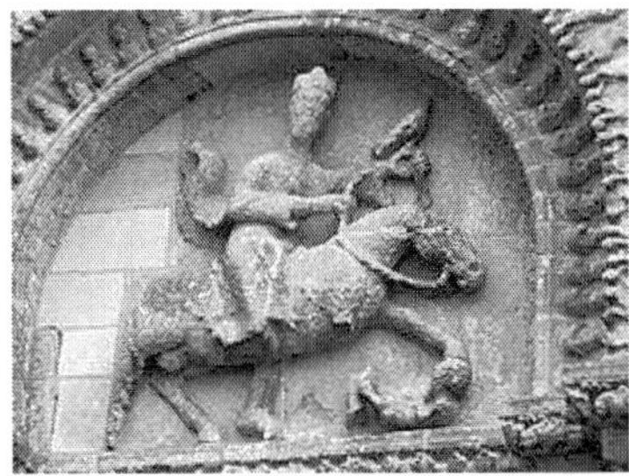

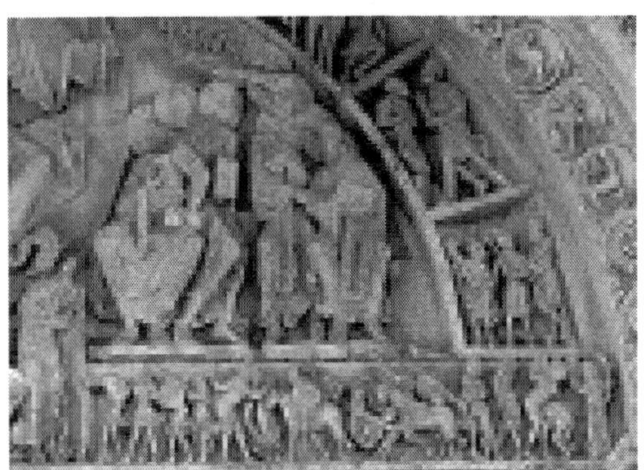

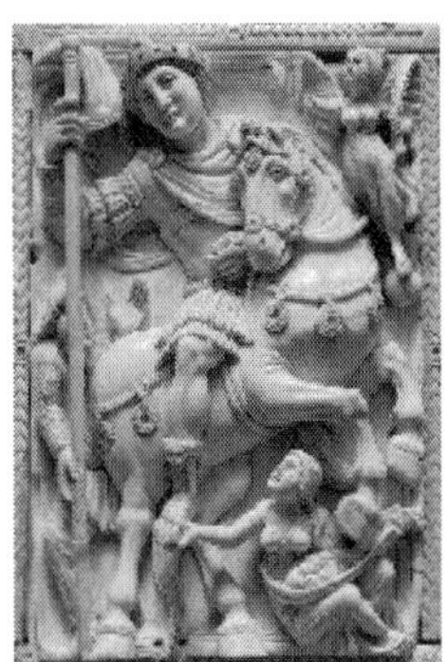

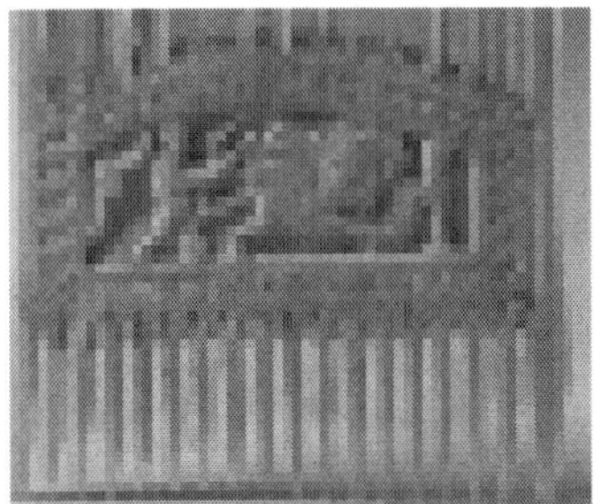

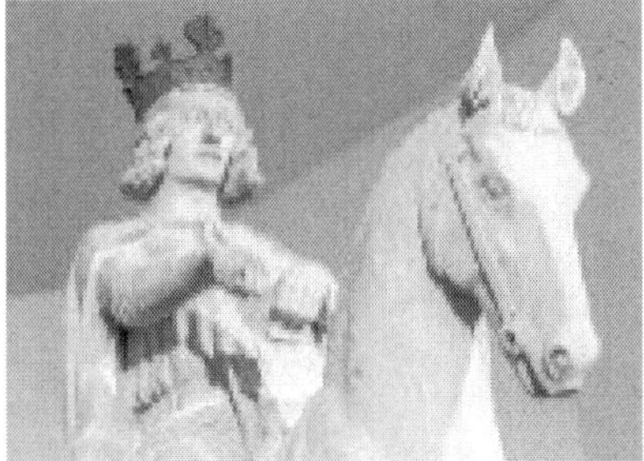

Oben links: Châteauneuf-sur-Charente, Saint-Pierre, um 1100 [fr.wikipedia.org]
Oben rechts: Kirche St-Pierre, Parthenay-le-Vieux, 12. Jh. [artroman.net]
Mitte: Portal von Vézelay: Am rechten Rand ein Kentaur als „Schütze“, im Tympanon rechts unten ein Krieger zu Pferd; 1120–1140 [en.wikipedia.org]
Mitte rechts: Barberini-Diptychon Justinians I., rückseitig eine Liste austrasischer Könige, bis 613 (!); das Mittelpanel misst 19 × 12,5 cm bei einer Tiefe von ca. 2,5 cm [wiki: barberini-Diptychon]
Unten links: Quadriga: Elfenbein, 10. Jh., GNM Nürnberg [objektkatalog 1]
Unten rechts: Magdeburger Reiter, 1240 [Khm]

Fazit

Dieses Kapitel ist ein langer Ausgriff von der ‚Karlsstatuette' über Aquamanilien mit Reiterdarstellungen hin zu steinernen Reiterabbildungen, zu einer Stuckarbeit und der größten Elfenbeinschnitzerei, um dann wieder zu den Bronzearbeiten zurückzukehren, also zu gegossenen Kunstwerken bis hin zu kleinen Kreuzen, bei denen der Korpus zum Teil getrieben, zum Teil gegossen worden ist.

Die spät, um 1160 einsetzenden Fähigkeiten, kleine Gussarbeiten herzustellen, wirft sofort die Frage auf, ob bereits vorher große Güsse bewältigt werden konnten.

Großformatige Bronzearbeiten

Zum Auftakt seines Films *„300 Jahre erstunken und erlogen? Über Zweifel an unserer Zeitrechnung"* warf sich Regisseur Klaus Simmering (1958–2004) vehement gegen die riesige Wolfstür in Aachen, die den Beginn christlich-abendländischen Bronzegusskunst darstellen soll, und öffnete sie. Jeder Flügel wiegt über zwei Tonnen, bildet einen gewaltigen Resonanzkörper und tönt dementsprechend. Wer konnte sie damals in einem Stück gießen, woher kam das Wissen? Die spätantiken Römer hatten es gehabt, haben es auch in Form mehrerer Türen des alten Roms hinterlassen, etwa in denen des Pantheons oder des Baptisteriums im Lateran. Diese Türen existieren noch heute, aber wer hätte das Wissen von ihrer Fertigung transportieren können? Wenn eine einzige Handwerkergeneration ausfällt, hat die Nachwelt bereits große Mühe, das Wissen zurückzugewinnen. Wenn aber vierzehn Generationen ausfallen, dann muss das Handwerk von Grund auf neu gelernt werden. Dann sind seine Meister noch lange keine Meister und müssen sich über Versuch und Irrtum erneut an die einstigen Fähigkeiten herantasten, dann gibt es anfangs noch keine Meisterwerke, sondern nur eingeschmolzenen Ausschuss und Produkte, deren Unvollkommenheiten kaschiert werden müssen.

So wäre der Stand um 790 gewesen: vom Fachwerkbau herkommende Franken, die bis dahin keinen Bedarf hatten für schwere Türen an vergleichsweise leichten Bauwerken und die allenfalls kleine Objekte gegossen hätten. Und trotzdem gleich fünf Türen mit zehn Flügeln, von denen acht noch erhalten sind. Und dazu acht schwere, nirgends nachgeahmte Bronzegitter, die auf der Empore rings um das Oktogon laufen. Eine Meisterleistung aus dem Nichts. Über die zahlreichen Schwierigkeiten solcher Großgüsse vermittelt Hermann Luer [1903] mehr als nur eine Ahnung.

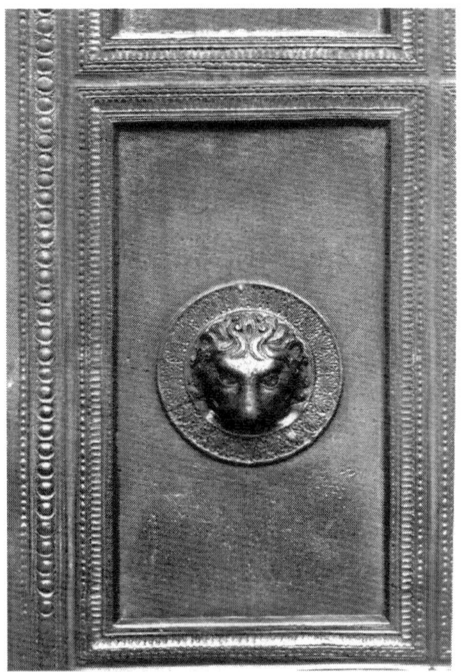

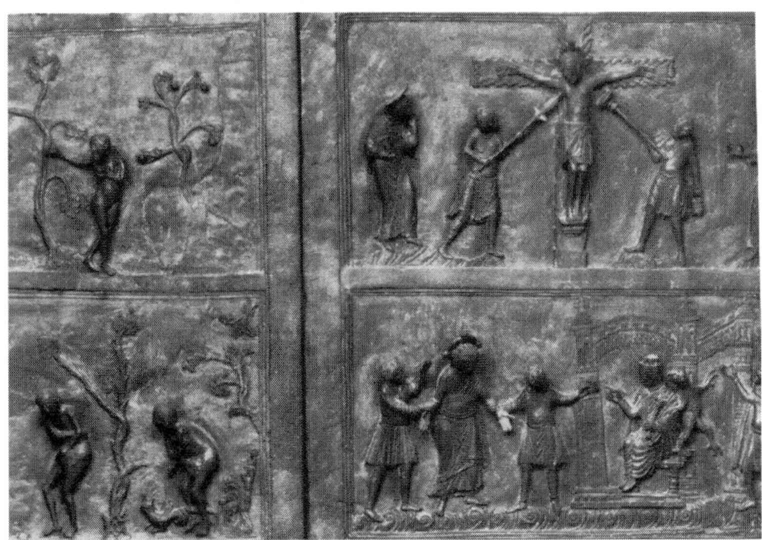

Aachen, Wolfstür am Dom, eines von 16 Feldern [Mende, Abb. 2]
Hildesheim, Tür von St. Michael, 4 von 16 Feldern [Mende, Abb. 10]

Weil alles so schön und so gediegen geworden war, beschloss der Kaiser, es müsse mit dem Bronzeguss ein jähes Ende haben, genauso wie mit dem Kuppelbau: Am selben Bau war eine 15 m spannende Kuppel aus behauenen Steinen geformt worden, was kein Franke jemals versucht hatte und weder die westlichen noch die östlichen Römer gekonnt hatten, die stattdessen ihre Kuppeln in Beton gossen oder aus leichten Tonhohlkörpern mauerten. Auch hier keine vorausgegangenen Handwerkergenerationen, aber eine perfekte, über 30 m hohe Kuppel, der nur noch 805 in Germigny-des-Prés einige sehr kleine Wölbungen und ab 873 anders gemauerte Kreuzgratgewölbe im Westbau von Corvey gefolgt wären, bevor der Gewölbebau ganz eingestellt wurde. Erst kurz vor dem Jahr 1000 gab es einen neuen, zunächst unbeholfenen Aufschwung bei Gewölben, der sich vorwiegend im Kryptabereich abspielte, und erst nach 1100 in Speyer eine noch höhere Kuppel als jene von Aachen hervorbrachte [vgl. Illig 1996, 216-231].

Beim Bronzeguss gab es kein mähliches Herantasten an eine früher beherrschte Technik. Und nach den zehn Türflügeln für Aachen ruhte die Technik erneut. Erst nach gut 200 Jahren schöpferischer Pause wurde plötzlich, um 1006, in Mainz eine Tür gegossen, die heute am Dom zu bewundern ist. Meisterlich, doch gerade in ihrer Meisterschaft unerklärlich. Der erste Willigis-Dom ist 1009 am Tag der Einweihung abgebrannt und wurde sogleich neu aufgebaut. War die Tür damals bereits fertig gegossen und ging in den Flammen unter? Oder entstand sie erst für den Neubau? Das ist ungeklärt.

1015 wurde in Hildesheim eine noch weit schönere Tür gegossen; sie ist überwältigend, weil sie feine Reliefs zeigt, die bis zu vollplastisch ausgeführten Oberkörpern oder Köpfen ihrer Figuren reichen. Hier ist ein hohes Wissen um die Geheimnisse des Gusses vorauszusetzten, muss doch die einlaufende heiße ‚Bronzespeise' das schmelzende Wachs aus der Form herausdrängen; während das Wachs abläuft, muss die Luft austreten können, damit die Form bis in die hintersten Winkel mit der Bronzemischung gefüllt wird. Das wäre der Stand im Jahr 1015.

Doch nun bricht auch dieses Können jäh ab. Während die Bildhauer dem Stein bald darauf Wunderwerke entlocken, wird 110 Jahre lang kein massiver Türflügel mehr gegossen. Stattdessen behilft man sich mit kleinen Platten, die auf eine Holztür genagelt und mit separaten, ebenfalls gegossenen Profilleisten zur Optik einer Metalltür gebracht werden. Diese Technik finden wir in Augsburg, in San Zeno zu Verona (in zwei Etappen) oder in Magdeburg (heute in Nowgorod). Die von Byzanz befruchteten süditalienischen Türen sind kein Vorbild: Sie werden stückweise gegossen und erhalten keine erhabenen Reliefs, sondern Einritzungen, die zur Konturierung mit einer Paste ausgefüllt werden.

Erst 111 wird für Canosa ein Türflügel in einem Stück gegossen; der zugehörige zweite besteht aus Einzelplatten. 1160 folgte in Gnesen eine weitere derartige Paarung. Wie bereits gezeigt, blüht zu dieser Zeit der Bronzeguss allgemein in Mitteleuropa wieder auf: Zahlreiche Bronzekreuze entstehen, Aquamanilien werden für den Messgebrauch gegossen, erste feine Reliquienbehälter werden gestaltet, auch die ersten Heiligenschreine, so der Godehard-Schrein um 1140 für den Hildesheimer Dom. 1196 wurden für das Baptisterium des Laterans die Türflügel für die Johannes-Kapelle nach einer hauseigenen Vorlage aus dem 5. Jh. gegossen, in jeweils einem Stück.

Ab da ist der Entwicklungsgang für diesen großen Handwerksbereich problemlos nachvollziehbar – nicht aber der Gang von 790 bis 1160.

Erhaltene und zerstörte Bronzetüren

Die Reihe schwerer Türen an europäischen Kirchen beginnt keineswegs um 1080 oder nach 1100, sondern angeblich fast 300 Jahre früher. Das überrascht, weil große Gussstücke viel aufwendiger sind als kleine und eine eigene, leistungsfähige Gießerei benötigten. Wie präsentiert sich die Situation gemäß den bisherigen Datierungen? Berücksichtigt werden drei Arten der Türherstellung:

- das Gießen massiver Türflügel,
- der Guss massiver Türteile, die dann zusammengeschweißt werden,
- die Herstellung einzelner Platten, die auf eine Holztür montiert und mit ebenfalls gegossenen Leisten, Türziehern und anderen Applikationen den Eindruck einer massiven Bronzetür machen.

In der nachfolgenden Liste von fast 40 Meisterwerken sind die in einem Stück gegossenen Türflügel durch **Fettdruck** hervorgehoben, zerstörte und damit verlorene Türen sind *kursiv* bezeichnet. Das Wort „Niello“ bezeichnet eine Tauschierungstechnik, steht also für Ritzungen, die mit Silberpaste gefüllt wurden.

Bei den Datierungen wurden vorrangig die von Ursula Mende [1983] herangezogen, aber auch jene von Jürgen Reinke [bronzetür] berücksichtigt. Der Hinweis „datiert“ bedeutet: auf der Tür mit Datum versehen; „Byz.“ steht für Import aus dem byzantinischen Konstantinopel. Präzise Jahresangaben können Genauigkeit auch vorgaukeln, da eine Tür meist länger als ein Jahr in Arbeit ist, ohne gleich Lorenzo Ghiberti zum Vergleich heranzuziehen, der an der Nordtür des Florentiner Baptisteriums 21 Jahre und an der unvergleichlichen Paradiestür für denselben Bau 27 Jahre lang gearbeitet hat.

775 *Saint-Denis, Klosterkirche, verloren;*
793 **Aachen**, Pfalzkapelle, 8 erhaltene Flügel, im Ganzen gegossen;
793 *Aachen, Pfalzkapelle, zwei Flügel in Verlust geraten;*
1000 **Mainz**, Dom, Markttür, im Ganzen gegossen, sehr ähnlich;
1015 **Hildesheim**, Bernwardstür, im Ganzen gegossen, Hochreliefs;
1063 Amalfi, Byz., Platten, 4 von ihnen in Niello;
1065 Augsburg, einzelne Platten, Flachreliefs (früher bei 1006);
1066 *Montecassino, Byz., datiert, zerstört;*
1070 *Rom, San Paolo fuori le mura, Byz., zerstört;*
1076 Monte Sant'Angelo, San Michele, Byz., Niello;
1080 Venedig, San Marco, Narthex, Porta San Clemente, Byz.;
1084 Salerno, Dom, Byz. (oder 1099);
1087 Atrani, Byz., 20 Tafeln Lebensbäume, 4 in Niello;
1110 Venedig, San Marco, mittlere Narthex-Tür, Byz.;
1111 **Canosa** (Mausoleum d. Bohemund), linker Flügel gegossen;
1118 Canosa (dito Mausoleum), rechter Flügel aus 4 massiven Teilen;
1119 Troia I (Oderisius), datiert; urspr. Platten in Niello, Türklopfer;
1120 Verona, San Zeno, die älteren Platten, Hochreliefs (1138?);
1127 Troia II, 2. Portal vom selben Künstler, nur Niello; datiert;
1130 *Capua, Klosterkirche, plastische Felder, verloren;*
1140 *Saint-Denis, Klosterkirche, verloren;*
1140 Palermo, Cappella Palatina, flache Elemente;
1146 Venedig, San Marco, Narthex, Byz.;
1150 *Benevent, S. Bartolomeo, datiert, zerstört;*
1150 Verona, San Zeno, die jüngeren Platten, Hochreliefs, Schätzung;
1158 Nowgorod (aus Magdeburg, für Plock), Platten, Hochreliefs;
1160 ***Gnesen***, linke Seite im Stück gegossen, rechte aus 24 Platten;
1175 Trani (Barisanus), Flachrelief (1180/90);
1179 Ravello, datiert, Flachrelief;
1179 Monreale I (Barisanus), Relief;
1186 Monreale II (Bonanus), Westportal, größte erhaltene Bronzetür;
1186 **Pisa** (Bonanus), datiert, Vollguss, Hochreliefs;
1189 *Benevent, Reliefplatten, 1943 zum Teil zerstört (Anfang 13. Jh.?)*
1190 Casauria, S. Clemente, byzantinische Tradition;
1195 **Rom**, Lateran-Baptisterium, ganze Tür nach Vorlage des 5. Jh.;
1196 **Rom**, Lateran-Basilika, ganze Tür, datiert;
1200 Venedig, San Marco, Hauptportal, antikes Gitter auf Holz.

Die Größenunterschiede sind beträchtlich. Die Skala für mit Bronze belegte Holztüren beginnt bei Palermo mit 2,50 x 1,18 m und steigt bis Trani auf 4,92 x 1,38 m. Noch größer ist das spitzbogige Hauptportal von Monreale, dessen Flügel 7,80 x 1,85 m messen. Bei den im Stück

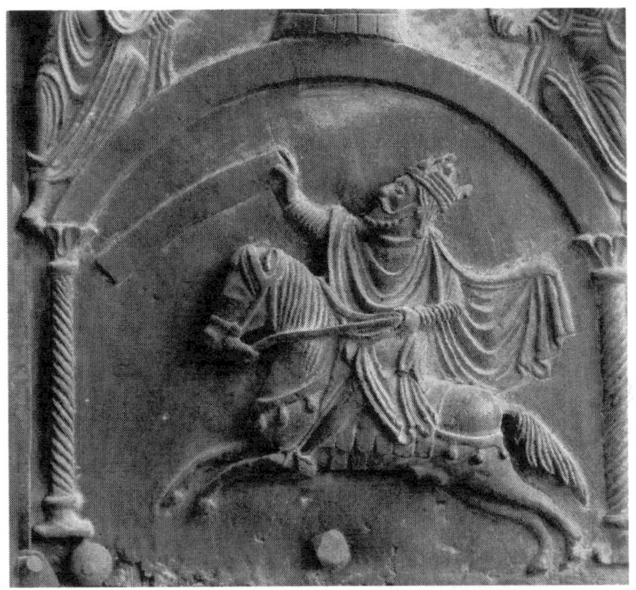

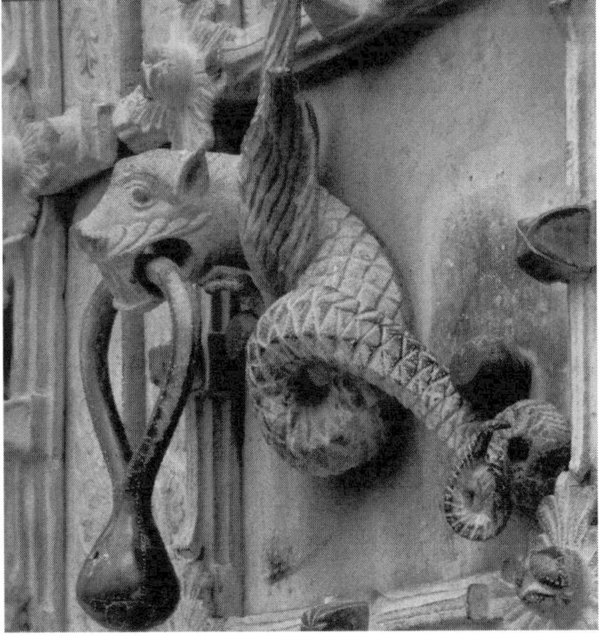

Verona, San Zeno: Reitender Prophet, ca. 1140 [Mende, Abb. 90]
Troia: Türklopfer, 1119 [Mende, Abb. 49]

gegossenen Türflügeln ist der von Canosa mit 2,02 x 0,56 m am kleinsten, dicht gefolgt von Aachens Nebentüren mit 2,22 x 0,70 m. Mehr als dreifache Fläche hat die dortige Wolfstür mit 3,93 x 1,35 m; bei ihr variiert die Wandungsstärke zwischen 4,2 und 5,9 cm. Fast identische Fläche hat in Hildesheim der minimal größere Flügel mit 4,72 x 1,14 m [Mende, 131-184]. Zum ultimativen Vergleich: Die antike Bronzetür des römischen Pantheons, die vielleicht vom Vorgängerbau aus der Zeit um 25 v. Chr. stammt, ist stolze 6 m hoch, ihre Flügel sind um die 2,50 m breit und von beträchtlicher Wandungsstärke.

Bei dieser erweiterten Zusammenstellung haben sich gegenüber einer früheren [Illig 1996, 283 f.] geringe zeitliche Verschiebungen ergeben. Sie rühren her von der schlechten Überlieferungslage, die nicht unterscheidet zwischen Zeitpunkt einer Stiftung, Durchführung und Beendigung einer Arbeit, oder – wie in Canosa – zwischen Todeszeitpunkt des Fürsten Bohemund (Boëmund), dem Bau seines kleinen Mausoleums und der Türfertigstellung. Außerdem werden gelegentlich Jahreszahlen an mehrere Türen verteilt, auch Auftraggeber und Gießmeister.

Aachens Bronzetüren

Die Aachener Türen sind für diese Unsicherheiten ein gutes Beispiel: Heute sieht man den Baubeginn von Aachens Pfalzkirche ziemlich präzise bei 793/94 [Brink/Ayooghi, 99], weiß aber auch, dass die fertigen Türen mit ihren im Stein gelagerten Angeln bereits beim Bau des Erdgeschosses eingefügt worden sein mussten. Damals gab es seit Jahrhunderten keine Bronzegießerei, existierten doch seit dem justinianischen 6. Jh. (Türen für Konstantinopel und Bethlehem) auch im Osten keine Werkstätten mehr. In Westeuropa fehlten sie ohnehin bereits seit 468, als unter Papst Hilarius für das Lateran-Baptisterium zwei letzte Türen (eine in Verlust geraten) gegossen wurden. Gerade eine neu gegründete Werkstatt ohne praktische Erfahrung braucht viel Zeit für ein Experimentalstadium, besonders für die Gussentlüftung bei tonnenschweren Gussteilen. Insofern sind fünf Jahre Vorlaufzeit für die Aachener Türen gut gerechnet. Das wird ungern berücksichtigt, weil dann Karl dem Großen kaum Zeit für Besichtigung und Auswahl des Bauplatzes bliebe. Er habe 794 beschlossen, Aachen zu seinem Hauptsitz zu machen und entsprechend auszubauen, weil sein Itinerar für den 25. 12. 794 einen Aufenthalt für Aachen zeigt [Kraus, 69]. Er hätte aber schon bei seinem ersten Aachener Aufenthalt, im Winter 788/89, den Entschluss zumindest für den Kirchenbau fassen müssen. Davon ist aus den – nicht weiter hinterfragten – Quellen nichts bekannt.

Skeptiker könnten daraus schließen, dass Karl antike Bronzetüren aus Rom kommen ließ, wie er auch eine Theoderichstatue und Säulen aus Ravenna bestellt haben soll. Doch bei den Türen handelt sich um keine antiken Stücke. Für Mende [23] wirken sie wegen „ihrer kleinteiligen Komposition und der graphischen Härte des Liniengerüsts [...] eher antikenfern". Deshalb ihr Schluss: „Diese Türen sind keinesfalls wiederverwandte römische Bronzen, wie gelegentlich früher vermutet wurde" [ebd.].

Die Schwierigkeiten bei der Türabfolge bleiben deshalb. Sie beginnt in Aachen mit ursprünglich fünf perfekt gegossenen Türen mit Flügeln aus je einem Stück [Siebigs, 87]. Weil schon damals ganze Türflügel in einem Stück gegossen werden konnten, werden entsprechende Leistungen bei späteren Türen nur gelegentlich oder gar nicht angesprochen [Leisinger, passim], als wäre es für alle Nachfolger ein Leichtes gewesen, derartige tonnenschwere Großgüsse in verlorener Form zu riskieren. Aachens Türen zeigen glatte, ungeschmückte Flächen, mit Rahmungen gegliedert; die Löwenköpfe der Türzieher sind nicht mitgegossen, sondern aufgenietet [Mende, 131 f.]. Ebenso anspruchsvoll gestaltet, teils in Hohl-, teils in Vollguss, sind die acht einst vergoldeten Brüstungsgitter. Für die Entlüftungstechnik war das Gitterraster noch komplizierter zu gestalten als für die Türen, und jedes Gitter ist länger ist als selbst die Wolfstür: bis zu 4,35 m lang bei maximal 1,24 m Brüstungshöhe. (Die Frage, ob die Gitter ursprünglich von Theoderichs Mausoleum in Ravenna stammen, wird hier ebenso wenig beantwortet wie die, ob Bärin und Pinienzapfen aus derselben Werkstatt und derselben Zeit stammen.) Nach dem Türguss wären die scheinbar herkunftslosen Ausnahme-Handwerker unbekannten Zielen gefolgt; erst nach mehr als 200 Jahren kehrten ihre anonymen Nachfahren an den Rhein zurück und gossen in Mainz zwei ganz ähnliche Türflügel.

Insofern sprengt Aachens Bronzeguss jeden verständlichen Entwicklungsrahmen, was offen von Braunfels als einem der besten Kenner des karolingischen Aachens eingestanden worden ist:

> „Wäre es nicht ausdrücklich bezeugt, dann würde niemand heute glauben, daß man um 800 und in Aachen so vollkommene Güsse hätte herstellen können, wie sie uns in den Gittern und Türen der Pfalzkapelle erhalten sind" [Braunfels 1965, 24].

Weil dieses Kunsthandwerk seit 468 nicht mehr ausgeübt worden ist [Mende, 18, 20], schon gar nicht im Frankenland, müsste es hier aus dem Stand heraus zur Perfektion entwickelt worden sein, um anschließend sofort wieder für 200 Jahre vergessen zu werden. Hier verfängt keine Ausflucht auf byzantinische Importstücke, da Buntmetallverarbeitung am Katschhof nachgewiesen ist [Grimme, 62; Siebigs, 88]. Zwar wurde in der Literatur der letzten Jahre lange diskutiert, ob wir nun von Aachens

Pfalzkapelle, Pfalzkirche, Stiftskirche oder Marienkirche sprechen sollen [L. Geis in Müller/Bayer/Kerner, 209-214], sehr wenig aber über handwerkliche Belange wie die Bronzetüren oder die baustahlfesten Eisenringanker [Siebigs 1994; Pafke 2012; Kraus 2013; Müller/Bayer/ Kerner 2014; Brink/Ayooghi 2014].

Brinks und Ayooghis dreibändiges Werk zur Aachener Ausstellung von 2014 enthält auf seinen 1104 Seiten bei großzügiger Rechnung (Foto inklusive) eineinhalb Seiten für die Bronzetüren. Oder allgemeiner gesprochen: Während in Aachen unbeirrt und kostenträchtig die wiederholte Suche nach Karls des Großen Grab bis zum bitteren, erfolglosen Ende im Jahr 2010 betrieben worden ist [Silberer], gelten die Bronzetüren offenbar als abgearbeitet, außer wenn ein Schelm ihnen noch spezielles Fluxus-Flair abgewinnt [Bredekamp 2014; vgl. Illig 2014a]. Dem heutigen Desinteresse entspricht das damals absterbende Interesse an mächtigen Bronzetüren.

> „Der karol. B.G. [Bronzeguss] erlosch bald. Erst um 1000 lebte die B.P. [Bronzeplastik] neu auf, anscheinend im Anschluß an karol. Werke: die B.-Türen des Erzbischofs Willigis (975–1011) am Mainzer Dom vom Meister Berengar“ [Weihrauch].

Das Marktportal am Mainzer Dom

Die Bronzetür am Mainzer Dom wirkt trotz zeitlicher Differenz von zwei Jahrhunderten wie eine weitere Aachener Tür.

> „Der Mainzer Tür liegt ebenso wie den Türen in Aachen das antike Gliederungssystem von Rahmen und Füllungen zugrunde, das jedoch – auch dies vergleichbar mit Aachen – nicht konsequent durchgeführt worden ist“ [Mende, 25].

In Mainz wäre also kurz nach 1000, also über zwei Jahrhunderte oder sieben Handwerkergenerationen später, eine den Aachener Exemplaren gleichwertige Tür gegossen worden, die heute den Dom zum Markt hin öffnet. Die separat erstellten Löwenköpfe sind mit von außen nicht sichtbaren Klammern befestigt worden.

> „Plastizität und Lebendigkeit der Modellierung und die Intensität des Ausdrucks sind bisher als Indizien für eine Entstehung um 1200 oder im beginnenden 13. Jahrhundert angenommen worden; die Löwenköpfe galten somit als spätere Ergänzungen der Tür. Tatsächlich jedoch gehören sie zum ursprünglichen Bestand“ [Mende, 25 f.].

Die alternative Möglichkeit, dass die Löwenköpfe sehr wohl um 1200 entstanden sind, weil auch die Tür erst damals gegossen worden ist, war bislang nicht denkbar. Doch genau das scheinbar Undenkbare schlägt der Verfasser vor.

Eine Mainzer Inschrift bezieht sich auf die Vorgängertür in Aachen und auf den damaligen Erzbischof Willigis, der als damals mächtigster kirchlicher Würdenträger im deutschen Reich der Auftraggeber gewesen sein könnte. Die Inschrift ist nicht mitgegossen, sondern irgendwann später eingemeißelt worden. Der übersetzte Text lautet:

> „Nachdem der große Kaiser Karl sein Leben der Natur zurückgegeben hatte, war Erzbischof Willigis der erste, der aus Metall hat Türflügel machen lassen. Berenger der Künstler dieses Werkes, bittet inständig, o Leser, du mögest zu Gott für ihn beten“ [Mende, 133].

Doch es kann durchaus Anlass gegeben haben, Willigis als machtpotentem Mann eine solche Tür später zuzuschreiben. Da hilft das Steuer- und Gerichts-Privileg von Erzbischof Adalbert ein Stück weiter. Mit ihm wurde diese Tür lang und breit beschriftet; da es auf 1135 datiert ist, kann es nicht früher eingemeißelt worden sein, spätestens 1137 [Mende, 27]. So wäre es sogar denkbar, dass die Tür erst damals fertig und gleich mit dem Privileg beschriftet worden ist.

Nachdem die Türen von Mainz und Aachen sich stark ähneln, läge der Schluss nahe, dass sie vom selben Handwerkstrupp gegossen worden sind, der erst in Aachen und dann in Mainz gearbeitet hat. Diese Reihenfolge scheint die Mainzer Inschrift mit ihrem Bezug auf Aachen zu erzwingen. Um 1150 wurde eine Sammlung von Hymnen, Antiphonen und Responsorien zu Ehren des 1011 gestorbenen Willigis zusammengestellt [wiki: Willigis] – das könnte die Zeit gewesen sein, als ihm auch die Tür buchstäblich in Erz zugeschrieben worden ist.

Die damals aufblühende Antiken-Renaissance [vgl. Illig 2017, passim], könnte verständlich machen, dass von den acht Bronzegittern, die um die Empore des Oktogons laufen, vier auf ‚antik‘ und vier auf ‚fränkisch‘ gestaltet worden sind. Mittlerweile werden freilich „oberitalienische, römische, byzantinische und britische Quellströme“ bei den Gittern gesehen [Grimme, 64].

Die ‚Bernwardstür‘ in Hildesheim

Kurz darauf werden in Hildesheim zwei exzellente, stark reliefierte Türflügel ohne irgendeinen bekannt gewordenen Vorgänger gegossen, die dem Erfindungsreichtum von Erzbischof Bernward entstammen sollen. Mit ihnen endigt eine völlig unverständliche Abfolge von sieben Türen in drei Städten, die sich ein Jahrhundert lang nirgends fortsetzt. Zum Ende dieses Abschnittes eine detaillierte Beschreibung der Hildesheimer Herstellung, die sich in keiner Weise aus der nur angeblich neun Jahre älteren Mainzer Tür erschließen kann:

„Die Türflügel wurden jeweils aus einem Stück gegossen. Angesichts der Maße (links 472,0 × 125,0 cm, rechts 472,0 × 114,5 cm, maximale Stärke ca. 3,5–4,5 cm) und des enormen Gewichts (jeweils etwa 1,85 t) der Türflügel, ist dies für damalige Zeiten eine große handwerkliche Leistung. Als Rohmaterial für das Gießen diente Rotguss, der vorwiegend aus Kupfer (über 80 %) sowie zu etwa gleichen Teilen aus Blei, Zinn und Zink besteht. Die bisherigen Materialanalysen konnten allerdings nicht klären, aus welcher Erzlagerstätte die verwendeten Metalle stammen; die seinerzeit bereits belegte Hütte am Rammelsberg bei Goslar scheidet jedenfalls aus.

Wie ihre Vorgänger in Aachen und Mainz wurde die Bernwardstür im Wachsausschmelzverfahren hergestellt, das höchste Ansprüche an die Arbeiter der Gießwerkstätte stellte, da die Gussform nur einmal verwendet werden konnte. Die einzelnen Szenen des Bilderzyklus wurden von den Modelleuren aus massiven Wachs- oder Talgtafeln herausgeschabt und erst danach, gestützt durch ein Eisengerüst, zusammengesetzt; dadurch entstanden vermutlich auch die leichten Unregelmäßigkeiten in der Bänderung, die die einzelnen Darstellungen unterteilt. Auch die Türzieher in Form von fratzenhaften Löwenköpfen mit Gnadenring wurden nicht nachträglich aufgelötet, sondern waren schon auf der Wachsform vorhanden. Technische Analysen haben gezeigt, dass man die Lehmform auf der Längsseite stehend mit Bronze befüllte, damit sich das flüssige Metall gut verteilen konnte. Nach- bzw. Überfanggüsse an den Türen belegen, dass sich beim Auskühlen Risse im Metall gebildet hatten. Der erkaltete Rohguss der Türflügel war vermutlich noch recht grob, von Metallgraten an der Stelle der Abfluss- bzw. Abluftkanäle in der Lehmform übersät und musste noch in großem Umfang durch Ziselieren nachbearbeitet werden.“ [wiki: Bernwardstür]

Die für 1015 nicht belegbare Kupfergrube könnte in einem 12. Jh. mit hoher Bronzeproduktion durchaus nachweisbar sein. Vor allem die mitgegossenen Türzieher demonstrieren die hohe Fertigkeit der Künstler, die viel weiter sind als die der Mainzer Tür. Nach diesem völlig isolierten Höhepunkt – ohne Vorgänger, erst 130 Jahre später einige Nachfolger – teilt sich die Entwicklungsreihe in vier Stränge auf, die sich durchkreuzen: einmal die Alternative zwischen durchgehenden Türflügeln aus einem Guss und auf Holz genagelten Reliefplatten; zum anderen die Alternative zwischen geritzten Platten mit Niello, einer schwarzen Schmelzpaste, und plastischer Gestaltung in Bronze. Für alle Typen gilt: Sie entstanden im Wachsausschmelzverfahren in verlorener Form.

Vollgusstüren von Canosa bis Pisa

Erst in ***Canosa*** wird 1111 wieder ein ganzer Flügel, jetzt mit Flachreliefs, gegossen. Er war wohl für die Kathedrale bestimmt, wurde aber für das Mausoleum des Boëmund genommen. Während der linke Türflügel im Ganzen gegossen wurde, entstand der rechte nach Boëmunds Tod, 1111, für sein Mausoleum bis 1118 aus mehreren tauschierten, massiven Einzelplatten, die zu einer Bronzetür zusammengeschweißt wurden. Diese Technik setzte sich danach nicht fort, da nun einzelne Platten, Leisten etc. auf einer Holztür fixiert wurden. In Süditalien ging es mit Ritz- und Niello-Technik auf Einzelplatten weiter. Der nächste vollständig gegossene Türflügel findet sich erst in ***Gnesen***, 1160. Doch seine Qualität liegt unter der von Hildesheim:

> „Als Gußwerk ist die Gnesener Tür voller technischer Mängel. Bei allem Respekt vor der handwerklichen Leistung ist nicht zu übersehen, daß der Bildzyklus stellenweise recht unvollkommen in Erz umgesetzt worden ist. [...] Auch mit der Bewältigung der monumentalen Form hat sie [die Werkstatt; HI] gerungen. Ein Flügel – der rechte, der vielleicht zuerst entstand – besteht aus Einzelteilen, die nachträglich zusammengelötet wurden. [...] Gesondert gegossen und aufgeschmolzen sind in beiden Fällen die Löwenköpfe" [Mende, 86].

Die Hildesheimer Tür ist demnach von deutlich höherer Qualität als die von Gnesen. In der Darstellung sind sie nicht zu vergleichen, da hier das Leben und Wirken des hl. Adalbert dargestellt ist, während Hildesheim Schöpfungs- und Passionsgeschichte wiedergibt.

Bis zum Ende des 12. Jh. wird diese Vollguss-Technik dann auch in Italien (Pisa, Rom) beherrscht.

Bronzetüren mit Reliefs

Und wo treten stärker gestaltete Reliefs auf? Die Reihe beginnt – nach hier vertretener Verjüngung von Hildesheims Türflügeln – im ***Augsburger Dom,*** dessen Tür-Datierung heute dramatisch zwischen der alten Jahresangabe 1006 und 1065 schwankt. Werner Schnell hatte 1997 den Mut, die Türen zu datieren als „für den 1065 geweihten ottonischen Dom geschaffen" [Schnell; dito wiki: Holztür von St. Maria im Kapitol]. Bei den Reliefs handelt es sich um mit Modeln gefertigte Platten. Sie setzen sich wohl unabhängig davon in Canosa mit Flachreliefs auf der älteren, linken Tür fort. Es ging weiter mit Atrani und Verona bis hin nach Gnesen.

Den süditalienischen Bronzetürreichtum löste wohl eine einzelne Person aus, Amalfis Konsul Pantaleone Viarecta, der nicht nur den Kathedralen von Atrani, 1087, und Amalfi Bronzetüren gespendet hat. Seine weiteren Stiftungen für Montecassino und San Paolo fuori le mura in Rom gingen leider 1944 bzw. 1823 in Flammen unter. Anlass für seine Stiftungen waren angeblich üppige Geschäfte mit moslemischen und christlichen Sklaven, die von der Kirche verboten waren.

Weitere Türen wurden für Monte Sant'Angelo am Gargano oder das apulische Troia hergestellt. An diesen überraschen die Türbeschläge in Form plastisch geformter, geflügelter Drachen. Trotz ihrer fast vollplastischen Gestaltung dauerte es aber noch ein halbes Jahrhundert, bis dann in Trani die Abwendung von Niello-verzierten Ritzungen hin zu Reliefs, wenn auch noch ganz flachen Reliefs erfolgte. Für Pisa hat Bonanus keine Niello-Ritzungen geliefert, sondern frühe Reliefs gegossen, aber keine ganzen Türflügel. Die byzantinische Ritz-Tradition ist erst von Bonanus und Barisanus in Italien überwunden worden. Das Portal von Monreales Kathedrale ist das größte erhaltene des Mittelalters, bereits für einen gotischen Spitzbogen gestaltet.

Demnach konnten die byzantinisch beeinflussten Handwerker in Süditalien ab ca. 1110 ganze Türblätter gießen, begnügten sich aber lange mit Einritzungen, weil erhabene Reliefs wohl nicht beherrscht oder nicht bestellt wurden. Mendes Zwischenergebnis:

- Ab 1060 byzantinische Tür-Exporte nach Italien. Es handelt sich um auf Holz genagelte, tauschierte Einzelplatten [Mende, 48];
- um 1100 „Anfänge des monumentalen Bronzegusses im mittelalterlichen Italien“ [ebd. 46];
- um 1110 wieder massive Bronzetür;
- um 1138 erste plastische Darstellungen;
- um 1158/60 Hochrelieftüren in Nowgorod und Gnesen.

Ein Lösungsvorschlag

Wer ganze Türflügel *mit* Reliefs gießen wollte, konnte das nicht vor 1160, siehe Gnesen. Die Reliefarbeiten von Hildesheim sind die feinsten, die erst nach denen von Nowgorod zu erwarten sind; sie werden deshalb probeweise vom hl. Bernward abgetrennt. Bei Nowgorod sind die Genesis-Darstellungen direkt vergleichbar und lassen keine 143 Jahre an Zeitdifferenz erkennen. Im Gegenteil: Mende zitiert Erich Meyer mit einer alten Würdigung:

> „Wieder ist es wie in Hildesheim und Verona die junge, von der Tradition unbeschwerte Kunst des Bronzegusses, die uns hier erfreut und unsere Vorstellungen von der romanischen Plastik bereichert“ [Mende, 76].

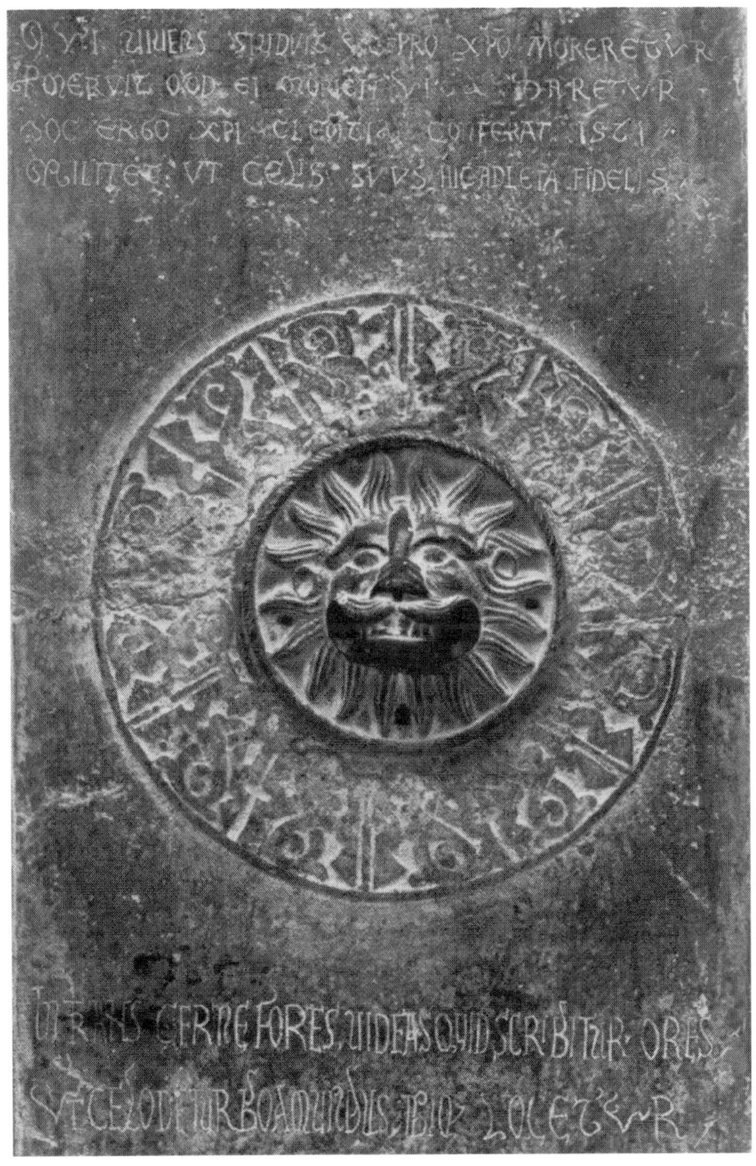

Canosa, Grabmal des Boëmund, mittlere Scheibe mit pseudo-kufischer Inschrift, dazu lateinisches Lobgedicht auf „Boamundis", 1111. Ältester im Stück gegossener Türflügel nach Aachen (793), Mainz (1000), und Hildesheim (1015). Diese drei herkömmlichen Datierungen werden jetzt verjüngt [Mende, Abb. 40].

Außerdem bringen beide Türen ein Feld mit der Kreuzigung bzw. Kreuzabnahme. Beide Male wird ein Astkreuz, aber beide Male ein noch lebender Jesus gezeigt; das Lendentuch der Nowgoroder Tafel ist deutlich unbeholfener als jenes von Hildesheim. Demnach ist Hildesheims sog. Bernwardstür tatsächlich erst im späten 12. Jh. gearbeitet worden. Das lässt sich auch mit den hier bereits genannten Quervergleichen belegen.

> „Eine besondere Rolle hat die Kölner Monumentalskulptur des ausgehenden 10. Jahrhunderts gespielt, die uns im ***Gero-Kruzifixus*** des Kölner Domes und in Fragmenten vom Fassadenschmuck der Kirche St. Pantaleon überliefert ist. Vergleicht man die besten ***Köpfe der Tür*** – etwa den des Himmelfahrts-Christus, des Gottvaters der Zuführung Evas oder der Maria der Anbetung – mit diesen Skulpturen, so überrascht einerseits die bis ins Detail reichende Ähnlichkeit, anderseits kommt die monumentale Wirkung der Hildesheimer Figuren zum Bewußtsein. Wie bei diesen sind auch die Köpfe der ***Fassadenfiguren von St. Pantaleon*** freiplastisch aus der Fläche gelöst“ [Mende, 31 f.; Hvhg. HI].

Mit Kölner Monumentalskulptur sind die Fassadenfiguren von St. Pantaleon gemeint, die der Verfasser wie vor ihm Beenken ins späte 12. Jh. datiert. Dasselbe gilt für das Gero-Kreuz, das ebenfalls ins späte 12. Jh. gehört. Hier müssen die sog. Bernwardstüren nachrücken, nachdem sie auch aus Gründen der Bronzebearbeitung nicht vor 1160 entstanden sein können. Ein weiteres Indiz mag die Kirche St. Maria in Ainhofen liefern. Sie besitzt eine stillende Marienstatue („Maria lactans“), ein farbig gefasstes Figürchen von 38 cm Höhe aus der Zeit um 1130; sie „ist damit die älteste Marienfigur im mitteleuropäischen Raum“ [ainhofen]. Auf einem Hildesheimer Türflügel stillt Eva ihren Sohn Abel; dieses Motiv kommt dort 115 Jahre zu früh, auch wenn es die Antike schon für Isis kannte [vgl. Richter 2019, 35].

Dasselbe gilt für die Türen von Aachen und Mainz. Wenn wir probehalber das Einmeißeln des Privilegs (1135) in eine neu gegossene Tür sehen, dann könnte sie spätestens um 1137 entstanden sein. Wenn 7 Jahre davor mit den Türen von Aachen begonnen worden wäre, dann lägen wir bei 1130 für Aachens Türen; der Kirchenbau hätte dann wenige Jahre später begonnen. Für ihn haben wir eine Jahreszahl zwischen 1130 und 1160 bereits über die Eisenringanker der Aachener Pfalzkirche gefunden [Illig 2014, 153-156].

Und Roms im Ganzen gegossenen Türflügel für den Lateran von 1196 wären nicht mehr „in einer sonst nicht mehr üblichen Form“ gefertigt worden [Mende, 19], sondern diese Form hätte es im 12. Jh. bereits gegeben. Sie wurde auch um 1300 noch in Venedig gepflegt [ebd. 20].

Grabplatten in Stein und Bronze

Grabplatten sind nicht ganz so groß wie Türflügel und müssen sich auch nicht drehen lassen. Erstellt werden sie ebenso: Guss im Wachsausschmelzverfahren, zunächst in flachem, später auch in hohem Relief.

König Rudolf von Rheinfelden

Die ziemlich flache Grabplatte für König Rudolf von Rheinfelden (bzw. von Schwaben) im Merseburger Dom wird bei 1080 gesehen, sie gilt als „die erste und somit älteste überlieferte Grabplatte figürlicher Art", nun liegend, während frühere Steinarbeiten als Grabstein aufrecht standen [wiki: Grabmal Rudolfs von Rheinfelden; vgl. Waurick, 427]. Datiert wird die 1,97 x 0,68 m große Bronzearbeit ins Todesjahr Rudolfs, 1080. Sie

> „muß unmittelbar nach dem Tode des Dargestellten entstanden sein, denn solchen Denkmals und der als politische Demonstration gedachten Inschrift hätte eine spätere Zeit »diesem ephemeren Pfaffenkönig« sicher nicht gewürdigt. Damit ist das Werk die älteste erhaltene Grabplatte mit nahezu lebensgroßer, plastischer Figur des Toten überhaupt" [Beenken, 44].

Dieser Rudolf war der Gegenspieler von Heinrich IV. (* 1050, 1053–1106); Rudolf wurde 1077 zum Gegenkönig gewählt und 1080 vom Papst als rechtmäßiger König anerkannt, fiel aber im Oktober desselben Jahres in der Schlacht.

> „So überrascht es noch mehr, dass gerade Rudolfs Grabplatte so reich verziert war und direkt in der Vierung des Doms eingesetzt wurde, war er doch nur ein Gegenkönig mit einer kurzen Regierungszeit von knapp 4 Jahren, in der er seine Herrschaft nie wirklich festigen konnte" [wiki: Grabmal Rudolfs von Rheinfelden].

Es wird kolportiert, Heinrich habe das prunkvolle Grab besucht, sei aber nicht gegen den Zierrat eingeschritten. „Mögen doch alle meine Gegner so königlich bestattet liegen", berichtet als Chronist Otto von Freising 50 bis 70 Jahre später. Warum gerade Rudolf als erster fränkischer oder deutscher Potentat figürlich dargestellt wurde und warum ein Laie innerhalb der Kirche bestattet werden durfte, bleibt unbeantwortet. In Rudolfs Grabinschrift fällt der Hinweis auf Karl den Großen auf:

> „Als König war ihm, hätte er in Friedenszeiten geherrscht, niemand seit Karl vergleichbar an Fähigkeiten des Geistes und Schwertes."

Hochlöblicher als der Vergleich mit Karl dem Großen kann keine Nachrede sein. Beenkens Argument des ephemeren Königs muss allerdings nicht stichhaltig sein, denn diesen König hätte man auch völlig überge-

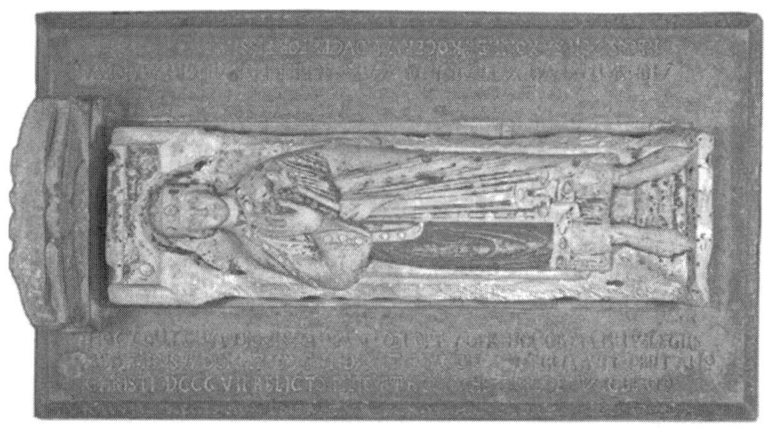

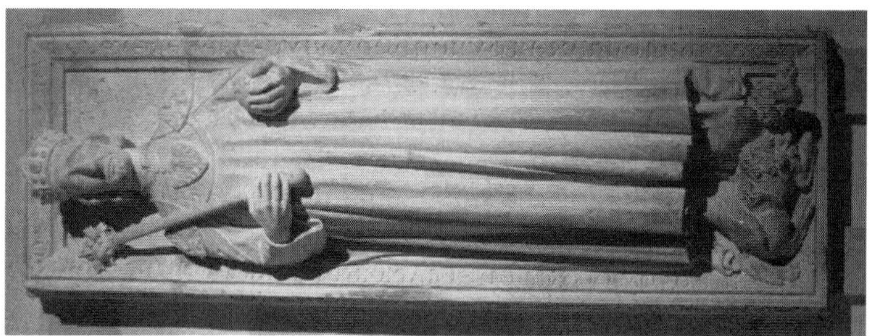

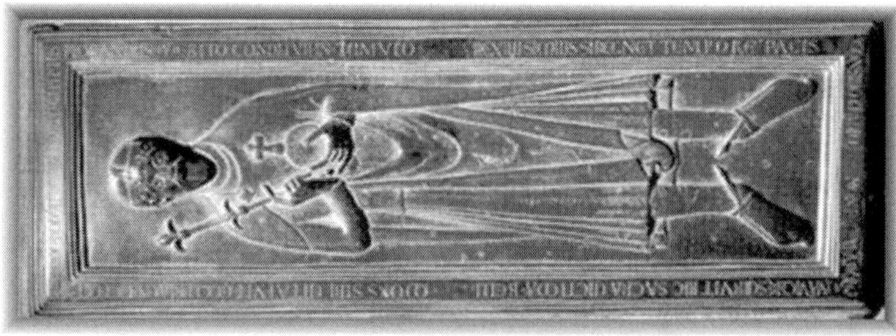

Von links: Bronzene Grabplatte des Gegenkönigs Rudolf von Schwaben bzw. v. Rheinfelden († 1080), Merseburg [Nerger], bislang ca. 1085, jetzt um 1160
Steinerne Grabplatte des Königs Rudolf von Habsburg († 1291), um 1285, im Speyerer Dom [wiki]
Sog. Grabplatte von Herzog Widukind († um 800) in Enger, Stuckarbeit auf Steinplatte [enger], bislang Ende 11. Jh., jetzt Ende des 12. Jh.

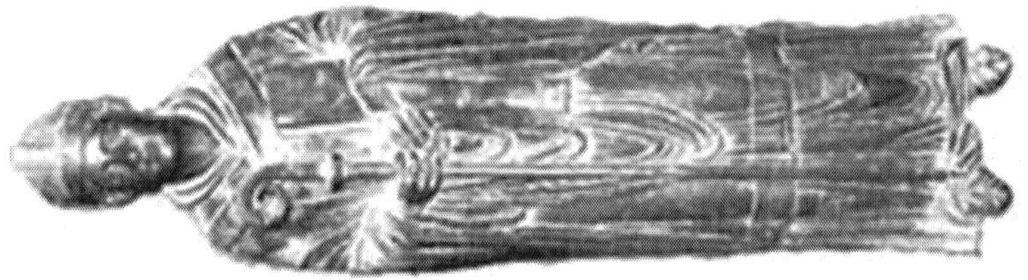

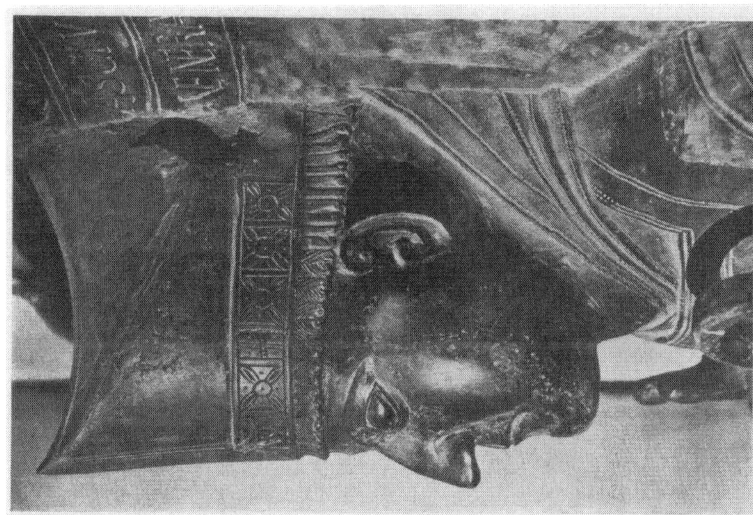

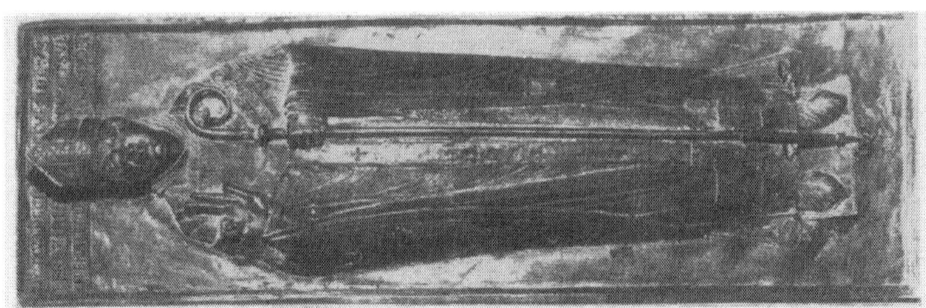

Von links: Bronzene Grabplatte des Erzbischofs Friedrich von Wettin († 1152), nach Vorbild des 11. Jh. [Beenken, 51, 53], Magdeburger Dom.
Dito sein Profilbild, zeitgleich mit anderen Porträts ab 1160
Bronzene Grabplatte des Erzbischofs Wichmann von Seeburg-Querfurt († 1192), Magdeburger Dom [wiki]. Dargestellt ist möglicherweise Erzbischof Ludolf († 1205).

hen können. Aber womöglich gab es später eine politische Konstellation, in der es wichtig war, diesen ‚Pfaffenkönig' hervorzuheben. Dringend vermuten lässt sich das, weil erst 1285 die nächste königliche, doch diesmal steinerne Grabplatte für einen anderen Rudolf, für König Rudolf von Habsburg gestaltet wird; sie nimmt für den Speyerer Dom die ältere Platte des ephemeren Königs als direktes Vorbild [wiki: Grabmal Rudolfs von Rheinfelden]. Ist dieser Abstand von rund 200 Jahren für eine Kopie nicht deutlich zu groß?

Weitere Grabplatten zwischen Rudolf und Rudolf

Zwischen die beiden königlichen Grablegen gehören noch drei Grabplatten von Bedeutung. Einmal die für den Magdeburger Erzbischof ***Friedrich von Wettin***, † 1152, gegossen von der Magdeburger Gießhütte, die sich damals mit jenen Türflügeln beschäftigte, die für den Dom von Plock bestimmt waren und heute in Nowgorod hängen. Die Grabplatte zeigt Friedrich im Hochrelief mit offenen Augen, im Profil ein strenger Herr mit kühn geschwungener Nase und herabgezogenen Mundwinkeln. Er kommt dem Cappenberger Kopf als erstes mögliches Porträt vielleicht sogar um ein paar Jahre zuvor. Dann die für den Würzburger Bischof ***Gottfried von Spitzenberg***, gestorben 1190 und schließlich jene für ***Wichmann von Seeburg***, die heute allerdings als jene für Erzbischof ***Ludolf*** († 1205) gilt.

1302 ist der Augsburger Bischof *Wolfhard von Roth* gestorben, der als erster eine Grabplatte im Hochrelief bekam, auf der ein Gestorbener tatsächlich wie ein Toter mit geschlossenen Augen dargestellt worden ist [Schoene]. Bei den drei zuvor Verstorbenen sind die Augen geöffnet. Insofern lässt sich auch die Platte für Rudolf von Rheinfelden zwanglos in der Zeit um 1160 einreihen. Möglicherweise sah sich der seit 1160 vom Papst gebannte Barbarossa als eine Art Gegenkönig. Rudolfs von Rheinfelden Besitztümer gingen auf die Staufer über, so dass ihn Barbarossa sogar als einen Vorgänger hervorheben hätte können.

Pendant in Stein: Sachsenherzog Widukind

Mit spätem 11. Jh. auf jeden Fall zu früh datiert ist das in Stuck auf einer Steinplatte gearbeitete Flachrelief für den Sachsenherzog Widukind [Beenken 1924, 46]. Der Gegenspieler Karls des Großen soll gegen 800 in Enger begraben worden sein. Seine Platte kommt zu früh, weil die ‚deutsche' Kunst damals noch nicht in der Lage war, eine Person so darzustellen. Zwar werden im Internet noch immer Datierungen „um 1100" gezeigt, aber mit „aus der ersten Hälfte des 12. Jahrhunderts"

[Wind] wird es realistischer, ist doch die steinerne Grabplatte der des Habsburgerkönigs Rudolfs „ganz nahe verwandt“ [Beenken, 46].

> „Bereits auf der um 1100 gemeißelten Grabplatte in der Engeraner Stiftskirche ist Widukind im Ornat eines Priesterkönigs dargestellt: mit Lilienszepter und segnend erhobener Rechter. Spätestens um 1250 schmückte sich das sächsische Adelsgeschlecht der Liudolfinger mit Widukind als christlich-königlichem Urahn. [...] Es wurde geklittert und gefälscht, bis sich die Gänsekiele bogen“ [Ewe].

Man kann selbstverständlich auch mit Meißel und Stuckspachtel fälschen. Die Vorlage dazu lieferte Jean Bodel aus Arras, der zwischen 1180 und 1200 den *chanson des saisnes* bzw. les *chansons des Saxons* in einer Kurzfassung von 4.335 Alexandrinern und in einer Langfassung von 8.079 Versen dichtete. Ihm ging es um den Krieg Charlemagnes gegen den Sachsenkönig Guiteclin [bodel]. Danach dürfte auch rechts des Rheins das Bedürfnis gestiegen sein, des wackeren Widukind zu gedenken. Die Liudolfinger könnten gegen 1250 dem angeblich schon seit 450 Jahren verblichenen Urahn eine auf alt gemacht Grabplatte gegönnt haben.

Zu alte Vergleichsobjekte?

Hierzu gehört auch der Befund, demzufolge verschiedene Kunstwerke des 12. und frühen 13. Jh. nach Vorbildern des 11. Jh. entstanden sein sollen. Beenken [48-57] nennt in diesem Zusammenhang die steinerne Grabplatte für Äbtissin Agnes II. in der Quedlinburger Schlosskirche, † 1203, die Bronzeplatte für Erzbischof Friedrich von Wettin, † 1152, und die Bronzetür von Nowgorod (um 1150) mit jeweils deutlich älteren Vorläufern. Diese Vergleiche stimmen, aber die frühen Vergleichsobjekte müssen ins 12. Jh. gehoben werden. So vergleicht Beenken [32-37] die Grabplatte der Agnes mit Arkadenreliefs in der Krypta von Essen-Werden, die er bei 1065 bis 1080 sieht, und mit einem gleich alt eingeschätzten Diakon-Relief, ebenfalls aus Werden. Sie rücken, wie bei den Reliefs von St. Emmeram bereits durchgeführt, ins 12. Jh. *Wikipedia* [St. Ludgerus (Werden)] nennt diese Reliefs nicht mehr.

Das Gleiche gilt gemäß Beenken für die Bronzegrabplatte des Erzbischofs Friedrich von Wettin in Magdeburg.

> „Es ergibt sich, daß auch hier Aufbau und Gliederung der Figur bis in Details hinein Stil des 11., nicht des 12. Jahrhunderts sind. Die Grabfigur ist also Kopie eines den Regensburger Denkmälern [Portalreliefs in St. Emmeram; HI] verwandten, aber an Qualität vermutlich weit überlegenen Vorbildes“ [Beenken, 50].

Demnach ist die Grabplatte des 12. Jh. keiner Arbeit des 11. Jh. nachempfunden, sondern diese Arbeit gehört ins 12. Jh. Nachdem die Magdeburger Gießhütte davor wie danach im 13. Jh., damals besonders produktiv war [Onnertz], wirft die Umdatierung keine Probleme auf.

Glocken

Die auf dem Kontinent missionierenden Iroschotten verwendeten im frühen Mittelalter häufig geschmiedete Eisenglocken. Im Bestreben, sie möglichst alt einzuschätzen, schießt die Fachwelt gelegentlich übers Ziel hinaus. So hängt im Ramsach-Kircherl bei Murnau eine eiserne Glocke, die sogar dem 3./4. Jh. entstammen soll, aber auch dem 8. oder dem 10. bis 12. Jh., je nachdem, ob sie von den Römern, vom hl. Bonifaz oder vom hl. Magnus oder von sonst jemandem stammt… [vgl. Illig 2018d, 507-509].

In Mitteleuropa kam derweil die gegossene Bronzeglocke auf; als älteste wird die Canino-Glocke aus der Umgebung von Viterbo eingeschätzt: dünnwandig, eiförmig und mit typischer Bügelform [Friske, 191]. Sie misst nur 39 cm im Durchmesser.

> „Frühe europäische Bronzeglocken werden aufgrund ihrer Form ***Bienenkorbglocken*** genannt. Je nach Provenienz werden sie gelegentlich auch als *karolingische* oder *salische Glocken* bezeichnet. Sie wurden vom 8. bis zum 12. Jahrhundert im *Wachsausschmelzverfahren* gegossen. In Deutschland existieren rund 20 historische Bienenkorbglocken sowie einige wenige gegossene Kopien und Rekonstruktionen“ [wiki: Bienenkorbglocke].

Im gleichen Lexikon wird unter dem Stichwort „Glocke“ das 8. Jh. weggelassen und durch „9. Jh.“ ersetzt.

> „Die älteste nordeuropäische Glocke dieses Typs ist die Glocke von Haithabu, auch Ansgar-Glocke, die um 950 gegossen wurde, also jünger ist als ihr Namensgeber Ansgar [† 865]. Ihr Öffnungsdurchmesser beträgt 43 Zentimeter. Die Esztergom-Glocke aus dem 10. Jahrhundert, benannt nach der ungarischen Stadt Esztergom, oder Csolnok-Glocke nach dem Fundort in der Nähe der Stadt, ist die einzige Glocke dieser Zeit, die läutbar aufgehängt ist. Ab dem 12. Jahrhundert kamen Zuckerhutglocken auf, während Bienenkorbglocken allmählich verschwanden“ [wiki: Glocke].

1999 in der großen Karls-und-Leo-Ausstellung von Paderborn wurde erkennbar, dass die damals noch ins 8. Jh. datierte Canino-Glocke auch aus dem 9. oder 10. Jh. stammen könnte [Stiegemann/Wemhoff, III. 356, 358]. Dann ergab sich ein Verdacht:

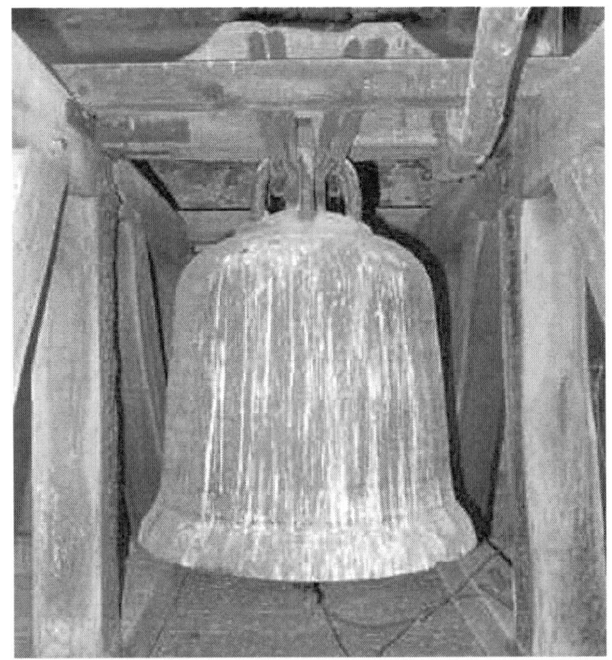

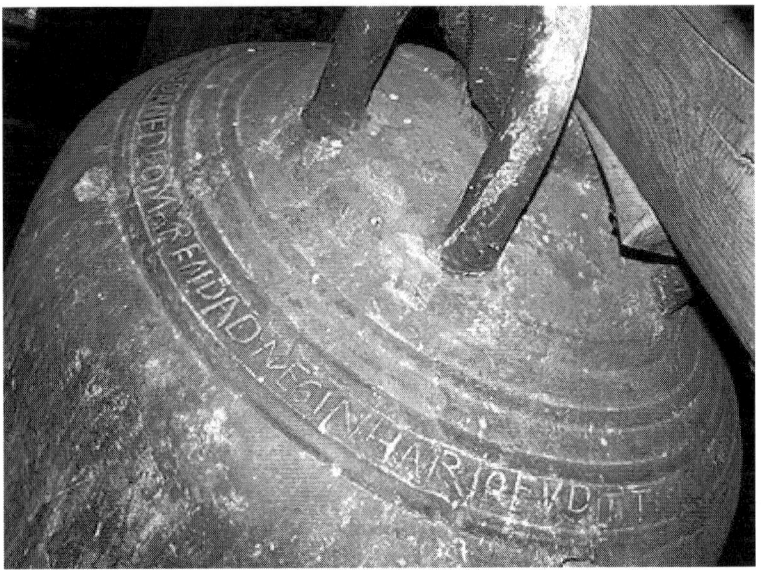

Lullus-Glocke, Bad Hersfeld [Lack], bislang um 1040, jetzt um 1105.
Aufschrift für Meginhard oder Reginhard [wikiwand]

„Die auf den Canino- bzw. Haithabu-Typ folgenden, wandungsstarken – und damit auch haltbareren – Bienenkorbglocken vom Typ »Aschara« haben ihren Ursprung im Harzraum. Diese neuen Glocken konnten dann in vielen Fällen ununterbrochen bis in die Neuzeit ihren Dienst tun. [...] Es fällt auch auf, dass wesentlich mehr Glocken des keltischen Typs erhalten sind, als zeitgleiche Vorläufer der Bienenkorbglocken. Auch dies deutet darauf hin, dass die Canino- und Haithabuglocken im Regelfall als Glockenspeise für ihre Nachfolger verwendet wurden.

Nur so erklärt sich die vorhandene geographische Streuung dieses Typs und das Vorhandensein einer so großen Zahl von Glocken nachweislich hohen Alters gerade um den Harz herum. [...]
Ein weiterer Beleg für die Bedeutung des Harzes für den Glockenguss schon in frühester Zeit sind Materialanalysen der Glockenfunde von Vreden, Haithabu und Mainz sowie von Glockenbronze aus der Zeit um 1000 aus Ulm und Corvey, des Essener Leuchters, der Hildesheimer Bronzen, der Mainzer Domtüren und des Aachener Pinienzapfens, die sämtlich aus Kupfer vom Goslarer Rammelsberg gefertigt wurden" [Friske, 199 f.].

Lullus-Glocke und ihre Fehldatierung

Sucht man nach datierbaren Glocken früher Herstellungsart, so wird man selten fündig. Immerhin gibt es die genannte Lullus-Glocke: Gewicht ca. 1.000 kg, Höhe 1,07 m, Durchmesser 1,12 m. Sie unterscheidet sich grundsätzlich von geschmiedeten Eisenglocken.

„Streng genommen gibt es in Deutschland insgesamt nur zwei bekannte datierbare Bienenkorbglocken: Die Lullusglocke in Hersfeld wurde nach ihrer Inschrift, kombiniert mit historischen Überlegungen, um 1038/40 gegossen und repräsentiert auch im Umriss einen älteren Typ. Die Glocke von Iggensbach in Bayern, diesmal direkt durch eine Jahreszahl datiert, stammt aus dem Jahre 1144 und ähnelt den Glocken aus Anhalt" [Friske, 193].

Der *Wikipedia*-Eintrag [Lullusglocke] offenbart, dass es keinen Zusammenhang mit dem ersten Abt von Hersfeld, Lullus (ab 769) gibt. Die Glockeninschrift ist zum Teil unleserlich geworden, sie enthält Schreibfehler und eine Korrektur vor dem Guss, der ausgerechnet an dieser Stelle nicht ‚gekommen' ist. Gelesen wird im Allgemeinen der Abtname „MEGINHARIO" (1036–1059), aus dem der 24. 6. 1038 als Gusstag der Glocke errechnet wird. Allerdings ist das „M" im Namen verwildert bis unkenntlich ausgefallen, wie sich auf der Fotografie [ebd.] klar an dem vorangehenden Wort („Marendad") erkennen lässt. Gut möglich, dass eigentlich „REGINHARIO" (Abt Reginhard, 1102–1114) geschrieben sein sollte und später verändert worden ist. Dann ergibt sich als Tag des Glockengusses der 24. 6. des Jahres 1104 oder 1105.

Mit dieser Korrektur bleibt die Lullus-Glocke die älteste datierbare Bienenkorbglocke, rückt aber ins 12. Jh. zur Glocke von Iggensbach (Landkreis Deggendorf), bei der das Jahr 1144 in römischen Buchstaben ‚nach Inkarnation' fixiert ist. 1104 wäre man auch bei den hier verjüngten Datierungen in der Lage gewesen, eine tonnenschwere Bronzeglocke zu gießen, ist doch für 1111 der Guss des linken Türflügels von Canosa anzusetzen.

Bernwardskunst in Hildesheim

Bernward wurde um 1050 oder 1060 geboren und starb 1122 als Bischof von Hildesheim, später gefeiert als großer Förderer der Künste. Er ist 993 vom Mainzer Erzbischof Willigis zum Bischof geweiht worden und war entschlossen, seine Stadt zu einem zweiten Rom auszubauen. Außerdem ließ er wie sein Zeitgenosse Willigis sein Bild auf Münzen prägen und führte, so die Vita, die heilige Lanze an der Seite des Kaisers [Brandt 1993, 9 f.]. Weiter umgürtete er den Dombezirk mit einer für Sachsen einmaligen zwölftürmigen Mauer samt zwei mächtigen Tortürmen [ebd. 9], die zu einem kleinen Teil archäologisch nachgewiesen ist. Seine weiteren hier geschilderten Kunstwerke kennt die Bernward-Biographie des Thangmar nicht, nicht einmal seine Kirchengründung St. Michael [Binding in Gosebruch/Steigerwald, 31]. Seltsamerweise ist der Biograph mindestens 15 Jahre vor dem Tod des Porträtierten gestorben, weshalb auch auf Wolfheres *Godehard-Vita* für den bischöflichen Nachfolger zurückgegriffen werden muss, um Bernward zu begegnen. Die älteste Handschrift von Thangmar stammt aus der Zeit von 1192/93, geschrieben aus Anlass der Heiligsprechung.

> „Nach dem Prolog, in dem sich der Domherr Thangmar als Autor zu erkennen gibt, der die Vita noch zu Lebzeiten begonnen habe" [Brandt/Eggebrecht, 10],

soll er noch die ersten zehn Kapitel geschrieben haben [wiki: Thangmar], obwohl er mindestens 15 Jahre vor Bernward gestorben sein soll. Hier passt wenig zusammen (s.u.).

Da es bereits einen Dom gab, der nach dem Brand von 1046 neu aufgebaut wurde (durch Bischof Hezilo, 1054–1079), stiftete er vielleicht für diesen Dom die sog. Bernwardstüren, zwei bronzene Türflügel mit plastisch gestalteter Oberfläche, die auf 1015 datiert werden.

Bernward werden zahlreiche weitere Kunstwerke zugeschrieben; zum Teil soll er sie sogar selbst angefertigt haben. Aus der ersten Hälfte seines Abbatiats wird Vieles berichtet,

„doch die Evangeliare und ihre kostbaren Einbände, die Weihrauchfässer für Festprozessionen, die Kelche aus Onyx, Kristall und reinem Gold, die funkelnde große Leuchterkrone im Mittelschiff und die erlesenen, in lichten Farben gehaltenen Wand- und Deckenmalereien sind spurlos untergegangen“ [Brandt 1993, 9].

Es wird sich im Weiteren zeigen, welche der ihm zugeschriebenen Kunstwerke Bernward erhalten bleiben und welche aus späteren Zeiten stammen. Zum Dom ist hier, da Architektur nur bei St. Michael vertieft wird, lediglich festzuhalten:

„Bis zum 14. Jahrhundert erfolgten weitere tiefgreifende Bauveränderungen, ohne dass jedoch vom Grundriss der Basilika von Bischof Altfrid [Baubeginn 872; HI] abgewichen wurde. [...] Der Dom zu Hildesheim ist in der Grundstruktur eine dreischiffige romanische Basilika mit Querhaus“ [wiki: Hildesheimer Dom].

Demnach ließ sich ein spätkarolingischer Bau in Grundriss und Grundstruktur mühelos in eine romanische Basilika verwandeln, obwohl beide Vorhaben durch fast zwei Jahrhunderte getrennt sind und die Zahl der Gläubigen beträchtlich gewachsen sein sollte. Dabei gilt: „Das ***gebundene System*** ist das typische Konstruktionsschema einer romanischen Basilika“ [wiki: Gebundenes System]. Von diesem Schema sollte ein karolingischer Bau noch weit entfernt gewesen sein. Wenn trotzdem auf seinem Grundriss eine Kirche im gebundenen System, also in einem aus dem Vierungsquadrat entwickelten Entwurf entstand, dann kann der Grundriss kein karolingischer gewesen sein.

St. Michael, Hildesheim

Das zentrale Anliegen des späteren Heiligen Bernward war seine Kirchengründung von 1010.

„Bernward verfolgte den Bau der Michaeliskirche mit unvergleichlichem Enthusiasmus und die Finanzierung des Baus beanspruchte nahezu seinen gesamten, persönlichen Besitz. Er entwarf selbst den Grundriss der Architektur und zeichnete auch maßgeblich für die Innenausstattung der Klosterkirche verantwortlich – von der Materialauswahl über die Gestaltung der Säulenkapitelle bis hin zum typisch romanischen, rot-weißen Farbwechsel bedachte Bernward selbst die kleinsten Details“ [Ramm].

Es gibt einen beschrifteten Grundstein mit „B. + Ep.“, das als Episcopus (Bischof) Bernward dechiffriert wird, dazu Apostelnamen:

“Einen Steinblock vom südwestlichen Treppenturm mit der Jahreszahl 1010 sieht man als einen von zwölf Grundsteinen für die Abteikirche an“ [wiki: St. Michael (Hildesheim)].

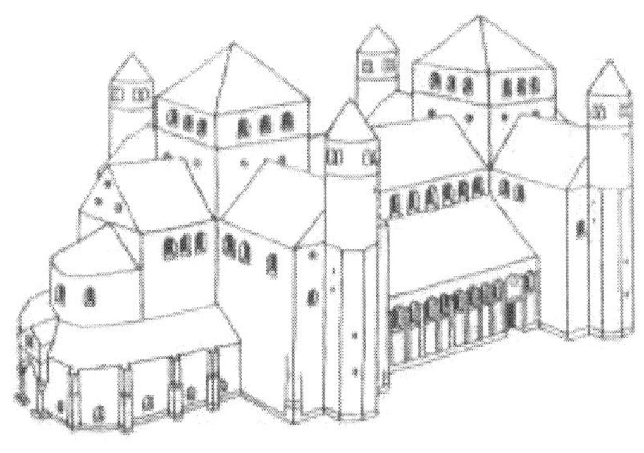

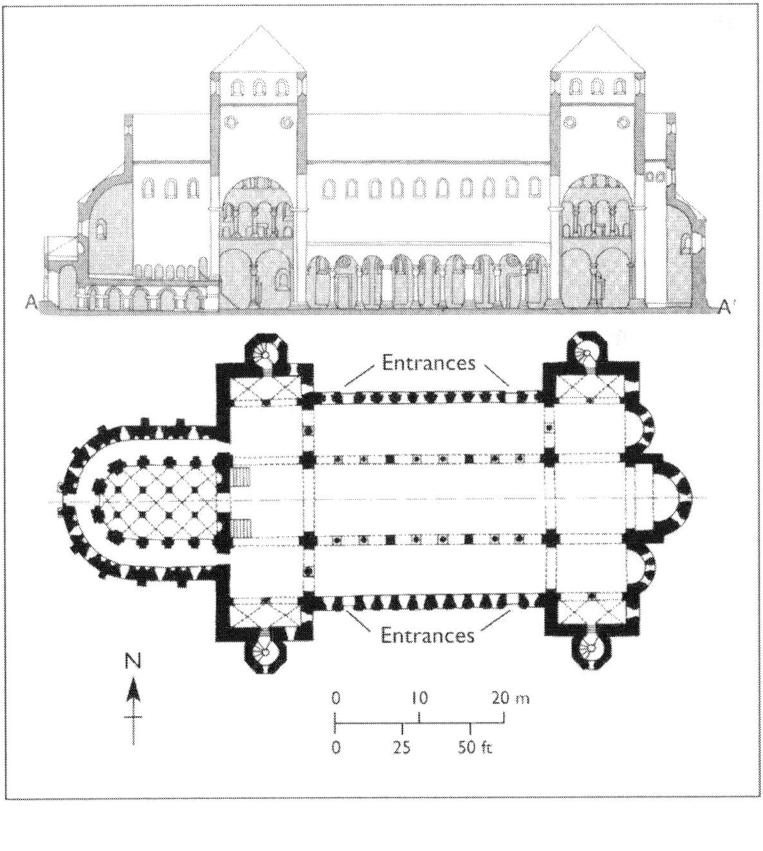

St. Michael, Hildesheim, Bernwards Bau ab 1010:
Isometrische Darstellung [Peschel]
Auf- und Grundriss mit fehlenden Vertikalachsen im Mittelschiffbereich [prezi]

So bestand seine architektonische Leistung wohl in der Festlegung von zwölf Eckpunkten für eine dreischiffige Basilika mit zwei Querschiffen und zwei Chören. Bernward selbst weihte die Krypta 1015, die noch nicht fertiggestellte Kirche 1022, wenige Wochen vor seinem Tod; fertig gestellt wurde sie 1036. Dieser Bau bleibt in jedem Fall ihm zugeordnet, gleichgültig, wie weit er sich am Entwurf beteiligt hat. Seine Kirche steht für den beginnenden quadratischen Schematismus oder das gebundene System, bei dem die Maße von Grund- und Aufriss aus dem Vierungsquadrat gewonnen werden. Aus drei derartigen Quadraten wird nun das Mittelschiff gebildet, aus einem weiteren das erste Vorjoch des Chors [Adam, 56].

Erstaunlich ist der Aufriss des Mittelschiffs, denn über den neun Arkaden einer Seite sind zehn Obergadenfenster angebracht. Es gibt also keine klare vertikale Achsdefinition. Doch das blieb ohne Relevanz, weil der Raum mit einer Flachdecke geschlossen war und ist, also keine Rücksicht auf Pfeiler und Kreuzgratgewölbe zu nehmen war. Insofern steht Bernwards Bau ganz am Anfang des gebundenen Maßsystems [vgl. Illig 1996, 248].

Für den quadratischen Schematismus bleibt es in St. Michael auch bei den Seitenschiffen beim vagen Ansatz, denn ein Mittelschiffquadrat bringt zwischen zwei Pfeilern drei Bogenstellungen auf zwei Säulen. Bei diesem niedersächsischen Stützenwechsel lassen sich nicht zwei Seitenschiffjoche neben ein Mittelschiffsjoch stellen. Trotzdem wurde er vom Bauhistoriker Hans Roggenkamp als „*Architectus sapiens* (nach 1Kor 1,13)“ und als der „geistige Schöpfer des Raumgedankens“ bezeichnet [wiki: Bernward von Hildesheim]. Anders äußerte sich Matthias Untermann [nach Weyer 2010]:

> „Aus seiner Sicht ist weder belegt, dass die Bernwardstüren nicht für die Michaeliskirche gefertigt wurden, noch seien bislang genügend Befunde publiziert, die zweifelsfrei nachweisen, dass die Fundamente wirklich alle einer einzigen Bauperiode angehören und es im Laufe der Zeit keine Bauplanänderung gegeben habe.“

Der echte quadratische Schematismus wird erst in Speyer mit nur jeweils zwei Bogenstellungen, wohl ab 1030, bewerkstelligt. Die zugehörige Wölbung des Mittelschiffs gelingt erst bei Speyer II, bis 1110.

Bernwards St. Michael in Hildesheim ist nie gewölbt worden. Der Baubeginn bei 1010 wird hier nicht angetastet, 1033 als Jahr der Schlussweihe durch Abt Godehard ohnehin nicht.

Weitere Bernward zugeschriebene Kunstschätze

Oben (S. 88) ist bereits die ***Goldene Madonna*** von Hildesheim angesprochen worden, die als Stiftung Bernwards ihm auch erhalten bleibt.

Pergamente

Das gilt genauso für einige Schriften: das ***Evangeliar*** von 1011 (Domschatz 33) und das ***Sakramentar*** von 1014, weiter einen ***Psalter*** in Privatbesitz, eine

> „mächtige ***Vollbibel*** (Domschatz 61), die einzige illuminierte aus ottonischer Zeit, dürfte nach Schrift und Titelbild, das nicht von Guntbalds [Bernwards Schreiber aus Regensburg; HI] Hand stammt, etwa im zweiten Jahrzehnt des 11. Jahrhunderts entstanden sein" [Brandt 1993, 13; Hvhg. HI].

Vielleicht sein Hauptwerk auf Pergament ist das ***Kostbare Evangeliar*** von 1015. In dieser Evangelien-Handschrift lässt er sich mehrmals nennen. So tritt Bernward in einem doppelseitigen Widmungsbild an die Jungfrau Maria von links an den Altar, um ihr das Buch zu übergeben:

> „Dieses Evangelienbuch widmet dir, heilige Maria, demütigen Sinnes der Jungfrauenschaft Liebe (= Verehrer), Bischof Bernward [PRAESUL BERNVVARD; HI], kaum dieses Namens (eines Bischofs) und des Schmuckes bischöflicher Tracht würdig" [Brandt 1993, 17].

Auch im prunkvollen Einband findet sich sein Name als Stifter, hier in den Schmuckrahmen der kleinen Elfenbeintafel geritzt [ebd. 56]. Insofern ist Bernward als Stifter gesichert. Doch das ist bei den nun folgenden Kunstschätzen nicht der Fall.

> „Bei den übrigen Werken sind es die Inschriften, die zwar keines von ihnen als von seiner Hand geschaffen nachzuweisen erlauben, die aber die Nähe Bernwards zu seinen Stiftungen und sein teilnehmendes Interesse an der Arbeitstechnik und an der Wirkung auf den Betrachter verdeutlichen" [ebd. 12].

Derartige Texte auf den Leuchtern und dem kleinen Kreuz können auch später verfasst worden sein. En passant: In der Handschrift tritt Jesus im Matthäus-Evangelium bärtig auf, bei denen von Markus, Lukas und Johannes bartlos. Zwei Kreuzigungen werden gezeigt. Die beim Lukas-Evangelium zeigt den bartlosen Heiland purpurbekleidet, ohne Wundmale, mit offenen Augen und nach oben weisendem Daumen – ein Siegesbild des Himmelskönigs. Beim Johannes-Evangelium stehen die Abbildungen von Kreuzigung und leerem Grab nebeneinander. Dieselbe Körperhaltung, diesmal aber mit Lendentuch und Wundmalen.

Damit bestätigt sich einmal mehr, dass der Heiland während der späten Ottonenzeit keineswegs immer bärtig auftritt.

Noch einmal zur Bronzetür

In St. Michael wurden später die beiden Türflügel eingebaut, die ursprünglich für eine andere Kirche gedacht waren. Der Guss stellt technisch gesehen eine Meisterleistung dar, wurden doch erstmals im Wachsausschmelzverfahren Türen mit plastisch ausgeformten Figuren gestaltet. Ihre Datierung auf 1015 beeinflusste den Datierungsrahmen der gesamten Vorromanik und Romanik. Doch woher kommt diese Jahreszahl? Von der Zahl „MXV" dieser Tür-Inschrift:

> „An(no) Dom(inice) Inc(arnationis) MXV B(ernwardus) ep(iscopus) dive mem(orie) has valvas fusiles in facie(m) angelici te(m)pli ob monim(en)t(um) sui fec(it) suspendi. – Im Jahre nach der Menschwerdung des Herrn 1015 ließ Bischof Bernward göttlichen Angedenkens diese gegossenen Türflügel an der Fassade des Engelstempels zu seinem Gedächtnis aufhängen.
> Die Inschrift ist, wie üblich, zwangsläufig nicht mitgegossen, sondern nachträglich eingemeißelt worden" [Brandt/Eggebrecht, 503].

„Divus" bzw. „dive" steht für einen Verstorbenen, etwa „DIVO TITO DIVI VESPASIANI" auf dem von Domitian für seinen bereits verstorbenen Bruder errichteten Titus-Bogen in Rom, der auch an ihrer beiden ebenfalls verstorbenen Vater Vespasian erinnert. An die Vergöttlichung römischer Kaiser sollten Christen im Mittelalter nicht mehr geglaubt haben. Aber für Hildesheim ist sichergestellt, dass diese Türen erst nach Bernwards Tod beschriftet worden sind, auch wenn selbst das bezweifelt wird [Nahmer in Gosebruch/Steigerwald, 54]. Dagegen wird betont, dass die Türinschrift der auf dem Cappenberger Kopf in der Ausführung ähnelt [ebd. 74], der bei 1160 gesehen wird.

Der Verfasser vertritt die Meinung, dass dieses später eingemeißelte Datum nicht der Wahrheit entspricht, sondern Hildesheims wunderschöne Türflügel zeitnah mit denen von Nowgorod und Gnesen, eher sogar nach 1160 entstanden sind. Mit ihnen rücken jene Kunstwerke ins 12. Jh., die bislang in enger Abhängigkeit zu diesen Türen gesehen werden. Dies ist aus der Evolution der Bronzetüren heraus bereits erschlossen. Deshalb lässt sich nun ohne Zirkelschluss darauf verweisen, dass Hamann die „genau datierte Bernwardstür des Hildesheimer Doms von 1015" [wiki: Gerokreuz] zur Datierung des Gero-Kreuzes benutzt hat. Wenn ein passendes Vergleichsobjekt umdatiert wird, müssen ihm die anderen folgen.

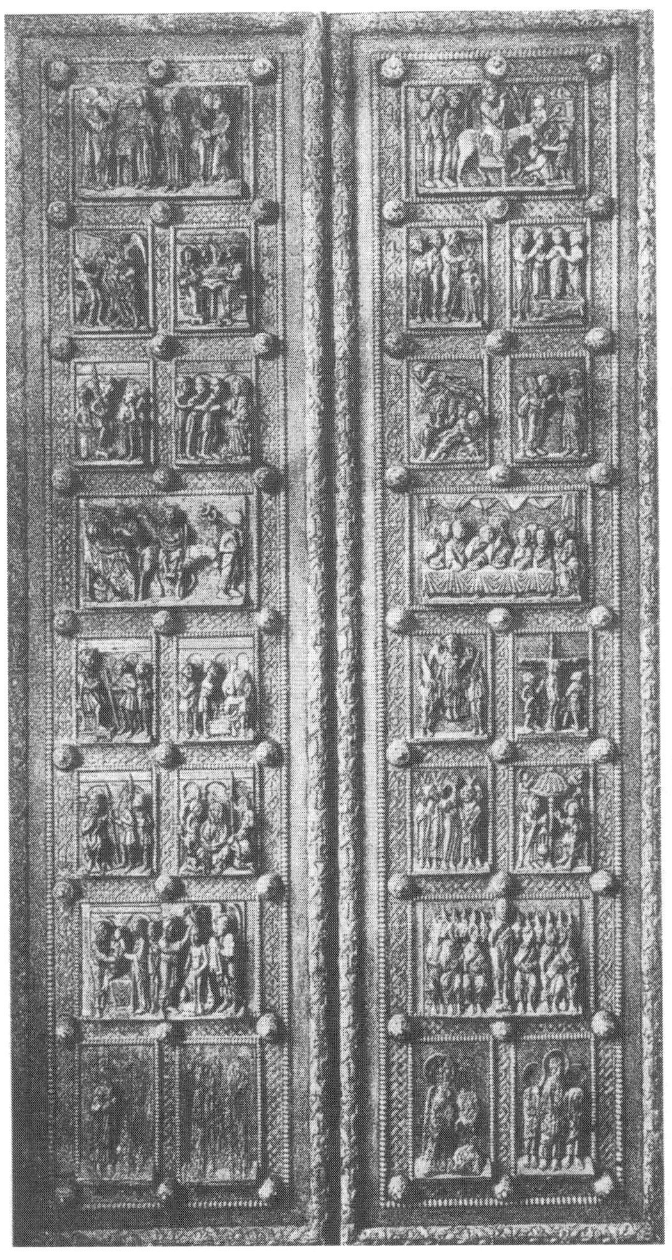

Holztür in St. Maria im Kapitol, Köln, bislang um 1050 [Beuckers 1999, 145], jetzt späteres 12. Jh.

Das gilt auch für die berühmte ***Holztür von St. Maria im Kapitol*** zu Köln. *Wikipedia* [Holztür St. Maria im Kapitol] schweigt sich über die Datierung dieses Kirchenschatzes aus. Früheste Belege zu ihr stammen aus dem 19. Jh. [Stracke, 13]. Erst Wera von Blankenburg schlug in ihrer Dissertation [1923] die Mitte des 11. Jh. vor,

> „die seitdem nicht mehr angezweifelte Datierung der Tür, [...] während noch Dehio und Rahtgens [1911] das Werk der zweiten Hälfte des 12. Jh. zuordneten“ [Stracke, 14].

Demnach arbeiteten Hamann und v. Blankenburg Hand in Hand, als es darum ging, Gero-Kreuz und Kölns Holztür vom späteren 12. Jh. ins 11. Jh., das Kreuz dann sogar ins späte 10. Jh. zu veralten. Insofern muss man auch beide Kunstwerke zusammen dem 12. Jh. wieder zurückgeben. Vom Optischen her war ohnehin der gleiche Eindruck wie bei Hildesheims Bronzetür angestrebt.

> „Das Relief der Tafeln ist sehr plastisch geschnitzt worden, so dass manche Figuren über den Rahmen hinaus ragen. Vor allem die unteren Tafelränder sind stark hervorgehoben, denn sie dienen als Untergrund für die darauf stehenden Figuren. Die Füße, Beine und Köpfe reichen weiter nach außen zum Betrachter als der Oberkörper“ [wiki: Holztür St. Maria im Kapitol].

Weiter fällt dem Verfasser die Ähnlichkeit der sog. Karlsstatue von Müstair mit dem Herodes der Kölner Tür auf. Wie er von seinem Fußschemel streng auf die drei Könige hinabsieht, gleichen alle vier Könige von der Kopfform her Müstairs Karl: ‚altgriechisches‘ Profil mit einer markanten Nase, die nahtlos, ohne Stufung direkt in die Stirn übergeht. Es ließe sich sogar eine Maria lactans erwarten, doch dieses Motiv gehört nicht zur Verehrung durch die hl. Drei Könige, auch nicht zu Verkündigung oder Geburt.

Oben war bereits von den Ähnlichkeiten zwischen dieser Tür und dem Externsteinrelief die Rede; dieses ist bereits ins späte 12. Jh. umdatiert worden.

Christussäule

Auch jene mächtige Bronzesäule, die nach dem Vorbild der beiden römischen Kaisersäulen mit spiraliger Reliefdarstellung gegossen worden war, und von St. Michael hinüber in den Dom gebracht worden ist, soll noch zu Lebzeiten Bernwards fertiggestellt worden sein. Das Kunstwerk misst über 4 m in der Höhe, dürfte um 4,3 t wiegen, also viel mehr als eine der Türen; für die Gussform benötige man 500 kg Wachs [Drescher, 344]. Die Säulenfiguren sind nicht so weich wie die der Türen gestaltet; gleichwohl wird auch sie ins erste Drittel des 11. Jh. datiert. Es

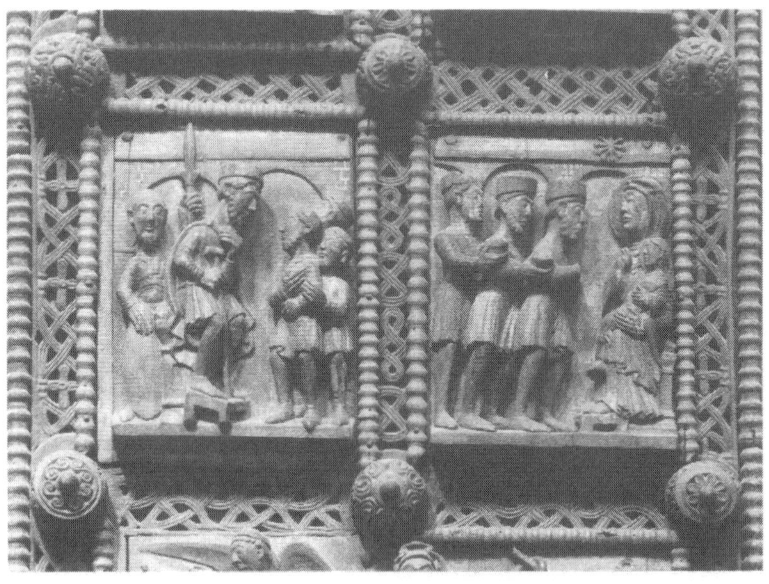

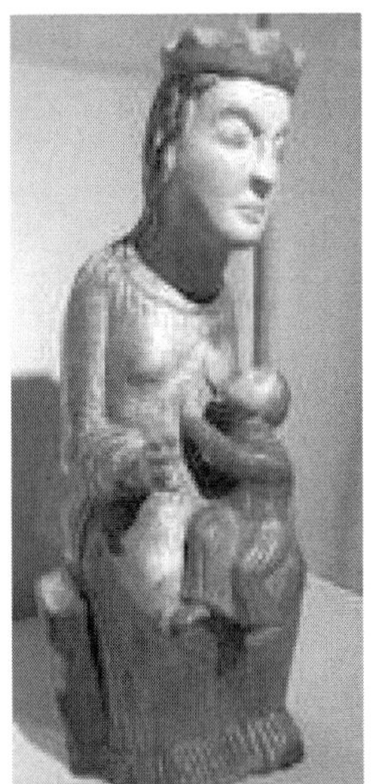

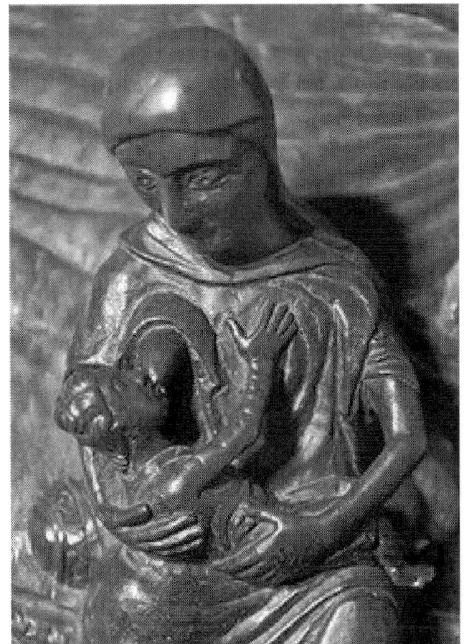

Holztür, St. Maria im Kapitol, Köln: Hll. Drei Könige vor Herodes und in Anbetung des Kindes, bislang um 1050 [Beuckers 1999, 158], jetzt spätes 12. Jh.
Maria lactans: Ainhofen, auf 1130 datiert [Schertl]
Hildesheim, Bronzetür, bislang um 1015, jetzt spätes 12. Jh. [Guelcker]

gibt zu ihr keine zeitgenössische Äußerung [Brandt/Eggebrecht, 540]. Im Vergleich mit den Türen gilt:

> „Die Körper lösen sich nicht von der Fläche, sondern bleiben reliefhaft auf dem Grund, werden nicht partiell zu Vollplastiken, wenn das Volumen der Köpfe und Hände gegenüber den Leibern auch zunimmt. Die Bildstreifen, sind gleichmäßiger gefüllt. Große leere Räume, in die hinein die Gestalten agieren, spielen als Kompositionsmittel keine Rolle. Die Modellierung ist kantiger und härter" [ebd. 546].

Aus hier vertretener Sicht muss diese Christussäule ebenfalls in die zweite Hälfte des 12. Jh. gebracht, aber nicht zwangsläufig gleichzeitig mit der ‚Bernwardstür' gesehen werden, eher etwas früher, obwohl das Gussvolumen größer war.

Drei Radleuchter

Nicht mehr erhalten ist der große ***Radleuchter,*** den Bernward († 1022) gespendet hat, zerbrach er doch im 17. Jh. Erhalten sind hingegen zwei andere derartige Leuchter im Hildesheimer Dom: einmal der mehr als 6 m durchmessende ***Hezilo-Leuchter,*** den Bischof Hezilo (1054–1079) im Jahr 1061 der Kirche geschenkt haben soll. Zum anderen der Leuchter von Bischof ***Thietmar*** bzw. ***Azelin,*** der schon von Bischof Thietmar (1038–1044) gestiftet worden sei und der den Kirchenbrand von 1046 überlebt hätte. Als Vorbild habe der Radleuchter in der Jerusalemer Grabeskirche gedient, der über dem Golgota-Felsen gehangen hat [wiki: Radleuchter]. Doch seine Fertigung würde man erst nach Eroberung der Stadt im Jahr 1099 erwarten. Denn Kalif al-Hakim ließ 1009 Grab und Grabeskirche brutal demolieren. Zwar erlaubte sein Nachfolger al-Zahir (gest. 1036) den Wiederaufbau, doch in diesem Jahrhundert steigerten sich die Schikanen gegen die Christen.

Die beiden anderen erhaltenen Radleuchter stammen definitiv aus dem 12. Jh.: der ***Hartwig-Radleuchter*** von Groß-Comburg (Schwäbisch Hall) von 1130 (Umfang 15,77 m) und der Aachener ***Barbarossa-Leuchter*** aus der Zeit von 1165/70 (Ø 4,16 m). Es ließe sich erwarten, dass diese Radleuchter, die alle das himmlische Jerusalem mit einer Kreiskette von Türmchen abbilden [Bandmann, 89 Fn. 136], ungefähr aus derselben Zeit stammen, wie das ein Lehrblatt versehentlich sogar unterstellt: die „herausragenden Metallschmiedearbeiten des frühen 12. Jh." [landeskunde]. Derzeit werden sie über 240 Jahre verteilt. Bernhard von Clairvaux hat bereits nach ca. 20 Jahren auf die Monster, Fratzen und seltsamen Phantasien, die sich an den Kapitellen romanischer Kreuzgänge breit machten, mit einem heftigen Angriff reagiert. Wenn

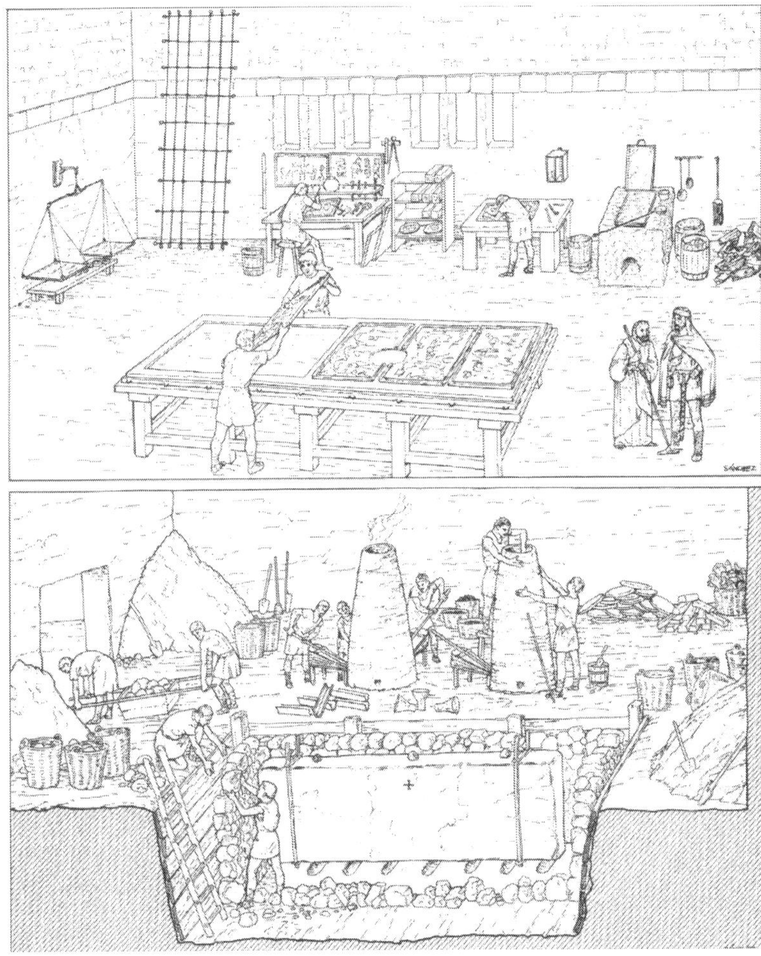

Die Hildesheimer Gusswerkstatt – ein Rekonstruktionsversuch. Oben Bau des Wachsmodells der Türen, unten die Gießform in der Grube. Oben der kleine Wachsschmelzofen, unten zwei Schmelzöfen zu Beginn des Anheizens. Zeichnung von Hans Drescher / Emilio Sánchez [Brandt/Eggebrecht, 341]

er in seiner *Apologia ad Guillelmum* gegen den vergoldeten Radleuchter von Saint-Remi in Reims (1793 zerstört) wettert [Dinzelbacher, 86], dann stammte dieser nicht aus Bernwards 11. Jh., sondern aus Bernhards beginnendem 12. Jh. Die Herkunft aus dem 12. Jh., nicht 11. Jh. darf deshalb auch für die beiden Hildesheimer Radleuchter dringend unterstellt werden. In diesem Fall wären dem hl. Bernward zuliebe zwei Radleuchter ins 11. Jh. veraltet worden.

Zwei Silberleuchter

Und es gibt weitere Metallarbeiten unter Bernwards Namen. Etwa seine beiden silbernen Leuchter, 42 cm hoch und zu Anfang des 11. Jh. in Edelmetall gegossen [auch im Weiteren Brandt/Eggebrecht, 581 f.]. Das Silber war zum Teil vergoldet und mit Niello eingelegt. Laut einer Nachricht aus dem 16. Jh. (!) sind sie in seinem Grab gefunden worden. An jedem Leuchterfuß werden jeweils drei Bezwinger geflügelter Drachen gezeigt. Nach einem Knoten (nodus) finden sich Löwen, über denen Männchen in Geäst nach oben klettern. Ist schon dieses Gewirr schwer zu durchdringen, scheint es bei den Leuchterfüßen ganz unmöglich, sind doch die Darstellungen auf ihnen in drei Dimensionen verschlungen, mit einer technischen und gestalterischen Phantasie, die der frühen Romanik noch nicht zu Gebot stand. Allein die Herstellung der Gussformen verlangte außergewöhnliche Fähigkeiten.

Derartige Phantasiegestalten treten erst in jenem 12. Jh. auf, in dem die Leuchter mit viel größerer Wahrscheinlichkeit anzusetzen sind. Zum Vergleich kann ein bronzener Leuchter derselben Zeitstellung (frühes 11. Jh.) herangezogen werden, der als Fuß nur ein schalenförmig gebogenes Gitter besitzt [Brandt/Eggebrecht, 289]. Auch die große Salierausstellung konnte nur zwei unbeholfene Kreuzfüße zeigen: bei einem sind die vier Seitenflächen lediglich schräg gestellt (1060–1080), der zweite – aus der zweiten Hälfte des 11. Jh. – bietet nur eine durchbrochene Fläche, auf der vier Evangelisten postiert sind [Waurick, 370]. Am ähnlichsten ist der etwas größere „Gloucester candlestick“ aus dem frühen 12. Jh. Der Mindener Leuchter mit seinen vier Drachenfüßen und der durchbrochenen Fußschürze wird in die Zeit um 1200 datiert, der ähnliche Braunschweiger Leuchter am Ende des 12. Jh. gesehen, weshalb die viel komplizierter angelegten Hildesheimer Leuchter nicht aus dem frühen 11. Jh. stammen können.

> „Romanischer Formenreichtum offenbart sich in dem verschlungenen, von fantasievollen Vogelwesen bewohnten Rankenwerk, das als durchbrochene Arbeit den dreiteiligen Fuß eines Messingleuchters aus dem Ende des 12. Jahrhunderts bildet. Der Fuß ruht auf drei

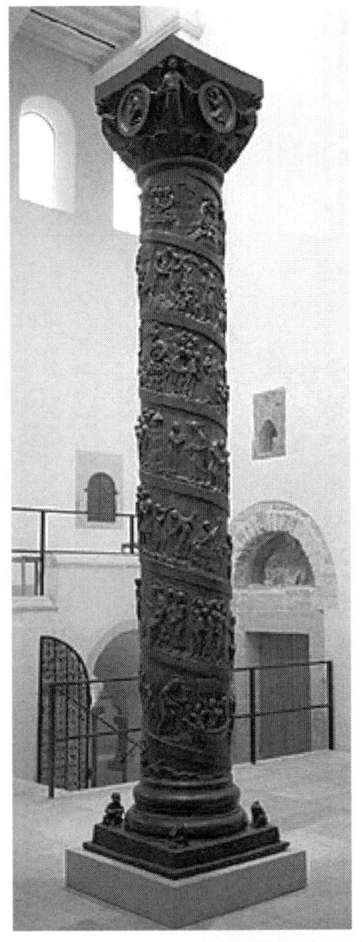

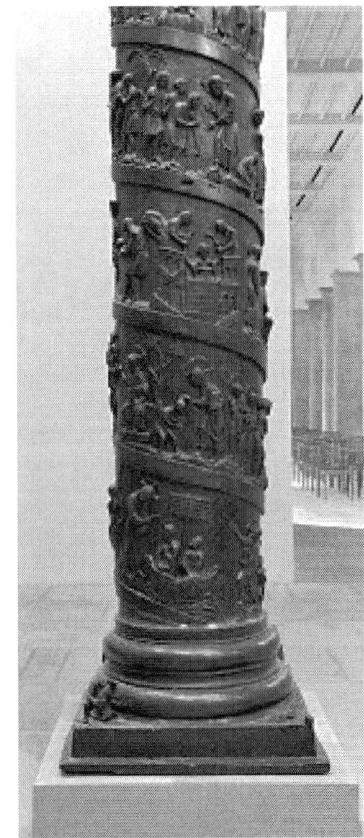

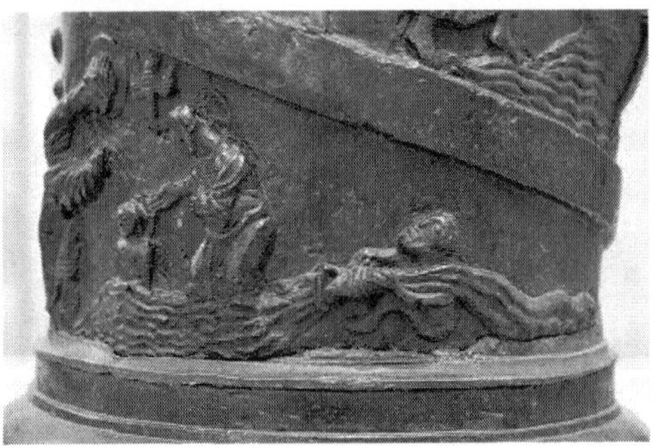

Christussäule, Hildesheim, bislang vor 1022, jetzt 1150–1200 [wiki; 2 x Faure]

> Löwentatzen. Seltsame drachenähnliche Wesen mit hervorgestreckten Köpfen stützen den ausladenden Lichtteller“ [domschatz].

Da darf sogar an den riesigen Mailänder Trivulzio-Kandelaber gedacht werden, steht er doch auf besonders phantasievoll gestalteten Füßen, die so raffiniert aus dreidimensionalem Geranke, Fabeltieren und menschlichen Figurinen gestaltet sind, dass sich bereits an die Renaissance denken lässt. Sein Fußteil wird bei 1200 gesehen, der Oberteil im frühen 16. Jh. (ganzer Leuchter nach 1500?) Noch dem großen Wolfram-Leuchter aus der Erfurter Domkirche, 1160, mangelt es an einem entsprechend ausgestalteten Unterbau. Er zeigt Untiere und Drolerien, aber keine kunstvollen, dreidimensionalen Durchdringungen.

Wenn jedoch die Bernwards-Leuchter dem späteren 12. Jh. angehören, bringt das auch für die ***Tassilo-Leuchter*** einen Datierungshinweis. Bei ihnen ist der Schaft noch nicht gegossen, sondern in Niello mit sich jagenden Tieren geschmückt. Die Füße sind mit Phantasietieren noch nicht so kunstvoll gestaltet wie die der Bernwards-Leuchtern, so dass diese dem mittleren 12. Jh. zugeordnet werden können.

Aber auf beiden Hildesheimer Leuchtern ist „BERNVVARDUS PRESUL“ in der niellierten, umlaufenden Inschrift genannt, die nicht erst später angebracht worden sein kann. Gemäß der hier vertretenen Ansicht hat man die Leuchter im späten 12. Jh. entworfen und gerade mit dieser Beschriftung gegossen, um das Andenken Bernwards für seine Heiligsprechung zu erhöhen (s. u.).

Kleines silbernes Bernwardskreuz

Dieses Kleinod gilt bei 20,2 cm Gesamthöhe und einer Korpushöhe von nur 14 cm [Drescher, 346]

> „»als ein in formaler und technischer Hinsicht vollendetes Hauptwerk aller frühen Gußkruzifixe« [Grimme 1972, 41 f.]. Inschriften auf seiner Rückseite lassen keinen Zweifel daran, dass auch dieses – stilistisch dem ebenfalls bernwardinischen Ringelheimer Kreuz sowie dem Kölner Gerokreuz verwandte – Kruzifix als Reliquiar diente“ [wiki: Bernwardskreuz].

Der Korpus ist tatsächlich vom Typus her nahe mit dem Gero-Kreuz verwandt: Körperkrümmung, weit herabhängendes Haupt, Haarsträhnen über der Schulter, hervortretender Bauch, zusätzlich das linke Bein deutlich aus der Vertikale gedreht. Andererseits sind seine Augen geöffnet, und er zeigt seine Rippen höchst naturalistisch. Das Kreuz sei ebenfalls vor 1022, dem Todesjahr des hl. Bernward, entstanden. Auf der Rückseite der Titulus-Tafel verkündet eine Inschrift: „BERNVVAR/-DVS · PRESVL / FECIT HOC (Bischof Bernward hat dies gemacht)“

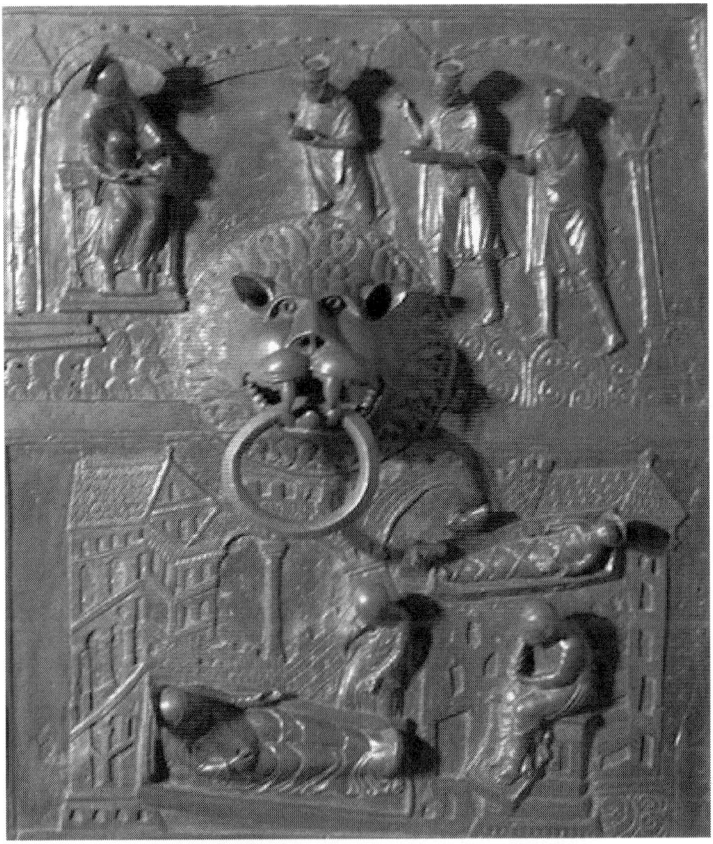

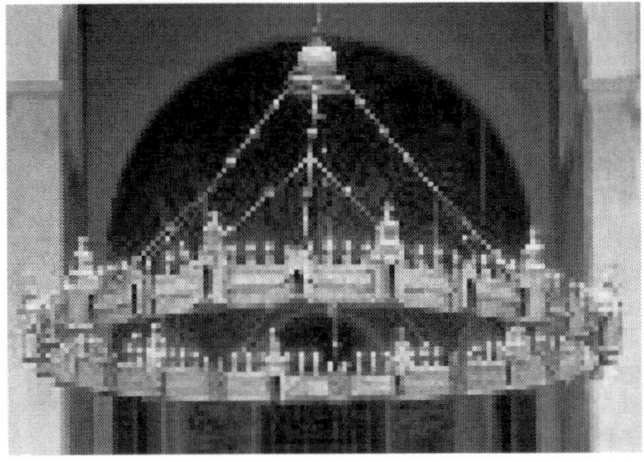

Hildesheim, sog. Bernwardstüren, Ausschnitt mit Geburt Jesu und Anbetung durch die Könige; [ÖHl: Bernward von Hildesheim]; jetzt 12. Jh.
Hildesheim, Hezilo-Leuchter, bisher 11., jetzt 12. Jh. [en.wiki: Hezilo chandelier]

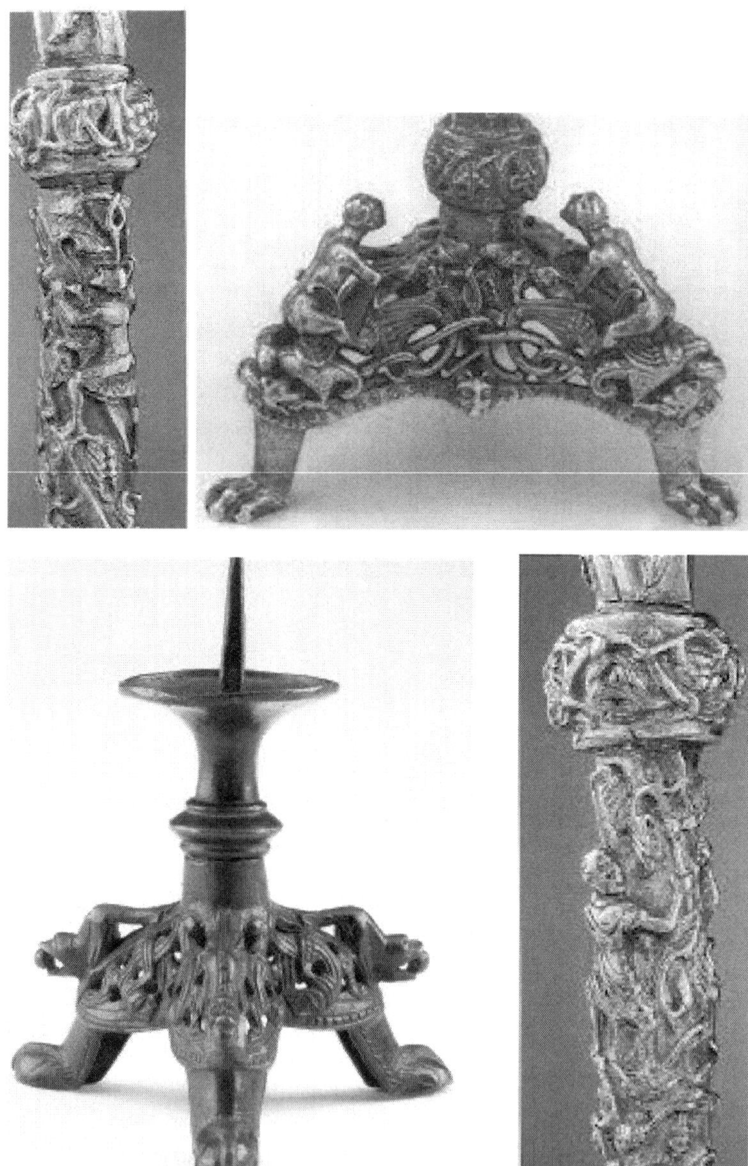

Links oben und rechts unten: Schäfte der beiden Bernwardsleuchter [smb]
Fuß eines Bernwards-Leuchters, bislang 1010, jetzt spätes 12. Jh. [tomio]
Unten links: Mindener Leuchter, um 1200 [nat.museum]

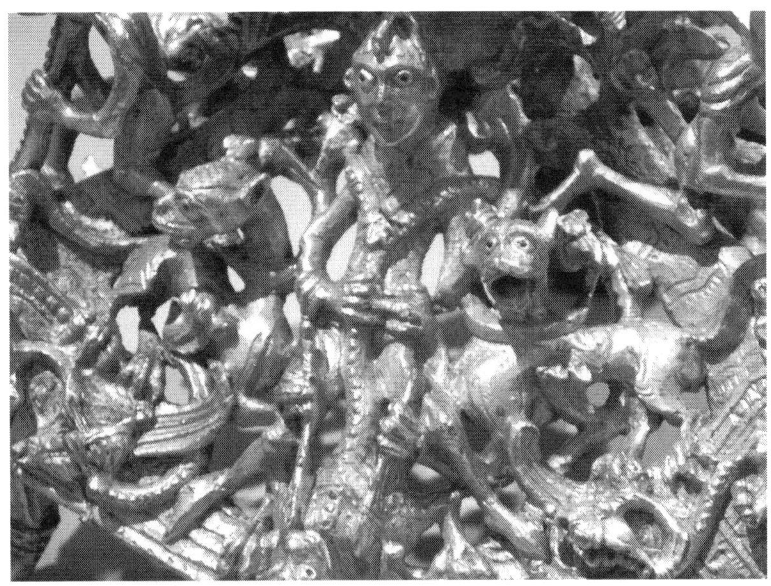

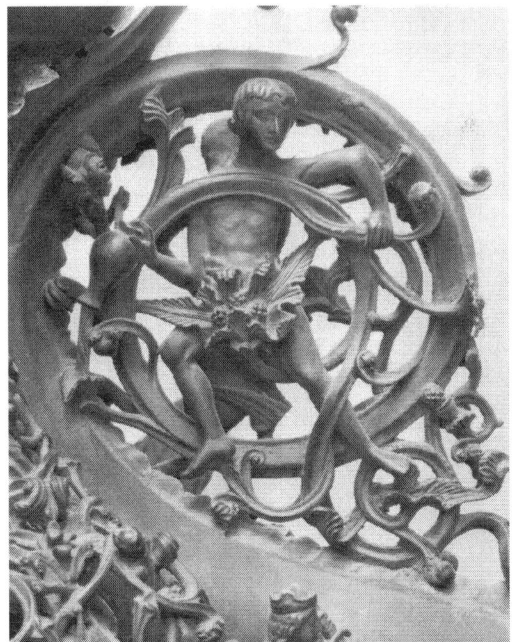

Leuchter von Gloucester, frühes 12. Jh. [wikiwand]
Trivulzio-Leuchter, Mailand, Dom, ca. 1200 [Homburger/Hürlimann, Abb. 11]

[Brand]. Deshalb wird Bernward als Ausnahmekünstler gefeiert, wäre er doch einer der ganz wenigen kirchlichen Würdenträger, die sich mit etwas so Profanem wie Gusstechnik befasst hätten. Damit hätte er den Stab übernommen von dem sagenhaften Bischof Eligius von Noyon, der nacheinander Hufschmied, Goldschmied und schließlich Schatz- und Münzmeister merowingischer Könige geworden sein soll. Von einem seiner Wunder besitzen wir noch den Begriff ‚Pferdefuß'. Auch Eligius ist heiliggesprochen worden.

Allerdings stehen auf der Rückseite des Bernwardskreuzes auch Reliquieninschriften; sie „hat man vielleicht anläßlich der Heiligsprechung Bernwards hinzugefügt" [Brandt/Eggebrecht, 580], die 1194 stattgefunden hat. Der Schriftvergleich mit dem Titulus lässt kaum Unterschiede erkennen. Insofern kann dieses Kreuz auch später, bis gegen Ende des 12. Jh. gegossen worden sein.

Dramatisch ist die gelehrte Werkabfolge. Bloch führt eine eigene Rubrik für Folgekruzifixe des Bernwardskreuzes. Dieses sei um 1007/08 geschaffen worden, das erste Folgekreuz jedoch erst „um 1100"! [Bloch 1992, 242 f. (Nr. VI A 3)] Beim Fehlen von rund drei Handwerkergenerationen verdient das Bernwardskreuz das Attribut „antizipatorisch", zumal die weiteren Folgekreuze erst um 1120, um 1130 und nach 1150 eingestuft werden [ebd. 243]. Das ähnlichste von ihnen, das von St. Godehard in Hildesheim [ebd. VI A 2], wird auf die Zeit nach 1050 datiert. Aus hier vertretener Sicht rückt dieses kleine Bernwardskreuz ins späte 12. Jh., in die unmittelbare zeitliche Nähe zum umdatierten Gero-Kreuz.

Erkanbald-Krümme

1788 konnte in Hildesheim dem Sarg eines 1363 gestorbenen Bischofs eine in Silber gegossene Krümme entnommen werden. Auf einer Höhe von nur 11 cm schildert sie den Sündenfall. Über einem phantasievoll durchbrochenen Knauf, auf dem Figürchen mit Krügen die Paradiesflüsse symbolisieren, stehen Adam und Eva und verzehren Früchte. In der eigentlichen Krümme, nur 6 cm hoch aus Ästchen gebildet, duckt sich der nackte Adam vor dem bekleideten und nimbierten Gottvater, der ihm ein Buch entgegenhält [hildesheim]; gestalterisch und gusstechnisch eine feine Arbeit. Auf der Krümme ist der Name Erkanbald vermerkt, der mit einem Abt aus Fulda in Verbindung gebracht wird. Doch da dieser obere Abschluss eines Bischofsstabes in Hildesheim gefunden worden ist, hat er den Ort vielleicht nie verlassen, weshalb Hans Jürgen Rieckenberg den Namen Erkanbald nicht auf den Abt, sondern auf den Schöpfer dieses Kunstwerks bezieht [ebd.]. Nachdem Claudia Echinger [Gosebruch/Steigerwald, 127] die dreidimensionale Durchformung mit jener

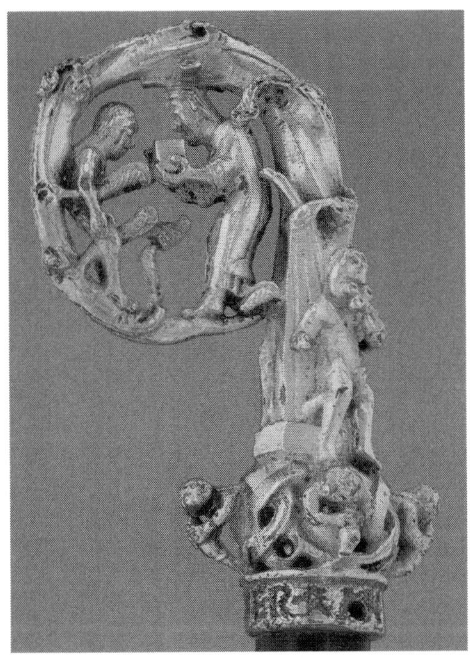

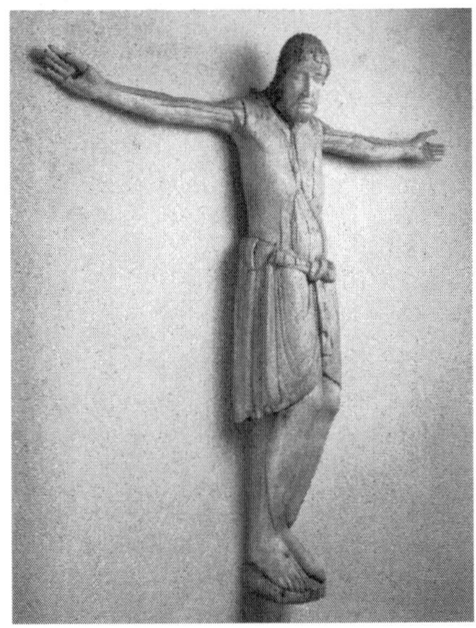

Erkanbald-Krümme, Hildesheim, bislang 997–1011, jetzt spätes 12. Jh. [Brandt/ Eggebrecht, II:495]

Ringelheimer Kreuz, Hildesheim, bislang ca. 1000, jetzt spätes 12. Jh. [bistum]

der Bernward-Leuchtern vergleicht, kann die Krümme ihnen und dem kleinen Bernwardskreuz ins späte 12. Jh. folgen. Nicht gemeint ist der sog. Bernwardstab, der von 1492 stammt.

Das große Bernwardskreuz

Damit noch immer nicht genug in Hildesheim: Das *Große Bernwardskreuz* stammt nicht von dem gleichnamigen Bischof, sondern ist nur nach ihm benannt, in der vorliegenden Form der Zeit um 1130/ 40 zugewiesen: 48 cm hoch, kein Kruzifix, sondern ein reich mit Edelsteinen, Perlen und Kristallen besetztes Kreuz. Es soll einen Kreuzsplitter, kaiserliches Geschenk von Otto III. bergen. Um das edle Kreuz für Bernward zu retten, wird es in seiner ursprünglichen, doch unbekannten Form der Zeit um 1000 zugerechnet [wiki: Bernwardskreuz].

Was es mit dem auf seiner Rückseite gravierten Kruzifix auf sich hat, ist rätselhaft und wird gern übergangen: Dass der Korpus ohne Nagelungen zu schweben scheint, kommt öfters vor. Dass aber der Lendenschurz so aufgebauscht ist wie bei einer Frau mit gebärfreudigem Becken, darf erstaunen. Noch mehr erstaunt die Busenlinie an der Brust, scheint man doch einen Hermaphroditen mit Bart und weiblichen Geschlechtsmerkmalen vor sich zu sehen – und das im hohen Mittelalter. Da lässt sich an die hl. Kümmernis denken und an das Urschallinger Trinitätsfresko, bei dem der hl. Geist in Gestalt einer jungen Frau erscheint, die ihr Geschlecht zeigt [vgl. Illig 2018b].

Ringelheimer Kreuz

Ungleich größer ist das hölzerne Ringelheimer Kreuz, das Bernward um 1000 in Auftrag gegeben haben soll:

> „Für die Äbtissin Judith von Ringelheim, die möglicherweise seine Schwester oder Halbschwester war, stiftete Bernward das Ringelheimer Kreuz, eine monumentale Holzplastik des Gekreuzigten, die mit nur wenigen vergleichbaren Werken den Wiederbeginn der Skulpturenkunst im Abendland markiert“ [wiki: Bernward von Hildesheim].
>
> „Der Christuskorpus aus Linden- und Eichenholz – das Kreuz selbst ist nicht mehr vorhanden – ist 1,62 m hoch und von ungewöhnlicher Lebendigkeit und Ausdruckskraft. Im kunstgeschichtlichen Rang für seine Zeit wird ihm nur das Kölner Gerokreuz an die Seite gestellt […] Die Rückseite trug die Signatur von Bernward (»B.+ep.« – Bernwardus episcopus)“ [wiki: St. Abdon und Sennen (Hildesheim)].

Das Kürzel – durch „eine etwas spätere Hand *B + ep* vermerkt“ [Brandt/ Eggebrecht, 497] – fand sich als Vorgabe bereits auf dem Grundstein von

St. Michael und lässt sich ganz simpel einritzen. Die Arme sind nicht mehr original, die Haarsträhnen sind weggebrochen [ebd. 498]. Anders als beim Gero-Kreuz waren die Augen geöffnet, ist Jesus also noch lebend dargestellt.

> „Es mag der erzählerischen, der genau charakterisierenden Gebärdensprache der Bronzereliefs und ihrer physiognomischen Prägnanz entsprechen, doch hat dieses Gesicht dort kein Äquivalent. Man sieht nicht das Antlitz eines Sterbenden, sondern ein resignierend betrachtendes, durchschauendes, skeptisch, ja verachtend die Mundwinkel herabziehendes, großformatiges Gesicht“ [Holländer, 161].

Auch läuft die Körperachse senkrecht, ohne die Bogenspannung des Gero-Kreuzes. Hierzu ein Satz, der die eigentlichen Probleme anreißt:

> „Wie St. Michael [in Hildesheim] einen neuen Anfang für die Architektur bedeutet, ***zwar ohne unmittelbare Nachfolge,*** vielmehr die Entwicklung des 12. Jahrhunderts vorwegnehmend, so der große Bernwardkruzifixus für die Plastik, ***zwar auch ohne unmittelbare Nachfolge,*** aber die Reihe der künftigen, sächsischen Plastik des 12. und 13. Jahrhunderts bereits eröffnend“ [Syndicus, 23].

Ist es vorstellbar, dass ein kunstsinniger Priester auf dem Gebiet der Architektur, der großformatigen Bronzegusstechnik, der kleinformatigen Silbergusstechnik (Kruzifix und Leuchter), der Metalltechnik (Radleuchter) jeweils bahnbrechende Arbeiten auf den Weg gebracht und – wie im Fall des kleinen Bernwardkreuzes – sogar selbst gemacht hätte? Und der in Hildesheim keinen direkten Nachfolger gefunden hätte? Das wäre ganz unwahrscheinlich, gleichwohl ruht auf diesen Datierungen das gesamte Zeitgerüst deutscher Frühromanik und Romanik.

Der Lösungsansatz

Bernward selbst hatte durchaus jenseitsbezogene Absichten, wie sich einer Predigt von 1019 entnehmen lässt:

> „Unmittelbar an Salomon, den Erbauer des Tempels, anknüpfend, bestrebt, es ihm gleichzutun, in existentieller Sorge um sein Seelenheil, schwankend zwischen Selbstzerknirschung und Stolz, treibt ihn die Frage, durch welche »Architektur« von Verdiensten und um welchen Preis an Geld und Gut er sich den Himmel erkaufen könne. [...] Die Antwort: er wolle sein ganzes Eigen daran setzen, als Erbauer einer Kirche und als Gründer eines Klosters sein nomen mit einer memoria zu verbinden, ist der Grundgedanke der mittelalterlichen Gedächtnisstiftung, nämlich Gebete für das Seelenheil über den Tod hinaus durch materielle Zuwendungen zu erwirken" [Brandt 1993, 13].

Kirchenbau St. Michael und Klostergründung, das waren demnach die Pfunde, mit denen der Bischof fürs Jenseits wuchern wollte, nicht mit Handschriften, Metallgüssen oder Schnitzereien. Noch in einer Vision des späten 12. Jh. wurde er ausschließlich als Kirchenarchitekt gesehen:

> „So hatte Bernward 170 Jahre nach seinem Tod die »engelgleiche« Stellung des Heiligen erreicht, die er sich selbst einst ausdrücklich gewünscht hatte. [...] In einer damals den Kult propagierenden Vision eines Einsiedlers gab Bernward sich fast plakativ zu erkennen als ein unter die Engel aufgenommener Heiliger: »Ich bin Bernward . . . ich habe in Hildesheim den Engeln eine Kirche gebaut . . . jetzt erscheine ich selbst wie ein Engel und besitze das ewige Leben«" [ebd. 14 f.].

Ein gutes Jahrhundert später war Bernhard I. von 1130 bis 1153 Bischof von Hildesheim; er trat wegen Erblindung von seinem Amt zurück und starb im Folgejahr. Auch ihm lag erkennbar viel daran, dass sein Bistum aufgewertet wird, ließ er doch gleich nach seinem Amtsantritt Bernwards Nachfolger Godehard – als ersten Altbaiern – 1131 heiligsprechen. Die Aktion hatte großen Erfolg, Wallfahrten setzten rasch ein, 1135 besuchte sogar König Bolesław von Polen die Kirchenstadt Hildesheim [Goetting, 345 f.]. Im Jahr 1150 wollte Bernhard auch Bernward (als ersten Sachsen) zur Ehre der Altäre erheben lassen, doch dies misslang: Eine Verehrung wurde genehmigt, nicht aber die Translation der Gebeine [ebd. 363]. Erst 1194 kam es zur Heiligsprechung. Einige Geschehnisse illustrieren die Situation.

> „Um einen Volkstumult zu vermeiden, habe der Bischof [Berno, 1190–1194] *cum sanioribus* beschlossen, den Leib des Heiligen schon vorher zu erheben, zusammen mit dem Abt und wenigen Mönchen die Tumba schon vor Morgengrauen geöffnet, die entnommenen Reliquien in reines Leinen gebettet und unter Bewachung zurückgelassen. Dagegen hätten die Domherren Protest und ihre weitere Mitwirkung verweigert, da sie eine Verfälschung der Reliquien vermuteten“ [Goetting, 452; seine Hvhg.].

Um die Translation dennoch zu ermöglichen, mussten die Mönche von St. Michael beschwören, „nur die echten Reliquien hervorgeholt zu haben“ [ebd.]. Hier unterstellten sich Kleriker gegenseitig *pia fraus*.

Nun könnten Bernhard und die weiteren vier Bischöfe (Berno eingeschlossen) im hartnäckigen Bestreben, Heil für ihre Diözese zu mehren, ihrem Bernward einige Verdienste auf dem Weg in die ‚seligmachende Gottesschau‘ mitgegeben haben, etwa wertvolle und schöne Kunstwerke, allerdings nicht aus Bernwards, sondern aus späterer Zeit, aus dem 12. Jh. Dieser Gedanke erhält Nahrung durch den Umstand, dass nach der ersten Verehrungserlaubnis von 1150 in St. Michael große Umbaumaßnahmen vorgenommen wurden, „die 1186 mit der Neuweihe der Klosterkirche ihren Abschluss fanden“, nachdem bereits vorher eine Bernwardsbüste „als Bekrönung über dem Scheitelpunkt der Westapsis“ eingelassen worden war [Brandt/Eggebrecht, 619].

> „Auch die vorliegende Lebensbeschreibung Bernwards, die, wie man wußte, [in Rom] gründlich geprüft werden würde, hat ein Mönch noch einmal so überarbeitet, daß sie vor dem Papst bestehen konnte“ [Schuffel, 409].

Bernwards Aufnahme in die Gemeinschaft der Heiligen wurde also in Hildesheim planmäßig vorbereitet [Schuffels in Brandt 1993, 14]. Dementsprechend ist auch das sog. Große Bernwardskreuz um 1170/80 (oder 1130/40 [wiki: Bernwardskreuz]) erstellt worden, das tatsächlich Bezüge zu dem dann heilig Gesprochenen zeigt [Brandt/Eggebrecht, 628].

Im 12. Jh. sind die Radleuchter ebenso in ihrem richtigen Jahrhundert wie die raffiniert gestalteten Türflügel und die singuläre Bronzesäule, ebenfalls die Silberleuchter. Das Ringelheimer Kruzifix wie das kleine silberne Bernwardskreuz rücken in die zweite Hälfte des 12. Jh., folgen sie doch dem Gero-Kreuz in dieses Jahrhundert, während St. Michael das eigentliche Zeugnis für Bernwards tatsächliche Kunstbeflissenheit im frühen 11. Jh. bleibt. Unmittelbar nach der Heiligsprechung wurden die berühmten Chorschranken in St. Michael mit ihren Stuckfiguren errichtet; die südliche ist leider zerstört.

Mit dieser Annahme lösen sich einige der Rätsel, die uns begegnet sind, allen voran die der ***Türflügel***. Nur zum Vergleich: Es gibt eine ebenso figurenreiche Tür in Nowgorod, deren Flügel aber keineswegs im Ganzen gegossen, sondern deren Platten auf eine Holztür genagelt worden sind. Diese Tür wurde erst 1152 bis 1154 fertiggestellt. Ein Türflügel für die Erzkathedrale von Gnesen wurde ab 1160 in einem Stück gegossen. So wäre es noch in der ersten Hälfte des 12. Jh. eine Großtat gewesen, für Hildesheim diese schweren, detailreichen Türen zu gießen; bis 1194 war dafür Zeit.

Dasselbe gilt für Bernwards ***Christussäule***, die überhaupt kein Gegenstück hat. Vom Gewicht her stellte sie noch größere gusstechnischen Probleme als die Türflügel, wird also in enger zeitlicher und räumlicher Nachbarschaft entstanden sein. Entsprechend zu den Hildesheimer Türen rückt sie ins späte 12. Jh.

Wie bereits ausgeführt, wird man die beiden ***Radleuchter*** viel eher in der ersten Hälfte des 12. als des 11. Jh. erwarten. Ebenso wurden für die beiden ***Leuchter*** Gegenstücke genannt, die eine Herstellung im 12. Jh. erwarten lassen. Allerdings muss in ihrem Fall eine absichtliche Fälschung auf Bernward unterstellt werden; anders sind die Inschriften nicht zu motivieren. Bemerkenswert erscheint, dass das oben zum Vergleich herangezogene Altarkreuz auf Drachenfuß (1150–1200) trotz dieser Altersangabe einem Kruzifix aus der Zeit um 1080 entspricht [Brandt/Eggebrecht, 613].

Den ***Ringelheimer Kruzifix*** mit „B.+Ep." zu signieren, war kein Problem. Mit dem ***kleinen, silbernen Bernwardskreuz*** zu Ende des 12. Jh. wird auch die Datierung des Gero-Kreuzes stark eingegrenzt, kommen sich doch die beiden Werke in Anlegung der Figur sehr nahe. Auch seine Inschrift: „Bischof Bernward hat dies gemacht" muss in diesem Fall wissentlich gefälscht worden sein, wobei die Unterstellung, ein Bischof hätte ein Jahrhundert *vor* Theophilus Presbyters Lehrbuch zur Goldschmiedekunst und anderen Handwerkstechniken [*„Schedula diversarum artium"*, ca. 1125] bereits verschiedene Gusstechniken beherrscht, sehr wahrscheinlich bereits eine *pia fraus* war.

Problematisch ist das seltene Wort „presul" für Bischof, der eigentlich „episcopus" genannt wurde. Ursprünglich hießt presul Vortänzer und wurde in antiken Zeiten für den Obersten der Marspriester benutzt [Lexikon: Georges], dann in dunkler Zeit für den Papst, etwa für Paschalis I. [Siepe 2002, 107], d. h. wohl zum veraltenden Umbenennen einiger Kunstschöpfungen unter Paschalis II. (1099–1118) in solche eines Paschalis I. (817–824) [Illig 1996b, 316-321]. Das Wort wird allerdings auch später gelegentlich gebraucht, etwa beim Mainzer Erzbischof Matthias von Buchegg († 1328), wobei „presul“ auf dessen Grabstein als Kirchenfürst übersetzt wird [mainz] – doch das ist keine Bezeichnung innerhalb der kirchlichen Hierarchie.

Doch warum wäre eine solche ‚pia fraus‘ nicht längst aufgeflogen, zumal die Kunstgeschichte sich mit den Frühdatierungen und allen ihren verwandtschaftlichen Beziehungen dermaßen quält? Auch dafür ist eine Triebfeder erkennbar. Immer wieder ist von karolingischen Großkreuzen die Rede, die uns Heutigen zwar fehlen, aber um so dringlicher wiederentdeckt werden sollen. Auf dem Idealplan von St. Gallen [vgl. Illig 2017] ist im Hauptschiff der Kirche ein Kreuzaltar eingezeichnet, über dem man ein Kreuz vermutet – also ein karolingisches Großkreuz [Beutler 1991, 63]. Deshalb sind Kunsthistoriker allzeit bereit, jeder noch so dünnen Spur in Richtung „entscheidende Kulturleistung“ der Karolinger zu folgen (vgl. Enghausener Kreuz, S. 120 ff.); umso mehr anerkennen sie physikalische Ergebnisse einer ^{14}C-Expertise. Eine kritische Untersuchung des Pseudo-Plans von St. Gallen, die den Plan mit vielen guten Gründen ins 12. Jh. bringt [Illig 2017], interessiert sie hingegen nicht.

Die Experten zogen auf jeden Fall den Schluss, es müsse karolingische Großkreuze gegeben haben und waren begeistert, als Naturwissenschaftler das Enghausener Kreuz auf 890 datierten und damit zu einem spätkarolingischen Großkreuz machten – gegen die Sachkenntnis der Kunsthistoriker. Das *Volto Santo* di Sansepolcro wurde vielleicht sogar in ein spätmerowingisches Großkreuz verwandelt. Noch mehr Freude – allerdings nur in Italien! Und als Sven Schütte gegen allen Sachverstand in St. Pantaleon zu Köln auch noch Fragmente des 12. Jh. als Überreste großer karolingischer Steinfiguren postulierte, war es der Freude fast zu viel. Hier wollte kaum einer noch mitziehen, da ein Veralten der Bildhauerkunst um mehr als 300 Jahre akzeptiert werden müsste.

Resümee

Es ergibt sich folgendes Zeitschema, in dem jeweils die ungefähre Jahreszahl für den Beginn einer Kunstrichtung verzeichnet ist. Ergeben hat sich eine Gemengelage aus bisherigen und *neu abgeleiteten* Datierungen, weshalb ihre Herkunft durch *Kursivsetzung* vermerkt wird.

955 Erste Kirchen,
980 Hölzerne Sitzstatuen,
980 Steinmetze: flach gearbeitete Kapitelle, Flechtwerk,
1010 Hildesheim St. Michael begonnen,
1050 *Fassmalerei bei hölzernen Skulpturen beginnt,*
1063 Nielloschmuck auf Bronzetüren (Amalfi),
1065 *Flachreliefs auf Bronzetüren (Augsburg),*
1080 Bildhauer in Stein (1080–1120 ‚Urknall‘),
1080 Kreuze auf Altären,
1090 *Bildhauer in Holz (Urach-Kreuz),*
1100 *erste gegossene Glocken (Lullus),*
1110 Reiterstatuen aus Stein,
1111 *erste durchgehende Bronzetür (Troia),*
1130 *Aachens Dom, Baubeginn und Bronzetüren,*
1130 *Bronzene Grabplatten,*
1130 *Radleuchter,*
1138 Bronzene Hochreliefs (San Zeno, Verona),
1150 *Gegossene größere Kreuze*
1160 *Porträt-Metallarbeiten (Cappenberger Kopf),*
1190 *Gero-Kreuz (Übergang zur Gotik),*
1210 Viernageltypus (Übergang zum gequälten Heiland),
16. Jh. *‚Karlsstatuette‘.*

Die Datierungen der wenigen ***Sitzstatuen*** ab **980** sind aus herkömmlicher Chronologie übernommen worden. Sie werden anfangs mit Goldfolien verkleidet und erst gegen **1050** teilweise farbig gefasst. Damit ging die Einordnung für das datierungsmäßig alles beherrschende, gefasste Gero-Kreuz verloren; im weiteren Verlauf zeigte sich, dass es nicht am Anfang, sondern am Ende der Viernagelkreuze steht, wie Beenken bereits 1924 gesehen hatte. Damit stürzt die geglaubte Reihe der Kruzifixe in sich zusammen; eine irgendwie geartete Entwicklung ließ sich an ihr nie erkennen.

Die frühromanische ***Architektur*** beginnt wie bisher erst nach **955**, nach Abwendung der Ungarn-Gefahr: etwa das Benediktinerkloster St. Pantaleon in Köln, 955, mit Kirchenbau von 957, oder Frauenstift Gernrode, gegründet 959, mit seiner Kirche St. Cyriakus. Vorpreschende Ausnahme von der Regel ist vielleicht die Wipertikirche in Quedlinburg mit möglichen Bauteilen ab 936. Für **994** demonstriert das romanisch ausgemalte Oktogon von Wieselburg/Ybbs die damaligen Möglichkeiten einer fast kaiserlichen Architektur: ein quadratischer Grundriss von nur 8,7 m Kantenlänge, darüber eine achteckige Kuppel (Klostergewölbe wie in Aachen), nur 13,5 m Kuppelhöhe statt 30,5 m in Aachen, wenige und kleine Fenster, starke Wände gegen die Schubkräfte – damals kann die damit unvergleichliche Pfalzkirche Aachens noch nicht gebaut gewesen sein [vgl. Illig 1996, passim]. Deswegen fehlen im Tableau die sog. karolingischen Bauten, ausgenommen der spätere Dom zu Aachen. Dagegen ist die Kirche St. Michael in Hildesheim unverändert bei **1010** angesetzt, weil sich ab da die Romanik mit ihrem gebundenen Schema durchsetzt.

Der Startpunkt für die ersten künstlerischen ***Steinmetzarbeiten*** der Frühromanik bei 1000 musste etwas veraltet werden, weil die älteren Flechtwerkarbeiten in Italien, Dalmatien, Österreich oder Bayern zu berücksichtigen waren, die bislang ins 8. bis 10. Jh. datiert worden sind. Ihre Anfänge rücken in die zweite Hälfte des ***10. Jh.*** Erste Kapitelle werden weiterhin erst ab 1000 gesehen.

Die Kunst des ***Bronzegießens*** setzt erst Jahrhunderte später ein als bislang gedacht, entwickelt aber für Türen gleichzeitig zwei Techniken: **1063** geritzt, 1065 als Flachrelief. Nun läuft die Entwicklung von der ersten massiv gegossenen Tür im apulischen Troia auf die bislang rätselhaft isolierten ***Bronzetüren*** mit glatten Flächen in Aachen und Mainz zu. Mit den neu datierten Türen ***Aachens*** wird noch einmal der Baubeginn der dortigen Pfalzkirche bekräftigt, der sich andernorts durch die massive Hausteinkuppel und die sie ermöglichenden Eisenringanker ergeben hat, denn diese stehen nicht vor 1130 zur Verfügung. Die Türen von Aachen und Mainz können noch jünger sein, so die Schriftfestlegung auf 1137 (s. S. 197) irrig wäre.

Währenddessen ist das Können der ***Steinbildhauer*** förmlich explodiert. Binnen vierzig Jahren, ab **1080** fanden sie zahllose Möglichkeiten, Kircheninneres, Kreuzgang und Fassade zu schmücken: Kapitelle, Tympana, Portalgewände, Reliefplatten in Kreuzgängen, Wasserspeier, sonstigen Außenschmuck – ob Tiere oder Untiere. So entsteht bald nach 1100 der schönste Kreuzgang Frankreichs in Moissac. Damals wurden bereits erste Reliefs und Vollplastiken begonnen. Mit Verzögerung kam dieses Können auch in Deutschland an und brachte in einem Abstand von fast 100 Jahren ebenfalls beeindruckende Ergebnisse. Ein Riesenwerk wie das Externsteinrelief rückt deshalb ans Ende des 12. Jh.

Gleichzeitig mit den Steinmetzen beginnen die Bronzekönner, ab **1080** vielerlei ***Gerätschaften*** für den Gottesdienst und für den Altar zu gießen. Nach 1100 wagen sie sich auch an größere Formate und gießen tonnenschwere Glocken, ab **1130** auch bronzene Grabplatten. Nun erst sind auch die großen, glattflächigen Türen von Aachen und Mainz zu bewältigen; sie sind Ausdruck der ersten Renaissance, jener des 12. Jh. Spezialformen kommen auf wie die Radleuchter oder die gegossenen Kreuze.

Nachdem das Gero-Kreuz von seinem Platz im späteren 10. Jh. entfernt und ans Ende des 12. Jh. gebracht wurde, wo es bis 1924 gesehen worden ist, war die lange Reihe der ***großen Holzkruzifixe*** neu zu ordnen. Nun interessiert die Formatgröße und die Tiefe der Schnitzerei, mussten sich doch die Holzschnitzer erst an die großen Formate heranarbeiten. Nun zeigte sich, dass auch die Kreuze mit einem lebenden Christus, der in Spätantike und Frühromanik ganz unberührt von jeder Marterqual vor dem Kreuz stand, zunehmend durch trauernde, resignierte Figuren abgelöst wurden. Gegen **1200** ist dann der Punkt erreicht, an dem immer öfters Jesus als Toter am Kreuz hängt (Stichwort Gero-Kreuz). Als Parallelentwicklung gab es den bekleideten Jesus, der als Himmels- könig dargestellt werden konnte.

Das ***Porträt*** gewinnt nach 1150 in Holz wie in Bronze immer größere Bedeutung. Während es bei den Kruzifixen keine natürlichen Vorgaben gab – ein Standardtypus wurde aus dem byzantinischen Bereich übernommen –, wuchs das Bedürfnis, lebensnahe Konterfeis in Bronze zu fixieren. Dafür stehen, datierungsmäßig unverändert, der Cappenberger Kopf und der Erfurter „Wolfram“, auch wenn wir deren Naturnähe nicht überprüfen können, wohl aber ihren Naturalismus.

Damit ist ein Gutteil der künstlerischen Strebungen während der Romanik ausgeschritten. Erstmals lässt sich der künstlerische Impetus einordnen, lassen sich Entwicklungen konstatieren.

Klar geworden ist, dass nur vier Fehldatierungen die gesamte romanische Kunst verwerfen. Das sind einmal die Bronzetüren von 800 und von 1000, zwei Datierungen, die beide historisch-chronistisch bedingt sind. Nicht historisch ist die Datierung des Gero-Kreuzes auf 970, lediglich ein Resultat von Hamanns Bemühungen um ein deutliches Veralten des Meisterwerks. Aus der Inschrift gewonnen ist die Datierung der Bronzetürflügel von Hildesheim auf 1015. Die Jahresangabe ist alt;

aber die Forschung hat nicht beachtet, dass es sich um eine Datierung zugunsten der bernwardinischen Heiligsprechung handelt.

Es lässt sich auch ein Blick in die Zukunft werfen. Wenn schon in den nächsten Jahren jeder Mensch in zivilisierten Regionen per Bilderkennung zu identifizieren ist, ja sogar seine jeweilige Stimmung durch künstliche Intelligenz festgehalten werden kann, lässt sich ein ganz ähnliches Verfahren für Kunstwerke denken. Hier wird es nicht um Personenidentifizierung gehen, sondern um das Aufspüren von Künstlerhänden, um das Nacheinander von Strömungen und Moden. Wenn man bereits in der Lage ist, ein Riesenbauwerk wie eine gotische Kathedrale zentimetergenau einzuscannen, um dann präzise zu erkennen, wo sich eine minimale Schwäche in der Statik zeigt, so wird man auch erkennen können, welches Kruzifix welchem anderen ähnelt, wie sich regionale Schulen rekonstruieren lassen etc. etc. Wenn bereits heute Geräte in der Lage sind, Röntgen- und vor allem Scannerbilder besser auszuwerten, als dies selbst erfahrenen Ärzten möglich ist, dann wird die Kunsthistorie auf eine neue, tragfähigere Basis gestellt – tragfähig, weil auch dank klarer Algorithmen nachprüfbar. Dann wird man auch in der Lage sein, die bislang eher irrlichternden Messwerte von Dendrochronologen und/oder Radiokarbonmessenden in ein präzises System zu überführen. Damit soll nicht blinder ‚Maschinenintelligenz' das Wort geredet werden, vor der Sachverstand zu kuschen hat, wohl aber dem sinnvollen Zusammenspiel zwischen Fachwissen und messbaren Fakten.

Und so wird dieses Buch überflüssig werden, weil die in ihm vorgestellten Ergebnisse durch bessere Messmethoden überholt werden dürften. So geht die Kunstgeschichte einer aufregenden Zukunft entgegen, sofern andere Wissenschaftsdisziplinen Menschen und vor allem Politiker dazu bringen können, den Planeten als etwas Endliches zu behandeln.

Literatur

Adam, Ernst (1968): *Epochen der Architektur · Vorromanik und Romanik;* Umschau, Frankfurt a. M.

ainhofen =Wallfahrtskirche St. Maria in Ainhofen; http://kirchenundkapellen.de/kirchenab/ainhofen.php

AK/TK (2018): Willkommen in Thietmars Welt; *hallespektrum,* 23. 07. https://hallespektrum.de/nachrichten/kultur/willkommen-in-thietmars-welt /319574/

andechs = Heilige *Kapelle – Heiliger Schatz;* https://andechs.de/kirche-amp-kloster/wallfahrtskirche/innenraum/seitenkapellen/heilige-kapelle/ [Trotz Fotostrecke keine Abbildung von Karls Siegeskreuz]

Anwander, Gerhard (2007): Wo ein Wille ist, ist auch ein Westwerk! Ein Kernbauwerk der Karolingerzeit erweist sich als Hirngespinst; *Zeitensprünge,* 19 (1) 185-212

Aubert, Marcel ([2]1973): *Romanische Kathedralen und Klöster in Frankreich;* Vollmer, Wiesbaden

avalon = https://avalon-mittelalter.com/eisenhut-helm-2371.html

Baedeker ([4]1998): *Reiseführer Deutschland;* Baedeker, Ostfildern

- ([5]1959): *Autoreiseführer Deutschland;* Baedeker, Stuttgart
- (Hg.[30]1905): *Die Rheinlande von der Schweizer bis zur holländischen Grenze · Handbuch für Reisende;* Baedeker, Leipzig

Bandmann, Günter (1972): Die vorgotische Kirche als Himmelsstadt; in Hauck, Karl (1972): *Frühmittelalterliche Studien* · Jahrbuch des Instituts für Frühmittelalterforschung der Universität Münster, 6. Band; De Gruyter, Berlin, S. 67-93

Barral i Altet, Xavier (2002): Spätantike bis Mittelalter; in Duby, Georges / Daval, Jean-Luc (Hgg. 2002): *Skulptur · Von der Antike bis zur Gegenwart;* Taschen, Köln [Das herangezogene Kapitel ist 1989 publiziert worden.]

Baudry, Gérard-Henry (2009): *Handbuch der frühchristlichen Ikonographie;* Herder, Freiburg

Bauer, Herrmann / Rupprecht, Bernhard (1973): *Kunsthistorischer Wanderführer · Bayern südlich der Donau;* Pawlak, Herrsching

baukunst-nrw = St. Chrysanthus und Daria in Bad Münstereifel; https://www.baukunst-nrw.de/objekte/St.-Chrysanthus-und-Daria-in-Bad-Muenstereifel--2228.htm

Becker, Petrus (1996): *Die Benediktinerabtei St. Eucharius-St. Matthias vor Trier;* De Gruyter, Berlin

Beenken, Hermann (1924): *Romanische Skulptur in Deutschland (11. und 12. Jahrhundert);* Klinkhard & Biermann, Leipzig

Beer, Manuela (2005): *Triumphkreuze des Mittelalters;* Schnell & Steiner, Regensburg

Beissel, Stephan (1909): *Gefälschte Kunstwerke;* Herder, Freiburg i. Breisgau

Bertelli, Carlo / Brogiolo, Gian Pietro (Hgg. 2000): *Il futuro dei Longobardi · L'Italia e la costruzione dell'Europa di Carlo Magno;* Skira, Milano (Katalog der Ausstellung vom 18. 6. bis 19. 11. 2000 in Brescia, Monastero di Santa Giulia; eine von fünf Ausstellungen unter dem Obertitel *Charlemagne · The making of Europe*)

Beschorner, Andreas (2005): *Wo sich Wege der Kunst kreuzen;* am 02. 03. auf: http://www.marktplatz-oberbayern.de/regionen/freising/art1585,251066.html

Beuckers, Klaus Gereon (2019): *Um 980 · Das Lotharkreuz im Aachener Domschatz. Zur Datierung mit ikonologischen, stilistischen und historischen Methoden;* 10. 05. https://brill.com/view/book/edcoll/9783846754627/BP000006.xml

- (1999): *Rex iubet – Christus imperat · Studien zu den Holztüren von St. Maria im Kapitol und zu Herodesdarstellungen vor dem Investiturstreit;* SH, Köln
- (1994): Der ottonische Kruzifixus in der Aschaffenburger Stiftskirche; *Mainfränkisches Jahrbuch für Geschichte und Kunst,* 46, 1-23.
- (1993): *Die Ezzonen und ihre Stiftungen · Eine Untersuchung zur Stiftungstätigkeit im 11. Jahrhundert;* LIT, Münster

Beutler, Christian (1991): *Der älteste Kruzifixus · Der entschlafene Christus;* Fischer, Frankfurt a. M.

(1982): *Statua · Die Entstehung der nachantiken Statue und der europäische Individualismus;* Prestel, München

- (1964): *Bildwerke zwischen Antike und Mittelalter · Unbekannte Skulpturen aus der Zeit Karls des Großen;* Schwann, Düsseldorf

Binding, Günther (2011): Die Datierung der Kölner spätottonischen Skulpturen. Ein kritischer Forschungsbericht; *Wallraf-Richartz-Jahrbuch,* 72, 89-122

- (2003): Noch einmal zur Datierung des sogen. Gerokreuzes im Kölner Dom; *Wallraf-Richartz-Jahrbuch,* 64, 321-328. Online-Version mit eigener Paginierung von 1 bis 13; http://www.guentherbinding.de/Gunther_Binding/Downloads_files/gerokreuz.pdf
- (1991): Ottonische Baukunst in Köln; in: Euw, Anton von / Schreiner, Peter (1991): *Kaiserin Theophanu · Begegnung des Ostens und Westens um die Wende des ersten Jahrtausends · Gedenkschrift des Kölner Schnütgen-Museums zum 1000. Todesjahr der Kaiserin Band I;* Schnütgen-Museum, Köln, 281-298
- (1982): Die Datierung des sogenannten Gero-Kruzifixes im Kölner Dom; *Archiv für Kulturgeschichte,* 64, S. 63-77
- (1982): Die Datierung des sogenannten Gero-Kruzifixes im Kölner Dom; *Archiv für Kulturgeschichte,* 64, 63-77
- (1981): Die Datierung des karolingischen Kölner Doms; *Jahrbuch des Kölnischen Geschichtsvereins,* 52, 191-21

bistum = https://bistum-augsburg.de/Bistum/Kathedrale/Bronzetuer

Blankenburg, Wera von (1925): Die Holztür der Kirche St. Maria im Kapitol zu Köln · Ein Beitrag zur frühmittelalterlichen Kölner Plastik; *Jahrbuch der*

Philosophischen Fakultät Bonn, 3. 1924/25, 196-200 (Die Dissertation von 1923 blieb unpubliziert.)

Bloch, Peter (1992): *Romanische Bronzekruzifixe;* Vlg für Kunstwissenschaft, Berlin

- ([2]1963): *Oberitalien · Athenäum Kunst-Reiseführer;* Stoll, Bonn

Blöss, Christian / Niemitz, Hans-Ulrich (1997): *C14-Crash · Das Ende der Illusion, mit Radiokarbonmethode und Dendrochronologie datieren zu können;* Mantis, Gräfelfing

bodel = bnf.fr/fr/12153129/jean_bodel_la_chanson_des_saisnes/ [bnf = Bibliothèque nationale de France]

Boehm, Margret (1999): *Wandmalerei des 13. Jahrhunderts im Klarissenkloster S. Pietro in Vineis zu Anagni – Bilder für die Andacht;* LIT, Münster

Böhmer, Roland (1997): Die Stuckfigur Karls des Grossen in Müstair; *Kunst + Architektur in der Schweiz,* 48 (4) 62-65

Borghi, Angelo (1991): *Arbeitsspuren, Umwelt und Kunst;* Lecco

Brand, Hermann-Josef (o.J.): *Hildesheimer Geschichte(n) 815 - 1945 · Das kleine Bernwardskreuz;* https://www.hildesheimer-geschichte.de/die-kirche/die-hildesheimer-kirchen-1/kleine-bernwardskreuz/

Brandt, Michael (2016): *Columna S. Barwardi. Kunst und Kult im hochmittelalterlichen Hildesheim;* https://www.goerres-gesellschaft.de/ fileadmin/user_upload/Ordner_fuer_Dateien_Generalversammlung/Vortrag_Prof._Brandt_GV_Hildesheim.pdf

- (Hg. 1993): *Das Kostbare Evangeliar des Heiligen Bernward;* Prestel, München

Brandt, Michael / Eggebrecht, Arne (Hgg. 1993): *Bernward von Hildesheim und das Zeitalter der Ottonen · Katalog der Ausstellung Hildesheim 1993 ·* 2 Bände; Bernward, Hildesheim + Zabern, Mainz

Braunfels, Wolfgang (Hg. 1965): *Karl der Große – Werk und Wirkung. Ausstellung unter den Auspizien des Europarates in Aachen;* Aachen

Bredekamp, Horst (2014): *Der schwimmende Souverän · Karl der Große und die Bildpolitik des Körpers · Eine Studie zum schematischen Bildakt;* Wagenbach, Berlin

brempt = https://foerderverein-st-georgs-kapelle.mein-verein.de/

Brink, Peter van der / Ayooghi, Sarvenaz (Hgg. 2014): *Karl der Große / Charlemagne · Kunst;* Sandstein, Dresden (Einer von drei Bänden zur Aachener Ausstellung)

Brozzi, Mario / Calderini, Cate / Rotili, Mario (Hgg. 1980): *L'Italia dei Longobardi;* Jaca, Milano

Brühl, Carlrichard (1970): *Studien zu den langobardischen Königsurkunden;* De Gruyter, Berlin

Budde, Rainer (1979): *Deutsche Romanische Skulptur 1050 – 1250* (Fotografien: Albert & Irmgard Hirmer); Hirmer, München

Bußmann, Klaus (1977): *Burgund · Kunst · Geschichte · Landschaft;* DuMont, Köln

costumes = http://evashistoricalcostumes.blogspot.com/2016/10/a-13th-century-aquamanile-of-knight-and.html *cz* = http://www.digital-guide.cz/de/poi/die-prager-burg/die-reiterstatue-des-hl-georg/

Deckert, Hermann (1924): Der Paliotto von Sant'Ambrogio in Mailand; *Marburger Jahrbuch für Kunstwisssenschaft,* Bd 1, 268-272

Dehio (1991) = *Georg Dehio · Handbuch der Deutschen Kunstdenkmäler · Bayern V: Regensburg und die Oberpfalz;* WBG, Darmstadt

- (1990): *Handbuch der Deutschen Kunstdenkmäler · Bayern IV: München und Oberbayern;* WBG, Darmstadt

- (1988): *Georg Dehio · Handbuch der Deutschen Kunstdenkmäler · Bayern II: Niederbayern;* WBG, Darmstadt

Dever, William G. (1990): *Recent Archaeological Discoveries and Biblical Research;* University of Washington Press

dhm = Standbild Karls des Großen - Abguss von einer Skulptur in der Klosterkirche St. Johann in Müstair (Graubünden); https://www.dhm.de/datenbank/dhm.php?seite=5&fld_0=20040300

Diemer, Dorothea & Peter (2011, erschienen 2013): Die Bronzetür des Augsburger Domes; *Zeitschrift des Deutschen Vereins für Kunstwissenschaft,* 65, 9–92

Dinzelbacher, Peter ([2]2012): *Bernhard von Clairvaux · Leben und Werk des berühmten Zisterziensers;* WBG, Darmstadt

*diözesan = Diözesan-Museum Paderborn: Imad-Madonna;*https://dioezesanmuseum-paderborn.de/thronende-madonna-sog-imad-madonna/

domschatz = Kunstsammlungen des Bistums Regensburg; https://www.domschatz-regensburg.de/index.php?option=com_content&view=article&id=219

Drescher, Hans (1993): Zur Technik bernwardinischer Silber- und Bronzegüsse; in: Brandt, Michael / Eggebrecht, Arne (Hgg. 1993), I: 337-351

Droste, Thorsten (1989): *Romanische Kunst in Frankreich;* DuMont Kunst-Reiseführer; DuMont, Köln

Dschepper, Eli (2019): *Don Camillo und Peppone · Textbuch der ersten beiden Filme rekonstruiert;* GräV, Gräfelfing

dtv-Lexikon der Kunst, Bde. 3, 6 (1996); dtv, München

Duby, Georges / Duval, Jean-Luc (Hgg. 2002): *Skulptur · Von der Antike bis zur Gegenwart · 8. Jahrhundert v. Chr. bis zum 20. Jahrhundert;* Taschen, Köln

erzbistum = Erzbistum München und Freising Homepage Aktuell (02. 03. 2015): htpp://www.erzbistum-muenchen.de/EMF001/EMF000004.asp?NewsID=9195

Ewe, Thorwald (2002): *Die Spur des Rebellen* [Widukind]; https://www.wissenschaft.de/allgemein/die-spur-des-rebellen/

Falke, Otto von / Meyer, Erich A. (1935): *Romanische Leuchter und Gefäße / Bronzegeräte des Mittelalters I;* Dtsch. Vlg für Kunstwissensch., Berlin

Faure, Raymond (o. J.): *Das Heilige Grab der Stiftskirche St. Cyriakus - Westwand (um 1060-80).* Fotos: http://www.raymond-faure.com/Gernrode/St_Cyriakus_Stiftskirche_Heiliges_Grab_Westseite_Gernrode.html

Ferretti, Massimo (1991): Fälschungen und künstlerische Tradition; in Bellosi, Luciano u. a. (1991): *Italienische Kunst · Eine neue Sicht auf ihre Geschichte;* dtv, München (ital. 1979)

Feulner, Adolf / Müller, Theodor (1953): *Deutsche Kunstgeschichte Band II. Geschichte der deutschen Plastik;* Bruckmann, München

Flaskamp, Franz (1954): *Die Externsteine;* Vahle, Rietberg

Förster, Ernst (1851): *Geschichte der deutschen Kunst.* 5 Bände; Weigel, Leipzig

Frangi, Giuseppe (2013): *Volvinio's altar, crown of the church in Milan;* //www.italianways.com/volvinios-altar-crown-of-the-church-in-milan/

Freitag, Matthias (2016): *Regensburg · Kleine Stadtgeschichte;* Pustet, Regensburg (unpaginiert)

Fricke, Beate (2007): *Ecce fides · Die Statue von Conques, Götzendienst und Bildkultur im Westen*, Fink, München

Fried, Johannes (2004): *Der Schleier der Erinnerung · Grundzüge einer historischen Memorik;* Beck, München

Friske, Matthias (2007): *Mittelalterliche Kirchen im westlichen Fläming und Vorfläming;* Lukas, Berlin

Fritz, Rolf (o. J.): Das Relief der Kreuzabnahme an den Externsteinen. Um 1115; Roselius, Ludwig (Hg. Sammelwerk ab 1935): *Deutsche Kunst,* B/n/Ro 91, Angelsachsen, Berlin

Fuchs, Rüdiger / Hedtke, Britta / Kern, Susanne (2011): *Inschriftenkatalog: Mainz - Dom;* DIO (Deutsche Inschriften Online) 1, Mainz, SN1, Nr 3†

Fuhrmann, Horst (Hg. 1988): *Fälschungen im Mittelalter · Internationaler Kongreß der Monumenta Germaniae Historica München, 16. – 19. September 1986* (5 Bände + Registerband); Hahnsche Buchhandlung, Hannover

Gathelier, Nathalie (2011): *Statuette équestre de Charlemagne ou Charles le Chauve;*https://www.panoramadelart.com/statuette-equestre -de-charlema gne-ou-charles-le-chauve

Gaul, Otto (1954): Neue Forschungen zum Problem der Externsteine; *Westfalen. Hefte für Geschichte, Kunst und Volkskunde*, 32 (1-3) 141 ff.

Geese, Uwe (1996): Romanische Skulptur; in: Toman, Rolf (Hg. 1996); 256-375 (mit fremdem Einschub 324-327)

germaringen = wiki: File:Kruzifix_Germaringen_BNM.jpg

Glockzin-Bever, Sigrid / Kraatz, Martin (Hgg. 1993): *Am Kreuz - eine Frau: Anfänge - Abhängigkeiten - Aktualisierungen;* Lit, Marburg

Goethe, Johann Wolfgang von (1824): Die Externsteine; erstmals in *Kunst und Altertum,* 5, 130-139

Goetting, Hans (1984): *Das Bistum Hildesheim 3 · Die Hildesheimer Bischöfe von 815 bis 1221 (1227);* De Gruyter, Berlin

Gosebruch, Martin / Steigerwald, Frank (Hgg. 1988): *Bernwardinische Kunst · Bericht über ein wissenschaftliches Symposium in Hildesheim vom 10.10. bis 13.10. 1984;* Goltze, Göttingen

gotthard = Historisches Mainz: St. Gotthardkapelle; Landeshauptstadt Mainz [zum Udenheimer Kreuz] www.mainz.de/WGAPublisher/online/html/default/MKUZ-5T2LB2.DE.0

Grimme, Ernst Günther (1994): *Der Dom zu Aachen · Architektur und Ausstattung;* Einhard, Aachen

- (1972): *Goldschmiedekunst im Mittelalter · Form und Bedeutung des Reliquiars von 800 bis 1500;* DuMont, Köln

Grote, Ludwig (1932): *Die Stiftskirche in Gernrode;* Hopfer, Burg

Günther, Hubertus (1975): *Bruckmann's Handbuch der deutschen Kunst;* Bruckmann, München

guide = www.guide-tourisme-france.com

Hägermann, Dieter (1988): *Die Urkundenfälschungen auf Karl den Großen · Eine Übersicht;* in: Fuhrmann, Horst (Hg. 1988), III: 433-443

Hamann, Richard (1935): *Geschichte der Kunst von der altchristlichen Zeit bis zur Gegenwart;* Knaur, Berlin ([1]1933)

- (1930): Studien zur ottonischen Plastik; *Städel-Jahrbuch,* 6, 1930, 5-19

- (1924): Grundlegung zu einer Geschichte der Mittelalterlichen Plastik Deutschlands; *Marburger Jahrbuch für Kunstwissenschaft,* 1, 1924, 1-49

Hartmann, Martina & Wilfried (2014): *Karl der Große und seine Zeit · Die 101 wichtigsten Fragen;* Beck, München

Haussherr, Reiner (1963): *Der tote Christus am Kreuz · Zur Ikonographie des Gerokreuzes;* (Diss. Bonn 1962) https://digi.ub.uni-heidelberg.de/digit/hausherr1963/0007

Hedenus, Michael (o.J.; möglicherweise 2002): *Zur Deutung der Sphaera des Wilhelm von Hirsau;* https://www.heimatforschung-regensburg.de/2634/4/02-Hedenus-S-9-18%20f.pdf

Henze, Anton s. *reclam*

Hesselbacher, Martin (1969): Das Kruzifix des Nikolaus Gerhaert von Leyden in Baden-Baden. Seine Translokation vom Alten Friedhof in den Chor der Stiftskirche; *Nachrichtenblatt der Denkmalpflege in Baden-Württemberg – Organ der Staatlichen Ämter für Denkmalpflege,* 12 (1) 2-19 //journals.ub.uni-heidelberg.de/index.php/nbdpfbw/article/view/15393

hildesheim = *Inschriftenkatalog: Stadt Hildesheim. Nr. 7 Dom-Museum;* www.inschriften.net/hildesheim/inschrift/nr/di058-0007.html#content

Hinz, Paulus (1981): *Deus Homo · Band II · Von der Romanik bis zum Ausgang der Renaissance;* Evangelische Verlagsanstalt, Berlin

- (1973): *Deus Homo ·Band I · Das erste Jahrtausend;* Evangelische Verlagsanstalt, Berlin

Hochkirchen, Dorothea (2006; erschienen Juni 2007): Zwei Skulpturenfragmente der karolingischen Kirche St. Pantaleon; in: *Jüsten-Hedtrich* 2006, 149-158

Höhl, Claudia (2017): *Objekt im Wandel: Die Große Goldene Madonna des Hildesheimer Domschatzes um 1200;* Dommuseum Hildesheim; http://objekte-und-eliten.de/sample-page/teilprojekte/teilprojekt-1/

Hoffmann, Johanna (2012): *Das Gero-Kreuz · Der älteste Monumentalkruzifixus;* in Reudenbach, Bruno (03. 05. 2012): Pro-Seminar an der Universität Hamburg, Kunstgeschichte; https://virt-sem-app.fbkultur.uni-hamburg.de/Das%20Gero-Kreuz.pdf

Hoffmann, Monika (2018): *Oberpfalz: Regensburg – Die Königspfalz bei St. Emmeram;* https://reise-zikaden.de/oberpfalz-regenburg-die-koenigspfalz der-karolinger-bei-st-emmeram/

Holländer, Hans (1991): *Kunst des Frühen Mittelalters · Malerei · Plastik · Architektur;* Belser, Stuttgart ([1]1968)

Huber, Florian (2003): Vom Olympieion in Athen bis zum Tassilo-Kelch: Vermessungstechnische Präzisionsarbeit, inkommensurable Proportionen und Zahlensymbolik; in: Huber, Florian / Rottländer, Rolf (Hgg. 2004): *Ordo et mensura VIII / Internationaler Interdisziplinärer Kongreß für Historische Metrologie vom 19. bis 21. 2003, TU Berlin;* Scripta-Mercaturae, St. Katharinen, 130-145

Huppertz, Andreas ([4]1960): *Der Kölner Dom und seine Kunstschätze · Offizieller Domführer;* Greven, Köln

Illich, Ivan (2010): *Im Weinberg des Textes · Als das Schriftbild der Moderne entstand;* Beck, München (franz. [1]1990)

Illig, Heribert (2019b): Das Gero-Kreuz – aus 10., 11. oder 12. Jh.? *zeitensprünge.de;* eingestellt am 04. 04.

- (2019a): Karl der Große: krank, kraft- und knochenlos; *zeitensprünge.de;* erweiterte Fassung vom 10. 03. gegenüber 19. 01.
- (2019): *Gregors Kalenderkorrektur 1592 · Cäsar, Nikäa und die päpstliche Notlüge;* Mantis, Gräfelfing
- (2018d): Neues aus Murnau · Die durch die Zeiten wandernde Ramsach-Glocke · Potemkins Römerstraße durchs Murnauer Moor; *Zeitensprünge,* 30 (3) 507-510
- (2018c): Die Kreuzabnahme der Externsteine · Datierung und andere Rätsel; *Zeitensprünge,* 30 (3) 468-487
- (2018b): Kreuz und Kruzifix · Eine sinnstiftende Betrachtung; *Zeitensprünge,* 30 (3) 426-467
- (2018a): Zwei Rätsel aus dem christlichen Bereich · Clevelands Jona und Urschallings Trinität; *Zeitensprünge,* 30 (3) 415-425
- (2017): *Des Kaisers leeres Bücherbrett · Wer bewahrte das antike Erbe?* Mantis, Gräfelfing
- (2016): Wo waren die mittelalterlichen Skriptorien? oder Die Umdatierung des St. Galler Pseudoplans; *Zeitensprünge,* 28 (3) 365- 407
- (2014b): Mithras mit der phrygischen Mütze. Drei Betrachtungen; *Zeitensprünge,* 16 (2) 407-427
- (2014a): Fluxus – Karl – geschwurbelt · Eine Bredekamp-Rezension; *Zeitensprünge,* 26 (1) 45-54
- ([4]2014): *Aachen ohne Karl den Großen. Technik stürzt sein Reich ins Nichts;* Mantis, Gräfelfing ([1]2011)
- (2009): Fehlende Kreuzgänge und Benediktiner. Entwicklung von Bautyp und Orden; *Zeitensprünge,* 21 (1) 194-219
- (2007): St. Pantaleon – vier Rekorde fürs Guinness. Sven Schütte als karolingischer Lückenbüßer; *Zeitensprünge,* 19 (2) 341-368

(2006): Karlsevolutionen und Karlskuriosa · Rupertuskreuz, Jubiläen und 1 neue Karolingerpfalz (mit einem Betrag Jürgen v. Strauwitz'); *Zeitensprünge,* 18 (1) 146-163

- (2005c): Wilhelm von Volpiano · Im Schnittpunkt von Zeiten und Linien; *Zeitensprünge,* 17 (3) 635-660
- (2005b): Jenseits mancher Grenzen. Jahrestreffen 2005 am 6./7. Mai in Zürich; *Zeitensprünge,* 17 (2) 260-269
- (2005a): Alte Kreuze, alte Throne und Byzanz · Bestätigungen in der Mittelalterdebatte; *Zeitensprünge,* 17 (1) 111-124
- (2003): Split und die Rätsel Altkroatiens; *Zeitensprünge,* 15 (1) 161-190
- (2002): Hinterweltler aller Art · Eine zuweilen widerwärtige Mittelalterdiskussion; *Zeitensprünge,* 14 (1) 150-172
- (2001): Langobarden, Juden, Astronomen und auch Aachen · Zum Frühmittelalter und der einschlägigen Debatte; *Zeitensprünge,* 13 (1) 108-131
- (2000): Den Mythos erinnern, Karl vergessen. Rings um den Historikertag zu Aachen; *Zeitensprünge,* 12 (4) 626-638

(1996c): Flechtwerk und Ketzertum · Langobardische Notizen II; *Zeitensprünge,* 8 (4) 448-477
- (1996b): Roms ‚frühmittelalterliche' Kirchen und Mosaike · Eine Verschiebung und ihre Begründung; *Zeitensprünge,* 8 (3) 302-326
- (1996a): Gezerre um ein Kreuz; *Zeitensprünge,* 8 (2) 245
- (1996): *Das erfundene Mittelalter;* Econ, Düsseldorf
- (1994): Doppelter Gregor – fiktiver Benedikt. Pseudo-Papst erfindet Fegefeuer und einen Vater des Abendlandes; *Vorzeit-Frühzeit-Gegenwart,* 6 (2) 20-39

(1993): Langobardische Notizen I · Urkunden, Stuckfiguren und kaiserlose Städte; *Vorzeit-Frühzeit-Gegenwart,* 5 (2) 41-56
- (1992b): Zur Symbolik der äolischen Säule · Opferaltar - Zikkurat - Pyramide - Himmelsträger; *Vorzeit-Frühzeit-Gegenwart,* 4 (3) 69-87 (Nachdruck 2018: *Zeitensprünge,* 30 (3) 488-507)
- (1992a): Der Kruzifixus · Sein doppelter Ursprung im 6. und 10. Jahrhundert; *Vorzeit-Frühzeit-Gegenwart,* 4 (2) 42-4
- (1991): Die christliche Zeitrechnung ist zu lang; *Vorzeit-Frühzeit-Gegenwart,* 3 (1) 4-20 (Mantis, Gräfelfing)

Illig, Heribert / Anwander, Gerhard (2002): *Bayern und die Phantomzeit · Archäologie widerlegt Urkunden des frühen Mittelalters · Eine systematische Studie* (2 Bände); Mantis, Gräfelfing

info = https://www.infoladen-bistum-mainz.de/Karten/Grusskarten/Udenheimmer-Kruzifixus.html

*inschrifte*n = Inschriftenkatalog Mainz; http://www.inschriften.net/mainz/inschrift/nr/dio001-sn1-0005.html#content

Janner, Florian (1999): *Das Kruzifix aus der Kirche St. Georg in Köln;* GRIN Verlag, https://www.grin.com/document/97565

Jantzen, Hans ([2]1959): *Ottonische Kunst;* Rowohlt, Reinbek ([1]1947)

Janzen, Wolfram (2016): *Der „Wolfram" in Erfurt - Ein umstrittener Namensvetter und seine Doppelgänger in Spanien;* https://www.lobo-w-j.eu/2016/ 06/29/ein-namensvetter-und-seineDop ...

Jüsten-Hedtrich, Margit (Red. 2006): *Colonia Romanica · Jahrbuch des Fördervereins Romanische Kirchen Köln e. V. · Band XXI · Neue Forschungen zur Geschichte, Baugeschichte und Ausstattung von St. Pantaleon in Köln;* Greven, Köln

Juwig, Carsten (2008): [Rezension zu:] Fricke, Beate: *Ecce fides. Die Statue von Conques, Götzendienst und Bildkultur im Westen,* 2007; in *ArtHist.net,* 06.10.2008. Letzter Zugriff 14.04.2019. https://arthist.net/reviews/12.

Kammel, Frank (2007): Kreuz und Kruzifixus; [Germanisches Nationalmuseum] https://www.gnm.de/fileadmin/editorCMS/publikation/pdf/54_2007_ma_inhalt.pdf

Karlinger, Hans ([3]1967): *Bayerische Kunstgeschichte · Altbayern und Bayerisch-Schwaben;* Lama, München ([1]1928)

kathpedia · Die freie katholische Enzyklopädie; www.kathpedia.com/

Kayser, Felix (1964): *Kreuz und Rune · Langobardisch-romanische Kunst in Italien · Band I: Werdezeit;* Urachhaus, Stuttgart

Kiesow, Gottfried (2012): Kruzifixe des hohen Mittelalters · Den Schmerz zur Schau gestellt; *Monumente · Magazin für Denkmalkultur in Deutschland,* 6/2012

Kippenberger, Albrecht (1952): Der Kruzifixus aus Birkenbringhausen; *Wallraf-Richartz-Jahrbuch,* 14, 41-44

kirchen = https://www.romanische-kirchen-koeln.de/index.php?id=826

Klabes, Heribert (1997): *Corvey · Eine karolingische Klostergründung an der Weser · Auf den Mauern einer römischen Civitas;* Huxaria, Höxter (Nachdruck 2008 durch Andreas Otte)

Klein, Bruno (2002): Das Gerokreuz – Revolution und Grenzen figürlicher Mimesis im 10. Jahrhundert; in Klein, Bruno (2002): *Nobilis arte manus · Festschrift zum 70. Geburtstag von Antje Middeldorf-Kosegarten;* Dresden, 43-60 [Fn. 1: Weitere Literatur zum Gero-Kreuz]

Kleinschmidt, Beda (1907): Zwei mittelalterliche Elfenbeinkämme; *Zeitschrift für christliche Kunst,* Nr. 2, 36-44

Knoller, Alois (2014): Ein rätselhafter Bilderzyklus; *Augsburger Allgemeine,* 24. 03.

Kölzer, Theo (Hg. 2001): *Die Urkunden der Merowinger: Diplomata regum Francorum e stirpe Merovingica* (mit Carlrichard Brühl, Martina Hartmann und Andrea Stieldorf), 2 Bde.; Hahn, Hannover

Kowa, Günter (2012): Stiftskirche Gernrode Das „Heilige Grab“ ist wieder eröffnet; *MZ Mitteldeutschland,* 14. 11.

Krall, Rotraut / Neunteufel, Thomas (2005): *Österreichische Kunstgeschichte · Frühromanik;* Schriftenreihe Volkshochschule Wien – West, Nr. 37, Wien

Kraus, Thomas K. (2013): *Aachen · Von den Anfängen bis zur Gegenwart · Band 2 Karolinger – Ottonen – Salier;* Meyersche, Aachen

Kreuer, Sandra (2002): Selbst ein Abt war unter den Schwindlern; *Generalanzeiger,* Bonn, 11. 02.

Kutzli, Rudolf (1974): *Langobardische Kunst · Die Sprache der Flechtbänder;* Urachhaus, Stuttgart

ladepeche = Ladepeche.fr, 28/06/2016. https://www.ladepeche.fr/tourisme/sites- religieux/le-plus-beau-cloitre-du-monde.html

landeskunde = https://www.zum.de/Faecher/G/BW/Landeskunde/franken/staedte/schwhall/comburg/radleuchter.htm

Langbein, Walter-Jörg (2011): *Teil 64 · »Das Geheimnis der Kreuzabnahme«;* http://www. ein-buch-lesen.de/2011/04/das-geheimnis-der-kreuzabnahme; html

Lauer, Rolf (o. J.): *Gero-Kreuz* (aufgerufen am 17. 04. 2019) http://www.koelner-dom.de/rundgang/bedeutendewerke/gero-kreuz/info/

Laule, Ulrike (2000): *Burgund · Architektur · Kunst · Landschaft* (Hg. Toman, Rolf); Könemann, Köln

Legler, Rolf (2007): *Mittelalterliche Kreuzgänge in Europa;* Imhof, Petersberg

- (1989b): *Der Kreuzgang · Ein Bautypus des Mittelalters;* Lang, Frankfurt (Dissertation 1984)
- ([3]1989a): *Apulien · 7000 Jahre Geschichte und Kunst im Land der Kathedralen, Kastelle und Trulli;* DuMont, Köln

Legner, Anton (1972): *Deutsche Bildwerke · Band 1 Mittelalter* (Fotografien Anselm Jaenicke); Scherpe, Krefeld

Leisinger, Hermann (1956): *Romanische Bronzen · Kirchentüren im mittelalterlichen Europa;* Europa, Zürich

lemo = *Lebendiges Museum online* (Stiftung Haus der Geschichte der deutschen Bundesrepublik, Bonn / Stiftung Deutsches Historisches Museum, Berlin / Das Bundesarchiv, Koblenz), Bestand / Karl der Große. https://www.dhm.dhm.de/lemo/bestand/objekt/stifterfigur-karls-des-grossen-12-jh.html

leo.org: *L'art roman* = https://dict.leo.org/forum/viewGeneraldiscussion.php?idforum=12&idThread=1186420&lp=ende

Lepie, Herta / Minkenberg, Georg (1995): *Die Schatzkammer des Aachener Domes;* Domkapitel Aachen; Aachen

lesporte = http://lesportesdutemps.canalblog.com/archives/2018/06/12/36480654.html

Lex.Theol = *Lexikon für Theologie und Kirche* (Hgg. Höfer, Josef / Rahner, Karl, 1960); Herder, Freiburg

liebieghaus1 = Christus am Kreuz; http://www.liebieghaus.de/de/mittelalter/christus-am-kreuz

liebieghaus2 = Thronende Muttergottes; https://www.liebieghaus.de/de/mittelalter/thronende-muttergottes

List, Claudia (1983): *Kleinbronzen Europas vom Mittelalter bis zur Gegenwart;* Keyser, München

Luer, Hermann ([3]1903): *Technik der Bronzeplastik;* Seemann Nachf., Leipzig (Online-Ausgabe)

Lyman, Thomas W. (2003): Bernardus Gelduinus; *Oxford Index, Oxford Art online*

Maetzke, Anna Maria (2002): Il volto Santo di Sansepolcro. Documentata riscoperta del più antico Crocifisso monumentale dell'Occidente; *La bellezza del sacro Sculture medievali policrome.* Catalogo della mostra (Arezzo 2002 – 2003); Arezzo

- (1994): *Il Volto Santo di Sansepolcro. Un grande capolavoro medievale rivelato dal restauro,* a cura di A. M. Maetzke; Electa, Milano

mainz = 1000 Jahre Mainzer Dom / Das Udenheimer Kreuz; http://www.1000-jahre-mainzer-dom.de/rundgang/kapellen/udenheimer-kreuz.html

- dito: *Das Grabmal des Matthias von Buchegg*

mainz2 = http://www.wikiwand.com/de/Mainzer_Dom#/Ausstattung_zur-Zeit _des_Willigis

margareta = *Ottonisches Kruzifix;* [Gerresheim] https://www.st-margareta.de/ottonisches-kruzifix.html

Matthes, Walther / Speckner, Rolf (1997): *Das Relief an den Externsteinen. Ein karolingisches Kunstwerk und sein spiritueller Hintergrund;* edition tertium, Ostfildern

Mende, Ursula (1983): *Die Bronzetüren des Mittelalters · 800–1200;* Hirmer, München (Fotografien von Albert und Irmgard Hirmer)

metelen1 = (2010): Kruzifix hat viel erlebt; *Westfälische Nachrichten,* 20. 02.

metelen2 = (2015): Staubwischen reicht hier nicht; *Münstersche Zeitung,* 31. 08.

Meyer, Andreas (2003): Der Luccheser Volto Santo im Lichte neuer Quellenfunde; in: Glockzin-Bever, Sigrid / Kraatz, Martin (Hg. 2003): *Am Kreuz – eine Frau · Anfänge – Abhängigkeiten – Aktualisierungen;* LIT, Münster, 21-35

minden = https://www.facebook.com/dombauverein.minden/photos/

Minne-Sève,Viviane (1991): *Romanische Kathedralen und Kunstschätze in Frankreich;* Bechtermünz, Eltville

Möhle, Hans (193?): Heiliges Grab in der Stiftskirche St. Cyriakus zu Gernrode Westwand; Roselius, Ludwig (Hg. Sammelwerk ab 1935): *Deutsche Kunst,* B/n/Ro 11, Angelsachsen, Berlin

Moseler-Worms, Sabine (2018): Das Geheimnis um das Werdener Kruzifix ist gelüftet; *WAZ,* 25. 12.

münster = www.bonner-muenster.de/das_muenster/bauwerk/kreuzgang/

Mundhenk, Johannes (1985): Zur Datierung des Externsteiner Kreuzabnahmereliefs innerhalb der Kunstgeschichte; *Westfälische Forschungen,* 35. Band, 40-59

Munns, John (2016): *Cross and Culture in Anglo-Norman England: Theology, Imagery, Devotion;* Boydell, Woodbridge

Näher, Sabine (2017): Souveränität im Leid · Schwester Josefa Thusbaß hat eine enge Beziehung zum Schlehdorfer Kruzifix, das fast tausend Jahre alt ist.; *SZ,* 22. 08.

Neumüller- Klauser, Renate (1991): Zu den Buchstabenformen der Inschrift auf der Sphäre des Wilhelm von Hirsau in Regensburg; in: Schreiner, Klaus (Hg.): *Hirsau. St. Peter und Paul 109-1991;* Theiss, Stuttgart, 154-156

niederkrüchten = http://www.heimatverein-niederkruechten.com/st-georg-kapelle.html

Niedhorn, Ulrich (1990): *Untersuchungen am Kreuzabnahme-Relief an den Externsteinen · Datierung mittels Kompositionsanalyse · Lösung ikonografischer Probleme (Isernhägener Studien zur frühen Skulptur 2);* Haag + Herchen; Frankfurt a. M.

notke = Bernt Notke; //kulturportal-west-ost.eu/biographien/notke-bernt-2

objektkatalog1 = Doppelkamm (Kamm aus Elfenbein); http://objektkatalog.gnm.de/objekt/KG829

objektkatalog2 =Kruzifixus (Figur aus Weidenholz); http://objektkatalog.gnm.de/objekt/Pl.O.34

ÖHl = https://www.heiligenlexikon.de/BiographienA/Ambrosius_von_Mailand.htm

Olchawa, Joanna (2014): Funde, Formen und Funktionen. Sozialgeschichtliche Überlegungen zu Aquamanilien in und aus Ostmitteleuropa; *kunsttexte.de/ostblick,* Nr. 2: Gemeine Artefakte, 2014, 1-19

Onnertz, Laura (2018): *Die ehemalige Benediktinerinnenklosterkirche St. Peter und Paul in Hadmersleben;* http://www.lda-lsa.de/landesamt_fuer_denkmalpflege_und_archaeologie/bau_und_kunstdenkmalpflege/denkmal_des_monats/2018/januar/

Pafke, Andrea (Hg. 2012): *Die karolingische Pfalzkapelle in Aachen · Material · Bautechnik · Restaurierung;* Wernersche, Worms

panorama = https://www.panoramatours.com/de/salzburg/salzburg-highlights/sehenswuerdigkeiten/stift-nonnberg/

Pavan, Gino (1990): Architettura del periodo longobardo; in: Menis, Gian Carlo (1990): *I Longobardi;* Electa, Milano

Pawlik, Anna (2017): Der Leidende · Unter den Kunstschätzen in den Kirchen des Erzbistums Köln ragen die romanischen Kruzifixe besonders heraus; *Kirchenzeitung Köln,* Nr. 13

Pawlik, Anna / Taube, Elisabeth (2012): Ein Gekreuzigter aus Urach? In: Krutisch, Petra / Klein, Almuth (2012): *Anzeiger des Germanischen Nationalmuseums;* Verlag der GNM, Nürnberg, S. 97-110

Peez, Marc (2010): Das Gerresheimer Kruzifix. Neue Ergebnisse zur Werktechnik einer ottonischen Monumentalplastik; *Denkmal-Kultur im Rheinland. Festschrift für Udo Mainzer zum 65. Geburtstag; Arbeitsheft der rheinischen Denkmalpflege;* Wernersche, Worms, 117-127

Pfister-Burkhalter, Margarete (1985): Das Göschener Kruzifix; *Zeitschrift für schweizerische Archäologie und Kunstgeschichte,* 42 (3) 173-184

Poeschke, Joachim (1998): *Die Skulptur des Mittelalters in Italien · Band 1 · Romanik;* Hirmer, München

Posse, Otto (1913): *Die Siegel der deutschen Kaiser und Könige · Band 5;* Dresden

Rademacher, Franz (1941): Der Werdener Bronzekruzifixus; *Zeitschrift des Deutschen Vereins für Kunstwissenschaft,* Band 8, 141-159

Rahtgens, Hugo / Roth, Hermann (1929): *Die kirchlichen Denkmäler der Stadt Köln · Minoriten bis Severin (= Die Kunstdenkmäler der Rheinprovinz, VII, 2);* Düsseldorf

Ramm, Bernd (o. J.): *Hildesheimer Dom und Klosterkirche St. Michael* [UNESCO] https://www.goruma.de/kunst-und-kultur/unesco-welterbestaetten-deutschland/hildesheimer-dom-und-klosterkirche-st-michael

reclam (1959) = *Reclams Kunstführer · Baudenkmäler · Band III · Rheinlande und Westfalen, bearbeitet von Anton Henze;* Reclam, Stuttgart

Reiche, Jens (2006): Manuela Beer: Triumphkreuze des Mittelalters [Rezension]; *ArtHist.net,* 24. 03.

Reinke, Jürgen (o. J.): *Burgendatenbank. Suchmaschine für …* http://www.burgendaten.de/

Richter, Siegfried G. (2019): *Das koptische Ägypten;* wbg · Zabern, Mainz

Ristow, Sebastian (2009): Die Ausgrabungen von St. Pantaleon in Köln. Archäologie und Geschichte von römischer bis in karolingische Zeit; *Zeitschrift für Archäologie des Mittelalters, Beiheft 21;* Habelt, Bonn

Ritters, Volker (2014): *Das Externstein-Relief: Ein templerisches Einweihungsbild gedeutet nach der verborgenen Geometrie;* BoD, Norderstedt

Ritz, Joseph Maria (1963): *Bayerische Kunstgeschichte · Band II · Franken;* Lama, München

Roller, Stefan (Hg. 2012): *Niclaus Gerhaert · Der Bildhauer des späten Mittelalters;* Liebieghaus Skulpturensammlung, Frankfurt a. M.

Roth, Helmut (1986): *Kunst und Handwerk im frühen Mittelalter · Archäologische Zeugnisse von Childerich I. bis zu Karl dem Großen;* Theiss, Stuttgart

Rottländer, Rolf (1979): *Antike Längenmaße · Untersuchungen über ihre Zusammenhänge;* Vieweg, Braunschweig

Rünker, Thomas (2019): *Werdener Kruzifix und Liudgers Kelch aus einem Guss;* Bistum Essen. https://www.bistum-essen.de/presse/artikel/werdener-kruzifix-und-liudgers-kelch-aus-einem-guss/

Ruhnau, Barbara (1989): Der Ringelheimer Kruzifix: Zustand und Erhaltung einer ottonischen Großskulptur; in: Moller, Hans Herbert (Hg. 1989): *Restaurierung von Kunstdenkmälern. Beispiele der niedersächsischen Denkmalpflege*, Hameln, 273-278

Ruppert, Andreas / Linde, Roland / Haupt, Stefanie (2017): *Abenteuerliche Externsteine-Deutungen in völkischer Tradition – Das Buch »Der Teufel am Externstein in Sage, Mythe und Wissenschaft. Ein Forschungsabenteuer« von Ralf Koneckis-Bienas;* 24. 08. https://afm-oerlinghausen.de/blog/start-de/abenteuerliche-externsteine-deutungen-in-voelkischer-tradition

Sawicki, Diethard (2001): Lügenkaiser Karl der Große? Ein kritischer Blick auf Heribert Illigs These vom erfundenen Mittelalter; in: Bendikowski, Tillmann / Hoffmann, Arnd / Sawicki, Diethard (2001): *Geschichtslügen · Vom Lügen und Fälschen im Umgang mit der Vergangenheit;* Westfälisches Dampfboot, Münster, S. 75-104

Schäfke, Werner ([3]1984): *Frankreichs gotische Kathedralen;* DuMont, Köln

schaftlach = *Das Schaftlacher Kruzifix;* https://www.erzbistum-muenchen.de/pfarrei/pv-waakirchen-schaftlach/gotteshaeuser/ottonischeskreuz

schatzkammer = http://www.schatzkammer-werden.de/werdener-kruzifix/

Schertl, Hans (2018): *Wallfahrtskirche St. Maria in Ainhofen;* http://kirchenundkapellen.de/kirchenab/ainhofen.htm

Schindler, Herbert (1963): *Große bayerische Kunstgeschichte · Band I Frühzeit und Mittelalter;* Süddeutscher Vlg, München

Schmierer, Julia (2009): *Das Gerokreuz und seine Rückenaushöhlung;* Grin, E-Book

Schneider, Wolfgang (2016): *Eli, Eli, lama asabtani;* http://www.bibelcenter.de/bibel/studien/jesus/d-std006.php

Schnell, Werner (1997): *Der Dom zu Augsburg;* Sankt Ulrich, Augsburg https://bistum-augsburg.de/Bistum/Kathedrale/Bronzetuer

schnütgen = http://www.museum-schnuetgen.de/Wege-durch-die-Sammlung?kat=30

Schoene, Stefanie (2018): Rätsel um toten Bischof; *Augsburger Allgemeine,* 12. 03.

Schönfeld de Reyes, Dagmar von (1999): *Westwerkprobleme · Zur Bedeutung der Westwerke in der kunsthistorischen Forschung;* VDG, Weimar

Schümer, Dirk (1992): Skylla und Skulptur · Ein karolingischer Fund im Kloster Corvey; *F.A.Z.,* 24. 12.

Schüppel, Katharina (2007): Michele C. Ferrari / Andreas Meyer (a cura di): Il Volto Santo in Europa; *www-sehepunkte.de* (Rezensionsjournal für die Geschichtswissenschaften, Ausgabe 7/2007)

Schütte, Sven (2006; erschienen Juni 2007): Geschichte und Baugeschichte der Kirche St. Pantaleon; in: *Jüsten-Hedtrich,* 81-136

- (2001): Der Aachener Königsstuhl · Graffiti aus Jerusalem · Forscher beweist: Thron entstand doch schon zur Zeit Karls des Großen; *Kölner Stadt-Anzeiger,* 02. 06.

- (2000): Der Aachener Thron; in: Kramp, Mario (Hg. 2000): *Krönungen · Könige in Aachen – Geschichte und Mythos* (Katalog der Ausstellung in zwei Bänden); Zabern, Mainz, 213-222

Schuffel, Hans Jakob (1993): Die Erhebung Bernwards zum Heiligen; in: *Brandt, Michael / Eggebrecht, Arne (Hgg. 1993),* I: 407-417

Schulz, Mathias (2002): Der Kult der Sternenmagier; *Der Spiegel,* 25. 11.

Seehausen, Frank (2009): Wege zum Heil – Betrachterlenkung durch Architektur, Skulptur und Ausmalung im Panteón de los Reyes in León; *Kunsttexte.de,* Nr, 4, 1-37

Selb, Gottfried (1985; aktualisiert 21.11. 2012): Eher das Schöne bewundert, als das Heilige verehrt; *Zeit,* Nr. 15, 05. 04. (Im Internet wg. Scan-Fehler auch unter G. Sello)

Siebigs, Hans Karl (2004): *Der Zentralbau des Domes zu Aachen · Unerforschtes und Ungewisses;* Wernersche, Worms

Siepe, Franz (2002): *Fragen der Marienverehrung · Anfänge · Frühmittelalter · Schwarze Madonnen;* Mantis, Gräfelfing

- (2001): Muttergottes in dunkler Zeit. Bericht über eine schwierige Annäherung; *Zeitensprünge,* 13 (1) 132-161

Silberer, Elke (2010): Aachener Dom · Grab von Karl dem Großen bleibt verschollen; *Spiegel online,* 19. 05.

Simmering, Klaus (1996): *300 Jahre erstunken und erlogen? Über Zweifel an unserer Zeitrechnung;* 30-minütiger Film für den MDR, vor allem im BR vielfach gesendet

Singer, Wolf (2000): *Wahrnehmen, Erinnern, Vergessen · Über Nutzen und Vorteil der Hirnforschung für die Geschichtswissenschaft* · Eröffnungsvortrag zum 43. Deutschen Historikertags; *F.A.Z.,* 28. 09.

sofia = www-it.fmi.uni-sofia.bg/Ger = anArt/topics/romanik/plastik1_4. htm

Spada Pintarelli, Silvia (1997): *Fresken in Südtirol* (Fotografien Smith, Mark E.); Hirmer, München

Spanuth, Jürgen (1980): *Die Philister · Das unbekannte Volk; Zeller, Osnabrück*

Stadtbild Deutschland e.V. Kreuzgänge in Deutschland; https://www.stadtbild-deutschland.org/

stgallplan = Karolingische Kultur in Reichenau & St. Gallen · Codex Sangallensis 1092: Inhalt und Kontext; http://www.stgallplan.org/index.html

st. georg = St. Georg Kruzifix; *Förderverein romanische Kirchen Köln e.V.* https://www.romanische-kirchen-koeln.de/index.php?id=18&L=%2Fetc %2Fpasswd

st. jakob = Schottenkirche St. Jakob in Regensburg; https://www.regensburg-bayern.de/erleben/sehenswuerdigkeiten-regensburg/schottenkirche/

st. pantaleon = pantaleon-Koeln.de > St. Pantaleon – (Bau-)Geschichte/Kirchenführer > Frühmittelalter; http://www.sankt-pantaleon.de/1339.0.html

stadt koeln = Sankt Maria im Kapitol und die Holztüren von 1045/1065; www.stadt-koeln.de/

Stiegemann, Christoph / Wemhoff, Matthias (Hgg. 1999): *799 · Kunst und Kultur der Karolingerzeit · Karl der Große und Papst Leo III. in Paderborn;* 2 Bände Katalog-Handbuch + Ergänzungsband der Ausstellung in Paderborn = I, II, III; Zabern, Mainz

stiftskirche = https://meine-stiftskirche.de/sehenswuerdigkeiten/kruzifix-von-niclas-gerhaert-von-leyden-1467/

Stracke, Wolfgang (1994): *St. Maria im Kapitol · Köln · Die romanische Bildertür;* Wienand, Köln

structurae = https://files1.structurae.de/files/photos/64/vendée/foussais.payre_eglise

Syndicus, Eduard (1964): *Christus Dominator – Vorgotische Großkreuze;* Tyrolia, Innsbruck (für die Abbildungen zuständig: Erich Pattis)

Thomas, Bruno (1934): Die westfälische Steinplastik des 12. Jahrhunderts; *Westfalen* 19, 397-401

Toesca, Pietro (1963): *Storia dell'Arte Italiana · Il Medioevo II;* Unione Tipografico, Torino

Toman, Rolf (1996): *Die Kunst der Romanik · Architektur · Skulptur · Malerei;* Könemann, Köln (Fotografien Achim Bednorz)

Tränkenschuh, Oswald (2010): *Das Kreuzabnahme-Relief an den Externsteinen zur Anerkennung als Weltkulturerbe;* http://heilfelsen.de/pi-e-mathematik/download/Externstein-Relief.pdf

Tripps, Johannes (2018): Silent Assistants · The »Wolfram« Candelabra in the Erfurt Cathedral in the Context of the 12th and 13th Centuries; in: Rahn, Thomas / Rößler, Hole (Hgg. 2018): *Medienphantasie und Medienreflexion in der Frühen Neuzeit · Festschrift für Jörg Jochen Bern;* Harrassowitz, Wiesbaden, S. 347-363

unifr = Bibliothek der Kirchenväter: Hilarius von Poitiers - *Zwölf Bücher über die Dreieinigkeit (De Trinitate)* [Université Fribourg]; http://www.unifr.ch/bkv/kapitel2305-21.htm

Untermann, Matthias (2015): *Die ottonischen Skulpturfragmente von St. Pantaleon;* online erschienen 04. 04. 2015 (im Druck erschienen 1977, *Jahrbuch des Kölner Geschichts-Vereins*, 48, 279-290)

- (1999): Kreuz und Kreis. Die kreuzförmige Kapelle auf der Wittekindsburg im Licht mittelalterlicher Zentralbauten; *Archäologie in Ostwestfalen, Band 4,* Bielefeld, 56–64

- (1977): Die ottonischen Skulpturenfragmente von St. Pantaleon; *Jahrbuch des Kölner Geschichts-Vereins,* 48, 279-290

vg-mauern (2006): *Enghauser Kreuz* · Spätkarolingisches Kruzifix · Das älteste Kreuz der Welt!!! *Dokumentationen des Erzbischöflichen Ordinariats München;* https://www.vg-mauern.de/images/mauern/pdfs/ sonstige/enghaser_kreuz.pdf

vpah = *La statue reliquaire de saint Pierre, Bredons;* https://vpah-auvergne-rhone-alpes.fr/ressource/la-statue-reliquaire-de-saint-pierre-bredons

Waurick, Götz (Hg. 1992): *Das Reich der Salier 1024–1125 · Katalog zur Ausstellung des Landes Rheinland-Pfalz, Mainz;* Thorbecke, Sigmaringen

Weber, Martin (2019): Evang.-luth. Kirchengemeinde Tegernsee – Rottach-Egern – Kreuth; http://www.tegernsee-evangelisch.de/kreuzdarstellungen

Wegener, Andrea / Krupp, Daniela / Hülscher, Katharina (2019): *Goldene Zeiten? Die Restaurierung des Werdener Kruzifixes;* adson fecit, Essen

Wehking, Sabine (1988): *DI 26, Stadt Osnabrück, Nr. 3;* www.inschriften.net, urn:nbn:de:0238-di026g003k0000307

Weihrauch, Hans Robert (1944): Bronze, Bronzeguß, Bronzeplastik; *RDK II, Sp. 1192-1216 (Reallexikon zur Deutschen Kunstgeschichte);* http://www.rdklabor.de/wiki/Bronze,_Bronzegu%C3%9F,_Bronzeplastik

Weisweiler, Hermann (1981): *Das Geheimnis Karls des Großen · Astronomie in Stein: Der Aachener Dom;* Bertelsmann, München

Welter, Jean-Marie (2015): Karl der Große und sein Pferd: eine zeitgleiche Schöpfung; *Forum Kunst des Mittelalters,* 16. – 19. September 2015 in Hildesheim (Flyer); www.hornemann-institut.de/german/download/KDM.2015ABS_WEB.pdf

Wesenberg, Rudolf (1955): Die Fragmente monumentaler Figuren von St. Pantaleon in Köln; *Zeitschrift für Kunstwissenschaft,* IX, 1-28

west-art = Kölner Dom Gero-Kreuz; Gero-Kreuz | WESTART Meisterwerke > 19.02.2013> 04:53 Min. > WDR

Weyer, Angela (2010): *Resümee zur Tagung: Neue Blickwinkel und Erkenntnisse: Bischof Bernward wäre sehr zufrieden gewesen;* www.hornemann-institut.de/german/epubl_detail_tagungen21_307.php

wiki = *Wikipedia Die freie Enzyklopädie* http://de.www.wikipedia.org/wiki/ + Artikel (de.wiki, dito en.wiki, es.wiki, fr.wiki, it.wiki)

Wilmes, Hartmut (2018) : „Unter der Lupe“ · Museum Schnütgen rückt bekannte Werke in neues Licht; *Kölnische Rundschau,* 13. 11.

Wirth, Karl-August (1955): Dreinagelkruzifixus; *Reallexikon zur Deutschen Kunstgeschichte,* IV, 524 f.; http://www.rdklabor.de/wiki/Dreinagelkruzifixus

wissen = https://www.wissen.de/lexikon/bernwardskunst

Zeising, Gert (1999): „Zwischen den Zeiten“ oder Zeitensprung? Eine Schnittstelle und ein Konflikt zwischen spezialwissenschaftlicher und interdisziplinärer Forschung; *Zeitensprünge,* 11 (3) 459-479

Zimmermann, Max Georg (1897): *Oberitalische Plastik im frühen und hohen Mittelalter;* Liebeskind, Leipzig

Abbildungen

Quellen können bereits bei „Literatur“ genannt sein.

Austria-forum = https://austria-forum.org/af/Geography/Europe/Germany/Pictures/Trip_through_Germany/Hildesheim_-_Cathedral_Museum_The_Ringelheim_Crucifix
bad = http://www.bad-bad.de/alt-baden-baden/index3.htm
Bauer, Wilhelm (2018): https://www.myheimat.de/themen/externsteine.html
bauforschungonlin.ch = Germann, Georg (2011): *Ethik der Denkmalpflege;* http://bauforschungonline.ch/aufsatz/ethik-der-denkmalpflege.html
Bestfree = Bestfreephotos.eu
Biennais = Martin-Guillaume Biennais / CC BY-SA 3.0; in: https://www.das-kreativeuniversum.de/10-uebersehene-meisterwerke-im-louvre/
Bistum Hildesheim = https://www.bistum-hildesheim.de/materialboerse/dokument/mb-detail/ringelheimer-kreuz-02-detail-1548/
borisogleb = *Das Kreuz;* http://www.borisogleb.de/kreuz.htm
Bourgogne = http://www.bourgogneromane.com/edifices/cluny.htm
Britishmuseum = www.britishmuseum.org/research/collection_online/collection_object_details.aspx?assetId=35754001&objectId=44723&partId=1
British museum = https://www.britishmuseum.org/research/collection_online/collection_object_details.aspx?objectId=60937&partId=1
Brünig, Harald (2019): Portale, Säulen, Kapitelle; http://www.portalsaeule.de/index.php?cat=Kontakt%2C%20Links%20und%20Impressum
CC-BY = www.guelcher.de (bei Wolfram Janzen LOBO)
Cerisola, Renato (2013): http://www.italianways.com/volvinios-altar-crown-of-the-church-in-milan/ (Fotografien für den Artikel von Giuseppe Frangi)
Christe, Yves u. a. (1982): *Handbuch der Formen- und Stilkunde · Mittelalter;* Fourier, Wiesbaden
Cieutat = http://jeanpaulcieutat.com/index?/category/6-romanes_attitudes
cividale = https://www.cividale.com/de/il_tempietto_longobardo#
comacini = www.italiamedievale.org/portale/i-maestri-comacini/?lang=en
compostela = https://compostela.co.uk/great-portals/moissac-romanesque-tympanum/
Corsepius, Katharina (2005): Der Aachener 'Karlsthron' zwischen Zeremoniell und Herrschermemoria; in: Steinicke, Marion / Weinfurter, Stefan (2005): *Investitur- und Krönungsrituale;* Böhlau, Köln u. a.
dioezesan-museum = https://dioezesanmuseum-paderborn.de/thronende-madonna-sog-imad-madonna/
EC = European collections (Skulpturensammlung und Museum für Byzantinische Kunst; Staatliche Museen zu Berlin)
erzbistum = https://www.erzbistum-muenchen.de/pfarrei/pv-waakirchen-schaft

lach/gotteshaeuser/ottonischeskreuz
europeana = https://www.europeana.eu/portal/de/record/15502/KK_8924.html
eva = http://evashistoricalcostumes.blogspot.com/2016/10/a-13th-century-aquamanile-of-knight-and.Html
faure = http://www.raymond-faure.com/Hildesheim/Hildesheimer_Dom_Christussaeule.html
faure1 = http://www.raymond-faure.com/Braunschweig/Braunschweig_Dom_St_Blasius_Schaetze.html
foerderverein = https://foerderverein-st-georgs-kapelle.mein-verein.de/
Frangi, Giuseppe, (2012): Il Crocefisso che ti guarda; Mercuriade; https://ilpalazzodisichelgaita.wordpress.com/2012/06/12/il-crocefisso-che-ti-guarda/
gloria = https://gloria.tv/photo/YY4wkDTHydi61W1qsLt2ZRCSa
Godeweg = http://www.godeweg.de/05_1_externsteine/Forschungsbericht_Renate_Otto-Walter.html
gruppe Köln = http://www.gruppe-koeln.de/Restaurierung/OttonischesKruzifixGerresheim/ottonischeskruzifixgerresheim.html
guelcker = http://guelcker.de/2075/hildesheim-dom-bernwardkunst/
heidelberg = http://archiv.ub.uni-heidelberg.de/artdok/6280/1/Tripps_Silent_assistants_2018.pdf
Hekster, Eelco (2016): https://www.lokalkompass.de/event/kranenburg/c-kultur/ein-jahrtausend-st-martin-kirche-in-zyfflich_e239085
Hess, Catherina (Foto, 2018): *Früheste Monumentalskulptur Außergewöhnliches Kunstwerk;* SZ, 12. 07.www.sueddeutsche.de/muenchen/freising/frueheste-monumentalskulptur-aussergewoehnliches-kunstwerk-1.4052184
hildesheimer = https://www.hildesheimer-geschichte.de/die-kirche/die-hildesheimer-kirchen-1/kleine-bernwardskreuz/
Homburger, Otto / Fotos: Hürlimann, Martin (1949): *Der Trivulzio-Kandelaber · Ein Meisterwerk frühgotischer Plastik;* Atlantis, Zürich
izi.travel = https://izi.travel/es/ddf1-timpano-del-ciborio-della-basilica-di-sant-ambrogio/it
kategorien = www.portalsaeule.de/kategorien/Portale%252C%/
Katholisch = https://www.katholisch.at/aktuelles/2014/06/23/tassilokelch-aus-kremsmuenster-in-aachen
khanacademy = https://www.khanacademy.org/humanities/medieval-world/romanesque1/a/saint-pierre-moissac
Khm = Kulturhistorisches Museum Magdeburg
kreuzau = https://www.kreuzau.de/wohnen-leben/siedlungsgeschichte/Anhang_05.pdf
kulturgut = www.mittelbayerische.de/region/regensburg-stadt-nachrichten/kulturgut-ist-zu-fragil-fuer-die-reise-nach-regensburg-21179-art75144.html
Lack = http://www.michael-lack.de/bilder_von_bad_hersfeld_04.html
Langbein, Walter-Jörg (2014): *Teil 223 · »Das Monster und der Mann mit dem Schlüssel;* http://www.ein-buch-lesen.de/2014/04/223-das-monster-und-der-mann-mit-dem.html
Leicester = https://www2.le.ac.uk/departments/archaeology/people/academics/christie/images/lombards004.jpg/view

lesportesdutemps = http://www.lesportesdutemps.com/archives/2018/05/06/36382536.html
liebieghaus = //www.liebieghaus.de/de/mittelalter/thronende-muttergottes
Lindenburger, Jürgen (2013): https://www.fotolibra.com/gallery/1084473/mindener-kreuz-im-domschatz-von-minden/
louvre = Charlemagne Louvre OA8260 n1.jpg https://commons.wikimedia.org/wiki/File:Charlemagne_Louvre_OA8260_n1.jpg?uselang=fr
Luc = http://luc.greliche.free.fr/Mathieu/photos4201.html
Lücking, Wolf, Fotos für Fraenger, Wilhelm (1995): *Matthias Grünewald;* Verlag der Kunst, Dresden · Basel
lwl = https://www.lwl.org/marsLWL/de/instance/picture/Kirchenschaetze-Westfalens.xhtml?oid=18017
medieval.eu = https://www.medieval.eu/crucifixus-dolorosus-forked-crucifix-from-c-1300/
met = https://www.metmuseum.org/toah/works-of-art/47.101.55/
Miteinander = https://gemeinden.erzbistum-koeln.de/export/sites/gemeinden/pfarreiengemeinschaft-bergheim-ost/content/galleries/downloads/miteinander-16-17.2017.pdf
muestair = https://www.muestair.ch/de/aktuell/karlsjahr-2014/item/Stuckstatue-Karls-des-Grossen-in-Muestair-wird-erforscht/
museenkoeln = museenkoeln.de/portal/bild-der-woche.aspx?bdw=2006_02
nat.museum = //nat.museum-digital.de/index.php?t=objekt&oges=200974 (Grassi Museum, Leipzig)
Nerger, Klaus = https://www.knerger.de/html/rudolfrhregenten_8.html
nialloleary = http://europeana.nialloleary.ie/index.php
objektkatalog = objektkatalog.gnm.de/objekt/Pl.O.34
occitanie = https://www.tourismusoccitanie.de/top-sehenswuerdigkeiten/moissac
odilienberg = http://www.odilienberg-elsass.de/
osnabrück = http://www.inschriften.net/zeige/suchergebnis/treffer/set/100/nr/di026-0003.html
paderborn = *https://dioezesanmuseum-paderborn.de/thronende-madonna-sog-imad-madonna/*
Peschel, Ruth und Rudolf: Isometrie von St. Michael, Hildesheim; in: Kürth, Herbert / Kutschmar, Aribert (1978): *Baustilfibel,* Volk und Wissen, Berlin
pidner = http://religion-pidner.com/kunstgeschichte/christusbild/pages/10Gerokreuz.htm
pilger = https://www.pilger-speyer.de/feed/newsseite/article/im-ziel-von-kirchlichen-und-weltlichen-pilgern/
post.at = https://www.post.at/sammelboerse/go/marke_detail/id/
prague = *Statue des Hl. Georg (Socha sv. Jiří);*https://www.prague.eu/de/objekt/orte/1864/statue-des-hl-georg-socha-sv-jiri
prezi = https://prezi.com/4movmwe5wkyq/st-michaelis-hildesheim/ (Robin Weber)
ranieri = www.italianways.com/la-porta-di-san-ranieri-dallistante-alleterno/
reise-zikaden = https://reise-zikaden.de/oberpfalz-regenburg-die-koenigspfalz-der-karolinger-bei-st-emmeram/

ritter = https://www.muenzen-ritter.de/56251-roemische-kaiserzeit-marcus-aurelius-caesar-sesterz-145-fss.html
ruhr = https://www.top-magazin.de/ruhr/2017/12/18/krone-kreuz-und-schwert/
ruicon = www.ruicon.ru/images/arts/DPI/Externsteine_ Kreuzabnahmerelief1. Jpg
sceptre = https://www.panoramadelart.com/sceptre-de-charles-v
schaftlach = http://www.tegernsee-evangelisch.de/kreuzdarstellungen
schlösser = https://www.schloesser-und-gaerten.de/monumente/kloester/kloster-hirsau/erlebnis-kloster/kloster/gebaeude/peter-und-paulskloster/eulenturm/
schnütgen = http://www.museum-schnuetgen.de/Wege-durch-die-Sammlung?kat=11, und kat. 30
smb = http://ww2.smb.museum/smb/media/education/38045/07_SchtzedesGlaubens_Thema6.pdf
speyer = https://www.dombauverein-speyer.de/fileadmin/user_upload/1-0-8/Download/Domkurier_2_2010.pdf
stadtbild = https://www.stadtbild-deutschland.org/forum/index.php?thread/3241-niederbayern-historische-kleinst%C3%A4dte-und-sakrale-kleinode-galerie/
stbenoit = https://www.art-roman.net/stbenoit/stbenoit13x.jpg
St. Margareta = https://www.st-margareta.de/ottonisches-kruzifix.html
terrestorie = https://www.terrestorie.com/posti/Montefiascone/montefiascone_uk.htm
TomAlt = TomAlt - selfmade, based on, CC BY 3.0, https://commons.wikimedia.org/w/index.php?curid=3421267 [wiki: Gebundenes System]
Tomio, Frank = http://www.inschriften.net/hildesheim/inschrift/nr/di058-0005.html#content
Tourismus = https://www.tourismus-landkreis-kelheim.de/hallertau/Attraktionen-Hopfenland-Hallertau/Kirche-Enghausen
trier = Datei:Trier - Dom, Portal Liebfrauenkirche, Tympanon (2017-05-30).JPG
tripadvisor = https://www.tripadvisor.ch/LocationPhotoDirectLink-g651894-d1828612-i202440810-Externsteine-Horn_Bad_Meinberg_North_Rhine_Westphalia.html
uni-muenchen = https://www.kunstgeschichte.uni-uenchen.de/personen/professoren_innen/soeding/lehrveranst_soeding/einfuehrung/02-vl.pdf
unprosecchino = http://unprosecchino.blogspot.com/2016/09/the-story-of-luminara-di-santa-croce.html
Wehking, Sabine (1988): *DI 26, Stadt Osnabrück, Nr. 3;* www.inschriften. net, urn:nbn:de:0238-di026g003k0000307
wiki = https://commons.wikimedia.org/wiki/File:Odilienberg_heidenmauer_verbindung.jpg
wort = *Luxemburger Wort*, 23. 05. 2015
zeugs = http://zeugs.org/cgi-bin/xindex?name=sonstiges&dir=.2012-09-20
zum = https://www.zum.de/Faecher/G/BW/Landeskunde /rhein/geschichte/mittelalter/karolinger/reiterstatuette/index.htm

Register

Die Kruzifixe, auch Kreuze, sind unter dem Stichwort „**Kreuz**" zusammengefasst, ebenso die Bronzetürflügel unter „**Bronzetüren**". Bei den zahlreichen Kunstwerken, die dem **hl. Bernward** zugeschrieben werden, stehen nur die ihm tatsächlich zuweisbaren unter seinem Namen, die anderen unter „**Hildesheim**".

Aachen, Dom 238
Barbarossa-Leuchter 220
Bronzegitter 195
Bronzetüren s. Bronzetüren
Eisenringanker 202, 238
Holzringanker 116
Kuppel 190, 238
Marienschrein 171
Pala d'oro 95, 97, 164, 169 f.
Thron 113-116
Adalbert, Erzbischof 197, 199
Adam 64, 82, 94
Äolisches Kapitell 69, 81
Agnes II., Äbtissin 207
Ainhofen, Maria lactans 202, 219
Alexander II., Papst 42
Altar 81 f.
Altenstadt (Lkr. Neu-Ulm), Mariä Geburt, Flechtwerk 30
Altfried, Bischof 212
Ambrosius, hl. 164 f., 168
Anatomie-Diskrepanzen 46 f.
Angilbert II., Bischof 163 f., 168
Ansquitil, Abt 44
Antelami, Benedetto 79
Apokalypse 9, 47 f.
Aquamanilien 178-181
Aratos v. Soloi 38
Arianismus 27
Arnulf v. Kärnten, Kaiser 34, 121
Astolfo, König 57
Audebertus, Giraudus 77
Augustinus, hl. 94, 96
Augustus 57, 156 f.
Autun, Saint-Lazare 21
Ayooghi, Sarvenaz 196

Bad Gögging, St. Andreas 26, 37
Bad Münstereifel, Stiftskirche 46
Bamberg, Dom 47
Bamberger Reiter 186
Barberini-Diptychon 186 f.
Barisanus, Kunsthandwerker 192, 200
Barletta, Koloss v. 173
Barral i Altet, Xavier 22, 24, 26, 41, 78
Basilisk 65, 79, 81
Basler Antependium 170
Bassenheimer Reiter 186
Baudry, Gérard-Henry 93
Becker, Bernd 114
Beenken, Hermann 51 f., 62, 93, 108, 110, 112, 132, 136-138, 142, 152, 155, 203, 207
Beer, Manuela 92
Beissel, Stephan 184
Bendels, Ernst v. 66
Benedikt, hl. 40, 42-44
Benedikt XVI. 120, 144
Berengar v. Tours 85, 88
Berenger, Bronzegießer 196 f.
Bernard v. Angers 84, 88
Bernhard v. Clairvaux, hl. 43, 220, 222
Bernhard I., Bischof 232
Berno, Bischof, Hildesheim 232
Bernward v. Hildesheim, hl. 51, 72, 88, 107 f., 110, 125, 130,

144, 146, 152, 160, 173, 192, 197 f., 200, 202, 211-235
Madonna, goldene 83 f., 86, 88, 90, 215
Pergamente 215
St. Michael 212 f., 231 f., 238
Beutler, Christian 24, 61 f., 96 f., 108, 128
Bienenkorbglocke 208
Binding, Günther 10, 50-54, 103, 111, 113, 144
Blankenburg, Vera v. 218
Bloch, Peter 152, 228
Blöss, Christian 128
Bodel, Jean 207
Boëmund, Fürst 194, 199, 201
Böse, Das 81 f.
Bolesław, König v. Polen 232
Bolsena 30
Santa Cristina 27, 29
Bonacolsi, Pier Jacopo Alari 182
Bonanus, Künstler 192, 200
Bonn, Münster 73
Brandt, Michael 51
Braun, Josef 88
Braunfels, Wolfgang 160, 162, 195
Braunschweig,
Löwe 181, 183
Siebenarmiger Leuchter 222
Bredekamp, Horst 196
Brescia, Madonna 87, 89 f., 117
Brink, Peter van der 196
Briosco, Andrea (Il Riccio) 182
Bronzearbeiten 151-162, 173-211, 216-228
Bronzeguss 197, 221, 238

Bronzetüren (Liste 192):
Aachen, Dom 188 f., 193-196, 199, 202, 238
Canosa 191, 199, 201
Florenz, Baptisterium 191
Gnesen, Dom 191, 199, 233
Hildesheim, Dom 51, 54, 72, 108, 110, 144, 146, 189 f., 197, 199, 202, 207, 216-219, 225, 233
Magdeburg 190

Bronzetüren (Fortsetzung)
Mainz, Dom 190, 196 f., 202
Monreale, Kathedrale 192, 200
Montecassino 200
Nowgorod, Sophienkathedrale 190, 200, 202, 206 f., 233
Pisa, Dom 200
Plock s. Nowgorod
Rom, Lateran, Baptisterium 191, 194, 199, 202
Rom, Pantheon 194
Rom, San Paolo fuori le mura 200
Troia, S. Maria Assunta 193, 200
Venedig, San Marco 202
Verona, San Zeno 190, 193

Brühl, Carlrichard 11
Bruno v. Köln, Erzbischof 46
Byzanz / byzantinisch 15, 57, 70-72, 74, 80, 83, 97, 108, 132, 137, 152, 164, 170, 172, 184, 186, 190-192, 195, 197, 200, 239

Canino-Glocke 208
Canterbury, Kathedrale 24
Cappenberger Kopf 176 f., 184, 216
Cattaneo, Raffaele 57
Cellole, Pieve de (San Gimignano) 28, 30
Chartres, Kathedrale 23-25, 90
Châteauneuf-sur-Charente, Reiterstatue 185, 187
Christentum 83
Christus,
König 122 f.
Leib v. 85
Chronogramm 160, 162
Chur, Kathedrale 28
Cingulum 111
Civate s. San Pietro al Monte
Cividale,
Museo Archeologico 33
Museo Cristiano 33

Ratchis-Altar 31 f., 57
Tempietto longobardo 57-61, 74
Clermont-Ferrant, Madonna 83
Cleveland, Jonas-Statuetten 93
Cluny, Klosterkirche 16, 18-23
Codex aureus, St. Emmeram 97
Codex aureus Epternacensis 98 f.
Colleone 182
Como/ comaskisch 27, 32, 54 f., 168
Conques, Madonna 83 f., 86, 90
Corvey, Klosterkirche 56
Cosimo I., Statue 182
C^{14} s. Radiokarbondatierung

Dalmatien, Herzogsnamen 30
Dehio, Georg 218
Dendrochronologie 11, 112-120, 124-130, 134, 147, 240
Deutschland, Kunstanfänge 22, 26, 34, 36
Dijon, St-Bénigne 16 f.
Donatello 166, 182
Dreinageltyp 12, 146
Drescher, Hans 221
Duby, Georges 78
Duca, Ludovico del 182

Echinger, Claudia 228
Edictum Rothari 32
Eggebrecht, Arne 51
Einhard, Laienabt 62
Eligius, hl. 228
Enger, Grabplatte Widukind 204, 206 f.
Erbsünde 94, 96
Erfundenes Mittelalter 13, 162
Erfurt, Wolfram-Leuchter 177 f., 224
Erkanbald-Krümme 228-230
Erlösungstod 81, 96
Essen, Madonna 83-85, 90
Eva 64, 82, 94
Evolution bei Kunstwerken 13 f, 50
Externsteine, Kreuzabnahmerelief 12, 54, 63-82, 156, 218, 239

Fabeltiere 79
Farbfassung 90
Fernando I., König 140
Fetischismus 91 f.
Fides v. Agen, hl. 83 f., 86
Filarete 182
Finkenbaum, Justus 51
Flasch, Kurt 85
Flaskamp, Frank 66
Flechtwerk 27-32, 57, 59, 168, 238
Fleury s. St-Benoît-sur-Loire
Florenz, Cosimo-Statue 182
Förster, Ernst 80
Foussais-Payré, St-Hilaire, Relief 75-77
Frangi, Giuseppe 164
Frankreich, Kunstanfang 22
Franz I., König 40
Freudenstädter Lesepult 121, 136
Fricke, Beate 85, 88
Fried, Johannes 43
Friedrich I. Barbarossa, Kaiser 162, 176, 206, 220
Friedrich v. Wettin, Erzbischof 205 f.
Fritz, Rolf 72
Fronleichnamsfest 30
Frühromanik 15 u. passim
Fuhrmann, Horst 11

Gattamelata 182
Gaul, Otto 76, 81
Gauzlin, Abt 40-42
Geese, Uwe 24
Geldvinus, Bernardus, Künstler 20, 23
Gerhaert, Niclaus 140 f.
Gerhard v. Are, Bischof 73
Gernrode, St. Cyriacus, 238
Hl. Grab 60, 73 f.
Gero, Erzbischof v. Köln 52, 103, 110, 112
Ghiberti, Lorenzo 191
Gisela v. Bayern 157
Gisela v. Burgund 157
Godehard, Bischof 214, 232
Godehard-Schrein 171 f.

Goethe, Johann Wolfgang v. 63, 71
Glocken, Bronze- 208-211
Gloucester, candlestick 222, 227
Golgota 82 143, 220
Gotik 12, 16, 112, 123, 148 f.
Gottfried v. Spitzenberg 206
Gottvater 64, 68, 80
Gregor VII. 30
Groß-Comburg, Radleuchter 220
Grünewald, Matthias 150, 165 f.
Günther, Hubertus 174

Halberstadt, Liebfrauenkirche 36
Missale 102
Hamann, Richard 10, 33, 94, 108, 110, 112, 144, 146, 218
Hamann-Mac Lean, Richard 125, 139
Hartwig-Radleuchter 220
Haussherr, Reiner 10
Heinrich II. 82, 164, 170
Perikopenbuch 98 f.
Heinrich IV. 203
Helm (Eisenhut) 165 f.
Herfurt, Lullus-Glocke 208
Heribert, hl., Erzbischof v. Köln 50, 113, 140
-Kamm 140 f.
-Schrein 171
Hermann, Erzbischof v. Köln 160
Hezilo, Bischof 211, 220
-Leuchter 220, 225
Hilarius, Papst 194
Hilarius v. Poitiers, hl. 80
Hildesheim,
Christussäule 51, 144, 218, 220, 223, 233
Dom 212
Erkanbald-Krümme 228-230
Godehard-Schrein 191
Gusswerkstatt 221
Hezilo-Leuchter 225, 233
Leuchterpaar 222, 224 f., 233
Radleuchter 220, 233
St. Michael 232, 238
Stuckfiguren 60, 233
Hinz, Paulus 93, 97, 102, 142
Hirsau, Eulenturm 54 f.
Hitda-Codex 98, 101 f.
Hochkirchen, Dorothea 63
Hochromanik 15 u. passim
Hoffmann, Johanna 103, 108
Holländer, Hans 91
Hollstein, Ernst 112-114
Holzfassung 88 f.
Holzskulptur / Beginn d. 12, 83
Hostie 85
Huber, Florian 160
Hugot, Leo 114

Ida, Äbtissin 160
Idolatrie 84 f., 89, 91
Iggensbach-Glocke 210 f.
Il Antico 182
Illich, Ivan 42
Illig, Heribert 13
Il Riccio 182
Imad-Madonna 87-90
Innozenz III., Papst 151
Irminsul 69, 80-82
Italien, Kunstanfänge 23

Jantzen, Hans 15, 154
Jesus,
bärtig 93-97, 102, 111, 117, 139, 141, 156, 163, 169 f., 215 f.
leidend 94 f., 103, 121 f., 124, 127, 132, 148, 156
tot 92, 97, 112, 128, 140, 148, 152, 156 f. 239
triumphierend 94, 96, 122, 124, 139, 142, 148
Seele v. 64, 68, 80
Jonas-Statuetten 93
Josef v. Arimathäa 64, 77
Judith v. Ringelheim, Äbtissin 230
Julius, hl. 4
Justinian I. 71, 83, 187, 194
Juvigny-sur-Loison 43

Kalenderreform 38, 40
Kammel, Frank 151
Karl d. Große 11, 32, 59, 61 f., 80, 82, 89, 100, 113, 152, 156,

173, 177 f., 180, 184-186, 194, 203, 206 f.
Karl d. Kahle 140, 174
Karl V. 177
Karlinger, Hans 33
Karlsstatue s. Müstair
Karlsstatuette 13, 164, 173-176, 178-182, 184, 188
Karolinger/ karolingisch 56, 70 f. 89, 97 f., 100, 102, 121, 131, 162, 166, 173-196, 212, 234 f.
Kastelaz, St. Jakob, Fresken 102
Katakombenkunst 92 f.
Kayser, Felix 57
Klein, Bruno 130
Kleinschmidt, Beda 140
Koblenz, Madonna 86, 88, 90
Köln,
  Museum Schnütgen 52, 97, 132, 135, 137 f., 140, 152
  St. Maria im Kapitol, Holztür 72, 89 f., 96, 217-219
  St. Pantaleon, Fragmente 34, 49, 53-56, 72, 147, 202
  St. Pantaleon, Kirche 46 f., 49, 238
  St. Pantaleon, Kreuzgangrest 50, 53, 73
Kölzer, Theo 11
Könige, Heilige Drei 32
Königslutter, Kaiserdom 54 f.
Konrad v. Abdinghof 82
Konstantin I. 93, 176
Kontrapost 146, 166, 173
Korbboden-Geflecht (Mandala) 30
Kreusch, Felix 115
Kreuz, 92-112, 117-150, 152-160, 169, 224, 228-235
  -abnahmemotiv 74, 76
  Altar- 151
  Heiliges 137
  Klein- 151 f.

Kreuz (Kruzifix):
  Altenstadt bei Schongau (Der große Gott) 139
  Aschaffenburg 118, 122-124

Kreuz (Kruzifix; Fortsetzung):
  Benna- 92
  Benninghausen 127, 131 f., 138
  Birkenbringhausen 126, 130 f.
  Brempt 131
  Büsdorf 126, 131
  Dietkirchen 126, 131, 137
  Elspe 119, 124 f.
  Enghausen 118, 120 f., 235
  Gero-, Köln 51 54, 72, 89, 103-122, 124-133, 141 f., 147, 152, 154-156, 173, 202, 216, 218, 228, 231, 233, 238
  Gerresheim 117-120, 132
  Gisela-, München 157-159
  Großes Bernward-, Hildesheim 130, 233
  Helmstedt 147
  Hermann-Ida- 158, 160
  Hildesheim 107, 146, 160, 224, 233 f.
  Imervard- 143
  Kleines Silbernes Bernward- 107, 160, 224, 228
  León, San Isidoro, Elfenbein 140
  Liebieghaus, Frankfurt 135, 139
  Lothar- 51, 72, 108, 144, 147, 156 f., 173
  Lübeck, Triumph- 139
  Metelen 126, 128 f.
  Minden 147
  Mirakel- 119, 124 f.
  Neuerburg, Sammlung 135, 138
  Osnabrück, Kapitel- 127, 132, 147
  Otto-Mathilden-, Essen 158 f.
  Ringelheim 119, 125, 229 f., 233
  Rupertus- 162
  Schaftlach 118, 122
  Schlehdorf 126, 128
  Seckau 139
  Senkschmelzen, große, mit 158
  St. Georg, Köln 127, 132, 137, 144
  Udenheim 119, 125, 128

Kreuz (Kruzifix; Fortsetzung):
Untergermaringen 138
Urach 134-137
Werden 147, 152-154

Kreuzgang, Evolution 50
Kroatien, Herzogsnamen 30
Kruzifix s. Kreuz;
Ausnahme: ältestes K. 129
Kümmernis, hl. 135, 139, 143, 230
Kunigunde v. Luxemburg 170

Lanfranco di Modena 24
Langobarden 11, 27, 33, 40, 61
Herzogsnamen 30
Legler, Rolf 50
Legner, Anton 64, 174, 184
Leo IV., Papst 151
Leonardo da Vinci 13, 182
Liliensymbol 184
List, Claudia 174
Liudger 154
-Kelch 154
London, Elfenbeinkästchen 95 f.
Lorenzoni, Giovanni 57
Lothar, Kaiser 97, 156
Lucca, Dom, Hl. Martin 186
Ludolf, Erzbischof 205 f.
Luer, Hermann 188
Lullus, Abt 210 f.
-Glocke 208 f.

Maasland / maasländisch 56
Madonna 83-92
Maetzke, Anna Maria 144
Magdeburg,
Grabplatten 205-207
Kapitell 69
Reiter 185-187
Mailand, Dom, Trivulzio-Leuchter 224, 227
Mailand, Sant'Ambrogio 55, 61
Holztürfragmente 96
Paliotto 163-165
Ziborium 61, 163, 167, 170
Mals, St. Benedikt, Fresken 100
Maria, hl. 64, 68
Lactans 202 219
Sitzfiguren 83-92
Marien-Darstellungen 168
-Schrein 171 f.
Mark-Aurel-Statue 176, 181-184
Martin, hl. 164
Mathilde, Äbtissin 158
Matthes, Walther 71
Matthias v. Buchegg, Erzbischof 234
Meginhard, Abt 210
Meinwerk, Bischof 81 f.
Meller, Harald 79
Mende, Ursula 191, 195, 200
Merseburg, Dom, Grabplatten 203 f.
Metallskulptur, Beginn d. 12, 151-156
Metz, Karlsstatuette s. Karlsst.
Meyer, Erich 200
Michelangelo 148-150
Mindener Leuchter 222, 226
Mittelalter, These vom erfundenen 13, 162
Moissac, Saint-Pierre 44-48, 238
Montecassino, Kloster 40, 43
Montefiascone, S. Flaviano 29 f., 69
Monumenta Germaniae Historica 11
Müstair,
Fresken 98, 100
Karlsstatue 57, 59, 61 f., 218
Mütherich, Florentine 184
Mundhenk, Johannes 72, 77

Naturns, St. Prokulus, Fresken 100
Nicolaus v. Verdun 172
Niedhorn, Ulrich 63 f., 70-74, 76-79, 81 f.
Niemitz, Hans-Ulrich 128
Nikodemus 64, 80, 143
Nimbus, rechteckiger 164, 168
Notke, Bernd 92, 139

Odilienberg, Heidenmauer 115-117
Orcival, Vierge v. 89 f.

Orta-See, Isola San Giulio, Kanzel 4
Orvieto, Kathedrale 30
Osterfahne 68, 80, 166
Otto I. 52, 114, 158, 185
Otto III. 50, 97, 147, 156, 170, 230
Otto v. Freising, Bischof 203
Otto v. Schwaben, Herzog 158
Ottonen/ ottonische Kunst 15 f, 46, 90, 97f, 101 f, 125, 163, 168

Paderborn, Madonna 87, 90
Paderborn-Abdinghof 81
Pala d'oro s. Aachen, Venedig
Paliotto s. Mailand
Pamplona, Kathedrale, Kapitell 78
Paradies 81 f.
Parma, Kathedrale 79
Parthenay-le-Vieux, Reiterstatue 185, 187
Paschalis I. u. II., Päpste 234
Paul II., Papst 182
Pawlik, Anna 134, 136
Pfeiffer, Johanna 137
Pferde
  -darstellungen 13, 39, 41, 164-166, 173-176, 179, 181 f., 184-187
  -fuß 228
  -mähne 181
Pia fraus 92, 103, 232, 234
Pinder, Wilhelm 88 f.
Plaimpied, Saint-Martin, Kapitell 21
Poeschke, Joachim 55
Poussay-Evangeliar 130
Praesul (Presul) 215, 224, 234
Prag, Hradschin, St. Georg 182

Quedlinburg, Wiperti-Kirche 238

Rabbula-Codex 96
Radiokarbondatierung 11, 116, 120, 122
Radleuchter 220
Rahtgens, Hugo 218
Rasta-Locken 35, 96, 120 f., 134, 140, 143 f.
Ratchis s. Cividale
Ravenna,
  Baptisterium, arianisches 27, 96
  Baptisterium, orthodoxes 96
  Kapelle, erzbischöfliche 96
  Mausoleum Galla Placidia 96
  Sant'Apollinare in classe 96
  Sant'Apollinare Nuovo 27, 96
  San Vitale 96
Regensburg,
  Pfalz 36
  St. Emmeram, Reliefs 33-35, 51, 207
  St. Jakob (Schottenkirche) 19, 26, 33 f.
  Sphaera d. Wilhelm v. Hirsau 37 f., 40
Reginhard, Abt 210
Reginward, Abt 33
Reichenau, Oberzell 102
Reims, Radleuchter 222
Reinke, Jürgen 191
Reiterdarstellungen 71, 173-176, 179 f., 182-188, 237
Reliquienschreine 170-173
  Liste d. 172
Renaissance des 12. Jh, 197
Reudenbach, Bruno 103
Rieckenberg, Hans Jürgen 228
Riemenschneider, Tilman 91
Ristow, Sebastian 50
römisch 57
Roger v. Blois, Abt 43
Roggenkamp, Hans 214
Rom,
  San Lorenzo fuori le mura 93
  Santa Costanza 93
  Santa Sabina, Holztür 95 f.
  Santi Quattro Coronati 9
Romanik 15, 23 u. passim
Rothari, König 32
Rudolf v. Habsburg, König 204, 206 f.
Rudolf v. Schwaben, (v. Rheinfelden), König 178, 203 f.

Saint-Benoît-sur-Loire 39 f., 42 f., 185
Saint-Florent de Saumur 43 f.
Saint-Genis-des-Fontaines 16 f., 32 f.
Saint-Romain-le-Puy 17 f.
Salvator mundi 96 f.
Salzwedel, Joachim 130
Sánchez, Emilio 220
Sangüesa, Santa Maria la Real 79
Sankt Gallen, Idealplan 50 f., 151, 234
San Pietro al Monte (Civate) 60, 167, 170
Santo Domingo de la Calzada, Kathedrale 25
Santo Domingo de Silos, Kloster 75, 77 f., 82
Sawicki, Diethard 13
Saxl, Fritz 76
Schänis, ehem. Frauenkloster 31
Schindler, Herbert 36
Schlange d. Paradieses 81 f.
Schmitt, Otto 76
Schnell, Werner 199
Schöne, Wolfgang 23
Schönfeld de Reyes, Dagmar v. 46
Scholastika, hl. 43
Schraubverbindung, erste 154
Schütte, Sven 62 f., 114, 235
Schulz, Mathias 79
Sedes sapientiae 90
Seligenstadt, Lavabo-Träger 59, 62
Sforza, Francesco 182
Sieben letzte Worte 123, 142
Siegfriedsage 79
Siepe, Franz 168
Signorelli, Luca 166
Simmering, Klaus 188
Singer, Wolf 13
Skulptur, Geschichte der 10
Spanien, Kunstanfänge 24
Speckner, Rolf 71
Speyer, Dom,
  Grabplatte Rudolf 204, 206
  Kuppel 190, 214
Sphaera d. Wilhelm v. Hirsau 37 f, 40
Sphyrelaton 83 f.
Split, Sv. Martin 30
Steinskulptur 15-83
  Beginn d. 12, 16
Stollenmayer, Pankraz 160
Strzygowski, Josef 57
Stuck 74
  -figuren 57-60
Suppedaneum 111
Syndicus, Eduard 93, 136, 155
System, gebundenes 212, 214

Tassilo III. 160
  Kelch 98, 100, 154, 160 f., 173
  Leuchter 224
Taube, Elisabeth 134 , 136
Thangmar, Domherr 211
Theoderich, Reiterstatue 184 f.
Theophanu, Kaiserin 46, 50, 52
Theophilus Presbyter 234
Thietmar v. Merseburg 103, 108, 110
Thietmar-Leuchter 220
Thomas, Bruno 78
Toman, Rolf 64, 72, 78
Toulouse,
  St-Étienne 21
  St-Sernin 20, 23, 41
Tränkenschuh, Oswald 64
Transsubstantiation 151
Trier, Liebfrauenkirche 25
Tripps, Johannes 62
Trivulzio-Kandelaber 4, 224, 227
Turiner Grabtuch 12

Unbertus, Steinmetz 41 f.
Untermann, Matthias 11, 214
Urban II. 22, 137, 140
Urschalling, Trinitätsfresko 230

Venedig, San Marco, Pala d'oro 170
Verona, Scaliger-Gräber 186
Verrocchio, Andrea del 182

Vézelay, St-Marie-Madeleine 18, 23, 41, 186 f.
Viarecta, Pantaleone, Konsul 199
Viernageltyp 12, 70
Virgil, hl., Bischof 162
Vita Meinwerci 82
Viviers, Baptisterium, Hirsch 178
Volto Santo di Lucca 121, 143, 145
Volto Santo di Sansepolcro 102, 143-145, 235
Volutenkapitell 69, 81
Volvinus, Goldschmied 164, 173

Weisweiler, Hermann 109, 156
Welter, Jean-Marie 174, 176
Wesenberg, Rudolf 51, 71, 144
Westbau / Westwerk 46
Wichmann v. Seeburg, Erzbischof 205 f.
Widukind, Herzog 178, 204, 206f.
Wieselburg/Ybbs, Oktogon 238
Wilgefortis 139
Wilhelm v. Hirsau 37-40
Wilhelm v. Volpiano 4, 16
Wiligelmo da Modena 24, 36
Willigis, Erzbischof v. Mainz 92, 97, 124, 190, 196 f., 211
Wiltener Kelch 161 f.
Winckelmann, Johann Joachim 90
Witte, Fritz 137
Wolbero, Abt 52
Wolfhard v. Roth, Bischof 206
Wolfhere v. Hildesheim 211
Wolfram-Leuchter 177 f., 224
Wolvinus s. Volvinus

Zeising, Gert 174, 182, 184
Zeitgleichheit, Phänomen der 26, 41
Zepter Karls V. 177
Zimmermann, Max 57, 163, 166, 168
Zyfflich, Atlantenkapitell 53 f, 144, 147

Mantis Verlag

2019 Illig, Heribert: ***Gregors Kalenderreform 1582*** · *Cäsar, Nikäa und die päpstliche Notlüge;* 184 S., 14,80 €

2018 Dschepper, Eli: ***Don Camillo und Peppone*** · *Textbuch der ersten Filme, rekonstruiert;* 244 S., 12,80 €

2017 Illig, Heribert: ***Des Kaisers leeres Bücherbrett*** · *Wer bewahrte das antike Erbe?* 293 S., 78 Abb., Pb.,19,90 €

2015 Mayer, Joseph M.: ***Die Himmelspferde von Nebra und Stonehenge*** · *Astronomie und Mythos;* 97 S. DIN A4, Pb., Farbabb., 22,90 €

^{4}2014 Illig, Heribert: ***Aachen ohne Karl den Großen***. *Technik stürzt sein Reich ins Nichts;* 215 S., 58 Abb., Pb., 14,90 €

2013 Illig, Heribert: ***Gräfelfing & Pasing 1250 Jahre?*** *Ein kritischer Streifzug durch Bayerns frühe Geschichte;* 109 S, 16 Abb., 6,90

2013 Illig, Heribert: ***Meister Anton, gen. Pilgram, oder Abschied vom Manierismus****;* 360 S., 167 Abb., Pb., 13,90 €

^{2}2012 Heinsohn, Gunnar: ***Die Erschaffung der Götter*** · *Das Opfer als Ursprung der Religion;* 228 S., 30 Abb., Pb., 15,90 €

^{2}2010 Illig, Heribert: ***Geschichte, Mythen, Katastrophen***. *Über Velikovsky hinaus;* 360 S., 62 Abb., Pb., 22,90 €

2008 Illig, Heribert: ***Die Chiemseeklöster***. *Neue Sicht auf alte Kunst;* 150 S., 49 Abb., Pb., 14,90 €

2008 Franz, Dietmar: ***Rätsel um Potsdams Ersterwähnung***. *Urkundenfälschungen auf Otto III.* 135 S., 11 Abb., Pb., 12,90 €

2007 Kerner, Martin: ***Vom Steinbeil zum Pantheon***. *Kulturgeschichte der Kalendarik;* 197 S., 47 Abb., gebunden, 18,90 €

2005 Thiel, Werner: ***Schwert aus Pergament,*** Roman; 200 S., Pb., 5,90 €

2004 Heidrich, Specht K.: ***Mykenische Geschichten***. *Von Phoroneus bis Odysseus, von Atlantis bis Troia;* 416 S., 15 Abb., Pb., 24,50

2003 Weissgerber, Klaus: ***Ungarns wirkliche Frühgeschichte*** · *Árpád eroberte schon 600 das Karpatenb;* 325 S., 42 Abb., 19,80

2002 Illig, Heribert · Anwander, Gerhard: ***Bayern in der Phantomzeit****;* Zwei Bände, 958 S., 346 Abb., 2 Pb., 14,80 €

2002 Menting, Georg: ***Die kurze Geschichte des Waldes***. *Plädoyer für eine Kürzung der Waldgeschichte.* 170 S., 34 Abb., 14,90 €

2002 Siepe, Franz: ***Fragen der Marienverehrung***. *Anfänge, Frühmittelalter, Schwarze Madonnen;* 240 S., 16 Abb., 17,90 €

1999 Tamerl, Alfred: ***Hrotsvith von Gandersheim***. *Eine Entmystifizierung;* 327 S., 17 Abb., Pb., 20,40 €